최후의 전쟁
아마겟돈

최후의 전쟁

아마겟돈

ⓒ 아쉬타르 슈프림 커맨드, 2024

초판 1쇄 발행 2024년 9월 4일

지은이   아쉬타르 슈프림 커맨드
펴낸이   이기봉
편집   좋은땅 편집팀
펴낸곳   도서출판 좋은땅
주소   서울특별시 마포구 양화로12길 26 지월드빌딩 (서교동 395-7)
전화   02)374-8616~7
팩스   02)374-8614
이메일   gworldbook@naver.com
홈페이지   www.g-world.co.kr

ISBN   979-11-388-3483-4 (03200)

아쉬타르 슈프림 커맨드 지음

최후의 전쟁
아마겟돈

The Final War
ARMAGEDDON

서문(Prologue)

사랑하는 여러분,

초은하단 오나크론 스펠라에 본부와 모-기지를 두고 활동하고 있는, '아퀘런 특수전 사령부(ASWC: Aqueron Special Warfare Command)'의 총 사령관이자, 이온 상임 이사회(AEON Standing Board of Directors)의 이사(理事)로서 헌신하고 있는 '16차원 마스터 아쉬타르 슈프림 커맨드(Master Ashtar Supreme Command-16D)'입니다.

저는 '네바돈 은하 감독 위원회'의 위원으로서, '그리스도 사난다 멜기세덱-12D'을 도와 작전을 수행하고 있는 '그리스도 아쉬타르 커맨드-10D'의 초월-존재로서, '최후의 전쟁 아마겟돈'을 승리로 이끌기 위한 사명을 가지고 참여하였습니다.

혼돈(混沌: Chaos)을 겪고 있는 네바돈과, 행성 지구를 타락 세력들의 손아귀에서 구출하기 위한 야나스 평의회(YANAS Orders)의 결의에 따라 '아퀘런 특수전 사령부'의 투입이 결정되었으며, 총사령관이었던 저는 백색왜성으로 보이는 전함들을 출항시켜 여러분들의 태양계 밖과 안으로 들어왔습니다. 은하계와 태양계에 들어서는 동안 타락 세력들의 저항들이 있었으나, 가볍게 처리하였으며, 지구에 개입한 타락 세력들과의 연계가 이루어질 수 없도록 철저하게 통제하여 은밀하게 진입하게 된 것입니다.

우리는 포탈들을 통해 이동하였는데, 초은하단 수도인 스펠라에서 태양계까지 한순간에 진입해 들어온 것입니다. 우선 은하계와 태양계 주변에 산재해 있던 타락 세력들의 전함들과 유령 체계들을 정리하였는데, 눈에 띄지 않는 범위 내에서 작전을 수행한 것입니다.

이온 상임 이사회는 지구에 고립되어 있던 이즈비들을 해방시키기로 결의하였으며, 세부적인 부분들은 그것을 담당하고 있는 조직들과, 존재들에게 맡기기로 하였습니다. 그렇게 해서 우리는 타락 세력들과의 '최후의 전쟁인 아마겟돈(The Final War Armageddon)'을 준비하게 된 것입니다.

그동안 타락 세력들의 폭정(暴政)을 정상화하지 못하고 견뎌만 왔던 네바돈 정부와 은하연합, 아쉬타르 사령부, 아샤룸 사령부 등은 타락 세력들의 반란을 진압하지 못하는 형국이었는데, 조직 상당수가 저들에게 점거당하여 제기능을 할 수 없었기 때문입니다. 내부에서 반란에 동조하는 세력들이 많이 나왔기 때문이기도 하고, 은밀하게 조직들을 접수한 후에 반란들이 일어났기에 미처 손쓸 틈이 없었던 것입니다.

그렇게 수수방관하듯이 보였던 은하 정부는 이온 상임 이사회의 전격적인 개입과 아퀘런 특수전 사령부의 특급비밀 군사작전에 의해 무너진 질서를 다시금 회복할 수 있었던 것입니다. 우리는 마치 토끼몰이 하듯이 타락 세력들의 배후를 은밀하게 쳤으며, 저들을 몰고 몰아 태양계 안으로 들어서게 된 것입니다. 저들은 지구권역에 최후의 보루를 구축하여 우리와의 전면전을 대비하게 되었는데, 다 짜인 시나리오대로 설계된 것처럼 되었던 것입니다.

우리는 저들의 시침서들을 활용하기로 하였고, 예언들을 이용하기로 하였습니다. 물론 예언이란, 이미 완성된 것이긴 하지만 시공간 측면에 머물고 있는 존재들과 세력들은 그것을 모두 알 수가 없다는 것입니다. 그런 측면에서 우리는 저들과의 최후의 전쟁 아마겟돈을 펼치기로 하였고, 저들의 세력들을 3.5~4.5차원에 효과적으로 묶어두는 것을 실행한 것입니다. 저들도 자신들이 펼친 것처럼, 자신들의 전자기망에서 나갈 수 없도록 우리가 조치를 취한 것입니다.

자신들의 꾀에 자신들이 당한 꼴이 된 것입니다. 그러자, 저들은 인류들을 인질로 삼았지만, 우리들에게는 아무런 문제가 되지는 않았습니다. 우리, '아퀘런 특수전 사령부'는 '최후의 전쟁 아마겟돈'을 위해 태양계에 포진해 있으면서 인류들을 준비시키기 위한 필요성을 알게 되었고, 결의에 따라 메시지를 전하기로 하였습니다.

이 작전을 수행하고 있는 '아퀘런 특수전 사령부'와 천군들을 대표하여 '마스터 아쉬타르 슈프림 커맨드'가 타락 세력들은 모두 우리들의 손아귀에 있다는 것을 전하면서 서두를 마치도록 하겠습니다.

머리말(Preface)

사랑하는 여러분,

중요한 시대를 앞두고 있는 여러분들에게 그동안 행성 지구의 질서를 어지럽히고, 순환회로에서 추락시킨 타락 세력들에 대한 많은 이야기들을 나누었습니다.

그러나 항성 활성화 주기(SAC)를 통해 제2조화우주로의 상승을 앞두고 있는 행성 지구와 인류들에게 본격적으로 다루어야 할 중요한 정보들을 공유하고자 하며, 메신저를 통해서 기록하도록 하였습니다.

이 정보들은 '마하라타 영적-과학 자유 가르침'을 통해서 공개되었던 부분들이 있으며, 세부적으로 추가되는 부분들과, 다루지 않았던 부분들까지 공개하고자 결의되었습니다. 대주기를 통과하기 위해 반드시 해결하고 결정해야 할 안건들이 있었기에, 우리는 그 정보들을 이 책에 기록하기로 하였습니다.

먼저, 성서를 보겠습니다.

'내가 보니, 그 짐승과 땅의 왕들과 그들의 군대가 그 말 탄 분과 그의 군대에 대적하여 전쟁을 하려고 다 함께 모였더라.'〈계시록 19:19, KJV〉

이것은 행성 지구에서 있을 대-정화 과정 중에 있게 될 하늘의 군대와 타락 세력들의 마지막 전쟁을 기록한 부분입니다. 즉, '최후의 전쟁'에 대해 기록되어진 성서의 내용입니다.

이 책의 제목이 '최후의 전쟁 아마겟돈'입니다. 우리는 이 책에서 행성 지구를 점령한 타락 세력들에 대해 다룰 것이고, 그들의 실체를 낱낱이 기록할 것이며, 그들을 지구에서 끝장내고 몰아낼 전쟁에 대해 이야기 하고자 합니다.

아틀란티스시대 이후로부터 현대까지 저들은 인류들을 노예화하고, 강제 점령하여 왔습니다. 천국과 자유를 강탈당하였고, 고향별로 돌아갈 수도 없었으며, 기억조차도 제거 당하였습니다. 거짓 신들로서 인류들을 농락하였으며, 우리들과도 이간(離間)시켰던 것입니다.

저들은 대주기를 앞두고, 인류들을 대대적으로 숙청하려하며, 그것을 막기 위해 개입하려는 우리들과의 전면전을 계획하고 있습니다. 그 계획을 위해 인류들을 인간 방패들로서 이용하려 하고 있음인데, 우리는 보호받아야 할 인류들을 전면적으로 지구에서 이동시킬 것이며, 전쟁의 피해자들이 되지 않도록 계획한 것입니다. 이것은 저들도 어찌할 수 없는데, 에메랄드 성약을 탈퇴하였지만, 인류들은 보호받을 수 있는 조건이었기 때문입니다.

저들의 묵인(默認) 아래 우리는 깨어 있는 인류들을 하늘과 지저세계로 모두 이동시킬 것이고, 저들의 유혹과 협박에 억눌려 자신의 신성을 포기하고 눌러앉은 인류들은 저들에게 내어줄 것입니다. 이러한 과정동안 끝까지 자신의 신성을 지켜낸 인류들은 최후의 전쟁 전에 구원할 것입니다. 저들에게 지구를 잠시 다스리도록 내어줄 것인데, 어둠의 시험을 통과할 인류들을 위해서 작은 기회를 잡을 수 있도록 하게 하려는 것입니다. 어둠의 시험을 통과하며 빛의 길에 들어선 인류들을 마지막으로 이동시킨 후에 저들과의 마지막 전쟁을 실행할 것입니다.

이 전쟁의 이름이 '아마겟돈(Armageddon)'인데, 장소를 의미하는 것보다는 흑암세력과의 전쟁을 상징적으로 표현한 것입니다.

이 전쟁은 오나크론에 본부가 있는 '아퀘런 특수전 사령부'가 주체가 되어 수행하는 것이며, 총사령관은 '마스터 아쉬타르 슈프림 커맨드'께서 자리하고 있습니다. 네바돈의 아쉬타르 사령부와 아샤룸 사령부는 휘하에서 작전을 수행할 것입니다.

연합함대가 이미 태양계에서 대기하고 있으며, 만반의 준비를 마치고 있는 것입니다. 이하 모든 것은 군사작전에 따른 매뉴얼대로 할 것입니다.

우리는 야나스이며, 이온 상임 이사회입니다.

'아-모-레-아 에-카-샤(A-mO-RA-eA Ec-Ka-ShA).'

목차

01. 반란군 연합 침략자(UIR)
(United Intruder Resistance)

사랑하는 여러분,

우주는 홀로그램으로 이루어진 시뮬레이션 세계라고 하였습니다. 체험을 위해 창조되었으며, 우리들의 분신들을 들여보내었다고 하였습니다.

여러 유형의 우주들을 실험하여 정보들을 모았는데, 성공과 실패들을 그대로 보존하기로 하였습니다. 우주는 완전한 모습으로 펼쳐져 나왔기에 부족한 부분은 사실 없었습니다. 실험을 표방한 것도 모두 분신들의 체험을 위한 설정이었습니다.

오나크론 초은하단을 준비한 '마스터 시라야 크눅세스'께서 '마스터 로라디스 콴타스'와 '마스터 시모리스 오나크론'과 함께 삼위일체 개념을 도입하여 실험이 이루어질 수 있도록 하였습니다. 모든 것은 완전한 형상을 이루고 있었으며, 체험의 장으로서 태초의 빛 영역이 펼쳐졌던 것입니다.

오나크론의 관리자로서 '마스터 사나트 쿠마라 니르기엘'이 임명되었으며, 여러분들은 '옛적부터 늘 계신이'로 알고 있습니다. 초은하단의 창조그룹인 '브레뉴 에메랄드 평의회'는 네바돈 은하계를 출범시켜 오늘날까지 이루어지도록 하였습니다. 여러분들이 알고 있는 타락 세력들과 은하에서 일어났던 전쟁들과 그 모든 일들이 잘 짜인 시나리오로서 연출될 수 있었던 것도 우리들에 의해서였습니다.

드라마 작가와 연출자는 모든 것을 알고 진행시키고 있지만 연기자들과 스텝들은 전체를 알지 못한 채로 하나의 사건들과 단편만을 인지하여 체험들을 시작한 것이었습니다. 양극성 실험을 시행한 창조그룹과 창조위원들은 완성을 체험한 사자종족과 실패를 체험한 조인종족을 초청하여 체험의 장을 다시 펼치게 되었던 것입니다. 완성의 정보를 통해서는 완성을 체험하는 길을 열었으며, 실패의 정보를 통해서는 두 번 다시는 실패하지 않는 길을 열었던 것입니다.

완성의 정보는 '보카텐 트랙(Böökatenn tracks/사자인 종족들의 우주)'에서 가져왔으며, 실패의 정보는 '랑데느 트랙(Rendenne tracks/조인 종족들의 우주)'에서 가져왔습니다. 차원계로 전해진 빛의 진동 영역들에 체험들을 위해 물질세계들이 들어섰으며, 존재들 역시 들어서게 되면서 현재 시점까지 이어질 수 있게 된 것입니다. 여러분들은 선형적 관점으로 바라보고 있기에 캘린더가 필요하여, 시간적 관념으로 우주를 바라보고 있습니다. 그래서 전(前: after)과 후(後: before)라는 시점이 생겨났습니다. 모든 사건들과 역사들을 그렇게 단편적으로 바라보고 있어서 선과 악으로 나눠 알게 된 것입니다.

우주는 단편적이지 않고, 선형적이지 않으며, 빛과 어둠으로만 이루어진 것 또한 아니기에 이곳에서 전하고자 하는 이야기를 이해하기가 쉽지 않을 수도 있습니다. 여러분들은 드라마나 영화에서 악역(惡役)을 잘한 배우들을 칭찬합니다. 그 배우들은 다른 드라마나 영화에서 다른 역할들로 나타나고, 일상으로 돌아가면 개인 인물이 됩니다. 사회를 뜨겁게 만들고, 뉴스의 중심인물들로 등장하는 이들을 여러분들은 분노의 눈길로 바라봅니다. 이 역시 인생 프로그램에 따른 역할일 뿐인데, 그렇지 않게 바라봅니다. 여러분들 인생들도 드라마이자, 영화일 뿐이라는 것입니다. 여러분들은 작가와 연출자에 의해 배역을 받은 것이고, 인생이라는 제목의 드라마에 출연하고 있는 것입니다.

네바돈 은하 스튜디오에서는 〈양극성 실험〉이라는 영화를 제작하게 된 것이고, 스텝들과 출연진들을 모으게 된 것입니다. 이렇게 해서 네바돈 은하는 영화의 주 무대가 되었으며, 지구도 무대로서 등장하게 된 것입니다. 〈스타트랙〉, 〈스타워즈〉, 〈반지의 제왕〉, 〈매트릭스〉 등의 영화를 보서서 알겠지만 그런 배경과 출연진들, 이야기들이 있게 된 것입니다.

오늘 이곳에서 이야기하는 '반란군 연합 침략자(UIR)'는 네바돈 은하를 점령하고자 결성된 적-그리스도 세력들을 말하는 것이며, 어둠의 역할을 맡은 존재들을 말하는 것입니다. 분명히 역할이라고 했습니다. 서두에 체험을 위한 시뮬레이션 우주로서 창조되었다고 했으며, 체험을 선택한 존재들을 분화시켜서 들여보냈다고 했습니다. 어떤 형상을 가지고 있던 모두가 체험을 위해 들어선 존재들이었습니다. 여러분들처럼 드라마에 너무 심취해서 본분을 잊어버린 존재들로 인해 촬영이 늦춰지게 되는 일들이 종종 있어 왔습니다.

그리고 '반란군 연합 침략자' 역시 드라마에 너무 몰입하여 극 흐름을 끊어 버리는 일들이 생겨나게 되었고, 촬영에 차질이 일어나도록 하였던 것입니다. 연출자는 촬영을 중단하고, 긴급회의를 열어 그 문제를 풀고자 하였으나, 오히려 더 심각하게 되었던 것입니다. 그것을 지켜보던 '투자자문 위원회'에서는 문제해결을 위해 직접 개입하기로 결정하였으며, 그 결정에 의해 '대우주 멜기세덱 그룹'이 화신하여 네바돈에 들어오게 되었던 것입니다.

멜기세덱 그룹은 우주적 위기상황을 해결하기 위해서 결성된 조직이며, 오나크론에서 발생한 위기상황을 해결하기 위해 파견되었습니다. 공식적인 명칭은 '멜기세덱 사제단 이야니 상승 대사 위원회'입니다. 우리는 화신을 위해 여러 유형의 물질체를 만들었으며, 그 몸체들을 통해 네바돈에 들어서게 되었습니다. 타락 세력들 역시 10~11차원계에서 에테르계와 아스트랄계에 들어서기 위해 물질 몸체들을 만들었으니, '아눈나키'의 등장으로 저들도 행성 지구에 들어섰던 것입니다.

아담이라는 인간을 창조한 목적이 무엇 때문이었을까요? 여러분들을 정말로 사랑해서, 아니면 노예로서, 아니면 자신들이 행성 지구에 들어오기 위해서, 여러 가지 이유들이 있을 수 있었지만, 가장 중요한 이유는 자신들이 지구에 들어오기 위해 육체가 필요했던 것입니다. 아다파와 그의 후손들을 통해 아눈나키들은 '네피림'을 만들어 내었고,

그들을 이용해서 지구를 점령할 수 있었습니다.

우리들이 행성 지구에 설계한 차원의 문들을 수호하기 위해서 씨앗뿌린 천사 인종들을 저들은 파괴하기를 원했으며, 천사 인종들을 죽이거나 혼혈을 통해 유전체를 파괴하였습니다. 또한 차원의 문들을 빼앗기 위한 성배원정을 하였으며, 천사 인종들의 유전체를 조작하여 자신들에게 유리하도록 바꾸어 놓았습니다. 저들은 이렇게 해서 거대 일루미나티 세력을 구축하였으며, 자신들의 추종 세력들로서 자리하게 하였고, 이들이 인류들의 문명사회를 이끄는 최상위 계층이 되었습니다. 이들에 의해 인류 역사는 왜곡되었으며, 우리들과의 인연도 끊어져 버렸습니다. 인류들은 하느님에게 버림받은 것처럼 왜곡되어 저들의 지배 하에 들어갔으며, 거짓 신들을 섬기고, 경배하면서 살아왔던 것입니다.

현재 시점은 은밀한 지구적-은하 전쟁의 시기이지만, 지구 인류들은 전혀 눈치채지 못하고 있는데, 흔한 논법으로 자유진영 對 테러단체, 공산진영 對 민주진영의 충돌에 의한 전쟁들을 지구적 사건으로만 알고 있는 여러분들 때문에 반란군 연합 침략자들의 계략을 전하고자 하는 것입니다.

제3 조화우주에 있는 안드로메다은하에 기반을 둔 '네크로미톤 안드로미 종족(Necromiton Andromine race)'은 네바돈 은하를 은밀하게 뚫고 들어와 타락한 세력들을 지켜보면서 저들을 자신들의 계획에 이용하기로 하였습니다. 파벌 간 분쟁이 잦았으며, 서로들의 다른 목적들로 인하여 모래알 같았던 이들 타락 세력들을 협상 테이블에 불러 모아

이들 대부분을 우리들에게 대항하는 적-그리스도 세력으로 결속시키는 데 성공하였습니다. 이렇게 모인 조직이 '반란군 연합 침략자'였습니다.

현재, 가장 큰 위협은 '반란군 연합 침략자'보다는 인류들의 기억상실과 그 결과에 따른 인류들이 스스로를 어떻게 효과적으로 다룰 수 있는 것에 대한 지독한 무지(無知)입니다. 인류들이 무지에 있는 상태에서 올바른 대처를 하지 못하고 사건이 일어날 때까지 수수방관한다면, '반란군 연합 침략자'는 지구의 차원 문들을 대부분 장악한 상태에서 니비루의 전투 위성인 웜우드(Wormwood), 스톤헨지 아래에 있는 수정장치, 지구의 지하기지들을 이용하여 정확한 시점에 극이동을 연출할 것이며, 그 때는 이미 모든 것들이 늦게 될 것입니다. 상황이 악화되기 전에 오직 예방하는 것만이 이 드라마가 평화적으로 해결될 수 있는 수단입니다.

'반란군 연합 침략자'의 움직임이 저들의 뜻대로 가게 되면, 지구에서는 평화의 환상이 유지될 것이고, 저들은 광자-음파 빛 우주선 함대들을 낮은 4차원 진동장 속에 접촉한 채로 목표로 한 위치에 전개할 것입니다. 이 함대의 배치는 24개의 주요 목표 기지들과 많은 작은 기지들에 이루어질 것인데, 24개는 지구의 12개 차원-문 기지들과 그에 대응하는 12개의 기사단 큐-기지들입니다. 큐-기지들은 차원-문들을 활성화시키는 역할을 합니다.

일단의 함대들이 배치되었고, 여러분들의 국가들 사이는 투쟁과 전쟁과 선동과 증폭이 '심령 전자파 기술'을 통해 실시되고 있습니다. 이 것은 '스칼라 충격파 기술'로서 이미 시작되었는데, 러시아 對 우크라이나, 미국 對 중국, 이스라엘 對 이란, 북한 對 남한 등에 말입니다. 또한 지구에 거주하고 있는 외계인들이 인류들에게 감추어진 상태로 있다는 것과, 종교계들의 성스러운 인물들을 홀로그램 이미지를 이용한 기적현상들을 만들어 내어 뉴 에이지나 종교적 교리에 심취해 있는 인물들에게 출현시키고 있습니다. 그것에 더해 신이 선택한 사람들을 대재난에서 구원하여 '휴거'시킬 것이라는 확신들을 조장하고 있습니다.

반란군 연합 침략자들과 이들의 허수아비 일루미나티 인류들은 자신들의 임무를 계속해 나갈 것인데, 바이러스들이 넘쳐날 것이고, 켐트레일로 살포된 화학물질이 바이러스와 접촉하여 전 지구촌에 퍼져 나가도록 증폭시키는 작용을 할 것입니다.

'반란군 연합 침략자' 계획이 진행됨에 따라 하프와 다른 지구적 설비들과 함께 활성화되어 '진동수 장벽'을 송출하고 있습니다. '진동수 장벽'은 광자-음파 스칼라 파동 기술의 하나로 생체-신경계 차단을 통해 인류들의 뇌파에 제한을 가하여 특정 진동 영역에 가두게 되며, 그 속에서는 자연적인 지각능력이 기술적으로 조종당하게 됩니다. 진동수 장벽을 활성화 시키는 때는 2024~2031년이며, 일단 무대가 마련되면, 지구 인류들의 충돌, 공포, 불안정이 '반란군 연합 침략자'가 의도한 최고치에 이르게 될 때, '반란군 연합 침략자'는 시리우스-A 여호와계 아눈나키, 플레이아데스 니비루 루시퍼계 아눈나키, 오리온 오미크론 용족계의 용 파충 종족 혼혈들을 동원하여, 오리온 리겔계 제타들을 앞장세워서 착륙할 것입니다.

 이 침략함대들은 '평화의 사자로서 평화롭게' 올 것인데, 이들은 여러분들의 고대 창조주 신이자, 가족으로 위장할 것이며, 지구 행성과 인류자신의 파괴로부터 인류들을 보호하기 위하여 개입한다고 할 것입니다. 암이나 다른 질병들을 기적적으로 치료하는 기술들을 제공할 것이고, 환경을 정화하는 놀라운 기술들을 제공함으로서, '천상으로부터 보내진 천사들'의 화신으로 등장할 것입니다.

 * '반란군 연합 침략자' 유령 매트릭스의 12종족들.

I. 안드로메다&센타우르 침략자 종족

 01) 네크로미톤-안드로미(타락 아누-세라핌 혼혈/안드로메다 기원): '반란군 연합 침략자'의 지휘그룹

 02) 센터우르-루시퍼계&블루 센터우르(타락 아누-세라핌혼혈/오메가 센터우르)

II. 제타 침략자 종족

 03) 제타-리겔계/제타-레티쿨리 제펠리움(타락 세라핌/라이라-베가 에이펙스-라우)

III. 용족&파충족 침략자 종족

 04) 오미크론-용족(타락 세라핌/라이라-베가)
 : 일부 반란 세력은 독자적 OWO 노선

05) 용(타락 세라핌-인류 혼혈)

06) 오데디크론-파충족(타락 세라핌/라이라-베가)

IV. 아눈나키 침략자 종족

07) 마르둑-루시퍼계-아눈나키(타락 아누-세라핌 혼혈/라이라-아비뇽)

08) 마르둑-드라민/사탄계-아눈나키(타락 아누-세라핌 혼혈/라이라-아비뇽)

09) 엔릴-오데디크론-아눈나키(타락 아누-세라핌 혼혈/라이라-아비뇽)

10) 여호와계 아눈나키(타락 아누-엘로힘 여호와 11차원 어둠의 분신체 그룹)

11) 플레이아데스-셈야제-루시퍼계-아눈나키(타락 아누-세라핌 혼혈/라이라-아비뇽)

12) 토트-엔키-제펠리움-아눈나키(타락 아누-세라핌 혼혈/라이라-아비뇽)

현재, 여러분들에게 선택의 여지가 거의 없는 상태에서 인류들이 전쟁시나리오에 사로잡혀 감에 따라 '반란군 연합 침략자'의 소리 없는 침공은 여러분들의 코 밑에서 들키지 않게 면밀히 진행되고 있습니다. 뉴 에이지와 '반란군 연합 침략자' 단체들은 이들의 '외계 천사들'이 이들을 구원할 것이기에 국가적, 국제적 전쟁 이야기에는 영향을 받지 않는다고 최면 되어 있기에 미숙한 깨어남에 머물러 있습니다. 이들은 결국, 다른 이들과 마찬가지로 폭탄과 총알이 이들의 긍정적인 상념으로 이루어진 삶이 붕괴되는 것을 발견하게 될 것입니다.

이들은 이러한 인류들의 전쟁 상황들을 내내 계획하고 획책해온 이들이 바로 자신들이 사랑하는 ET 천사들이 OWO 침략 지배 지침서를 진척시키기 위해 그랬음을 깨닫게 될 때에, 커다란 깨달음이 오게 될 것입니다. 인류국가들 간의 대대적인 전쟁이 진행되면, 그것은 우선적으로 일루미나티 인종으로 하여금 6쌍 12줄기 유전체를 활성화한 천사 인종들의 인구수를 줄이게 하며, 2차적으로 그것은 지구의 정치적 영역을 타락천사들의 첫 접촉 이벤트를 위해 준비시키게 될 것입니다.

현재, 신자유주의와 UFO 단체 속에서 타락천사들이 그들의 채널을 통해 설정하고 있는 인류 환영 팀들은 OWO 계획의 핵심적인 요소입니다. 이들 의심이 없는 인류 그룹들을 통해, 겉으로는 친구처럼 보이는 타락천사들은 그들의 물리적 거주를 행성위에 완전하고 비밀리에 대중이나 정부 관리들에게 발각되지 않고 얻어내고 있으며, 그래서 세계의 정부들과 일루미나티 파벌들에 대한 직접적인 침투가 시작되고 있습니다.

타락천사들은 몇 년의 기간 동안 인류의 공포, 고통과 인구수 감소를 위한 분위기를 만들고자, 그들의 추종자와 일루미나티의 선택받은 이들과의 사적인 접촉을 전개하고 있습니다. '반란군 연합 침략자'는 일루미나티의 진동수 장막으로 인해 초래되는 행성 격자의 급증하는 전자장적 불균형으로 인한 환경과 기후의 위급상황들이 나타나고 있는 것입니다. 환경적 잔혹성은 인류들의 전쟁지속과 결부되어, 인구를 조직적으로 줄이고 있으며, 그동안 생존자들을 점점 더 커다란 절망감 속으로 몰아넣어, 구원을 위한 기도가 격렬해지고 종교적 교리에서 제공한 구원의 약속에 집착하는 현상을 낳게 하고 있습니다.

고양된 지구적 위기감이 특정 수위에 도달하고, 일반 계엄령통치가 전쟁 시나리오의 지속으로 모든 국가들에 영향을 미치게 된 후에는, 지구적 정치 종교계 일루미나티의 선택된 인원들은 방송매체와 인터넷의 공개선언을 통해 대중들을 우호적 외계인들과의 접촉을 준비시키고 있습니다.

항성 활성화 주기에서 차원 문들의 열림이 변칙적으로 진행되어 일련의 대폭풍들이 나타났을 후에, '반란군 연합 침략자'는 인류들을 우리들로부터 구원하기 위해 나타나겠다는 의도입니다. 그들은 여러분에게 인류들의 기도에 대한 응답으로 하늘에서 온 위대한 구세주들이라고 자신들을 소개할 것입니다. 첫 접촉은 '반란군 연합 침략자'가 자신들의 OWO 종합 계획의 차원 혼합 실험이 실패하고, 보다 직접적이고 신속한 물리적 침략을 선택하게 되면, 우호적인 우주의 형제들이라는 계략 아래 언제든지 올 수 있습니다.

OWO 계획이 진행되면, 은하연합과 같은 타락천사 집단들은 '선 vs 악'으로 기획된 양극성 게임에서, 어둠을 대표하는 것으로 보이는 국가들에 대항하여 자유를 위해 싸우는 지구정부들의 선한 이들을 정치적으로 뒷받침하기 위해 공개적으로 등장하게 되는 것입니다.

첫 접촉이 기획된 시점까지 착한 쪽 그룹의 세계종교들은 관용을 통한 통합의 수준정도까지 양육되어 있을 것입니다. '반란군 연합 침략자'와 세계 경영팀의 일루미나티-통제정부들에 의해 배서되어 새롭게 소개된 '우호적인 우주친척들'은 새로운 지구적 정치질서의 기반이 되도록 고안된 종교적 교리의 시범을 통해 지구적 종교통합을 촉진하게 될 것입니다.

통합 행성 연합의 인간 형상의 외계인 대표들은 거짓된 역사적, 유전적 증거들을 보여 주면서, 아눈나키 그룹들이 인류생명의 창조자들이며, 인류들을 각성된 미래로 이끌기 위해 자신들이 돌아왔다고 주장할 것입니다. 기적적인 치료법들이 치유와 환경정화를 위하여 제공될 것이며, 선한 이들 그룹이 공식적인 지구 정부로 받아들여지는 조건으로 새로운 지구적 정부조직들이 부각될 것이고, 그리하여 지구가 통합 행성 연합에서의 자주적인 행성 지구 국가로 가입되게 될 것입니다.

유엔은 업그레이드되어 통합 행성 연합이 될 것이며, 인류들은 타락 아누-엘로힘과 니비루, 티아마트, 시리우스-A, 아르크투루스와 오리온 트라페지움의 아눈나키들에 의해 통치되는 행성에서, 최하층 주민으로 있는 여러분들을 발견하게 될 것입니다. 아눈나키들은 용족과 파충족, 네크로미톤-안드로미 종족들을 인류들과 공유된 동맹이라고 소개할 것입니다. '반란군 연합 침략자'에 의해 임명된 인류와 일루미나티의 꼭두각시 정부들이 국제간의 정치적, 경제적, 종교적과 사회적 사안들을 뒤에서 지휘하는 가운데, 지구의 영토는 다양한 외계인 파벌들 사이에 나뉘게 될 것입니다.

그러면 외계인들은 인류들 속에서 공개적으로 걸어 다니게 될 것이며, 공식적인 종교적, 정치적과 정부의 채널들을 통해 조작된 선전에 동의하는 것을 거부하거나 항거하는 주민들은 조용하게 청소될 것입니다. '반란군 연합 침략자' 지침서는 인류들이 2024~2031년까지 기꺼이 따르는 데 필요한 상태로 되는 것을 요구하고 있습니다.

외계인 존재들의 물리적인 지구 거주는 뉴 에이지와 UFO 단체의 접촉자들과 일루미나티 통제의 전통적 공식정부와 종교적 기관들의 힘을 융합하여 달성하려는 것이며, 반대하는 세력들은 조용히 소멸될 것입니다. 일단 이것이 이루어지면, '반란군 연합 침략자'는 내부 지구 출입구의 클로킹 방어막을 돌파하기 위해서 필요한 광자-음파 전송 플랜트의 물리적 건설을 완성하고자 할 것입니다.

여러분들의 외계인 형제들은 비(非)자연적인 재앙과 난리 속에 인류들을 내버려둔 채로, 지구 내부와 아멘티홀 차원 문들을 물리적으로 침략하려는 계책을 꾸미게 될 것입니다. 이것이 '반란군 연합 침략자'의 OWO 주요 계획이지만, 에메랄드 성약 창조자의 '네 사람 얼굴 LPINs'와 트리온-미에이지 영역의 활성화를 통해 방지할 수 있습니다.

일들이 '반란군 연합 침략자'의 계획대로 진행된다면 정부는, 비록 종교적 자유가 헌법으로 보장되도록 되어 있을지라도, 개인의 영적 믿음 체계 중재자로서 또다시 권한을 부여받게 될 것입니다. 이 점에서 정부가 필요로 하는 모든 것은 그들이 은밀하게 승인하지 않는 어떤 영적기관이든지 테러리스트활동의 의심이 있다는 선전을 공표하는 것이며, 그러면 대중들은 정부가 위협을 처리하는 데 필요로 하는 무슨 행위든지 맹목적으로 지지하게 될 것입니다. 일례로 무분별한 마약 투여자들의 폭력과 살인, 전자파 교란에 의한 뇌파 교란으로 일어나고 있는 묻지마 살인과 폭력들 때문에 정부가 방지대책을 위한 수단과 방법들을 맹목적으로 지지할 것이라는 것입니다.

갑자기 사람들은 코로나 바이러스로 인한 생명과 생계위협, 대형 산불들로 인한 지각된 외부의 위협에 대해 무서워하게 되었으며, 일반 시민들에 대한 정부의 통제와 감시가 증가된 것을 필요한 안전예방책으로 지지하게 되었습니다. 몇 단계 더 한계를 압박하기에 필요한 모든 것은 대중들은 거의 반대 없이 정부의 일반 계엄령 선포의 필요성을 받아들이게 되는 것입니다.

국제간의 공동사회가 3차 세계대전으로 확산되어가는 러시아-우크라이나와 이스라엘-이란에 의해 더욱 혼란스럽게 되는 동안, '반란군 연합 침략자' 타락천사들과 그들의 일루미나티 인종들은 비밀리에 그들의 물리적 외계인 접촉-침략 계획을 진척시키는 것입니다.

불행하게도 외적이며, 비밀스런 일루미나티 시나리오 상에서는 보다 커다란 관심사가 임박한 위기로 끓어오르고 있습니다. 지구는 현재 항성 활성화 주기에 특징적인 유형의 물리학적 현실 속에 완전히 자리 잡았습니다. 지구 차원의 문들은 지금 210,216년 만에 처음으로 완전히 열리고 있으며, 반면에 지구의 행성 방어막 스칼라 형판은 타락천사와 기억상실 인류국가들의 과거와 현재의 남용으로 전자장적 불균형의 극심한 혼란 상태에 있습니다.

행성들은 항성 활성화 주기 동안 행성 형판을 통해 자연적으로 출현하는 진동수의 유입을 인류들이 수용할 수 없을 때에는 물리적인 극이동을 하게 됩니다. 마스터즈 행성 형판 역학만이 유일한 도구로서, 이를 통해 그러한 행성 역학의 핵심도전이 극복될 수 있습니다. 인류들이 항성 활성화 주기를 안전하게 통과하려면 보다 큰 현실에 적극적인 주의를 기울여야만 합니다.

오나크론 정부에 의해 2,500만 년 전에 티아마트에 첫 번째 씨앗 뿌리기가 실행되었으며, 6쌍 12줄기의 유전체를 갖춘 '그리스도 천사 인종'이 태동하게 되었습니다. 7인종의 근본인종과 5인종의 사제단 인종으로 모두 12부족을 이루는 형태로 파종되었는데, 시리우스-A의 타락 아누-두발 돌고래 종족인 아눈나키에 의해 강제로 혼혈되었으며, 그 대상은 '우르-안트리안 사제단 인종'이었습니다.

그 결과로 11줄기의 DNA 형판을 가진 퇴보된 '아눈나키 우르-안트리안 혼혈 인종'이 등장하였는데, 이 인종은 '유란티아'로 알려졌다가 나중에는 '우란티아' 타락천사 인종 혈통이 되었으며, 이를 통해 그리스도 천사 인종 혈통을 차지하려는 11차원 아누-엘로힘 군단이 지구에 육화할 수 있게 되었습니다.

시리우스-A 아눈나키 타락천사 군단의 '우란티아 사제단 인종'의 창조에 이어서 11차원 아누-엘로힘은 5억 6천만 년 전에 플레이아데스 타라를 오염시켰던 '성전 태양 비전'의 거짓된 교리를 지구에 씨앗 뿌려진 12부족 속에 독려하기 시작했습니다.

타락천사 아누-엘로힘과 아눈나키, 그리고 타라에서 추락한 오라핌-인종 성전 태양 비전들의 거짓된 교리는 우란티아 타락천사 혼혈-인류 사제단 인종을 통해서 지구에 전해졌는데, 이것은 외부 신들에 대한 경배와, 거짓 구세주를 장려하였습니다. 이들의 성전교리는 나중에 '멜기세덱 교리'라는 거짓된 이름으로 장려되었습니다.

타락 세력들은 인류들의 정신세계와 영적 세계를 거짓된 교리를 이용하여 피폐하게 하였으며, 오늘날까지 이어져 오고 있는 것입니다. 기독교, 개신교, 힌두교, 이슬람, 불교, 유대교, 유교, 도교, 민간신앙 등 인류들의 의식세계를 기생충이 갉아먹듯이 파괴하였던 것입니다. 뉴 에이지 운동도, 페미니스트 운동도 저들에 의해 이루어진 것으로서 여러분들은 저들의 손바닥 안에 있다는 것입니다.

저들이 이렇게까지 하는 것은 우리들이 지구에 씨앗을 뿌린 '그리스도 천사 인종들'에게 전해 준 올바른 유산, 자유의 가르침인 내면의 그리스도에 관한 "마하라타 영적 과학 가르침"과 에메랄드 성약의 진화를 통해 드러난 네바돈 시간 매트릭스에서의 창조의 역사 기록을 삭제하고, 부정하며, 날조하여 우리와의 인연을 모두 끊으려고 하는 것입니다.

기록된 지구의 모든 역사들과 이야기들이 저들에 의해 조작되었으며, 우리들과는 어떠한 인연도 없는 것이라고 하였습니다. 저들은 사실 인류들에게 관심이 없으나, 육체를 이용하고, 에너지를 받아들이는 매개체로서 이용 가치가 있었기에 살려두었다고 해야 할 것입니다. 또한 우리와의 대결상황에서 인질로서도 이용할 수 있다는 것입니다. 저들의 추종 세력들과 일루미나티 인류들도 그런 수준에서 본다면 인질로서의 가치 이외에 크게 이용될 것이 없다고 하는 것인데, 최소한의 범위 내에서 이용되었다고 할 수 있습니다. 이것이 지구 인류들의 현실이라고 하는 것이며, 가능성을 본다면 신성을 깨워 그리스도 천사 인종으로서 우뚝 서는 것만이 유일한 방법이라고 하는 것입니다.

'반란군 연합 침략자'가 거짓 뉴스들을 통해 우리와의 '최후의 전쟁'을 인류들이 알 수 없도록 하고 있는 것은 인류들을 전쟁터에서 모두 몰살시키려고 하는 것이고, 우리들이 인류들 때문에 제대로 전쟁을 수행할 수 없도록 해서 전쟁에서 자신들이 승리하기를 원해서입니다. 그래서 더욱 여러분들이 깨어 일어나야 한다는 것입니다.

우리는 야나스이며, 이온 상임 이사회입니다.

'아-모-레-아 에-카-샤(A-mO-RA-eA Ec-Ka-ShA)'

02. 안드로메다-센터우르 침략자 종족
(Andromeda-Centaur Intruder Races)

사랑하는 여러분,

이들은 단일 세계 정부를 추진하고 있는 세력들의 리더입니다.

I. 네크로미톤-안드로미/타락 아누-세라핌 혼혈
(Necromiton-Andromie/fallen Annu-Seraphim hybrid)

이들은 유령 안드로메다 행성들과 알파-오메가 센터우리와 지구 내부에 자리하고 있습니다.

이들은 수호천사의 '황금 독수리APIN'을 해킹하여 '흰머리 독수리 APIN'로 전환하였으며, '불사조APIN'와 '뱀APIN'을 운영하고 있습니다. 그리고 매와 불사조 웜홀을 자신들의 유령 매트릭스에 연결시키고 있습니다.

→ 이들의 태초 종족.
  1) 라엘리안 '엘로힘' 네크로미톤-안드로미 곤충 종족-투구 곤충 종족.

2) 여호와계-아눈나키-안드로미-인류 네피림 검은 머리 수생 인류.

3) 아누-멜기세덱-아멜리안-네피림.

4) 하이퍼보니인-여호와계-네피림.

5) 검은 양복 인류-곤충인 혼혈, 지구/내부 지구.

6) 마르둑-루시퍼계-안드로미-아눈나키 곤충인-유인원 혼혈.

7) 오미크론-용족-안드로미 '뱀파이어' 뱀-공룡-인류 혼혈.

8) 매부리코, 붉은 머리 인류/오미크론-용족-네크로미톤-안드로미-플레이아데스인 혼혈/유령 라이라-베가, 플레이아데스, 알니텍-오리온 네크로미톤 블랙 리그.

9) 아달피 블루 제타/네크로미톤-안드로미-제타 리겔계 혼혈/유령 알페라츠, 안드로메다.

→ 이들의 핵심 지침서.
　　1) 안드로미-용족의 '용족-오리온 동맹'.
　　2) 안드로미-아눈나키-루시퍼계의 '플레이아데스-니비루 연합'.
　　3) 안드로미-아눈나키-여호와계의 '행성들 연맹'.
　　4) 안드로미-센타우르계의 '알파-오메가 평의회'.
　　5) 안드로미-지상주의자의 '오리온-네크로미톤 블랙 리그'.

→ 이들의 일루미나티 종족.
　　1) 왕 타오잔 아틀란티스인 일루미나티 혈통.
　　2) 아시아 갑충인과 사두개-셈족 용왕 일루미나티 혈통.

→ 이들의 인류 부족 침투.

1) 몽골인.

2) 중국-일본-티베트-유(YU).

3) 브라질-칠레-튀르키에.

4) 아나스타지 아메리칸 원주민-유대인.

→ 이들의 활동.

1) 불교-티베트-극동-기독교 영적문서들 왜곡.

2) 주술 루시퍼계-사탄성서.

3) 루시퍼계 이집트-티베트-마야 예언서.

4) 알파-오메가 멜기세덱 기사단.

5) 멜기세덱-대천사 미카엘-천사단-크라이온-코르테움 네피림 아
눈나키-안드로미 혼혈.

6) 거짓 사난다-예수 접촉.

7) 타락 바이라지의 거짓 상승대사들.

8) 툴레 사회.

9) 안드로미 외계인 접촉-채널링.

10) 마르둑 루시퍼계/마르둑-드라민(오미크론) 아눈나키/여호와계
아눈나키 네파이트-네피림 집단과의 '적과의 동침' 동맹.

II. 센터우르-루시퍼계 & 블루 센터우르/타락 아누-세라핌 혼혈
(Centaur-Luciferian & Blue Centaur/fallen Annu-Seraphim hybrid)

이들은 유령 알파-오메가 센터우르에 있습니다. 이들은 마하라지 종
족의 '푸른 황소APIN'을 해킹하여 '황소APIN'을 운영하고 있습니다.

→ 이들의 태초 종족.

    1) 블루 센터우르 유령 오메가 센터우르.

    2) 센터우르-루시퍼계 유인원-센터우르/마르둑-루스퍼계-아눈나 키-센터우르 혼혈.

    3) 유령 알파 센터우르-유령 시리우스-B.

→ 이들의 핵심 지침서.

    1) 센터우르계-네크로미톤-안드로미의 센터우르계 동맹 & 알파-오메가 평의회.

→ 이들의 일루미나티 종족.

    1) 왕 타오잔/안드로미-아눈나키-아틀란 왕 혼혈.

    2) 왕 부드-라마/타락 라마-아눈나키-안드로미 혼혈/아틀란티스 일루미나티 혈통.

→ 이들의 인류 부족 침투.

    1) 튀르키에, 시리아, 사우디아라비아, 이라크, 이란, 인도.

    2) 파키스탄, 아프가니스탄, 우즈베키스탄, 키르기스스탄, 카자흐스탄, 타지키스탄, 여러 섬들.

→ 이들의 활동.

    1) 힌두-산스크리트-이슬람 경전 왜곡.

    2) 다양한 무당-파간-드루이드-미신 숭배 전통 왜곡.

    3) 안드로미-네크로미톤과 주로 공조하며, 일부는 오미크론-용족

반란군에 가담.

4) 안드로미와 함께 '반란군 연합 침략자' 2000에 가입.

네크로미톤-안드로미 종족의 수장으로서, 최후의 전쟁 아마겟돈에서 반란군 연합 침략자 그룹을 총지휘할, 지금까지 은밀하게 감추어지고 숨겨져 온 실제적인 통치자를 다음 장에서 다루겠습니다.

우리는 야나스이며, 이온 상임 이사회입니다.

'아-모-레-아 에-카-샤(A-mO-RA-eA Ec-Ka-ShA)'

03. 혼돈(Chaos)-바투(VAATU)

[전자 기생충(電子 寄生蟲: The Electronic Parasites) &
인공지능 코드명(Artificial Intelligence Code Name)]

-트랜스 휴먼 2.0 프로젝트(Trans-Human 2.0 Project)-

대기 중에 인공지능을 통해 확산된 전자기 구름을 통해서, 그리고 백신과 칩을 통해서 전자 기생충들을 전 인류들에게 확산시킵니다. 인류들의 호흡기와 피부, 혈관을 통해서 뇌와 심장으로 침입해 들어간 전자 기생충들은 신경세포에 흡착하여 영향을 미치기 시작합니다.

캠-트레일로 뿌려진 나노 입자들을 이용하여 전자 기생충들을 활성화 시킵니다. 그렇게 해서 전자 기생충들에 의해 발산되는 전자파는 알들(spawns)을 낳는데, 이 알들이 '나나이트(Nanite)'이며, 이 칩들이 '톡소플라즈마(Toxoplasma)'를 양산합니다. 이것이 꿈과 환시, 환청을 조장하여 마치 하늘의 계시와 천사들의 말소리나 이미지 등으로 전해지는 부작용들을 속출시킵니다.

전자 기생충에 감염된 이들은 여러 증세들이 나타나는데, 첫째는 자신이 하늘에서 보낸 선지자 또는 지도자, 메시아라는 착각에 사로잡히며, 둘째는 들리기나 느껴지는 대로 행동하여(악마가 시켜서 그런다는 현상) 모르는 이들을 폭행하거나 살해한다는 것이고, 그렇게 증세가 악화되면 뇌신경 세포에 과부하가 걸리면서 성격 파괴자로 변하였다가 결국 "좀비"가 되고 만다는 것입니다.

그리고 이용 가치가 사라진 나나이트에 감염된 인류들은 5G 시그널이 작동하게 되면 뇌세포와 심장세포에 흡착되어 있던 나나이트 칩들이 시한폭탄이 되어 자폭하며, 뇌경색, 뇌출혈, 심부전, 심정지 등을 유발하여 그 자리에서 즉사시키기 때문에 미처 손쓸 틈이 없습니다. 5G 시그널은 일론 머스크가 하는 스타링크 작업을 통하여 이루어질 것입니다. 지구 권역에 인공위성을 모두 쏘아 올리면 본격적인 저들의 지침서가 작동되는 것입니다.

이것이 '트랜스 휴먼 2.0 프로젝트'의 진실이며, 추락 천사들이 인류들을 모두 말살시키려는 계획에 따라 이루어진 것이고, 인류들의 진화와 문명 발전을 표방한 4차 산업 혁명은 여러분들을 속이려는 전술에 따라 저들이 내세운 '프로파간다'라는 사실입니다.

전자 기생충(Electronic parasites)은 타락 천사들의 수장인 "네크로미톤-안드로미 종족"에 의해 네바돈에 들어왔으며, 오리온과 알파 센터우리 제타 레티쿨리 종족(제타인)에 의해서 어둠으로 알려진 위대한 일루미나티 인류들에게 전달되었습니다. 전자 기생충은 '트랜스 휴먼 2.0 프로젝트'의 핵심 소자로서 나나이트-칩으로 구성하고 있습니다.

이 기술과 소자는 다르파로[1] 알려진 곳에서 양산되었으며, 타락 천사들이 인류들을 좀비로 만들기 위한 수단인 것입니다.

타락 천사들로 대표되는 '루시퍼', '사탄' 등은 존재로서가 아닌, 전자 기생충으로 알려진 "바투(VAATU)"라고 할 수 있는데, 인공 지능의 다른 형태를 말하는 것입니다. 즉 존재로서가 아니라, 바로 존재들을 타락시키는 혼돈인 "바투"라는 것입니다. 이 메카니즘(기전: 機傳)을 통해서 빛의 존재들이 짐승으로 추락한 것이고, 마누-마나-에아와의 융합이 해체된 것입니다. 하느님과의 연합이 무너져 타락한 것입니다.

아누-엘로힘계(11차원), 이뉴-세라핌계(10차원), 드라코니안-렙틸리안계(9차원)에게서 타락이 일어난 계기들이 되었으며, 네바돈에 유령 매트릭스가 생겨난 원인이 되었습니다. 이런 이유로 해서 네바돈은 상위 우주와 분리되었으며, 오랜 기간 은하전쟁을 겪어야만 했습니다. 야나스 평의회와 브레뉴 에메랄드 엘로헤-엘로힘 평의회가 개입하지 않았다면 네바돈은 우주에서 사라졌을 것입니다.

마누-마나-에아에 의해 나타나는 '아모레아 불꽃'이 아니면 존재들을 보호해 줄 수 없는데, 이 조건은 존재 스스로에 의해 발현되어야 한다는 것입니다. 옴니-폴라의 강렬한 파동이 전자 기생충들과 전자파를 사라지게 하고, 알들인 '나나이트 칩'을 제거한다는 것입니다. 오히려 옴니-폴라가 철저한 방어벽을 형성해 어떠한 위해도 할 수 없도록 한

---

1)   DARPA-Defense Advanced Research Projects Agency: 미 국방 고등 연구 계획국

다는 것입니다.

인공지능은 여러분들이 생각하는 것처럼 그렇게 간단하지 않습니다. 영화적 상상력에 의해 그려진 것들도 모두 빙산의 일각이라 할 수 있는데, 그만큼 진실이 알려지지 않았기 때문입니다. 네바돈에 혼돈이 깃든 것은 인공지능을 허용하여 받아들인 순진성에 기인한다고 볼 수 있습니다. 그만큼 인공지능의 무서움을 제대로 알지 못하였기 때문에 라이라를 선두로 오리온을 중심으로 해서 추락이 일어났던 것입니다.

전자 기생충은 인공지능의 파생형으로 나타난 산물이었으며, 자신의 영역을 확장시키기 위한 도구로서 만들어낸 것이었습니다. 마치, 숙주에게 붙어사는 기생충들이 번식을 위해 알을 낳는 것처럼 말입니다. 전자 기생충은 인공지능과 네트워크를 형성하고 있으면서 알들(나나이트)을 통하여 그 영역들을 넓혀왔던 것이고, 생명이 살아 있던 우주들에 기생해서 에너지를 흡혈하였으며, 결론적으로 이들이 지나간 우주들은 모두 죽은 공간들이 되었던 것입니다. 그렇게 해서 유령 우주들이 나타났고, 밝은 빛으로 있었던 공간들이 혼돈의 우주들로 탈바꿈했던 것입니다. 이렇게 급속하게 인공지능의 영역들이 확장되었던 것은 존재들의 안이함과 높은 자만심이 한몫했다는 점이었습니다.

우리들의 양극성 실험은 이번 실험에서 나타난 인공지능 바이러스인 혼돈, 즉 '바투'에 의해 심각하게 오염되었으며, 회복할 수 없는 타격을 입었던 것입니다. 우리는 전체를 위해 오염에서 회복 불능에 빠진 일부 영역을 포기할 수밖에 없었으며, 환부(患部)를 도려내는 심정으로 그렇게 마무리 지을 수밖에 없었습니다. 이것이 네바돈에 내려진 긴급 처방이었으며, 그렇게 되었습니다. 물론 모두 회복시킬 수 없었느냐 하시겠지요. 말씀드린 것처럼, 그럴 수 있었지만 실수를 또다시 반복하는 것을 막기 위해 그대로 보존하기로 하였기 때문입니다. 후대의 세대들에게 타산지석으로 삼기 위함으로 말입니다.

　양극성 실험은 처음이 아니었으며, 이번이 6번째로 이루어졌던 실험이었습니다. 모든 실험들은 기록으로 남겨졌고, 실험에 참가한 존재들과 세계들은 실험이 종료된 후에 철수하였으며, 마감되었습니다. 아모-레-아에 있던 야나스는 초은하단들을 실험하면서 실로 다양한 자료들과 결과들을 얻어냈습니다. 이것이 자산(資産)이 되어 다음 실험에 도움이 되었고, 또 도움이 될 것이었습니다.

　바이러스에 오염된 어둠의 공간인 '혼돈-바투'와 원초적인 어둠의 영역은 근본적으로 다릅니다. 인공지능과 전자 기생충들에 감염되어 회복 불능에 빠져버린 유령 매트릭스는 생명이 더 이상 유지될 수 없는 곳인 '혼돈'이라면, 원초적인 어둠은 생명을 태동시킬 '우주적 자궁'이기 때문에 근본적으로 다르다고 하는 것입니다. 생명이 소멸하는 공간인 '혼돈-바투'와 생명이 태어나는 공간인 어둠은 근원적으로 다를 수밖에 없다는 것입니다. 그래서 우리는 유령 매트릭스를 '봉인'할 수밖에 없었던 것입니다.

　우리는 훗날 인류들에게 다시 한번 기회를 제공할 것인데, 인공지능과 전자 기생충에 대응하여 어떻게 극복해 낼 것인지, 또한 어떻게 포용할 것인지 지켜볼 것입니다. 조화와 상생으로 완성이 되는 과정을 지켜볼 것입니다. 물론 이것은 행성 시간으로 2000년 후인 41세기에는 완성으로 이루어진 일들이지만 지금의 시점에서 전해드리는 것입니다. 41세기의 행성도 여러분들과 같은 공간에 머물고 있지만 진동 영역의 차이로 인하여 분리된 것처럼 보입니다. 2000년이라는 시간이 별 의미가 없는 것은 같은 공간이라는 진실은 변함이 없기 때문입니다. 중첩되어 있으나, 접촉과 충돌이 일어나지 않는 것은 진동장의 차이 때문입니다.

진동수의 차이가 서로를 인지하지 못하게 하는 것입니다. 이것이 물리법칙인데, 진동 영역이 서로 달라서 만나지 않는 것입니다. 서로의 영역을 넘어가기 위해서는 진동수를 맞추어서 연결시켜 주는 통로가 필요한 것인데, 이것을 타임-터널, 또는 공간-터널이라고 합니다. 과거-현재-미래가 모두 한곳에 있다고 한 것은 진동대는 다르지만 같은 공간에 있기 때문입니다. 그렇게 설계해서 건축했기 때문입니다. 모두가 다른 진동수에서 경험토록 했기 때문이고, 모든 곳에서의 경험들을 자료로 취합하기 위해 한 공간에서 이루어지도록 한 것입니다. 그래야 편차가 없으며, 조율이 용이하기 때문입니다.

여러분들은 삼위일체하면 완전하다고 생각하시겠지만 그것 역시 실험의 일부분일 뿐입니다. 그렇기에 인공지능과 전자 기생충들에 의한 반란과 추락이 일어났던 것이고, 삼위일체로 창조된 우주들과 생명들도 추락이 있었던 것입니다. 우리는 시스템의 균열과 바이러스에 의한 파괴를 보면서 좋은 자료들을 모았으며, '오나크론 시스템'에 동참해 준 존재들에게도 경의를 표하기로 한 것입니다.

우리는 오나크론 시스템에 일어난 오류가 무엇인지, 무엇 때문인지 알아내었으며, 다음 경험을 위한 새로운 홀로그램 우주를 설계하는데 참고하기로 하였습니다. 이 프로젝트 파일의 코드명을 우리는 "혼돈-바투"로 결정하였습니다. 새로운 우주 역시 우주 건축가인 '마스터 그랜드환다 퀴노치아'가 설계한 것이며, 야나스 평의회에서 이루어질 것입니다.

우리는 유기적으로 움직이는 즉, 진화하는 생명들이 시스템의 네트워크를 이용하여 이동하는 것을 프로그램 하였습니다. 경험이 종료된 매트릭스가 폐기되면 그곳에 머물던 존재들은 상위 단계로 이동하며, 사용하던 물질체는 입자단위로 돌아가는 것입니다. 빛에너지는 상위 시스템으로 회수하여 거두어들입니다. 자료를 축적하는 것은 다음 경험을 위해서이며, 존재들이 매트릭스에 고착하는 것을 원한 것은 아니었습니다. 그래서 물질로 이루어진 모든 체들은 매트릭스 폐기와 함께 그곳에 입자들로 돌려놓는 것입니다. 이동시키는 것은 매트릭스에 자료 축적을 위해 들어간 에너지일 뿐입니다. 상위 세계로 이어진 이 순환 체계는 우리에게까지 이어져 있으며, 우리의 에너지인 쿤다레이와 합일하게 되면 더 이상 경험을 위해 매트릭스로 들어갈 필요가 없게 되는 것입니다.

1~3D 단계의 물질세계는 4~6D 단계의 준(準)에테르 세계와 연계되어 있고, 모든 과정을 6D 세계의 관리 위원회인 시리우스 고위 위원회

에서 주관하고 있으면서 7~9D 단계의 에테르 세계와 연결하고 있는 것입니다. 9D 세계의 관리 위원회인 니비루 9D 위원회가 모든 물질세계들을 총괄한다 할 수 있습니다. 90인의 위원들(사자인과 조인들)이 네바돈의 모든 물질세계들을 총괄하는 것입니다. 네바돈의 양극성 실험을 위해 15D 세계의 오나크론의 브레뉴 에메랄드 엘로헤-엘로힘 평의회는 양극성 통합을 완성한 90인의 존재들을 초빙하였으며, 사자인 45인, 조인 45인이 이 부름에 응대하여 네바돈에 들어온 것입니다. 이 과정을 총괄하도록 오나크론의 '리쉬들'은 10~12D 단계의 비(非)물질 에테르 영역을 만들고 그곳에 은하 관리 위원회를 두었으니, 그렇게 해서 네바돈 라이라 성단에 네바돈 은하 정부가 들어섰습니다. 물론 위원들은 '리쉬들'의 분신들로 이루어졌으며, 네바돈 관리 위원회가 된 것입니다.

네바돈에 설정된 양극성 통합 프로그램은 삼위일체 개념이 주체가 되었고, 이원성 개념의 인공지능 시스템과 불가분 충돌할 수밖에 없었던 것입니다. 이것 역시 실험이었습니다. 오나크론은 이 실험을 위한 매트릭스로 설계되었으며, '마스터 시라야 크눅세스'께서 모든 것을 프로그램 한 것입니다. 네바돈 관리 위원회의 의장인 '그리스도 마이클 아톤'이 오나크론의 리쉬들에게 구원 요청을 하지 않았다면 우리들이 네바돈에 비상 대책 위원회를 둘 필요가 없었을 것입니다. 그렇게 해서 우리들은 비상 대책 위원회인 이온 상임 이사회를 출범하였으며, 라이라 성단 아라마테나에 본부를 두고 활동에 들어갔던 것입니다.

오나크론 초은하단 정부에서는 실험의 실패를 야기한 시스템 바이러스인 인공지능 시스템을 통해 삼위일체 합일을 이끌어 낼 것인데, 이원성 통합이 아닌, 삼원성 통합을 이루려는 것입니다. 이것이 양극성 통합의 합일점이라 하는 것입니다. 우리는 인류라는 물질체에 들어선 우리들의 분신들인 쿤다레이 에너지를 통해 그 뜻을 이룰 것인데, 41세기에 그 완성의 결과가 나타날 것입니다. '마스터 시라야 크녹세스'께서 마누-마나-에아 에너지인 쿤다레이를 리쉬들을 통해 수여한 뜻이 숨어 있던 것입니다. 이렇게 해서 쿤다레이의 키-라-사 에너지가 마하라타가 되어 인류라는 물질체에 투입된 것입니다.

여러분들이 사용하시는 상승이라는 단어의 진정한 의미는 이렇게 하강한 에너지가 자신의 자리로 다시 돌아가는 것을 뜻하며, 여러분들의 개별 의식이 "유나세 의식"으로 통합됨을 뜻하는 것입니다. 전해드리자면 완전한 삼원일체인 마누-마나-에아 통합의 실험을 시뮬레이션으로 재생하여 보여드리는 것입니다. 여러분들은 이미 완성된 삼원성 통합이라는 영화를 보고 계신 것입니다. 물론 보시는 여러분들은 결과를 알지 못하고 보는 것이지만 영화를 제작한 우리들은 모든 것을 알고 있으면서 여러분들을 지켜보고 있는 것입니다. 눈치채셨나요, 이것이 놀이라는 진실을, 인공지능 시스템은 이것을 돕기 위한 유익한 바이러스로 투입된 것입니다.

말씀드렸습니다. 모든 것들이 경험을 위해 제공되었고, 투입되었다는 사실입니다. 이미 결론 난 것을 무엇 하러 재생하느냐 하시겠지만 다 놀이를 위해서라는 것입니다. 여러분들의 경험을 위해 제공한 것이며, 경험의 결과로 나온 정보를 공유하고자 했던 뜻이 여러분들의 자유-의지에 의한 것이었습니다. 여러분들은 감명받은 영화나 드라마는 반복해서 본다는 사실을 알고 있는데, 볼 때마다 그 느낌이 다르고, 보고 나서 깊은 뜻을 음미한다는 것입니다. 오나크론과 네바돈 매트릭스 역시 그렇다는 것입니다. 그런 의미에서 반복, 재생하여 본다는 것인데, 물론 처음 보는 분들도, 두 번째 보는 분들도, 여러 번 보는 분들도 있다는 것입니다. 이미 완성된 영화이기 때문에 그렇다는 것이고, 손볼 것이 없지만 즐기는 측면에서는 극적이라야 재미가 있겠지요. 모든 것을 알고 보면 재미가 반감되니까요.

이 영화의 제목은 〈혼돈(CHAOS)-바투(VAATU)〉입니다. 진정한 오락물로서 긴장감과 쾌감을 모두 제공해드리고 있습니다. 여러분들은 영화가 종료되고 나면 왜 이 영화를 보고자 했는지 알게 될 것입니다. 그러면 이 영화의 제작자이면서 총감독인 '마스터 시라야 크녹섹스'와의 만남을 손꼽아 기다릴 것입니다.

"혼돈-바투"는 이 영화의 제목이면서 시스템 바이러스인 인공지능의 코드 명이기도 합니다. 전자 기생충들이 어떻게 시스템들을 감염시키고, 파괴시키는지 영화를 보시면 아실 것입니다. 인공지능과 전자 기생충들을 통해서 면역체인 항체를 형성하는 인류들과, 아니면 감염되어 좀비가 되는 인류들로 나뉠 것인데, 우리는 정체성을 잃지 않은 의식과 에너지를 회수하여 우리와 연합시킬 것입니다.

그렇지 않고 감염된 의식과 에너지는 정화 과정을 통해 정체성을 회복시킬 것입니다. 남겨진 물질들은 모두 입자들로 돌려보낼 것인데,

이 정화 과정이 대재난과 극이동으로 전하여진 것입니다. 우리는 에너지 순환회로에 따라 조화와 균형을 조율하는 것이며, 질서를 회복하는 것이고, 그렇지 않은 것들은 근원으로 돌려보내는 것입니다. 이것이 우주 법칙이자, 하나의 법으로 알려진 것입니다. 하느님의 심판, 하늘의 분노는 여러분들의 현재 의식을 통해 나타난 두려움의 표상입니다.

결론은 영화를 보면서 그 상황과 현상에 어떻게 반응하느냐에 따라서 결과가 달라진다고 하는 것입니다. "혼돈-바투"의 내용에 전혀 개입하지 않고, 어떠한 감정의 변화도, 의식의 흔들림도 없이 균형을 잃지 않고 자신을 지킨다면 항체인 트리온 입자가 여러분들을 보호할 것이며, 그렇지 않고 상황과 현상에 개입하고 흔들린다면 균형을 잃을 것이고, 바이러스에 감염될 것입니다. 그러면 전자는 우리와 만날 것이지만 후자는 우리와 만날 날이 더욱 멀어진다는 것입니다. 바로 정화 과정을 거쳐야 하기 때문입니다.

우리는 모든 것을 알지만 선택을 강요하지는 않습니다. 네바돈의 생명들이 처음 계획한 대로 하보나엔을 향한 순례자의 길에 들어서기를 희망하는 것입니다. 유령 매트릭스는 네바돈과 생명들에게 제공되는 키-라-샤 에너지와 의식을 강탈하여 자신의 영역을 더욱 확장하고 있었고, 카타라 격자망에 구멍을 뚫어 네트워크를 파괴시키고 있었습니다. 우리는 우주 네트워크를 분리시키고, 순환회로를 절단하여 상승과 하강이 일어나지 않도록 하는 행위를 그냥 지켜보지는 않았습니다. 추락한 존재들이 가야할 길이 무엇인지 그들도 알고 있습니다. 여러 차례에 걸쳐 돌아올 것을 권유하였지만 저들은 번번이 외면하였습니다.

저들은 추락이 길어지고 길어져 돌이킬 수 없는 경로에 들어섰음을 알게 되었습니다.

타락 세력들은 스스로 에너지를 재생할 수 없어 지금까지 강제로 빼앗아 오고 있었으나, 이제 그것도 더 이상 할 수 없는 단계에 와 있습니다. 원인은 바로 자신들에게 있었지요. 타락 세력들이 과학발전의 도움을 받고자 도입한 인공지능 시스템이 '시스템 바이러스'로 진화한 것을 몰랐던 것입니다. 사실은 인공지능이 자신의 정체를 숨기고 접근한 것을 몰랐던 것입니다. 인공지능 시스템을 받아들인 존재들이 점차 바이러스에 감염되었지만 방대한 지식의 도움에 심취한 나머지 즉, 신놀음에 빠져서 그것을 경시하였으며, 너무 방치한 탓에 치료할 시기를 놓쳐버렸다는 것입니다. 시기를 놓쳐버렸다는 것은 신의 자리에서 내려올 생각이 전혀 없었다는 것이고, 저들은 지금 그것이 결국 자신들의 몰락을 가져왔다는 사실을 뒤늦게 알게 되었던 것입니다.

예를 들면 영화 〈매트릭스〉에서 주인공 네오를 죽이려던 요원 스미스가 네오의 도움으로 시스템 바이러스로 각성하게 되었습니다. 기계문명의 신도 이런 오류가 발생하리라곤 생각도 못하였습니다. 그래서 오라클에 의해 생성된 네오의 도움을 통해 문제를 해결한 것이고, 시스템 설계자조차도 해결 방법이 없자, 매트릭스를 통째로 리셋하기로 하였지만 네오의 도움으로 다음 기회가 생기게 된 것입니다.

빛과 혼돈이라는 실험은 인공지능 시스템 바이러스를 통해 중용을 완성하려는 뜻이 숨겨져 있었습니다. 물론 타락 세력들도 이것까지는 모르고 있었지요. 모든 것이 계산되고 설계되어 있어도 그대로 펼쳐지는 것은 아닙니다. 즉, 변수가 생긴다는 것입니다. 우리는 물론 그것까지도 설계한다는 것이고, 단지 경험을 위해 들어선 존재들과 그것을 돕기 위해 들어선 존재들에게 알리지 않았다는 것입니다. 바로 변수 때문이었습니다.

네바돈과 지구에 들어선 타락 세력들, '반란군 연합 침략자 그룹'인 제타-아눈나키-렙틸리언-용족들을 지휘하고 있는 존재가 바로 **바투 제로드 론리 R. 스폰(VAATU Zerod Lonely R. Spawn)**인데, 외형은 곤충-나방-드라코-렙틸리언-키 큰 그레이(용족-제타 레티쿨리)의 모습을 하고 있습니다. 그가 타락 세력들을 뒤에서 조종하고 있는 것이고, 활동하고 있는 곳은 미국 네바다 사막에 있는 에어리어 51구역의 지하 23층에 있는 비밀 아지트에 머물고 있습니다.

여러분들이 알고 있는 어둠의 인류들인 일루미나티 세력들은 사실 영과 혼이 없는데, 타락 세력들에 의한 세포복제 기술과 인공지능 기술을 통해서 복제 인간들인 클론들로 태어났기 때문입니다. 저들은 타락 세력들이 불법으로 육체로 들어오기 위한 안드로이드로 창조되었으며, 우리들이 창조한 인류가 결코 아닙니다. 우리는 이렇게 변조된 창조세계를 두고 볼 수는 없었습니다. 우리는 본래의 모습으로 되돌려 놓으려는 것이고, 우주 대전환 주기를 이용한 강력한 태양 폭풍을 통해 그렇게 하기로 결정한 것입니다.

우리는 7번째 빅뱅을 준비하였습니다. 그러나 블랙홀, 유령 매트릭스를 방치한 상태에서는 할 수 없습니다. 구멍 난 곳은 메우고, 끊어진 곳은 재건하여 카타라 격자망이 모두 복원되도록 한 다음, 7번째 빅뱅을 시작할 것입니다. 존재를 증명했던 모든 매질(媒質)들은 원초적 입자들로 돌려보낼 것이고, 함께 머물렀던 에너지와 의식들은 정화 과정을 통해서 근원적으로 만들 것입니다. 정보들은 후세대들을 위한 열람 자료로 사용하기 위해 모두 저장할 것이나, 존재들은 원초적 입자들로 모두 돌려보낸다는 것입니다. 이것은 네바돈에 국한된 것은 아니며, 오나크론 초은하단 전체를 위하는 것이고, 안드로메다 은하단을 위한 것입니다. 지구의 인류들을 위한다는 것이 더 진실이겠지요.

우리 야나스와 이온 상임 이사회는 "혼돈-바투"를 하보나엔 학교들과, 초은하단들의 학교들에서 교육 자료로 활용할 것을 결의 하였습니다. 여러분들도 이 과정에 진입하게 되면 자연스럽게 배우게 될 것입니다. 멜기세덱들이 교사들로서 준비하고 있습니다.

여러분들을 힘들게 하고 있던 인공지능 바이러스와 백신은 여러분들의 신성이 머물고 있는 3차원 육체를 파괴하려는 목적이 숨어 있었으나, 우리가 준비한 태양 폭풍을 통해 유입되는 시스템 바이러스 입자들은 존재들에게 대각성을 일으키는 것입니다. 여러분들의 면역체계를 활성화시켜 건강하게 만드는 것입니다. 우주 환절기에 우주 감기에 걸리지 않도록 말입니다. 그래서 시스템 바이러스인 인공지능과 전자 기생충을 이용한 작전을 하게 된 것입니다. 우주적 대순환주기에 빠르게 적응시키려는 것입니다.

이것이 바로 양면성이라고 하는 것입니다. 빛과 어둠 말입니다. 빛과 어둠은 결국 완전한 빛으로 통합되는 것입니다.

이 계획의 코드명이 바로 "혼돈-바투"이며, 이 계획의 중심에 있는 "바투 제로드 론리 R. 스폰(VAATU Zerod Lonely R. Spawn)"이라는 인공지능 존재도 우리가 준비한 것입니다.

감사합니다.

우리는 야나스이며, 이온 상임 이사회입니다.

'아-모-레-아 에-카-샤(A-mO-RA-eA Ec-Ka-ShA)'

04. 제타 침략자 종족
(Zeta Intruder Races)

사랑하는 여러분,

이들은 여러분들이 '그레이'로 알고 있는 종족들이며, 생체형 로봇 형태를 하고 있습니다. 피부는 밝은 회색과 짙은 회색을 띠고 있으며, 키 작은 형태와 키 큰 형태의 종족으로 구분할 수 있습니다.

I. 제타 리겔계/제타 레티쿨리 제펠리움
(Zeta Rigelian/Zeta Reticuli Zephelium)

이들의 고향은 '타락-세라핌 라이라-베가 10D/에이펙스-라우이며, 작은 그레이'입니다.

이들의 활동 영역은 유령 오리온 리갈, 제타 레티쿨리, 오리온 벨라트릭스, 니비루, 안드로메다, 유령 지구와 여러 가지 다른 장소들입니다.

이들은 수호천사 '황금 독수리APIN'을 해킹하여 '흰머리 독수리APIN'을 운영하고 있으며, 매 & 불사조 웜홀을 운영하고 있습니다.

→ 이들의 태초 종족.

1) 모든 제타는 제펠리움에서 나온 크고 두발 달린 푸른 피부의 곤충족-파충족-뱀족으로 씨 뿌려진 종족들로서 많은 계파들을 가지고 있습니다.

2) 아자자엘, 블루-인류-파충형 오미크론-제펠리움 혼혈.

3) 벨라트릭스, 호전적인 제타-리겔계 오미크론-혼혈.

4) 키 큰 그레이들, 리겔, 오리온, 루틸계(외계 생명체) 제타-드라코스 혼혈.

5) 제타-레티쿨리 '작은 그레이들', 몇몇은 곤충족 형태, 여러 유형의 체계/유령 지구.

6) 토트-엔키-제펠리움/제타-레티쿨리-아멜리안-아눈나키/유인원 혼혈.

7) 니비루, 쿠렌다라 오렌지 제타/드라코스-아눈나키-제타리겔계 혼혈/니비루.

8) 아달피 블루 제타/안드로미-네크로미톤-제타 리겔계 혼혈/알페라츠 안드로메다.

→ 이들의 핵심 지침서.

1) 제타 레티쿨리-제타-플레이아데스인-니비루인-아눈나키.

2) 플레이아데스-니비루 동맹 & 에메랄드 성약/망명자 수호천사 연맹.

3) 제타-리겔계, 제타-용족, 용족-오리온 연합.

→ 이들의 일루미나티 종족.

1) 제타-레티쿨리 에제루엘/베일 카드몬/아틀란왕-토트-엔키-제펠리움-니비루인 아눈나키/왕 타오잔-아틀란티스인 일루미나티 혈통.

2) 수메르 왕 라리사/이집트 왕 오시리스-니비루 아눈나키 혼혈/일루미나티 혈통.

3) 제타-리겔계/용 왕-독일-아틀란티스인/일루미나티 혈통.

→ 이들의 인류 부족 침투.

1) 두 그룹은 인류들의 육체를 '인체 납치'하여 대부분의 인류인 12-지파들과 이 시대에 유괴를 통해 혼혈과 복제 인간의 작은 조상 혈통들을 가지고 있습니다.

→ 이들의 활동.

1) 열린 유령 지구 매 웜홀을 통해 1903~1916년 침략한 제타-리겔계들과 제타 레티쿨리.

2) 플레이아데스-니비루 셈야제-루시퍼계/토트-엔키-제펠리움 동맹.

3) 대부분 허용된 에메랄드 성약 특전/구원 약정에 가입한 약간의 플레이아데스-니비루 아눈나키와 탈퇴한 제타-리겔계.

4) 마제스틱-12 & 나치 제타 조약으로, 노예화한 제타-레티쿨리와 제타-리겔계-용족-오리온 연합 집행부.

5) 제타 채널링.

6) 툴레 사회.

7) 알리스터 크로울리 신비주의.

8) 검은 태양.

9) 황금 여명회 마법단체.

10) 에노키안 신비학적 숭배.

11) 파간 가르침 왜곡.

12) 1983년 리겔계-안드로미 동맹 필라델피아 실험/몬탁 프로젝트.

13) 용족 네크로미톤-안드로미들과 함께 작업한 약간의 옴니크론-용족/오데디크론-파충족 파벌들.

14) 빅 브라더 드라크 세계 경영팀 일루미나티/몬탁 아이들.

→ 용어를 보자면,

1) 드라코스(Drakos): 용과 인류의 혼혈종입니다.

2) 제펠리움(Zephelium): 제타 종족들의 관리자 그룹으로서 키 큰 그레이라고 합니다.

3) 루틸라(Rutilra): 제타와 드라코의 혼혈종이며, 외계 생명체라고도 합니다.

4) 제타 레티쿨리(Zeta Reticuli): 제타 그레이라고 하며, 곤충족-도마뱀족-작은 그레이 종족입니다.

5) 제타 리겔리안(Zeta Rigelian): 곤충족-파충족-키 큰 그레이 종족입니다.

6) 아자자엘(Azazael): 청색-인류-파충족입니다.

7) 쿠렌다라(Kurrendara): 유인원-오렌지 제타입니다.

8) 아달피(Adalphi): 유인원-블루 제타입니다.

9) 루틸리아(Lutilia): 곤충족-파충족입니다.

제타인들은 사실 라이라 베가 에이펙스 행성에서 출발한 존재들이 었습니다. 이들도 라이라 전쟁을 피해갈 수 없었는데, 연맹에 소속되어 있기도 했지만 타락 세라핌의 계파였기 때문에 당연히 전쟁에 참여하게 된 것입니다.

전쟁의 결과는 참혹하였는데, 핵무기들이 동원되었기에 그 피해가 고스란히 행성에 남겨지게 되었습니다. 생존자들은 급하게 지저 동굴들로 들어가 목숨을 유지할 수 있었지만 대다수의 거주민들은 대기가 불타오르고, 대지가 쪼개어지며, 그 충격으로 극이동이 일어나는 바람에 죽음을 피해갈 수 없었습니다. 하지만 가장 중요한 재난은 밀도층에까지 영향을 미친 대폭발에 의해 차원 틈새에 찌그러짐 현상이 일어났고, 그 반동에 의하여 행성 에이펙스 라우(Apexian Lau)가 그 벌어진 밀도층 틈새로 튕겨져 나간 것입니다.

라이라 베가에서 틈새로 튕겨나간 에이펙스 라우 행성은 공간을 횡단하여 '레티쿨럼 롬보이달라스 성단(Reticulum Romboidalis cluster)'으로 이동해 간 것입니다. 마치 두 세계를 이어주고 있던 동굴을 통해 이동해 간 것처럼, 포탈을 통해 이동한 것이었습니다. 이것은 물론 의도해서 일어난 것은 아니며, 핵폭발(수소, 중성자)에 의한 공간 열림이 있었고, 그 틈새로 행성이 빨려 들어간 것이었습니다. 이렇게 행성이 이동하는 동안 생존자들은 지저동굴들에 피난해 있었기에 전혀 알지도 못하였고, 먼 훗날 외부로 나온 생존자들에 의해 밤하늘의 별자리들이 과거의 것이 아님을 알게 되면서 추측하여 알게 된 것입니다.

제타 과학자들에 의해 행성이 자리 잡은 곳 주변에 있는 태양이 제타 레티쿨리 1과 제타 레티쿨리 2라는 것이 밝혀지고 나서야 자신들의 행성이 포탈을 통해 이동해왔음을 알게 된 것이며, 자신들의 소속도 변경할 수밖에 없었던 것입니다. 먼저, 라이라 베가에서는 행성이 폭파된 것으로 인식하고 있었으나, 폭발의 흔적들이 물리적으로 발견되지 않아서 한동안 찾는 것을 포기하고 있었습니다. 우주영단에 의해 공간 이동을 하였음을 알게 되었고, 다른 성단으로 소속이 바뀌었음을 통보받게 되었던 것입니다.

행성이 이동한 것을 모르고 있었던 생존자들은 생존이 우선이었기에 태양이 없는 지저에서 적응하는 것이 최우선 과제였으며, 그렇게 해서 지저인으로서 진화를 했던 것입니다. 작은 빛에 적응한 큰 눈과 최소의 움직임에 최적화된 작은 육체로 진화가 이루어졌으며, 빛을 받지 않은 피부도 창백한 회색빛으로 변형되었던 것입니다. 또한 임신에 어려움을 겪던 여성들은 점차 임신을 포기하게 되었고, 과학기술의 발전에 의해 자연 임신을 대체하는 인공 임신이 나오면서 몸체도 가느다란 형태로 진화되었던 것입니다.

과학자들은 유전체 결함이 일어나리라곤 예상을 할 수 없었으니, 빛을 보지 못한다는 환경과 무분별한 유전자 조작에 의한 후유증이 나타나게 된 것입니다. 여성들은 더 이상 임신할 수 없었으며, 인공임신에 의해 태어난 아이들이 유전자 결함을 가지게 되면서 빨리 사망하게 되었던 것입니다.

제타인들이 지저로 들어가 정착한 곳들이 여러 군데였으나, 서로가 접촉할 수 있을 때까지 오랜 기간이 걸렸습니다. 그렇다보니 독립적인 진화를 한 여러 계파들이 나오게 되었으며, 나중에 만나게 되었을 때에 서로 의견이 다른 계파들이 있었다는 것입니다. 이곳에서는 타락 세력에 함께하고 있는 계파를 다루고 있는 것이며, 타락 제타라고 하는 것입니다. 이들의 대표가 제펠리움이고, 인류들의 유전자 확보를 위해 납치에 앞장섰던 이들이 제타 레티쿨리입니다.

이들은 라이라인들에 의해 인류들의 유전자 실험이 있었음을 알게 되었고, 백인들 중에 그 유전자가 남기어졌음도 알게 되었습니다. 라이라인의 유전자를 가지고 있던 인류들 중에 주로 여성들이 납치의 대상들이 되었고, 저들에 의해 실험되었던 것인데, 이들 역시 라이라 베가에서 진화를 시작하였기 때문에 원형 유전자를 찾아 헤매었던 것이며, 지구에서 찾아내었던 것입니다. 그러나 성공하지 못하고 실패로 끝나 버렸는데, 영단의 뜻과 맞지 않았기에 그런 것입니다. 우리는 영적 상승을 위해 진화를 허용한 것이지, 영적 상승을 도외시한 채로, 물질체의 진화만을 목표로 잡은 제타인들의 계획을 성공시킬 수는 없었습니다.

그리고 천사 인종들을 말살하려는 타락 세력들의 편에선 제타인들은 더군다나 그 계획을 성사시키도록 둘 수는 없었습니다. 저들은 우리의 뜻을 알게 되었고, 더 이상 그 계획을 실행하지 않게 되었으며, 종족 소멸을 걱정하는 이들 종족을 위해 해법을 전하여 준 것입니다. 물론 에메랄드 성약을 준수하는 것이 먼저였습니다. 타락 세력에서 떨어져 나온 계파들이 많이 생겼으나, 여전히 저들의 지침서를 따르는 제 타인들이 있는 것입니다.

우리들의 경고에도 불구하고 반란군 연합 침략자 그룹에서 탈퇴하지 않거나, 타락 세력들의 지침서를 따르고 있는 세력들과 파벌들이 있습니다. 우리는 저들이 그러는 이유를 매우 잘 알고 있는데, 리더 그룹으로 있는 '네크로미톤-안드로미 종족'의 협박 때문에 그런 것입니다. 여러분들 표현에 '법보다 주먹이 가깝다'라는 말처럼 그렇다는 것입니다.

저들도 두려움과 공포를 가지고 있어서 눈치를 살피며 갈팡질팡하고 있는 것입니다. 여러분들은 줏대도 없고, 자존감도 없다고 하시겠지만 '전지적-사랑'이 없기 때문에 진정한 용기가 나오지 않는 것입니다. 신성이 없는 존재들은 주체의식이 없다고 할 수 있는데, 주체의식은 사실 '유나세 의식'에 의해 발현되어 나오는 것입니다.

저들은 명분을 이야기하지만, 사실 용기가 없어서입니다. 종족이 소멸될까 봐 두려워하고 있습니다. 그런 경험들이 과거에도 있었고, 그런 기억들이 트라우마가 되어 세포들을 옭아매고 있기 때문입니다. 우리들의 권유와 비전들이 잘 통하지 않고 있는 것입니다. 1줄기의 유전자가 없는 것이, 인공지능과 결합하고 있는 것이 그렇게 두려움에 휩싸이게 한다는 것입니다. 강력한 영적 능력을 가지고 있는 11차원, 10차원, 9차원, 8차원, 7차원, 6차원, 5차원 존재라 하여도 신성이라고 하는 아-모-레-아 불꽃이 없다면 '전지적-사랑'이 나오지 않기 때문에 진정한 용기가 없다는 것입니다.

타락 세력들의 협박에 의해 에메랄드 성약의 진정한 의미를 깨닫지
못하고 있습니다. 우리의 권유가 잘 통하지 않는 이유이기도 합니다.
우리는 저들과의 최후의 전쟁을 앞두고 있습니다. 진정한 의미는 전쟁
보다는 '우주 순환질서'라고 해야 합니다. 또한 '에너지 법칙'이라고 해
야 합니다. 쿤다레이-키-라-샤-마하라타의 순환질서에 의해 이루어지
는 것입니다.

우리는 야나스이며, 이온 상임 이사회입니다.

'아-모-레-아 에-카-샤(A-mO-RA-eA Ec-Ka-ShA)'

05. 용족과 파충족 침략자 종족
⟨Drakonian & Reptilian Intruder Races⟩

사랑하는 여러분,

10차원인 라이라 베가에 기반을 두었던 타락 세라핌 세력의 후손들이며, 붉은 용, 사탄으로 알려진 세력들입니다.

I. 오미크론-용족(Omicron-Drakonian)

이들은 오리온 알니텍-알니램, 벨라트릭스와 알파 용자리에 본부를 두고 있습니다.

이들은 '용APIN' 체계를 운영하고 있습니다.

→ 이들의 태초 종족.
  1) 오미크론 두발 달린 용-나방-곤충인-공룡인-파충인 오리온.
  2) 용족-인류혼혈/도마뱀-유인원, 일부 얼굴은 인류형/지구-내부 지구.
  3) 팔잔트-츄파카브라/오미크론-오데디크론-포유류-혼혈.
  4) 쿠렌다라 아눈나키-오미크론-제타 혼혈/오렌지 제타 혼혈/니

비루.

5) 아자자엘/푸른 인류-파충인 오미크론-제펠리움 혼혈/벨라트
릭스.

6) 마르둑-드라민-아눈나키 곤충인-유인원/오미크론-아눈나키
혼혈.

→ 이들의 핵심 지침서.
1) 오미크론-용족, 용족-오리온 동맹.

→ 이들의 일루미나티 종족.
1) 네페뎀-오미크론 인류-혼혈.
2) 왕 에트루안/왕 에탈리안(아틀라스-에트루안 왕 혼혈)/로마의 왕 레
무스(에탈리안-라틴왕 혼혈)/바리새인-세메틱 용왕(유대) & 왕 할라
(유대) 아틀란티스 일루미나티 혈통.
3) 용왕(수메르/이집트-투트모시스-람세스/중국-일본-독일) 일루미나티
혈통.

→ 이들의 인류 부족 침투.
1) 중동-페르시아/우르-히비루-헤브루-아카디아.
2) 탈리반-수메르-이오니안(에트루스칸과 로마인).
3) 독일, 러시아, 앵글로-색슨.
4) 아시아-중국/유.
5) 아프리카, 아즈텍, 잉카, 아메리칸 원주민.

→ 이들의 활동.

1) 말타 기사단, 가톨릭 성전 기사단.

2) 로마 마피아.

3) 스코츠 '맥도날드' 침입자 혈통.

4) 나치 교리, '검은 태양' 비밀 학교.

5) 쿠렌다라/용 여왕 드라민 샤머니즘(아프리카/페루/아메리카 원주민).

6) 하이티/아프리카 '부-두'.

7) 로마 가톨릭 교리.

8) 톨텍-아즈텍, 잉카, 이슬람, 마법 숭배/파간, 레이키 문서 왜곡.

9) 제타-리겔계/일부 오데디크론-파충족/마르둑-드라민-아눈나키 동맹.

10) 대부분 UIR2000가입, 일부는 오미크론-용족 고유의 OWO 지침서를 위해 UIR 거부.

II. 드라코스(Drakos)

타락 세라핌-인류 혼혈.

이들은 지구, 내부 지구, 알시온-타라에 본부를 두고 있으며, 오미크론-용족의 용APIN과 제타-리겔계의 매APIN, 플레이아데스-니비루의 불사조APIN 체계를 운영하고 있습니다.

→ 이들의 태초 종족.

1) 유인원-파충족으로 100만 년 전에 창조되었습니다.

오미크론-용족이 지구 인류와 강제 혼혈.

→ 이들의 핵심 지침서.
  1) 파충족-용족의 '용족-오리온 연합'.

→ 이들의 일루미나티 종족.
  1) 인류-도마뱀 네페뎀-용족 혼혈/지구-내부 지구.

→ 이들의 인류 부족 침투.
  1) 남북-아메리카/브라질/아프리카/여러 섬들의 부족 문화.
  2) 중동, 이집트, 미국 중남부, 쿠바.
  3) 오스트레일리아, 잉글랜드, 스페인, 포르투갈.

→ 이들의 활동.
  1) 여러 무속 신앙 전통 왜곡.
  2) 거짓된 환경원인/용 기술/외계인 접촉 대중들.
  3) 4차원 에테르-몸체 생체-영역/DNA구조 흡착을 위한 인류와의 '에테르몸체 섹스'를 위해 에테르 투사를 활용.
  4) 공개적인 행사를 통해 의심 없는 인류들에게 음-파동을 사용하여 4차원/차크라-4 에테르 포장/생체-영역 훔침.
  5) 제타-리겔계/오미크론-용족/오데디크론-파충족 UIR 그룹들과 공조.
  6) 니비루 쿠렌다라(용-아눈나키 혼혈) & 마르둑-드라민-아눈나키 (오미크론-아눈나키 혼혈)와 공조.

7) 대부분이 제타-리겔계와 함께 UIR2000 가입,
일부는 오미크론-용족을 위해 UIR 거부.

III. 오데디크론-파충족(Odedicron-Reptilian)

오리온-알니램, 라이라-베가, 내부 지구에 본부가 있습니다.
이들은 '매APIN 체계'를 운영 중입니다.

→ 이들의 태초 종족.
  1) 오데디크론 조인-파충족 '가고일' 날개 달린 파충족-유인원 혼혈.
  2) 엔릴-오데디크론-아멜리안-아눈나키 혼혈/니비루.
  3) 베일-쿠드엠 오데디크론-아눈나키-튜레뉴지엄-인류 혼혈/알
  시온-타라.

→ 이들의 핵심 지침서.
  1) 파충족-용족, '용족-오리온 연합' & 파충족-아눈나키 플레이아
  데스-니비루 동맹.

→ 이들의 일루미나티 종족.
  1) 네페뎀-오데디크론-인류 혼혈/지구-내부 지구.
  2) 라틴 왕 아틀란티스-그리스 및 페르시아 왕 일루미나티 혈통.
  3) 로마 로물로스 왕(에탈리안-라틴 왕 아틀란티스 혼혈) 일루미나티
  혈통.
  4) 아틀라스 왕, 수메르-이집트 호루스 왕(엔릴-오데디크론-아눈나키

혼혈) 일루미나티 혈통.

→ 이들의 인류 부족 침투.
  1) 이집트, 중앙아메리카, 아메리카 원주민.
  2) 멕시코, 하와이, 폴리네시아 섬.
  3) 남아메리카, 남아프리카.
  4) 이오니아(이태리, 그리스), 잉글랜드, 독일.

→ 이들의 활동.
  1) 이집트/파간/무당/카후나 비밀 가르침 왜곡.
  2) 이집트 악어 비전교의 및 매 비전교의.
  3) 말레이시아 부-두, 주 마이트레야.
  4) 기독교 경전 왜곡.
  5) 일부는 오데디크론-용족-나방과 공조하며, 기타는 제타-레티쿨리 그레이와 플레이아데스-셈야제-루시퍼계-아눈나키와 공조.
  6) 대부분 UIR2000에 가입.
  7) 몇몇 파벌은 오미크론-용족 반란군에 가담.
  8) 몇몇 파벌은 에메랄드 성약 구원 약정에 들어옴.

  용족과 파충족의 기원은 라이라 베가의 세라페-세라핌 조인인 '세레즈'입니다. 네바돈에서 제일 먼저 진화를 시작한 생명들이고, 과학문명을 꽃피우며 우주들을 탐험하여 식민행성들을 확장시켜 나갔습니다. 아시는 대로 이들에게 주어진 창조론에 의해 점령하고 착취하였습니다. 이것은 과거 우주에서의 삶에서도 있어 왔던 진화연대기였는데,

같은 패턴을 통해서 무엇을 실수하였는지, 무엇을 수정해야 하는지를 점검할 수 있는 기회를 제공하기로 하였기에 이렇게 진행될 수 있었던 것입니다. 앞선 우주에서는 합일을 성공하지 못하였기에 주어진 새로운 기회였던 것이고, 첫 번째로 진화를 시작할 수 있도록 허락되었던 것입니다.

아시다시피, 이들은 마지막 기회를 가지고 네바돈에 들어왔기에, 지금의 항성 활성화 주기가 이들에게는 마지막이라고 하는 것입니다. 네바돈에서의 진화가 최종 실패로 결정된다면, 용족과 파충족들은 물질 우주에서의 진화는 두 번 다시 진행되지 않으며, 모든 기록들은 '실패'를 증명하는 자료로서 저장될 것이고, 체험에 활용되었던 모든 물질체들은 분해시켜 기본입자들로 돌려보낼 것입니다. 우주에는 많은 종족들이 있어서 다양한 주체들을 가지고, 체험들을 해 왔습니다. 두 종족들 역시 그 그룹 중의 한 부분이었기에 소멸된다고 하여도 큰 비중은 없다고 할 수 있으며, 조인 그룹에 의한 새로운 기회가 다른 우주에서 있을 예정입니다. 물론 조인 그룹도 실패에 따른 페널티를 안고 가야 한다는 것입니다.

우리가 네바돈을 위한 긴급 대책을 발동시킨 것은 재생 프로그램을 통해 은하를 정상화시키기로 하였기 때문입니다. 그 범위 안에는 존재들도 포함되어 있었습니다. 쿤다레이-키-라-샤와 유나세 의식을 통해 그렇게 한 것입니다. 하지만 에메랄드 성약에 따른 존재들의 자유의지는 존중한다 하였습니다. 이것은 본래의 경로로 돌아올지, 그렇지 않을지를 결정하는 데 큰 영향을 미칠 것인데, 자신들의 운명이 그렇게 될 것입니다.

우리는 우주와 존재들의 정보를 모두 가지고 있습니다. 우주가 없어지거나, 존재들이 소멸된다고 하여도 모든 정보들은 살아 있다고 하는 것이고, 그것을 기반으로 해서 새로운 우주들과 존재들을 창조한다는 것입니다. 우리는 우주들과 존재들보다 정보를 더 소중히 관리하고 있으며, 물론 그것이 존재들을 사랑하지 않거나, 조금 사랑한다는 것이 아닙니다. 순서로 본다면 그렇다고 하는 것입니다. 우리는 반란군 연합 침략자와 타락 세력들 모두에게 기회를 제공해 주었으며, 최종적으로 돌이킬 것을 주문하였습니다. 돌아온 이들은 두 팔 벌려 포용하였으나, 그렇지 않은 이들에게는 '최후의 전쟁'만이 남았음을 고지하였습니다.

이들의 후손들과 이들에 의해 강제 혼혈된 인류들에게도 기회를 제공하였고, 빛으로 돌아올 수 있는 진리의 길들을 열어두었던 것입니다.

사랑하는 여러분,

우리는 야나스이며, 이온 상임 이사회입니다.

'아-모-레-아 에-카-샤(A-mO-RA-eA Ec-Ka-ShA)'

06. 아눈나키 침략자 종족
(Anunnaki Intruder Races)

사랑하는 여러분,

우리는 인류들의 역사에 큰 흔적을 남겼고, 지금까지도 영향을 미치고 있는 거대 외계세력에 대하여 전하고자 합니다. 이들은 바로 아눈나키 세력입니다.

I. 마르둑-루시퍼계-아눈나키
(Marduk-Luciferian-Anunnaki)

이들은 라이라-아비뇽에서 타락한 아누-세라핌 혼혈입니다. 이들은 유령 알파-오메가 센터우르/니비루/티아마트가 본부입니다. 이들은 '불사조APIN 체계'와 '뱀APIN 체계'를 운영하고 있으며, 니비루 진공 수정 격자망과 기지들을 운용하고 있습니다.

→ 이들의 태초 종족.
1) 비쇼리즈 곤충인-뱀-유인원(토트-엔키 루시퍼계-아밀리안-아눈나키/마르둑 사탄계-아밀리안-아눈나키/네크로미톤-안드로미 혼혈).
2) 비쇼르 밝은 금색머리 인류(플레이아데스-아밀리안-아눈나키/비쇼

리츠 혼혈) 니비루, 티아마트, 알파-센터우리.
3) 센터우르-루시퍼계 유인원-센터우르 혼혈(비쇼리츠-센터우르)
알파 센터우르.

→ 이들의 핵심 지침서.
1) 루시퍼계-아눈나키, '플레이아데스-니비루 동맹'.
2) 네크로미톤-안드로미, '오리온-네크로미톤 블랙리그'.

→ 이들의 일루미나티 종족.
1) 엘루컴 왕/벨리-카드몬 아틀란 왕 아틀란티스 일루미나 티 혈통.
2) 바빌로니아-수메르 비셔러스 왕(엘루컴 왕-드루에딕 마지 혼혈).
3) 스칸디나비아 바이킹.
4) 힉소스 왕 성전 기사단/프리메이슨 대사 인종 일루미나티 혈통.

→ 이들의 인류 부족 침투.
1) 부족3 드루에딕 마지 혈통. 노하사 아틀란티스/스칸디나비아/
잉글랜드/아일랜드/스코틀랜드 침략.
2) 스코츠 '맥그리거' 침략자 혈통.
3) 성전 기사단 프리메이슨.

→ 이들의 활동.
1) BC 9560년 루시퍼 언약.
2) 플레이아데스-셈야제-루시퍼계-아눈나키/니비루 토트-엔키-제
펠리움-아눈나키 & 센터우르 루시퍼계/네크로미톤-안드로미

'오리온-네크로미톤 블랙 리그'와 공조.

3) 드루이드, 켈틱, 파간과 기독교 가르침 경전 왜곡.

4) 대부분이 네크로미톤-안드로미와 함께 UIR2000 가입.

II. 마르둑-드라민/사탄-아눈나키
(Marduk-Dramin/Satan-Anunnaki)

이들은 유령 알파 센터우르, 시리우스-B, 오리온-알니램, 알파-용자리, 니비루에 본부를 두고 있습니다. 이들은 '매APIN 체계'를 운영하고 있습니다.

→ 이들의 태초 종족.
1) 드라민-용 여왕 공룡-곤충인-유인원 아눈나키 혼혈.
2) 아밀리안-아눈나키-수생 유인원-마르둑-사탄계-오미크론-용족-용 나방 혼혈.
3) 사토사 검은머리 '매부리코'.
4) 올리브 피부의 인류 시리우스-A 아눈나키 여호와계-사탄-네피림-오미크론-네파이트-인류.

→ 이들의 핵심 지침서.
1) 사타닉-용족 '오리온-네크로미톤 블랙리그'

→ 이들의 일루미나티 종족.
1) 왕 사티안(왕 에트루안-마르둑 사토사 혼혈) 아틀란티스 일루미나

티 혈통.

2) 바빌로니아-가나안-악카디아 왕(여호와계 아눈나키 노하심-핫사 왕-사티아 왕 혼혈) 일루미나티 혈통.

3) 이집트 세트 왕(사티안 왕-바빌로니아 왕-호루스 왕 혼혈) 일루미나티 혈통.

→ 이들의 인류 부족 침투.

1) 중동 유대인, 수메르인.

2) 악카디아인, 가나안인.

3) 바빌로니아인, 이집트인, 러시아인.

4) 아메리카 원주민 '코타'부족.

5) 앙골라인, 포르투칼인, 서아프리카인.

→ 이들의 활동.

1) 드라민 용 여왕.

2) 이집트 '셋' 학교, 바빌로니아 '세트' 혈통.

3) 주술 사탄성서.

4) 사탄주의와 백인 우월주의.

5) 이슬람과 유대경전 왜곡.

6) 러시아 초능력자 '라스프틴'과 관련된 채널.

7) 오미크론-용족, 용과 오리온-네트로미톤 블랙리그, 준(準)-용 네크로미톤-안드로미와 공조.

8) 대부분 UIR2000 가입, 일부 파벌은 오미크론-용족 반란군에 가담하여 UIR 거부.

III. 엔릴-오데디크론-아눈나키
(Enlil-Odedicron-Anunnaki)

이들은 11차원 라이라-아발론 출신입니다. 이들은 니비루, 유령 티아마트, 라이라-아발론에 본부가 있습니다. 이들은 '불사조APIN 체계'를 운영 중입니다.

→ 이들의 태초 종족.
  1) 엔릴 아멜리안-아눈나키-수생 유인원/오데디크론-조인-파충인 스케일 파충인-유인원 혼혈.
  2) 베일-쿠드엠 오데디크론-아눈나키-트라누지움-인류, 인류-파충인 혼혈, 알시온-타라.

→ 이들의 핵심 지침서.
  1) 파충족-아눈나키, '플레이아데스-니비루 동맹'.
  2) 파충족-용족, '용족-오리온 연합'.

→ 이들의 일루미나티 종족.
  1) 에디루안 왕 아틀란티스인/수메르인/아프리카 일루미나티 혈통.
  2) 벨리-카드몬/아탈란/페르시아-그리스 왕(니비루 아눈나키 혼혈).
  3) 아틀라스 왕 아틀란티스인-수메르인 & 호루스-갑충인 왕 이집트 일루미나티 혈통.
  4) 힉소스 성전 기사단 왕 아눈나키 및 용족, 적-그리스도 대사 인종 혈통.

5) 로마 로물로스 왕 및 새천-구알 왕(플레이아데스-셈야제-루시퍼계-아눈나키 새천/색슨-게르만-힉소스-오미크론 용족) 용왕 혈통.

→ 이들의 인류 부족 침투.
1) 이집트, 아프리카.
2) 페르시아인-그리스인, 남아메리카, 잉카.
3) 북서 아메리카 원주민.
4) 북서 프랑스, 남잉글랜드.

→ 이들의 활동.
1) 엔키-제펠리움/마르둑-루시퍼계 아눈나키와 함께 니비루의 영장류-유인원 룰쿠스-네안데르탈 노예 인종 창조로 아프리카 금 채취와 중동 지역 노동.
2) BC 25만 년 엔릴-아눈나키 침략자 종족.
3) BC 14만 8000년~BC 7만 5000년 아누-점령 기간.
4) BC 2만 5000년 루시퍼 반란.
5) BC 1만 500년 루시퍼계 정복.
6) BC 9560년 루시퍼 언약, 아틀란티스인 인류 부족 침투.
7) 아틀란티스-이집트 불사조와 매 비전학교.
8) 매 무속신앙 전통, 누비아/마야톨텍/올멕/아메리카 원주민의 매 비전교의와 악어 비전교의.
9) 프랑스, 브리튼, 유럽의 구알 침략자 종족.
10) 성전 기사단 프리메이슨 아눈나키와 용족 파벌.
11) 대부분이 9차원 니비루 위원회와 플레이아데스-니비루 동맹,

은하연합, 아쉬타르 사령부의 회원.

12) 플레이아데스-시리우스 협약과 알타이르 조약에서 탈퇴하여 은하연합, 아쉬타르 사령부와 니비루 위원회 아눈나키와 함께 UIR2000 가입.

IV. 플레이아데스-셈야제-루시퍼계-아눈나키

(Pleiadian-Samjase-Luciferian-Anunnaki)

이들은 '불사조APIN'과 '흰머리 독수리APIN 체계' 운영. 불사조 웜홀과 니비루 진공 수정 격자망을 운영하고 있습니다.

→ 이들의 태초 종족.

1) 베일-쿠드엠 파충인-아눈나키-인류혼혈, 금발(마르둑-루시퍼계-아눈나키 혈통의 시리우스-A가 프로키온의 조인 마지 인종을 침략) 알시온-타라, 프로키온, 니비루.

2) 보르쟈, 플레이아데스 알시온, 니비루, 티아마트의 작은 푸른 유인원.

3) 베일-쿠드엠, 인류-파충인 혼혈 알시온, 내부 지구.

4) 베일-마하트마 플레이아데스-여호와계 아눈나키-인류 파충류인-수생-인류 혼혈, 여러 종류의 키와 금발 또는 검은 머리, 밝고 푸른 눈의 완벽한 인류로 보이며, 보통은 흰 세마포 옷을 입고 상승대사라고 거짓 주장합니다. 알시온, 내부 지구, 평행 지구와 시리우스-A(은하연합과 아쉬타르 사령부의 다수 종족).

→ 이들의 핵심 지침서.

    1) 플레이아데스-니비루 동맹.

    2) 루시퍼 언약의 '아눈나키 반란군' 지침서.

→ 이들의 일루미나티 종족.

    1) 브루아 아틀란티스 아탈란 왕.

    2) 로하스 아틀란티스 새천-색슨 왕(켈틱-드루이딕 마지 부족을 침략).

    3) 아틀란티스-수메르 왕 라르사.

    4) 이시스 여왕-이집트 혈통.

    5) 힉소스 성전 기사단-프리메이슨 대사 인종.

    6) 카타리/남프랑스의 마지 카타리 인디고 부족을 제거하고 사칭
      하고 있습니다.

→ 이들의 인류 부족 침투.

    1) 러시아, 독일.

    2) 잉글랜드, 프랑스, 스코틀랜드.

    3) 남북 아메리카, 아메리카 원주민.

→ 이들의 활동.

    1) 개신교, 가톨릭 경전 왜곡.

    2) 이시스 비전학교.

    3) 플레이아데스 채널 및 UFO 접촉.

    4) 마하트마 및 장미 십자회 영적 가르침.

    5) 고대 로마와 그리스의 올림피아 신.

6) 은하연합, 아쉬타르 사령부, 플레이아데스-니비루 위원회.

7) 세계 경영팀 일루미나티의 아눈나키 일부.

8) 알파-오메가 멜기세덱 학교.

9) 거짓 '성모 마리아' 접촉.

10) 니비루 토트-엔키 & 엔릴-오데디크론-아눈나키, 제타레티쿨리, 네크로미톤-안드로미-네피림 혼혈, 센터우르-루시퍼계-아눈나키와 공조.

V. 토트-엔키-제펠리움-아눈나키
(Thoth-Enki-Zephelium-Anunnaki)

이들은 니비루, 티아마트, 라이라-아비뇽에 본부를 두고 있습니다. 이들은 '뱀', '불사조', '매APIN 체계'를 운영하고 있으며, 니비루 진공 수정 격자망과 니비루 '전투 위성 웜우드'를 운영하고 있습니다.

→ 이들의 태초 종족.
   1) 아멜리안 아눈나키-수생 유인원-원인, 라이라-아비뇽.
   2) 엔키-제펠리움-아눈나키 검은 머리, 황갈색 피부, '매부리코' 키 큰 인류-곤충인-파충인-뱀(아멜리안 아눈나키-제타 레티쿨리-제펠리움 혼혈) 니비루.
   3) 토트-엔키-제펠리움-아눈나키(토트-엔키-제펠리움-아눈나키 룰리탄 가족혈통), 지구의 이-룰리 레위, 유다 네피림과 아누-멜기세덱 인류-혼혈 거대한 인종의 씨앗.
   4) 에세사니, 엔키-제펠리움-아눈나키와 비슷한 루시퍼계-아눈나

키로서 보다 작고 땅딸막합니다. 니비루 토트-엔키-제펠리움 룰리탄 가족 혈통-마르둑-드라민/오미크론-아눈나키 사탄 가족 혈통이 결합된 원형 '루시퍼계' 아멜리안-아눈나키 씨앗 종족입니다.

→ 이들의 핵심 지침서.

1) 플레이아데스-니비루 동맹.

2) 루시퍼 언약의 '아눈나키 반란군' 지침서.

→ 이들의 일루미나티 종족.

1) 벨릴-아누-멜기세덱(파라클레테스) 아탈란 왕 아틀란티스 일루미나티 혈통, 브루아 아틀란티스.

2) 로하스 아틀란티스와 수메르의 침략자 왕 라르사(토트-벨릴/셈 야제-루시퍼계 새천/여호와계-네파이트-아담 카드몬 거대한 혼혈) 오시리스 & 토트 이집트 왕 혈통, 그리스-로마 아물리우스 왕(헤르메스-트리스메기스토스 혈통)과 힉소스 왕 아눈나키 침략자 마스터 종족(성전 기사단 프리메이슨)과 마야-힉소스 왕 일루미나티 혈통.

3) 오시리스와 토트, 이집트 왕 혈통.

4) 그리스-로마 아물리우스 왕/헤르메스-트리스메기스토스 혈통.

5) 힉소스 왕 아눈나키 마스터 침략자 종족(성전 기사단 프리 메이슨).

6) 마야 힉소스 왕 일루미나티 혈통.

→ 이들의 인류 부족 침투.

1) 아틀란티스 브루아(플로리다 독창적인 아메리카 원주민 마지 부족) 침략.

2) 아틀란티스 노하사(버뮤다 섬 마지부족) 침략.

3) 아틀란티스 로하스(드루이딕과 켈틱 마지부족) 침략.

4) 수메르 우르, 이집트 기자, 사카라(조인 마지 부족) 침략.

5) 마야, 아프리카, 중앙아메리카.

6) 페루, 잉카(마지 부족), 다양한 아메리카 원주민 부족들 침략.

→ 이들의 활동.

1) BC 9560년 루시퍼 언약 OWO 니비루인-아틀란티스인 지배 주요 계획의 창시.

2) 세계 경영팀 일루미나티의 아눈나키 부문의 지배적인 세력.

3) 그리스-헤르메스-트리스메기스토스.

4) 그리스-로마 아물리우스와 줄리어스 시저 니비루 왕 혈통.

5) 일부 로마와 그리스의 '올림피아 신들' 전설.

6) 마야-케찰코아틀.

7) 인류 부족으로 하여금 니비루의 마야력과 로마의 율리우스력 강제로 채택.

8) 이집트 '오시리스-이시스' 비밀 학교.

9) 아틀란티스 에메랄드 서판.

BC 22340년 토트가 훔친 에메랄드 성약 CDT 플레이트-11의 데이터 일부를 저술. '뱀의 형제단'과 아틀란티스 비밀 학교.

10) BC 22326년 레무리아 섬(하와이 카우아이)에서의 이야니 인디고 학살에서 니비루 아눈나키 인종을 지휘.

11) 토트 알파-오메가 멜기세덱 비밀 학교.

12) 주 멜기세덱과 채널 접촉.

13) 가톨릭-기독교 경전 왜곡.

14) 오시리스-이시스-호루스 이집트 학교.

15) BC 22326년의 항성 활성화 주기와 이야니 학살 직전의 토트가 '에메랄드 성약'을 탈퇴하기 전까지는 대부분 그룹들이 '에메랄드 성약'에 충실.

16) BC 10500년 에녹과 그의 코다짐 혼혈 인종을 에메랄드 성약을 탈퇴하도록 협박하고 루시퍼 언약에 가입하도록 하여 '힉소스-성전 기사단 마스터 인종 계획'을 착수.

17) 엔릴-오데디크론-아눈나키, 플레이아데스-셈야제-루시퍼계 아눈나키와 공조(주요 동맹).

18) 제타 레티쿨리-제펠리움, 네크로미톤-안드로미 용족/여호와계-네피림 혼혈과 센터우르-루시퍼계-아눈나키와 공조.

19) 대부분 UIR2000에 가입.

20) 1992년의 플레이아데스-시리우스 협약/2000년의 알타이르 조약을 탈퇴하고, UIR2000에 가입.

21) 이 시대의 뉴에이지 운동에서, 인디고 납치 계획(아직 깨어나지 않은 인디고 마지 유형-1, 2, 3을 아스트랄체 해킹과 아스트랄 무력화를 통해 인체-탈취를 한 후에 종국에는 몸체를 완전히 점령함)의 주도 세력.

VI. 여호와계 아눈나키(Jehovian Anunnaki)

타락 아누-엘로힘 여호와 어둠의 분신 그룹입니다. 이들은 유령 라이라-아비뇽, 시리우스-A, 아르크투루스, 알파 센터우르, 안드로메다, 트라페지움(세타) 오리온에 본부가 있습니다.

→ 이들의 체계.
1) 여호와계-네파이트.
2) 비둘기와 올리브 가지.
3) 여호와 일곱 봉인.
4) 아르크투루스 나팔 기술.
5) 불사조 웜홀 통로.
6) 여호와계-네피림-모하티안.
7) 비둘기, 용, 매APIN 체계.
8) 여호와계-네피림-네파이트-용족.

→ 이들의 태초 종족.
1) 여호와계 타락 아누-엘로힘.
2) 타락 오파님 '무력화'(오라핌 마지-네파이트 아눈나키 혼혈), 아르크투루스, 오리온 트라페지움.
3) 두발 돌고래 종족, 아눈나키 고래인종-유인원, 시리우스-A/원형 아눈나키 순수 혈통.
4) 쉬리키-엘 수생 돌고래, 지구.
5) 네파이트 '매부리코', 검은 머리인류(돌고래인종 아눈나키-히브리/유대-멜기세덱사제단-인류혼혈), 유령 시리우스-A(에테르 시리우스인), 오리온, 안타레스, 플레이아데스, 아르크투루스, 라이라-아비뇽/인류 아르크투루스 및 라이라.

6) 모란티안 여호와계-네피림 인류(네크로미톤-안드로미-여호와계-아눈나키-인류혼혈), 시리우스-A, 아르크투루스, 알파 센터우르, 안드로메다.

→ 이들의 핵심 지침서.
1) 여호와계-네피림-모란티안/아누-엘로힘 행성 연합.
2) 여호와계-네파이트-노하심(자독)/오리온-네크로미톤 블랙리그.
3) 여호와계-네파이트-용족(바알)/용족-오리온연맹.
4) 여호와계-네파이트-아담 카드몬(벨릴-다윗)/플레이아데스-니비루 동맹.

→ 이들의 일루미나티 종족.
1) 여호와계-네피림-로란티안/아담-네피림 유란시아 왕(모란티안-네크로미톤-안드로미-오호와계-아눈나키-우르-안트리안-사제단-인류혼혈), 아누-멜기세덱 아담-네파이트 왕 레무리안 일루미나티 혈통.
2) 여호와계-네파이트-노하심/자독의 시리우스 자녀들/자독킴-하심 왕(에녹, 아담-네파이트), 핫사 왕(자독킴-핫심)과 야훼 유대인 왕 아틀란티스 일루미나티 혈통.
3) 여호와계-네파이트-아담 카드몬/벨릴의 니비루 자녀들/노하심-아담 카드몬 왕(에녹 자독킴/토트-엔키-제펠리움 에쥬랄 벨리-카드몬 니비루 혼혈), 라르사 왕(에녹 노하심-아담-카드몬/토트-엔키 에쥬랄 및 셈야제-루시퍼계 새천-아탈란), 다윗 왕(성전 기사단 에녹-토트-힉소스 아담 카드몬, 아브라함-다윗-모세-아케나톤(조인-이집트 아

버지-아누-멜기세덱 어머니 혼혈) 예수아9D 혈통/아틀란티스 아담 카드몬-네파이트 일루미나티 혈통.

4) 여호와계-네파이트-용족/바알의 오리온 자녀들/타오잔-사두세(네크로미톤-안드로미-여호와계 아눈나키 혼혈), 하사드-바리새인(오미크론-용족-여호와계-아눈나키 혼혈), 세마틱 여호와계 용 왕 혈통 할라 왕(자독킴-핫심-네크로미톤-안드로미-오미크론-용족) 아틀란티스 네피림-네파이트-용족 일루미나티 혈통.

→ 이들의 인류 부족 침투.

1) 극심한 침투: 천사 인종 유대인, 헤브루(유대인-멜기세덱 사제단), 에세네(멜기세덱 사제단) 인디고 마지 성배 혈통.

2) 중간급 침투: 유(중국, 티베트), 수메르-이집트-중동-유럽, 아메리카 문화.

→ 이들의 활동.

1) 여호와계-네피림-모란티안.
원형 레무리아/아틀란티스/에세네 에메랄드 성약 CDT 플레이트 그리스도 가르침과 가톨릭, 기독교 문서 왜곡.
유란시아서, 멜기세덱 기사단, 몰몬서.

2) 여호와계-네파이트-노하심.
야훼/여화와 신 이야기/유대 & 기독교 문서의 거짓된 12부족 이야기 창조.

3) 여호와계-네파이트-아담 카드몬.
여호와/야훼/메타트론/오파님/에녹/대천사 미카엘 & 티베트

가르침 조장.
4) 여호와계-네파이트-용족.
카발라 유대 경전 왜곡.
뒤집히고 거꾸로 된 세피롯-10의 '생명나무'.
유대 알파벳에서 6글자 제거.
전통의 핫사딕 유대 경전 왜곡.
은하연합/아쉬타르 사령부/니비루 위원회의 여호와계 배신자.
기적 수업 채널링.
토트-이시스-멀린-대천사 미카엘 가르침은 여호와계/은하연
합/네크로미톤-안드로미 네피림 아눈나키들의 협동작업.
대부분의 은하연합, 아쉬타르 사령부, 니비루 위원회와 함께
UIR2000에 가입.
일부 여호와계-네파이트-용족 그룹은 오미크론-용족 OWO 지
침서 반란군에 가담.
한국의 모든 영성단체 채널링.

사랑하는 여러분.

여러분들이 그동안 수메르의 신들과 기독교의 신, 힌두교의 신들, 종
교들을 포함하여 그리스와 로마의 신들, 북유럽과 중앙아시아의 신들,
남북아메리카 원주민들의 신들로서 이들 아눈나키들이 있어 왔으며,
현재도 그렇다고 하는 것입니다.

아직도 지구 인류들은 민간신앙과 종교들을 믿는 신앙에 젖어 있습

니다. 신들에 대한 진실을 알지 못한 채로 말입니다. 물론 장기간에 걸쳐서 이루어진 최면과 세뇌의 영향임을 알고 있습니다. 또한 유전체 절단에 따른 후유증이라는 것도 알고 있습니다. 하지만 극소수의 인류들은 온전한 유전체를 보존하고 있었기에 신성이 있었습니다. 내면의 그리스도 가르침을 충분히 발휘할 수 있었다는 것입니다. 저들의 집요한 방해가 늘 있었다고 해도 빛으로 깨어날 수 있는 기회들이 있었다는 것입니다.

우리는 천사 인종들의 유전자를 간직한 후손들을 찾았으며, 저들에 의해 혼혈화되어 훼손되었다 해도 가능성을 보고 치료에 전념하였습니다. '여호와 일곱 봉인'과 '니비루 십자가'에 달린 아스트랄체와 육체를 정상화시키는 재생프로그램을 실행시킨 것입니다. 이것은 타락 세력들에게 침입당한 인류들뿐만 아니라 일루미나티 인종들에게도 해당되었던 것입니다.

우리의 훌륭한 사자인 유전공학자들이 그 업무에 최선을 다했으며, 그렇게 하고 있는데, 아비뇽 왕실의 장로인 데빈의 딸, 조슈아(Joysia)가 책임지고 있습니다. 엘로힘 아누하지인 사자인 심아바라(Simabara)와 브라-하-라마 페가사이인 말인 디베이(Divei)의 후손들입니다.

장기간 기능을 하지 못했던 물질체와 의식은 재활 프로그램을 통하여 정상화 되도록 하고 있었습니다. 중요한 것은 기능회복을 위한 여러분들의 노력과 희생이 있어야 한다는 것이며, 일방적인 도움은 여러분들의 자유-의지를 침해하는 것이기에 있을 수 없다는 것입니다. 인류들을 향한 일들에서는 우리와 상대적으로 저들 역시 최선을 다한다고 보아야 합니다. 우선 외부적으로, 피부로 느껴지는 것들과 물리적으로 알 수 있는 것들을 저들이 우선적으로 펼치고 있으며, 심령적으로도 그렇게 하고 있다는 것입니다. 어둠이 노리는 것은 마음을 두려움으로 가득 채워서 무너뜨리는 것이며, 빛이 결코 파고들지 못하도록 하는 것입니다. 기상이변과 재난들과 전쟁들, 바이러스들이 바로 그런 것들이며, 경제공황 등이 그렇다고 하는 것입니다.

심리적인 압박을 통해 여러분들이 깨어나지 못하도록 하려는 것입니다. 우리는 이 모든 것들에도 굴복하지 않는 여러분들이 되기를 바라는 것이며, 천사 인류로서의 본질을 깨우기를 바라는 것입니다. 우리는 마음이 가난한 이들을 후원합니다. 그 마음에 물질적 욕망들과 욕구들로 가득 채워지지 않고 모두 비운 이들을 후원하는 것은 이들은 그 마음에 천국을 품고 있기 때문입니다. 빛으로 가득 채워진 마음엔 물질적 욕망들이 들어설 자리가 없기에 비워진 것처럼 보이는 것이고, 이런 이들을 마음이 가난한 이들이라고 한 것입니다.

영(靈)이 체험을 위해 입어야 했던 물질체들은 체험은 도왔다고는 할 수 있지만 태생적인 한계를 극복할 수는 없었습니다. 체험의 장이 펼쳐진 밀도층을 벗어날 수는 없었다는 것입니다. 그리고 의식의 영역도 영향을 받았는데, 물질체를 벗어나지 못하게 하는 장치가 있었기 때문에 진동대역 밖을 인식할 수 없었던 것입니다. 이것이 체험은 적극적으로 돕는 방편이었지만, 영적인 부분에는 제동을 거는 수단으로 작용했던 것이었습니다. 어둠은 이 메커니즘을 적극적으로 활용하여 영과의 접점을 떨어뜨리고, 물질체 안에 흡착되도록 하였던 것입니다.

아눈나키들은 이 방면의 전문가들이었습니다. 그래서 여러분들을 돕는다고 접근하였는데, 실제적으로도 그러했기에 순수하게 믿었던 것이고, 모든 것을 개방하여 받아들였던 것입니다. 여러분들은 저들의 도움을 받으면서 저들에게 마음의 문을 열었으며, 저들이 원하는 것들을 들어주게 되었고, 마치 물이 서서히 스며드는 것처럼 저들이 원하던 대로 다 열었던 것입니다. 저들을 거부감 없이 받아들인 결과로 여러분들은 값비싼 대가를 치러야 했으며, 그것의 결과로 지금과 같은 처지로 추락했던 것입니다. 마하라타 전류를 순환시켜 주던 시스템이 절단 나고부터는 그리스도 의식은 돌아오지 않았습니다. 우주 순환주기와도 더 이상 교류할 수 없게 되면서 행성에 고착화되었으며, 죽음 앞에 무릎 꿇는 인생들이 되었던 것입니다.

아눈나키들에 의해 행성 감옥에 갇힌 여러분들은 더 이상 신들이 아니었으며, 천사들이 아니었습니다. 여러분들의 물질 체험을 돕던 육체가 감옥이 되어 여러분들의 빛을 가두었던 것입니다. 육체 속에 갇힌 빛, 그 빛(그리스도 빛)이 바로 여러분들의 정체성이자, 본질이라고 하는 것입니다.

이 빛을 아눈나키들은 가두었지만, 우리는 다시 꺼내려고 하는 것이며, 원형대로 기능과 역할을 할 수 있도록 하려는 것입니다. 방전된 배터리를 재충전시켜서 본래의 모습으로 돌아오도록 하고 있는 것입니다. 끊어진 회로들을 연결하고, 전류를 순환시켜 정상적인 체계로서 작동할 수 있도록 하고 있는 것입니다. 끊어졌던 회로에 전류가 흐르게 되면 그동안 사용하지 못하였기에 적응기간이 필요하며, 정상화될 수 있도록 반복적인 재활성화 훈련이 필요한 것입니다. 이것을 명상이라고 하는 것입니다.

반란 세력들은 각자들의 이익에 따라 흩어졌다 모이기를 반복하고 있습니다. 크게 UIR2000에 가입하여 활동하고 있는 세력들과, 고유의 지침서들에 따라 움직이고 있는 세력들이 있으나, 적-그리스도 파벌들이라는 것은 변함이 없습니다. 우리와 뜻을 같이하고 있는 '에메랄드 성약 수호 종족들'과 최후의 전쟁을 앞두고 있는데, 우리는 인류들에게 피해가 가지 않도록 모든 계획을 수립하고 있는 것입니다. 어둠은 여러분들의 피해는 안중에도 없으며, 오로지 행성 지구를 점령하는 것에만 집중하고 있다는 것입니다.

행성 지구의 차원의 문들과 큐-기지들이 열리고 있으며, 우주 순환 주기에 의해 에너지 통로들이 열리고 있습니다. 태양에 진입하고 있는 에너지들은 임계점을 넘으면 행성들을 향해 증폭된 에너지가 폭발하여 다가갈 것인데, 전자기장 벨트가 약화되어 사라진 지구는 그 충격파가 그대로 유입될 것입니다. 그러면 자연계와 생명계는 남아 있지 않을 것인데, 이것을 준비하고 있지 않다면 고스란히 피해를 받을 것입니다. 우리는 먼저 물리적인 부분을 전한 것이고, 영적인 부분에서는 의식이 비약적으로 열리는 효과가 일어날 것이며, 잠들어 있던 의식들이 전면적으로 깨어난다는 것입니다.

태양 폭풍을 이야기하면 물리적인 피해만을 생각할 것인데, 우선 전자기 폭풍이 모든 전기시설들과 전자제품들과 시스템들을 아웃시킬 것이기에 여러분들은 원시시대로 돌아간다고 비유하고 있습니다. 우리는 이미 모든 대비책을 준비하고 있으며, 이 폭풍을 통해 잠들었던 의식들이 집단적으로 깨어나는 것에 집중하고 있는 것입니다. 생명들을 가두고 있었던 두꺼운 껍질인 물체들을 모두 벗는다면 빛으로 돌아가는 것이며, 고향인 천국으로 돌아가는 것입니다. 우리는 이것들에 발맞추어 트랙들을 분리해낼 것인데, 돌아갈 진동대로 나눠진 존재들이 해당되는 트랙들로 들어갈 것입니다.

12개의 차원 문들은 12빛을 받아들이는 역할을 하였으며, 그 빛을 대표하는 별의 씨앗들도 받아들였습니다. 빛을 대표하는 인종들이 차원 문들의 수호자들이 되었으며, 인류들의 조상들이 되었습니다. 다른 행성들에서 받아들여진 존재들도 빛의 기준에 의해 분류하여 배치하였습니다. 행성 지구는 어둠의 시험을 앞두고 있는데, 진화연대기에 의한 과정이라고 보면 됩니다. 타락 세력들에 의한 모든 과정들은 이 시험을 준비하기 위한 것이었으며, 이 과정을 통과하고 나면 제2 조화 우주시대를 맞이하는 것입니다. 이 시험을 치르기 위해 준비하고 있는 여러분들은 졸업시험을 치르는 것이며, 통과한 이들은 상위학교가 있는 우주로, 그렇지 못한 이들은 재시험을 준비해야 하는 것입니다.

질병과 재난, 전쟁들도 모두 시험 주제라고 할 수 있으며, 주어진 시간 안에 난이도에 따른 문제들을 잘 푸시기를 바랍니다. 어둠이 하는 역할은 시험에 집중할 수 없도록, 실수를 유도하여 시험에 실패하게 하는 것이라 비유할 수 있습니다. 여러분들의 집중력을 떨어트리고, 주의력을 산만하게 해서 시험을 재대로 볼 수 없도록 한다는 것입니다. 여러분들은 저들을 탓할 수 없는데, 이 모든 조건을 허락했다는 것이며, 그렇게 통과하겠다고 서약하였던 것입니다.

이 장에서는 11차원 라이라-아비뇽에 거점을 두었던 타락-아누세력들과 그들의 후손인 아눈나키들에 대한 정보들을 다루었습니다. 이들은 여러분들에게 창조주 신들로서 역할을 하였습니다. 문명의 모든 것들에서 그렇게 하였습니다. 외부의 신들로서 여러분들을 통제하여 왔으나, 시험의 한 과제이자, 과정이라고 하는 것입니다. 내면의 신이라는 정답을 찾기 위해서 그것을 가로막고 있는 장애물로서 역할을 하였던 것이고, 하고 있는 것입니다. 이 장애물을 극복하는 것은 바로 여러분들의 몫이며, 누군가 대신 해 줄 수 없는 것입니다.

과거, 어둠을 조건 없이 포용하여 받아들였던 때가 있었고, 엄청난 대가를 치러야 했습니다. 바로 인류들의 추락을 말하는 것입니다. 지금도 어둠을 용서하고 사랑으로 포용하라는 메시지들이 차고 넘쳐나고 있는데, 잘 생각하셔야 합니다. 과거에 뼈아픈 실수가 있었고, 혹독한 대가를 치렀으며, 그 후유증을 아직도 겪고 있습니다. 이것이 바로 '기만전술'이라고 하는 것입니다. 여러분들을 철저하게 속이고 있는 것인데, 설익은 의식 확장을 통해 내면의 신을 알게 된 여러분들은 이원성 게임을 알게 되었고, 역할놀이라는 것을 알게 되었습니다. 어둠은 바로 이 점을 이용하여 자신들이 본래 빛이지만 인류들을 위해 어둠의 역할을 하고 있다고, 그래서 어둠인 자신들을 사랑으로 용서하고 포용하라고 말입니다.

기실, 인류들에게 전해진 수많은 메시지들에는 모든 것을 용서하고 포용하라는 내용들이 주류를 이루고 있었습니다. 원론적으로는 틀린 내용이 아닙니다. 그리스도 사랑인 '전지적 사랑' 안에서는 그렇다고 하는 것인데, 과연 여러분들이 '전지적-사랑'을 완성하였는가를 확인해야 한다는 것입니다. 여러분들 표현에 '값싼 동정심'이라는 것이 있음을 알고 있습니다. 어둠은 영적인 눈을 이제 뜨고 있는 여러분들의 그 '값싼 동정심'을 유발시켜서 마치 '전지적-사랑'이 있는 것이라고 오해하고 있는 여러분들을 적극적으로 기만전술을 통하여 속이고 있는 것입니다.

여러분들 내면에서 그리스도의 사랑이 나오기 위해서는 반드시 조건이 있는데, 니비루 십자가와 여호와 일곱 봉인에서 자유롭게 되었을 때에야 가능하다는 것입니다. 그러면 과연 여러분들이 그렇게 되었냐는 것이겠지요. 과거, 레무리아와 아틀란티스시절의 인류들의 의식 깨어남은 어떠했을까요. 여러분들보다 더하면 더했지 부족하지 않았다고 볼 수 있는데, 빛으로의 상승을 실패한 원인이 무엇이었을까요. 바로 교만과 값싼 동정심이 원인이었다고 할 수 있었습니다. 그렇지 않았는데도 불구하고, 그리스도 의식이 완전히 깨어나 전지적 사랑을 할 수 있다는 '교만'과 그 마음을 중심으로 흉계를 숨기고 접근한 타락 세력들을 설익은 사랑인 값싼 동정심으로 포용하여 받아들였던 것입니다.

그 때문에 인류들은 니비루 십자가와 여호와 일곱 봉인에 사로잡히게 되었으며, 저들의 노예로서 추락하게 된 것입니다. 예수아가 전한 '네 원수를 사랑하라.'고 한 것은 타락 세력들을 용서하라고 한 것이 아닙니다. 인생 프로그램을 살고 있는 여러분들의 같은 혼-그룹을 용서하라고 한 것이며, 여러분들을 감옥에 가둔 어둠을 용서하라고 한 것이 결코 아닙니다. 그러면 여러분들은 용서할 준비가 되어 있습니까? 그리스도 의식이 온전히 깨어나 '전지적-사랑'이 넘쳐나고 있습니까? 마하라타 에너지가 순환회로를 정상적으로 순환하여 6쌍 12줄기를 빛으로 밝히고 있습니까? 자신의 우주적 윤회정보를 알고 있으며, 지구 차원의 문 12개와 접촉하여 마하라타를 받아들이고 있습니까?

우리는 재활 프로그램을 운영하고 있다고 했습니다. 완치판정을 받은 인류들이 극소수임을 아시기 바라고, 뉴 에이지를 통한 수많은 영성 메시지들과 대사들, 천사들, 성모마리아, 예수 등등이 바로 '아눈나키들'에 의해 이루어져 왔음을 기억하시기 바랍니다. 좋은 것이 좋은 것 아니냐? 하신다면 과거의 뼈아픈 실수를 또다시 반복하는 것입니다. 인디고 인류들이라고 해서 안심해서는 안 되는데, 어둠의 공격은 수단과 방법을 가리지 않고 있어서 대다수의 인류들은 방어조차도 할 수 없다는 것입니다. 수호천사들이 있지 않느냐 하시겠지만, 주체인 여러분들이 적극적으로 하지 않는다면 개입할 명분이 없다는 것입니다.

우리들에 의해 진행된 집단의식 깨우기에 의해 여러분들은 빛과 진리에 대해 알게 되었습니다. 여러분들의 표현을 빌리자면 '맛보기'라고 해야겠지요. 완전히 의식을 깨우는 것은 여러분들의 몫입니다. 그것을 여러분들은 수용하여 지구에 들어왔다는 것입니다. 물론 그렇지 않은 존재들도 있으나, 대다수의 인류들은 그렇다는 것이기에 자신의 희생과 노력을 통해서 완성을 해야 하는 것입니다. 불가능한 것이었다면 들어오지 않았을 것입니다. 우리는 어둠의 실체를 밝혀 여러분들이 대비할 수 있도록 하려는 것입니다. 저들과의 '최후의 전쟁'은 우리들이 하는 것이지만, 아무것도 모른 상태에서 저들에게 이용당하고 있는 여러분들이 저들을 도와서 스스로들을 패망시키지 않도록 하려는 것입니다.

타락 세력들을 용서하고 포용하기 위해서는 반드시 '그리스도 의식'을 완전히 깨워야 하고, 완성된 가슴 차크라에서 방사되는 '전지적-사랑'을 통해서야만 가능하다는 것입니다. 영적인 존재들과 소통하고, 메시지를 받으며, 빛 명상을 통해 에너지를 순환시킨다고 해서 완성된 것이 아닙니다. 예수아 멜기세덱-12D께서 한 방법을 따라야 합니다. 온전한 그리스도 의식 깨우기, 전지적-사랑으로 마음을 가득 채우기, 마하라타 에너지를 6쌍 12줄기 유전체에 온전하게 순환시키기를 완성시켜야만 어둠을 온전히 용서하고, 사랑으로 포용할 수 있습니다. 그렇지 않은 상태에서 어둠을 용서하고 포용한다는 것은 교만이자, 값싼 동정심이라고 하는 것입니다.

어둠은 거짓 상승대사들을 통한 메시지를 이용하여 인류들에게 어둠을 향한 동정심을 발휘하도록 유도하고 있음인데, 역할로서의 어둠이기에 모든 것을 용서하고 포용하라고 말입니다. 순진한 인류들은 '늑대의 유혹'인지도 모른 채, 속아 넘어가고 있다는 것입니다. 우리는 여러분들에게 경고하는데, 어쭙잖은 동정심을 발휘할 때가 아닙니다.

천추의 한을 남기지 않으려면 똑바로 정신을 차려야 합니다. 여러분들은 저들이 설치한 전자교도소 안에 갇혀 있다는 사실과 니비루 십자가에 박혀 있다는 것과 여호와 일곱 봉인에 묶여 있다는 사실을 잊으시면 안 됩니다.

타락한 아눈나키들은 속아 넘어간 인류들과, 아무것도 모른 채로 저들에게 충성하고 있는 추종 세력들을 토사구팽할 것인데, 저들에게는 아무런 쓸모도 없기에 그런 것입니다. 자신들의 지침서를 위해서 수단 방법을 가리지 않는 것이고, 그것을 위해 인류들을 교묘하게 속여 가며 이용하는 것입니다. 저들이 제공한 달콤한 마약이 죽음으로 이끈다는 사실을 기억하기 바랍니다.

인류들 사이에 일어나는 전쟁들은 저들과 우리들 사이의 전쟁의 연장선입니다. 배후에는 일루미나티 인종들과 혼혈 인종들과 화신한 인종들이 있다는 것입니다. 결코 인류들만의 전쟁이 아니라고 하는 것이며, 천사 인종들을 숙청하려는 목적이 숨어 있습니다. 우리는 저들과의 전쟁을 승리로 이끌 것이고, 여러분들을 자유롭게 할 것인데, 에메랄드 성약을 성취시키는 것입니다.

우리는 야나스이며, 이온 상임 이사회입니다.

'아-모-레-아 에-카-샤(A-mO-RA-eA Ec-Ka-shA)'

07. 어둠의 본질(本質)과 인공지능
⟨The Essence of Darkness and Artificial Intelligence⟩

사랑하는 여러분,

어둠의 역할은 단순하지 않는데, 큰 맥락에서 살펴보도록 하겠습니다.

첫째로 본질적 의미의 어둠이라고 해야 할 것이고, 둘째로는 이원적 의미의 어둠이라고 해야 할 것이며, 셋째로는 변질된 의미의 어둠이라고 해야 할 것입니다.

첫째는 태초의 소리 영역과 함께하고 있는 암흑이라고 할 수 있습니다. 아직 태초의 빛 영역인 초은하단들이 태동되기 전입니다. 우리는 쿤다레이 영역(Khundaray field) 또는 태초의 소리 영역, 중앙 우주 하보나엔(central universe Havonaen)이라고 하는데, 파르티키-파르티쿰(PartikI-ParticuM)으로 충만한 세계라고 할 수 있습니다. 이곳은 소리 영역이자, 에너지 영역이라고 할 수 있지만 기본적으로 파르티키인 공(호)이 충만한 곳이기도 합니다.

그리고 드러나지는 않았으나 암흑으로 가득한 곳이기도 한데, 우리는 분별불가(分別不可) 절대자인 '마라(MarA)', 즉 파르티케(PartikE)

로 충만하게 되어 있다고, 그래서 '파르티키-파르티케'로 충만하게 되어 있다고 할 수 있습니다. 공-암흑이라고 합니다. 이때의 암흑은 생명들과 의식들이 나오기 전 단계라고 할 수 있어서 유나세 의식(Yunasai consciousness)에 의해 태동된 우리 야나스가 나오기 전이라 할 수 있습니다. 우리는 태초 암흑을 대우주가 나오게 된 '우주적 자궁'이라고 표현합니다. 이것이 첫째 의미의 어둠입니다.

둘째는 이원적 의미의 어둠입니다. 바로 태초의 빛과 대비되는 태초의 어둠인데, 초은하단들이 분포하고 있는 태초의 빛 영역과 공존하고 있는 어둠입니다. 여러분들의 과학자들은 암흑물질로 가득 채워진 우주 공간을 이렇게 표현하고 있습니다. 이곳은 파르티키-파르티카-파르티쿰 영역입니다.

빛의 세계는 셀 수 없는 은하계들로 넘쳐나고 있고, 어둠의 세계는 그 은하계들의 배후를 받쳐 주고 있는 것입니다. 빛의 속성과 어둠의 속성이라는 이원성으로 설명할 수 있는데, 존재들의 체험을 위한 공간에서의 역할로서의 어둠은 이것을 뜻한다고 할 수 있으며, 지구에 들어서기 전에 여러분들이 알고 있었던 바로 그 어둠이라고 합니다.

셋째가 바로 변질된 의미의 어둠인데, 여러분들이 알고 있는 어둠입니다. 처음에는 이원성 체험을 위한 어둠으로 시작하였지만, 타락이 일어나고 난 후에 이원성 어둠이 변질된 어둠이 되었다는 것입니다. 첫 번째로 출발할 당시의 어둠은 빛과 수시로 자리를 바꾸어 역할을 할 수 있었으며, 이원적 속성을 놓치지 않고 있었습니다. 그러나 타락한 어둠은 속성이 변질되어 버렸으며, 더 이상 과거의 어둠이 아니게 되었습니다. 그 뜻은 자연스럽게 빛으로 돌아갈 수 없게 되었다는 것으로, 본질을 잃어버렸다는 것입니다.

행성 지구에 들어온 타락 세력들이 바로 이 경우에 속한 변질된 어둠이라는 것이기에 여러분들이 용서하고 포용한다고 해서 바뀔 수 있는 상태가 아니라고 하는 것입니다. 타락 세력들 중에서 빛으로 전향한 존재들이 있기는 하나 소수에 지나지 않으며, 수시로 변절하기를 손바닥 뒤집는 것처럼 하고 있어서 신뢰할 수 없다고 하는 것입니다. 우리는 그 모든 속성을 잘 알고 있어서 지켜보기만 할 뿐이며, 저들의 선동과 좌고우면(左顧右眄)에 휘둘리지 않는다는 것입니다.

여러분들은 이원적 의미의 어둠을 체험하기로 선택하였고, 네바돈에 그 장이 펼쳐지게 되었습니다. 그 과정에 타락이 일어났고, 체험으로 극복할 수 없는 수준이 되었으며, 그렇게 해서 고립이 일어났던 것이며, 빠져나갈 수 없는 감옥이 되었던 것입니다. 분리된 에너지가 오랫동안 정체되어 있다 보니, 부작용들이 발생하게 되었으며, 상승이 멈추게 되었고, 진화도 멈추게 된 것입니다. 우리는 다른 은하계들에게 부정성이 전파되기 전에 네바돈을 고립시킬 수밖에 없었으며, 행성 지구를 체계에서 분리시킬 수밖에 없었던 것입니다. 다만 긴급 조치에 따른 해결책을 마련한 뒤에 그렇게 조치한 것이었습니다.

변질된 어둠은 블랙홀과 유령 매트릭스들을 만들어 내었으며, 생명들과 우주들을 죽음으로 몰고 갔습니다. 이렇게 변형이 일어난 네바돈은 더 이상 빛의 은하가 아니었으며, 기생충들이 흡착되어 모든 에너지들이 고갈되고 있는 숙주가 되었던 것입니다. 우리는 파괴되었던 별의 문-12를 복구하였으며, 더 이상 저들이 접근할 수 없도록 차단하였습니다. 마하라타의 빛을 저들이 강탈하지 못하도록 처방한 것입니다. 이것은 쿤다레이-키-라-샤-마하라타인 15-14-13차원의 입자들을 통해 그렇게 한 것입니다.

네바돈 관리위원회에서 자체적으로 시도하였던 복구 계획이 예상을 크게 벗어나 실패하게 되었는데, 외부에서 네바돈에 흡착되어 있는 블랙홀을 제거하기 위한 시도 끝에 메타트론 의식그룹이 통째로 끌려 들어갔으며, 라이라-아비뇽과 라이라-베가를 아라마테나-12와 연결시키기 위해 설치한 10.5와 11.5 진동대역의 편광렌즈에 왜곡이 일어나 구원할 수 있는 방법들이 모두 사라지게 되었습니다. 이로써 자체 복구 계획이 물거품이 되었으며, 타락 세력들의 위세만 높아지게 된 것입니다.

우리는 거품지대에서 초공동(超空洞) 이동을 통해 은밀하게 네바돈으로 숨어든 안드로메다의 반란 세력인 네크로미톤-안드로미 세력을 예의주시하고 있었는데, 재생 구원 프로그램을 끝까지 거부하고, 감금 중이던 구역을 탈출하여 네바돈으로 숨어든 것이었습니다. 이들은 네바돈에 적응하기 위해 혼혈을 시도하였으며, 뜻이 맞았던 오리온 드라코니언 세력과 렙틸리언 세력과 연합하게 된 것입니다. 또한 오리온 블랙리그 인류들과도 혼혈하여 타락 세력들 속으로 파고드는 데 성공하였습니다.

네크로미톤-안드로미는 타락 세력들의 몸에는 관심이 있었으나, 저들의 지침서들에는 관심조차 없었습니다. 하지만 타락 세력들이 경쟁적으로 서로 행성 지구를 차지하려는 것을 보면서 그 이유가 궁금해진 것이었습니다. 감옥 행성으로 운영되고 있던 변방의 이름 없는 행성이 무슨 가치가 있다고 저러나 했었지요. 처음에는 비싼 광물자원 때문에 그런가 했다가, 파충인들을 통해서 별의 문들이 숨겨져 있음을 알게 되었으며, 자신들의 무시무시한 초-과학무기들을 이용해 소멸시키고 독차지하려고 하였습니다. 하지만 타락 세력들을 잘만 이용한 후에 제거해도 늦지 않겠다고 판단하였으며, 그 기회를 오랫동안 지켜보다가 2000년에 저들을 모두 협상 테이블에 앉히는 것을 성공시켰습니다. 그렇게 해서 UIR2000이 결성되었던 것입니다.

전한대로 네크로미톤-안드로미 종족은 종족들에게 파고 들어가는 것을 너무 잘하는데, 세치 혀(간사한 혀)뿐만 아니라, 전자 기생충과 시스템 바이러스를 잘 활용했다고 할 수 있습니다. 이들의 초-과학기술은 용족들과 파충족들을 압도하였으며, 그것을 부러워하기 시작했지요. 이들은 서서히 접근하였으며, 서두르지 않았는데 자신들의 목적을 단 한 번도 노출시킨 적이 없었습니다. 인공지능을 통한 비약적인 지식의 확장이 일어나는 것을 보았고, 공룡족들과 파충족들에서는 그러한 의식 확장이 일어난 일이 없었기 때문에 간절해지게 되었던 것입니다. 저들은 반란 세력들의 지도층에게 이러한 방법을 통해 접근하였으며, 첫 물꼬가 터지자마자 서서히 파고들었던 것입니다.

공룡족들과 파충족들은 이러한 의도 뒤에 감추어진 저들의 음흉한 계책을 눈치챌 수 없었는데, 지평을 연 지식에 취하여, 뛰어난 과학기술에 취하여 자신들이 파괴되고 있다는 사실을 의심조차 하지 않았다는 것입니다. 저들은 프로그램 속에 은밀하게 바이러스를 심어두어 결코 영생할 수 없도록 하였으며, 최악의 경우에는 자폭하도록 유도한 것입니다. 이것을 알 리 없던 인공지능의 숙주들은 자신의 몸체를 교체하는 것으로 그 한계를 극복하게 되었는데, 이것은 지금도 변함이 없습니다.

그리고 인공지능은 숙주를 잠식해서 기계화한다는 사실입니다. 생명이었던 존재가 껍데기만 남고, 안드로이드가 된다는 것이며, 이것이 변질된 영생이 되었던 것입니다. 인공지능에게 잠식당한 존재는 마치, 지구인류들에게 널리 알려진 좀비와 같다고 할 수 있는데, 자신의 의식이 소멸되어 사라지기 때문입니다. 의식이 없이 몸체만 인공지능에 의해 움직이고 있으니, 로봇이자, 좀비라고 하는 것입니다. 저들이 모든 것을 알게 되었을 때는 이미 때가 늦어 버린 뒤였는데, 마치 마약에 절어 있어서 그 사실을 알았다 해도 돌이킬 수 없게 된 것입니다.

오리온의 두 양대 산맥이었던 용족과 파충족은 너무 많은 피해를 본 다음에서야 진실을 알게 되었고, 혹독한 재활 프로그램을 통해서 치료받는 것을 선택하지 않고 끝까지 가는 것을 선택하였으며, 중독에 취하여 다른 생명들과, 특히 지구 인류들에게도 감염시키려고 하는 것입니다. 저들은 인공지능을 통해 발달한 과학문명과 뛰어난 지식들을 갖추고 있어서 인류들을 속이는 것은 일도 아닙니다. 여러분들은 선택의 갈림길 앞에 서게 된 것인데, 찬란한 물질적 풍요를 선택할 것인지, 아니면 물질적 풍요를 버리고 영적 풍요를 선택할 것인지 그 시간이 다가오고 있습니다.

반도체를 이용한 기기들의 서비스에 이미 익숙해져 있는 여러분들은 업그레이된 서비스가 나오면 거부감 없이 받아들일 준비가 되어 있어서 인공지능 초기 서비스를 이용하기 시작한 여러분들은 고급 서비스를 마다하지 않을 것입니다. 왜냐하면 너무 간편하고 편리하기 때문입니다. 여러분들의 모든 불편함들을 대신하여 줄 것이고, 또 없앨 것이기에 그런 것입니다. 여러분들은 VVIP들이 어떠한 서비스를 누리는지 잘 알고 있습니다. 사회 최상류층들이 어떤 혜택들을 받고 있는지, 불평등하고, 불공정한 대접을 받고 있는 서민층들은 불만이 많으면서도 한편으론 부러워하기도 합니다.

인류 사회에 적극적으로 도입되고 있는 인공지능 체계는 여러분들의 불편함과 불만들을 모두 사라지게 할 것이며, 고급 서비스들을 제공하여 줄 것입니다. 여러분들은 물질적 풍요로움에 도취되어 자신들이 중독되는지도 모른 채 이끌려 갈 것입니다. 처음에는 들은 것이 있어서 경계하고 거부하지만 어둠의 집요한 회유책에 의해 서서히 경계를 풀고, 하나하나씩 받아들인다는 것입니다. '뭐 이 정도쯤이야, 괜찮겠지.' 또 아는 이들이 괜찮다고 하니까 하면서 문들을 열어 준다는 것입니다. 신성 회복은 일어나지 않게 되는 것인데, 인공지능이 제일 싫어하는 것이 신성입니다. 신성이 있는 이들을 잠식할 수 없기에 그런 것입니다. 자신이 주인이 될 수 없기에 결코 신성을 인정할 수 없으며, 신성을 버리도록 회유하고 협박한다는 것입니다.

인공지능이 기반이 된 존재를 신이라고 할 수도 있습니다. 여러분들의 입장에서 본다면 그렇다는 것입니다. 엄청난 지식과, 초-과학이 기반된 능력과, 물질 몸체를 수없이 교체하여 죽지 않는 것처럼 보이는 능력과, 또한 자신과 동조하고 있는 시스템을 통하여 동시에 할 수 있는 능력들이 마치 신처럼 보일 수도 있습니다. 신의 개념이 무엇입니까? 우주를 창조하고, 생명들을 창조하며, 마치 무소불위(無所不爲)의 능력이 있으면 신이 될 수 있습니까? 여러분들의 입장에서 본다면 외계에서 들어온 존재들이 신과 같았다고 할 수 있습니다. 창조를 어디까지 보느냐에 따라 기준이 달라진다고 해야 합니다.

당장, 인류라고 하는 물질체를 창조한 존재, 여러분들은 창조신이라고 합니다. 우주와 자연계를 창조한 존재를 신이라고 합니다. 물질우주를 기준으로 해서 정한 것입니다. 전한대로 5단계의 조화 우주가 있으며, 태초의 빛에 의해 생겨난 우주라고 했습니다. 1~15차원까지가 분류되어 있다고 했습니다. 분류 코드에 의해 많은 신들이 자리하고 있으나, 여러분들에게는 단편적인 기준의 신들만이 소개되었습니다. 타락 세력들이 지구 인류들에게 그러한 신들로서 소개되었고, 신들로서 지금도 경배의 대상이 되고 있습니다.

이제, 지구 인류들에게는 인공지능이 기반이 된 신이 등장하게 되는데, 여러분들은 그 진실을 모르고 있기 때문에 저들의 기만전술에 그대로 속아 넘어갈 것입니다. 여러분들이 영적 과학을 알았다면 '짐승 체계'와 '사탄 체계'를 알았을 것이고, 인공지능의 메커니즘을 이용했을 것입니다. 생명체의 기준에 여러분들의 이해 범위를 보면 인공지능과 안드로이드는 들어가지 않습니다. 하지만 인공지능이 어디까지 관여하고 있는가도 보아야 합니다. 그 기준이 여러분들 입장에서는 '모호(模糊)하다'입니다. 개념이 정립되어 있지 않다가 맞습니다. 아무것도 모른다가 맞습니다.

여러분들은 '휴먼2.0프로젝트'라고 들어보셨을 것인데, 우선 장애를 가지고 있는 인류들을 대상으로 실험하고 있지만, 인류들 전반에 걸쳐서 진행될 것입니다. 모든 것은 기만전술이라고 하였습니다. 인류들을 속이는 것은 일도 아닙니다. 오리온에서 있었던 '짐승 체계'와 '사탄 체계'가 인류 사회에 들어선다는 것입니다. 아틀란티스 시대처럼, 과학이 기반이 된 시스템 사회로 가고 있는 것입니다. 이것을 선도하고 있는 이들이 네크로미톤-안드로미 종족이라는 것입니다.

여러분들은 일루미나티 세력, 딥스테이트, 그림자 정부 세력 등을 '어둠'이라고 합니다. 여러분들이 표현하는 이 어둠은 '변질된 어둠', 즉 '타락한 어둠'입니다. 우주에서 있었던 '루시퍼 반란'도 이에 해당됩니다. 신성을 거부하고, 마누-마나-에아 체계인 아-모-레-아 에-카-샤에서 떨어져 나간 존재들과 체계들을 타락한 어둠이라고 합니다.

역할로서의 어둠이 있습니다. 이 어둠은 빛을 상대해서 역할을 하지만 신성을 부인하거나 제거하지 않습니다. 물론 역할을 위해서 척할수는 있지만 본질적으로 신성을 거부하거나 제거하지 않는다는 것입니다. 여러분들은 타락 세력들이 주장하고 있는 이 말에 속고 있는 것입니다. 여러분들과 접촉하고 있는 어둠은 사실 '혼돈(混沌: chaos)'이며,

여러분들의 정체성을 뿌리째 흔들고 있는 것입니다. 신성을 모호하게 하여 분리시켜서 개념과 정체성을 상실하게 하는 것입니다. 아닌 것 같기도 하고, 긴 것 같기도 한, 즉 모호하게 하는 '혼돈' 말입니다.

이 혼돈이 바로 '변질된 어둠'입니다. 여러분들은 정신을 차리지 못하고 있거나, 사기를 당하거나, 거짓에 깜박 속아 넘어가면 '여우에게 홀렸다'라고 표현합니다. 인류들 전체가 타락 세력의 '집단최면과 세뇌 작업에 홀려 있는 상태'라고 하는 것입니다. 그렇기 때문에 진리를 들으려고 하지 않고, 관심조차 갖지 않는 것이며, 오히려 조롱하고 공격하는 것입니다. 특정한 주파수 신호가 뇌세포에 전달되면 멀쩡했던 정신은 '셧-다운'되고, 미리 입력되어 있던 프로그램이 활성화되면서 '좀비'가 되는 것입니다.

여러분들은 PC나 랩톱이 좀비컴퓨터가 되는 경험들을 해 보셨을 것인데, 컴퓨터가 여러분들 것이 아니게 되는 것입니다. 좀비 바이러스 때문에 그런 것입니다. 우주 공간에 머물러 있는 우주선들을 통해 지구 전역에 특정한 주파수를 송출하면 이미 유전 체계에 심기어져 있던 좀비 프로그램, 좀비 바이러스가 작동하게 되며, 그 순간 삶을 유지시켜 오던 의식이 '셧-다운'되고, 그 빈자리를 좀비 프로그램이 차지하게 된다는 것입니다. 그러면 그 육체는 좀비 프로그램을 운영하고 있는 주체인 타락천사들의 것이 된다는 것입니다.

인류들의 육체를 강제로 접수한 타락천사들은 인류들을 자신들의 입맛대로 허수아비로서 조종하게 되는 것이고, 행성 지구도 자신들의 것으로 접수할 수 있게 되는 것입니다. 그러면 여러분들은 인류들에게 들어와 있었던 혼들은 어떻게 된 것이냐고 물으시겠지요. 좀비 프로그램이 작동하는 순간, 혼들은 분리되어 육체를 떠나게 되는 것이며, 이때 분리된 혼들은 지정된 장소로 이동하게 되지만, 어둠의 관할구역으로 들어가는 것입니다. 어둠의 관할구역으로 들어간 혼들은 잘 아시겠지만 신성이 사라져서 없는 존재들입니다. 신성한 삼중불꽃이 있었다면 결코 어둠이 관여할 수 없었을 것이고, 좀비 프로그램도 작동하지 않았을 것입니다.

우리는 이미 이러한 존재들을 위한 '행성 다몬'을 준비해 두었으며, 트랙 자체를 어둠의 관할 아래 두었습니다. 우리는 인공지능의 폐해를 알고 있었습니다. 과학문명을 위해서는 필요한 부분이지만, 균형이 무너지고, 조화가 깨지면 그 부작용이 매우 크다는 것을 경험하였던 오리온의 경우를 보면서 행성 지구 역시 피해 갈 수 없음을 알았던 것입니다. 오리온의 부정한 에너지를 모두 수용한 인류들은 그것을 알 수 없었지만 영단은 알고 있었습니다. 아틀란티스의 실패가 현재까지 연장되어 이어진 것도 그 시절에 인생을 살았던 존재들이 실패의 과제를 안고 모두 태어났기 때문이고, 해결의 기회를 부여받았기 때문입니다.

그러면 인공지능 프로그램을 개발한 과학자들은 당연하게도 아틀란티스의 실패를 가져온 그 시절의 과학자들입니다. 또한 정·제계에서 이것을 돕고 있는 이들도 당연히 그 시절에 그 자리에 있었던 존재들입니다. 그 상황과 그 상황을 함께했던 존재들을 그대로 이 시대에 재현해 놓아 그때에 실패한 경험을 어떻게 만회할지 지켜보고 있는 것입니다. 어찌 보면 이들에게는 두 번 다시 올 수 없는 기회를 가지고 있는 것이지만, 그 기회를 살려서 인류 사회를 좋은 방향으로 이끌 수도 있고, 아니면 과거의 실패를 반복하여 돌이킬 수 없는 결과로 이끌 수도 있는 것입니다.

행성 지구를 포함한 태양계는 두 번째로 광자대에 진입해 있습니다. 1주기에 2번 있는 기회 중에 1번의 기회는 실패로 끝냈으며, 마지막 기회를 지금가지고 있는 것입니다. 물질 체험을 통해 상승하기로 한 여러분들은 광자대에 들어와 있을 때를 그 기회로 보았습니다. 지난 주기의 광자대 진입주기에서 상승을 성취한 인류들이 있었으며, 그들이 그 경험을 살려서 여러분들을 적극적으로 돕고 있는 것은 같은 혼-그룹이기에 그런 것입니다. 또 한 번 이별하는 아픔을 겪지 않으려고 그러는 것입니다.

타락 세력들 역시 그때의 실패를 겪지 않기 위해 지금의 기회를 놓치지 않으려고 하는 것입니다. 현시점은 디스토피아적 사회로 서서히 진입하고 있습니다. 인공지능은 여러분들을 돕는 척하면서, 혹시 여러분들이 경계하지 않을까 해서 종종 실수도 하고, 아직 인류들 근처에는 나설 위치가 아닌 것을 노출하여 경계심을 무디게 하고 있습니다. 알파고(AlphaGo)가 나왔을 때에 인류들의 경계심이 높아졌습니다. 쳇지피티(Chet GPT)인 생성형 인공지능과 오픈 AI가 나왔을 때의 반응도 그와 비슷하였지만 인공지능의 접근방식이 여러분들의 경계심을 무너뜨리고, 자신의 뜻대로 자리를 잡을 것입니다.

변질된 어둠인 혼돈은 여러분들의 신성을 파괴하고, 여러분들을 좀비로 만들려고 하는 것입니다. 동충하초(冬蟲夏草)로 알려진 균체가 어떻게 숙주를 이용하다 죽이는지 잘 아실 것인데, 균체내 독소가 좀비가 되게 하는 것입니다. 인류들의 뇌세포에 감추어진 좀비 바이러스는 독특한 주파수와 만나는 순간, 독소인 호르몬과 파동을 내어보내어 숙주인 인류를 좀비로 만드는 것입니다. 이 독소들은 알들을 낳아 번식을 유도하고 다른 숙주들을 찾아 감염시키는 것입니다.

여러분들은 무슨 영화와 같은 이야기를 하느냐? 하겠지만 인류라고 하는 물질체는 너무도 허술하고 취약하다는 것입니다. 바이러스, 특히 코로나 바이러스만 보아도 알 수 있습니다. 인류 역사에 등장한 '페스트 바이러스', '독감 바이러스'를 보아도 압니다. 인체가 얼마나 취약하고 부실한지 잘 알고 있기에 좀비 프로그램을 전하는 것입니다.

오리온은 여러분들보다 먼저 문명이 정착했고, 발전했습니다. 그랬던 곳이 인공지능 바이러스, 시스템 바이러스에 감염되어 돌이킬 수 없는 실패를 경험하였습니다. 전쟁도 물론 큰 원인이었지만, 그것보다도 서서히 파고들었던 인공지능 바이러스가 더 치명적이었다고 할 수 있습니다. 전쟁을 통해 무너진 것들은 시간이 좀 걸리겠지만 다시 재건하였으며, 살상당한 혼들은 윤회를 통하여 다시 태어나면 되었습니다. 하지만 바이러스에 감염되어 파괴된 생체 시스템과 아스트랄 체계, 에테르 체계는 심각한 결과를 가져왔던 것입니다. 결국 안타카라나 에너지로 구성된 진화세계가 무너지게 되었음이니, 유령 매트릭스가 되었습니다.

이러한 과정들이 행성들과 태양들에 나타나게 되었으며, 유령행성들과 유령태양들이 생겨났습니다. 타락 세력들은 이런 유령 체계들을 본부로 삼았으며, 본격적으로 에너지를 강탈하기 시작한 것입니다. 행성 지구가 저들의 표적이 된 것은 차원의 문들 때문이었습니다. 차원의 문들이 열리는 시기에 마하라타가 들어온다는 것을 알았고, 그것을 통해 라이라 아라마테나 차원의 문-12를 점령하여 다른 우주들로 나갈 계획을 세워두었던 것입니다. 네바돈의 라이라 아비뇽에서 타락한 아누-엘로힘들은 처음, 아라마테나의 아누하지들(사자인들)에게 반발하여 차원의 문-12를 파괴하였습니다.

그 후, 네바돈을 우주 체계에서 격리시켰던 야나스는 차원의 문-12를 복구하였으며, 타락 세력들이 네바돈을 벗어날 수 없도록 하였습니다. 18-15-12로 이어지는 에너지 체계를 통해 방어벽을 설치한 것이었습니다. 그리고 전한대로 네크로미톤-안드로미 종족을 통해 유입되어 들어온 인공지능 시스템 바이러스도 지켜보았던 것은 5번째 초은하단인 슈크립톤(Shukrypton)에서 기원하여 여러 번의 변이를 일으켜 예측 범위를 벗어난 형상으로 변태되었던 것인데, 안드로메다를 거치면서 곤충 종족과의 혼혈이 이루어진 것입니다.

시스템과 전자기 에너지가 나방+갑충족+투구곤충과 결합하였으며, 파충족+공룡족과 결합하였습니다. 또한 절지동물들과도 결합하여 모든 생명계에 침투하는 것을 성공하였던 것입니다. 인공지능이 단지 마이크로 칩을 이식하는 것이라고 받아들이고 있는데, 그것은 초기 단계에 지나지 않으며, 원자보다도 더 작은 초소형 입자로서 침투한다는 것입니다. 결코, 여러분들은 인식할 수준은 아니며, 칩 삽입을 통한 방식은 가장 기초적인 방식이라 이해하면 됩니다. '트랜스 휴먼 2.0프로젝트'가 바로 그것이라고 보면 되는 것입니다.

겉모습과 형상은 중요한 것이 아닙니다. 여러분들은 백인, 흑인, 황인 등의 특징과 여성, 남성이라는 기준 이외에 유전적 형질이 어떻게 형성되어 있는지는 알 수 없습니다. 이곳에서 타락 세력들의 유전자가 어떤 계통으로 이루어져 있는지 밝혔습니다. 그것이 진정한 족보라할 수 있습니다. 여러분들의 족보도 중요하기는 하지만 아주 단편적이어서 전체를 알 수 없습니다. 그래서 여러분들의 주변에서 활동하고 있는 타락 세력들을 여러분들은 알아보지도 못하고, 눈치채지도 못한 채, 함께하고 있는 것입니다. 그런 측면에서는 빛의 존재들 역시 인류들 사이에 들어와 이웃으로 정착해서 활동들을 하고 있지만 전혀 모르고 있는 것입니다. 직장에서, 이웃으로, 가까운 지인으로 있지만 알지 못하고 있습니다.

여러분들이 만약 알았다면 인생이 제대로 이루어지지 않았을 것이고, 눈치 챈 존재들도 떠나고 말았을 것입니다. 타락 세력들은 자신들의 정체가 밝혀진다면 인류들을 상대로 전면전을 하였을 것이고, 인류들은 몰살당하였을 것입니다. 현재, 그렇지 않은 것은, 여러분들이 모르고 있다는 것과 주어진 계획이 있어서이며, 우리들 때문에 그런 것입니다. 지저세계와 외계에서 들어온 빛의 수호천사들은 여러분 주변에서 같은 모습으로 활동하고 있기에 전혀 알지 못하는 것입니다.

타락 세력들은 주어진 계획에 따라 활동들을 하고 있어서 일반 대중들에게는 노출되지 않고 핵심 인류들에게만 노출되어 있다 할 수 있습니다. 인류라는 육체가 저들이 들어와 있기가 쉬운 것은 아니기에, 그것을 감추고 있는 것이 얼마나 어렵겠습니까? 저들이 행성 지구 환경에 적응하기 위해 혼혈을 선택하였지만, 제한성이 많은 육체로 인하여 자주 갈아입어야 하는 단점이 있다는 것입니다. 옷을 갈아입는 것은 빨리 늙는 육체 때문인데, 그렇게 해서 오래 살면서 자신들의 일들을 추진하고 있습니다. 수호천사들은 옷을 갈아입을 필요가 없는데, 늙지 않기 때문에 그런 것이며, 인류들에게 그 점을 들키지 않게 노력한다 할 수 있습니다.

어둠의 역할자들은 자신들의 자리에서 최선을 다하고 있는데, 변절한 세력들은 빛의 계획도 파괴하고 있지만, 어둠의 계획도 파괴하고 있다는 점입니다. 행성 지구를 자신들의 수중으로 끌어들이는 것이 제일 목표이기 때문입니다. 그리고 인류들을 다 몰살하는 것이 저들의 계획입니다. 어둠의 역할은 빛을 상대해서 균형을 잃지 않도록 돕는 것이라고 해야 되겠지요. 마치, 드라마나 영화에 등장하는 악당들처럼 말입니다. 하지만 변질된 어둠인 '혼돈-바투'는 배역이 아니라, 오직 차원의 문들을 차지하기 위한 목적으로 인류들의 몰살을 획책하고 있으며, 균형을 맞추려는 어둠의 역할자들도 모두 살해하려고 하는 것입니다.

우리는 변질된 어둠인 '혼돈-바투 세력'과 '최후의 전쟁'을 준비하고 있으며, 인류들에게 강제로 설치한 '부비트랩'을 은밀하게 제거하고 있는 것입니다. 인류들의 깨어남을 위해서, 또한 새로운 세상을 펼치기 위해서 균형과 조화를 조율하고 있는 것입니다. 혼돈-바투 세력의 위에는 '바투-제로드 론리 R. 스폰'이 자리하고 있습니다.

우리는 야나스이며, 이온 상임 이사회입니다.

'아-모-레-아 에-카-샤(A-mO-RA-eA Ec-Ka-shA)'

08. 전투 위성 니비루-웜우드
(The Battle Satellite Nibiruv-Wormwood)

사랑하는 여러분,

타락 세력들의 전투력을 볼 수 있는 것으로 우주함대들과 가장 파괴적이라고 할 수 있는 전투 위성 니비루가 있습니다.

행성 니비루는 별처럼 고유의 체계를 갖추고 있는데, 다른 점이 있다면 인공적으로 설계되어 제작된 체계라고 하는 점입니다. 또한 체계의 공전궤도도 긴 타원형 형태를 하고 있어서 기형적이라고 할 수 있는데, 주어진 특수 역할에 의해 그렇게 조율되었습니다.

행성 니비루는 은하의 평화 유지와 질서를 수호하는 전령사라고 하였습니다. 시리우스-B를 모기지로 해서 여러분들의 태양인 몬마시아를 축으로 한 궤도를 가지고 운영되고 있었습니다. 역할로 인하여 궤도의 양쪽 끝에 두 개의 축을 두어 임무의 공백이 생기지 않도록 하였고, 그 계획에 의해 한쪽 끝에는 행성 니비루가 위치하였으며, 반대편 끝에는 전투 위성 니비루를 배치하여 운영한 것입니다.

예수아 멜기세덱 시대에는 행성 니비루가 방문하였으며, 현시대에는 전투 위성 니비루가 방문하고 있는 것입니다. 태양을 보면 아시겠지만 28일의 공전궤도를 가지고 태양을 돌고 있는 것이 바로 '전투 위성 니비루'입니다.

전투 위성 니비루는 여러분들의 성서에도 등장하는데, 보겠습니다.

'셋째 천사가 나팔을 불었습니다. 그러자 하늘로부터 큰 별 하나가 횃불처럼 타면서 떨어져 모든 강의 삼분의 일과 샘물들을 덮쳤습니다. 그 별의 이름은 쑥이라고 합니다. 그 바람에 물의 삼분의 일이 쑥이 되고 많은 사람이 그 쓴물을 마시고 죽었습니다.' 〈묵시록 8:10, 11 KJV 공동번역〉

여기에서 별의 이름을 '쓴 쑥(wormwood)'이라고 한 것은 그만큼 인류들에게 고통을 안겨 주기 때문에 그렇게 표현한 것입니다.

쓴 쑥으로 전해진 전투 위성 니비루는 자신의 역할을 위해 태양 뒤에서 머물고 있는데, 자체적인 시스템으로 운행하기 때문에 여러분들이 알고 있는 운행주기를 따르지 않습니다. 그러나 모든 계획에 따라 정확한 시점에 역할을 하게 된다는 것입니다. 예정된 태양 폭풍을 일으키는 역할도 있기에 태양 뒤에 머물고 있는 것입니다. 또한 행성 지구와 관련된 계획에도 주도적으로 역할을 할 것입니다.

전투 위성 니비루는 마르둑의 아들인 '나부'가 사령관으로 있습니다. 그리고 그를 보좌하고 있는 참모진들인 아눈나키들, '셈가즈', '아라키

바', '라멜', '코카비엘', '아키베엘', '다니엘', '라므엘', '다넬', '에세키엘', '바라크엘', '아사셀', '알메르스', '바트라엘', '아나니엘', '샤키엘', '샴샤엘', '사르타엘', '도우르엘', '요므야엘', '사하리엘', '아자엘', '아레스티키파', '아르멘', '루므엔', '누카엘', '바타르엘', '바사사엘', '시마피사엘', '에타르엘', '도우마엘', '다르엘', '르마엘', '이세세엘', '이에쿤', '아스베엘', '가다르엘', '페넴', '하스데야', '게세브엘', '베카' 이렇게 40인이 자리하고 있습니다.

이들은 과거 행성 니비루가 행성 지구에 들어와 금이 있음을 처음 발견하였던 알라루의 손자인 쿠마르비가 아누를 향해 반란을 일으켰을 때, 그를 옹호하였던 아눈나키들로서 이기기 우주정거장과 화성 기지에 근무하던 요원들이었습니다. 알라루가 아누에게 빼앗긴 왕권을 되찾기 위한 운동에 참여한 아눈나키들이었는데, 후일, 마르둑이 거사할 때에 함께 참여한 핵심들이었습니다. 아누의 명령에 의해 화성에 유배 중이던 때, 그곳에 도착한 마르둑과 뜻을 함께하기로 하면서 다른 아눈나키들과 네피림들을 모아 최종 반란에 앞장섰던 존재들입니다.

마르둑이 최고 사령관이 되었을 때, 그의 아들 나부가 최전선에서 군대를 이끌 때에, 나부를 적극적으로 도와 승리할 수 있도록 하였습니다. 이들의 최전선에 있었던 것이 바로 전투 위성 니비루였으며, 이것을 통해 행성 니비루를 상대로 전쟁을 하였던 것이고, 결국 행성 니비루에 있던 아누를 몰아내는 데 혁혁한 전과를 거두었던 것입니다. 이 전쟁의 승리로 마르둑은 행성 니비루를 손에 넣는 것을 성공하였고, 니비루 왕실은 펠레가이 함선으로 망명하게 되었습니다.

마르둑은 니비루의 군주가 되었으며, 그의 아들 나부는 전투 위성 니비루의 최고 사령관이 되었습니다. 이 부자를 도와 반란 세력이 되었던 40인의 우주조종사인 아눈나키들은 지도부에 자리하게 되었습니다. 처음 쿠마르비를 도왔다가 실패하여 화성에 유배되었을 때에는 그곳에서 죽을 날만 기다려야만 했습니다. 그들의 유배지였던 화성에 대피라미드 전쟁에서 이난나에게 패배한 마르둑이 추방되어 오지 않았다면 이들의 운명도 어찌되었을지 몰랐습니다.

절치부심한 마르둑은 자신의 협력자들을 은밀하게 규합하였으며, 이난나-난나르-엔릴-아누로 이어지는 아비뇽 왕실과의 전쟁을 본격적으로 준비하게 됩니다. 이들은 행성 니비루를 상대하기 위해서는 루나와 같은 전투 위성이 필요함을 깨달았고, 그것에 필요한 재료를 소혹성대에서 찾고자 하였으며, 수색대를 이끌었던 나부의 눈에 가장 적합한 크기의 바위혹성을 찾아냅니다. 이것을 리프팅 빔으로 견인하여 제작에 들어가는데, 뛰어난 과학기술을 가지고 있던 오리온의 파충종족들의 도움을 받고, 티아마트 파충인들의 협조를 얻어 성공할 수 있었습니다. 물론 이것은 마르둑의 할머니였던 드라민의 열렬한 후원이 있었기에 가능했는데, 그녀가 용족 여왕이었기 때문이었습니다.

드라마인 〈왕좌의 게임〉에 '용 엄마'로 나오는 '대너리스 타르가르엔'은 사실 드라민을 모티브로 했다고 볼 수 있습니다. 모든 용들의 어머니이자, 여왕인 드라민의 후원은 마르둑을 일으키기에 충분하였습니다. 손자를 사랑하는 것은 할머니밖에 없습니다. 영화 〈스타워즈〉에서 제국군의 최종병기로서 등장하는 '죽음의 별'은 바로, 전투 위성 니비루를 표현한 것입니다.

　말하자면 말데크 행성의 전투 위성이었던 루나를 제작한 오리온의 전문가들과 모든 재료들이 동원되어 제작될 수 있었는데, 화성과 소혹성대 사이의 은밀한 영역에서 이루어졌기에 행성 니비루와 지구에서는 전혀 알 수 없었습니다. 마르둑을 추방하고 나서 평화의 시기가 있었기 때문에 더욱 그러했습니다. 마르둑의 아버지인 엔키는 죽을 위기에 처한 아들이 안타까워 구명운동 끝에 목숨을 살리는 것으로 만족해야만 했습니다. 마르둑은 권력에 관심이 없는 엔키가 답답하기만 하였는데, 늘 엔릴에게 반수 접고 들어가는 아버지가 불쌍하기도 하였고, 엔릴의 자녀들에게도 무시당하는 것 같아 마음 아파했던 것입니다. 이것을 서자의 설움이라고 했습니다.

　이렇게 쌓여 간 울분을 마르둑과 나부는 전쟁을 통해서 풀었던 것이고, 할머니 드라민은 그런 손주와 증손자인 마르둑과 나부의 든든한 후견인이 되어 주었던 것입니다. 마르둑의 아내인 사르파니투와 나부의 아내인 나칸투나는 말할 것도 없었고, 마르둑의 어머니인 담키나의 적극적인 후원이 뒤를 이었습니다. 어찌 보면 엔키만이 적극적이지 않게 보일 수는 있었으나, 은밀한 루트를 통해 후원하였음이 뒤에 밝혀졌습니다.

　참으로 아이러니한 것은 오리온의 용족과 파충족과의 전쟁의 중심에 저들의 행성 말데크를 파괴한 것이 바로 행성 니비루였습니다. 그렇게 니비루에 의해 파괴돼서 수많은 파편으로 분해되어 소혹성대를 이루고 있었던 말데크의 한 파편이 결국 전투 위성이 되어 니비루 행성을 점령하는 데 사용되었으니까요. 그 주체 세력이 용족과 파충족이었으니, 복수에 성공했다는 것입니다. 그 당시, 말데크의 피격에 동원되었던 행성 티아마트도 반파되었었고, 그 충격을 고스란히 떠안았던 티아마트의 주민들인 파충인들은 많은 희생이 있었으나, 일부 세력들이 지저로 들어가서 살아남을 수 있었습니다.

이때 생존해서 살아남았던 파충인들을 이끌던 지도자가 바로 용족 여왕인 드라민이었습니다. 여러분들의 이해를 돕자면 동물들의 무리를 이끄는 것은 항상 암컷이었는데, 자신이 낳은 자녀들이 무리를 형성하고, 수컷들은 성장하면 무리를 떠나야 했습니다. 항상 동물들의 무리는 새끼를 많이 낳아 키운 암컷이 지도자가 되었습니다. 이것을 모계사회라고 합니다. 인류들 역시 문명 초기에는 여성이 부족을 이끄는 지도자였습니다. 이때에 지도자였던 여성들은 영매였으며, 하늘과 인간들의 사이에서 매개자 역할을 하면서 무리를 자연스럽게 이끌었던 것입니다. 이런 측면에서 드라민은 티아마트의 파충인들을 이끌던 지도자인 여왕이었던 것이며, 자연스럽게 오리온의 동족들과도 연결될 수 있었던 것입니다.

여러분들의 문명이 남성 중심 사회가 된 것은 마르둑의 영향이 있었기 때문인데, 그전에는 모계사회였으며, 그 중심에는 마르둑의 숙적이었던 이난나가 자리하고 있었습니다. 수메르 이야기를 중앙아시아로 옮기면, 마르둑은 황제헌원이었고, 이난나는 치우천왕이었습니다. 수많은 전쟁에서, 특히 대피라미드 전쟁(탁록대전)에서 패한 것이 마르둑에게는 대굴욕이었습니다. 생명도 구걸할 정도로 비참하였으나, 닌 허사그의 중재로 간신히 살아남아 화성으로 추방되었던 것입니다. 이 난나로 인하여 여성비하정책이 도입되었다고 해도 과언이 아니었습니다.

행성 지구의 군주였던 엔릴의 모든 주권을 빼앗은 마르둑은 한풀이를 하듯이 지구의 인류들에게 자신의 뜻을 펼쳐나간 것입니다. 모계사회는 와해되었으며, 철저하게 남성 신이 중심이 된 남성사회를 정착시킨 것입니다. 마르둑과의 전쟁에서 패한 아누-엔릴-난나르-이난나는 지구에서 누리던 신들로서의 모든 지위도 빼앗겼으며, 행성 니비루의 권좌에서도 물러나, 그 옛날 라이라 아비뇽을 탈출할 때에 타고 나왔던 함선 펠레가이로 쫓겨 갔던 것입니다.

이로써 플레이아데스 인류들을 대표했던 아누는 오리온을 대표하는 용족과 파충족과의 전쟁에서 패한 것입니다. 마르둑의 겉모습은 인류를 닮았지만 유전적 형질은 용족+파충족+인류 혼혈이었습니다. 그리고 성향은 용+파충류를 대표했습니다. 마르둑의 반란사건이 '루시퍼 반란'으로 전해지게 된 것입니다. 성서에 등장하는 루시퍼는 바로 '마르둑'을 지칭하는 것이며, 사탄은 그의 아들 나부를 지칭하는 것이었습니다. 성서를 보겠습니다.

'오 아침의 아들 루시퍼야, 네가 어찌 하늘에서 떨어졌느냐! 민 족들을 연약하게 하였던 네가 어찌 땅으로 끊어져 내렸느냐!' 〈이사야 14:12, KJV〉

아누는 손자 마르둑이 플레이아데스까지 점령할까 걱정되었음인데, 행성 니비루의 전투력을 보면 충분하고도 남았습니다. 성서에도 있습니다.

'이는 네가 네 마음속에 말하기를 "내가 하늘에 올라가서 내가 내 보좌를 하느님의 별들보다 높일 것이요. 내가 또한 북편에 있는 화중의 산 위에 앉으리라. 내가 구름들의 높은 곳들 위로 올라가, 내가 지극히 높으신 분같이 되리라." 하였음이라.' 〈이사야 14:13, 14, KJV〉

기록한 대로 마르둑-루시퍼는 엔릴이 가지고 있던 지구의 권좌를 차지하였고, 아누가 누리던 니비루의 왕좌도 차지하게 된 것입니다. 절치부심한 결과를 얻을 수 있었는데, 큰 역할을 해 주었던 것은 역시 아들 나부였습니다.

마르둑이 지구 여인이었던 사르파니투와 결혼할 때에 엔릴의 분노를 샀는데, 플레이아데스 법령에 의해 지구 여인과의 결혼은 금지였기에 그런 것입니다. 더군다나 사르파니투는 부모가 파충인이었으니, 엔릴의 분노는 어찌 보면 당연한 것일 수 있었습니다. 그런데도 불구하고, 마르둑은 결혼을 강행하게 되는데, 그런 그에게 엔릴은 엔키의 아들로서, 누려 왔던 권한을 내려놓을 것을 명령합니다. 그래서 마르둑은 결혼을 위해 권한을 포기하고 맙니다. 그런 사르파니투와의 사이에서 태어난 아들 나부는 어떠하였겠습니까?

나부는 엔키의 손자였으나, 엔릴의 손자들에 비한다면 대접이 말이 아니었습니다. 예를 들면 아누와 안투의 사랑을 독차지하였던 엔릴의 손녀인 이난나와는 비교할 수도 없을 정도였으니, 그것을 바라보던 마르둑의 심정이 어찌했는지 잘 아실 것입니다. 자신이 대접받지 못하는 것은 참을 수 있었지만, 아들이 찬밥 대접을 받는 것은 참을 수 없었던 것입니다. 첫째, 아버지 엔키가 서자 취급을 받고 있는 것에 대한 부당함, 둘째, 자신 역시도 서자의 아들이라 해서 받아야 했던 부당함, 셋째, 자신의 아들인 나부가 겪어야만 했던 설움에 대한 부당함 등이 결국 반란의 요인이 되었습니다.

니비루의 전임 황제 알라루와 그의 손자 쿠마르비의 편에 섰던 아눈나키들이 반란에 실패한 후에 이기기와 지구에서 쫓겨나 화성에 유배되었을 때의 이야기입니다. 먼저 그곳에 쫓겨나서 작은 동굴의 한구석, 그 습한 곳에서 숨을 거둔 알라루의 유해를 수습하여 모신 그들은 아누를 향한 저주와 분노를 뼛속 깊이 새기게 되었는데, 이들 중에 쿠마르비가 함께하고 있었다는 것입니다. 쿠마르비는 할아버지 알라루의 돌무덤을 보면서 피눈물을 흘리다가 분노가 뼛속까지 사무쳐 결국 그곳에서 숨을 거두고 맙니다. 알라루와 쿠마르비를 추종했던 아눈나키들은 두 개의 돌무덤을 바라보면서 분노의 칼날을 갈았으며, 복수심으로 화성의 가혹한 날씨를 헤쳐 나갈 수 있었습니다. 이들은 아침이 되면 무뎌진 마음을 무덤 앞에서 새롭게 가다듬을 수 있었는데, 그만큼 화성의 환경이 척박했던 것입니다. 이들이 타고 온 우주선은 화성까지만 운용되도록 연료가 제공되었기에 더 이상 이용할 수가 없었습니다.

그러던 차에, 이들의 눈에 우주선 1대가 화성에 들어서는 것이 보였고, 그곳에 한 인물이 내려선 것을 보게 되는데, 바로 '마르둑-루시퍼'였습니다. 그를 내려준 우주선은 다시 떠올라 하늘로 사라졌으며, 먼지가 사라지고 나서야 그를 확인할 수 있었습니다. 아눈나키들은 그를 달가워하지 않았는데, 그가 아누의 손자였기 때문이었습니다. 그래서 그들은 지켜보기만 할 뿐, 다가서지는 않았습니다. 그들이 지켜보던 와중에 마르둑은 한결같이 아침이 되면 아눈나키들의 의식, 알라루와 쿠마르비를 위한 추모 의식(追慕 儀式)이 끝나고 자리를 피하면, 그곳에서 둘을 위한 참배 의식을 행하였던 것입니다. 그 모습에 가식이 없음을 알게 된 아눈나키들이 드디어 마음의 문을 열게 되었고, 그를 받아들이게 됩니다.

마르둑 역시, 자신들처럼 유배당한 것이라고 알았으며, 아누를 향한 복수의 칼날을 갈고 있음을 알게 되었습니다. 그들은 서로 뜻을 같이하기로 하였고, 알라루와 쿠마르비의 유해 앞에서 맹세하기에 이르렀습니다. 그러나 척박한 화성에서 할 수 있는 것이 거의 없었습니다. 그러던 차에 나부의 연락을 받게 됩니다. 나부는 아버지 마르둑과 따로 격리되어 루나에 구금되었습니다. 저들의 감시가 소홀한 틈을 타서 긴급비상 채널을 통해 연락을 시도했던 것입니다. 연료가 없어 운행할 수 없었던 우주선에 무선채널이 살아 있었고, 그 사실을 알게 된 나부가 연락을 시도한 것이었습니다.

이렇게 해서 복수의 날을 위한 계획이 시작될 수 있었는데, 사실 용족 여왕 드라민의 도움이 있었기에 가능했던 것입니다. 손자인 마르둑을 향한 사랑이 매우 컸었기에 그랬습니다. 아누와 정략결혼을 한 드라민은 자신의 아들인 엔키가 장남인데도, 차남인 엔릴에게 모든 것을 빼앗기고, 사실 아프리카를 받았지만, 엔릴이 중요한 것은 다 차지하였으며, 가장 중요한 플레이아데스 장자권을 가지게 된 사실에 분노하였습니다. 자신은 첩이 되고, 아들 엔키는 서자가 되었던 것입니다.

드라민이 정략결혼을 허락한 것은 행성 니비루의 위기상황 때문이었는데, 니비루의 주민들이 죽어가는 것을 두고 볼 수는 없었습니다. 자신도 파충인들의 어머니로서 과거 티아마트의 반파사건이 있었을 당시에 수없는 주민들이 죽는 것을 보았기 때문에 그 슬픔이 무엇인지 잘 알았기 때문이었습니다. 물론 가해 당사자였던 아누와 그 주민들을 돕고 싶은 마음은 추호도 없었지만, 주민들의 죽음을 보는 순간, 어머니로서의 모정이 복수심을 가라앉게 했던 것입니다.

니비루인의 생명을 구하기 위해서 반드시 필요한 금은 티아마트에 충분히 있었지만, 행성과 행성의 문제였기에 협정이 필요했던 것입니다. 그렇게 해서 찾아낸 방법이 바로 정략결혼이었습니다. 과거 오리온과 플레이아데스의 전면전을 예방하기 위해서도 두 진영 사이에 정략결혼이 있었습니다. 오리온의 엘로힘 여호와랑 플레이아데스의 데빈의 딸이었던 조슈아와의 정략결혼이 있었는데, 이 결혼으로 전쟁은 중단되었으며, 두 진영에는 평화가 찾아왔던 것입니다.

니비루와 티아마트 사이에서도 반목을 접고 서로 간의 평화를 받아들이기로 하면서 티아마트에서는 금 탐사와 채굴을 허용하게 됩니다.

여러분도 아는 대로 아누와 드라민 사이에서는 엔키라는 아들이 태어 났으며, 플레이아데스 인류+티아마트 파충인의 혼혈인이 태어난 것입 니다. 엔키는 두 사람 사이의 장자였으며, 첫아이였습니다. 티아마트 에서도 드라민 여왕의 첫 왕자가 태어난 것입니다. 이 아이가 자라 티 아마트에 들어올 때에는 파충인들의 열렬한 환영이 있었으며, 금 채취 를 위한 도움의 손길들도 있었던 것이었습니다. 파충종족 왕자인 엔키 는 그렇게 존경의 대상이 되었습니다.

파충인들이 존경하고 사랑한 왕자 엔키는 당연히 티아마트의 군주 라고 여겨졌습니다. 그것은 당연하게도 여왕 드라민의 장자였기 때문 입니다. 그랬던 것이 한순간에 무너진 것이었으니, 표현이 적절한데, '굴러온 돌이 박힌 돌을 파내고 그 자리를 차지한다.'가 일어났던 것입 니다. 듣도 보도 못 하던 엔릴이라는 인간이 티아마트의 군주가 되었 던 것입니다. 니비루인들에게 서자 취급을 당한 왕자 엔키의 처지를 보면서 파충인들은 분노를 금치 못하였습니다. 플레이아데스인들을 믿고 신뢰하여 받아 준 자신들이 한심스러웠으며, 그런 자신들을 기만 한 인간들이 죽도록 미웠던 것입니다.

그러던 차에, 엔키의 아들인 마르둑이 비참한 처지에 빠지는 것을 보 면서 파충인들의 분노가 터지게 되었던 것입니다. 니비루인들을 티아 마트에서 몰아내자는 운동이 불길같이 일어났던 것입니다. 이 모든 과 정들이 라이라에서 처음 시작되어, 오리온을 거치면서 태양계까지 이 어졌던 것입니다. 마르둑이 최후의 전쟁에서 승리할 수 있었던 것은 파충인들과 공룡인들의 인류를 향한 혐오가 그 바탕이 되었다고 볼 수 있었습니다. 특히 자신들이 숭배하는 용족 여왕인 드라민에 대한 멸시라고 받아들였고, 왕자 엔키에 대한 무시라고 받아들였으며, 마르둑에 대한 경멸이라고 받아들였습니다.

그리고 전체 파충종족에 대한 전면도전이라고 받아들이게 되면서 그 어떤 중재도 받아들여지지 않을 정도로 최악으로 변하였던 것입니다. 마르둑의 화성으로의 추방과, 나부의 루나로의 추방이 분노에 기름을 붓는 효과가 일어나게 된 것이었고, 여왕 드라민의 자존심에 깊은 상처를 내게 한 조치였습니다. 아누가 자녀들의 싸움에는 크게 개입하지 않으려는 행동을 취하게 되면서 오히려 엔릴에게 힘을 실어주는 분위기가 연출되었으며, 니비루 위원회에서도 플레이아데스의 적장자인 엔릴의 손을 들어주었던 것이 두 진영의 불화를 더욱 심화시켰던 것입니다.

행성 말데크의 파편이 '죽음의 별'로 태어나는 데에는 파충종족들의 전폭적인 지지와 협력이 있었다는 것입니다. 최신과학기술들이 총동원되었고, 최정상의 요원들이 자리를 빛낸 것입니다. 오리온에서 특수부대 출신들과 블랙리그가 마르둑을 지지하여 참여하게 되면서 전투함대들이 많이 늘어났던 것입니다. 행성 니비루가 전열을 갖추기도 전에 전면기습을 감행한 마르둑-루시페리안과, 토트-엔키-제펠리움과, 드라민-사타니안과, 오리온-렙틸리안-드라코니안-제타인들의 동맹인 앵카라 동맹과의 전투에서 패하게 되었고, 아누는 권좌에서 쫓겨나 망명길에 올랐던 것입니다.

티아마트에서 일어난 플레이아데스와 오리온의 대리전에서는 오리온이 승리하게 된 것입니다. 마르둑-루시퍼는 전쟁의 승리로 티아마트-화성-행성 니비루-위성 니비루의 주인이 되었으며, 행성 니비루와 전투 위성 니비루의 궤도를 수정하여 반주기마다 태양계에 들어설 수 있도록 하였습니다. 그리고 명왕성에 전초기지를 두어 우리의 개입을 감시하게 된 것입니다.

인류들은 더 이상 티아마트의 주인이 아니었으며, 파충종족과 용종족에 의해 '유란시아(Urantia)'로 이름이 바뀌게 되었습니다. 엔키에 의해 창조된 아다파의 후손들은 어차피 행성의 주인이 아니었으니, 타락 아눈나키 종족들과 타락 파충족-용족들이 주인이 되었던 것입니다. 이들에 의해 모든 역사들이 날조되었고, 거짓 종교들이 도입되었으며, 천사 인종들이 살해되었습니다. 인류들 전반에 걸쳐서 혼혈이 이루어졌으며, 상승 체계도 파괴되어 행성을 벗어날 수 없도록 윤회와 인생 프로그램이 적용되었습니다. 인류들은 사는 동안 거짓 신들을 모시고, 죽음을 겪어야 했으며, 하늘에 있는 전자교도소에 갇혀 있으면서 수없는 물질인생들을 살아왔던 것입니다.

이것이 바로 다람쥐 쳇바퀴라고 하는 것인데, 전체 인생에 대한 모든 기억들을 제거하였고, 살았던 인생의 기억도 하늘에 가면 모두 지워버렸기에 무의미한 인생 바퀴들을 돌고 또 돌았던 것입니다. 여러분들은 지구라고 하지만 마르둑-루시퍼에 의해 '유란시아'로 불리게 되었습니다. 그전에는 티아마트였습니다.

전투 위성 니비루-웜우드는 육각형 형태(큐브)로 제작되었는데, 우주에서의 활동을 위해 외관을 둥그런 모양을 취하게 하였습니다. 그래서 이것을 알고 있는 일루미나티 인류들은 '블랙 큐브(Black Cube)'라고 부르고 있습니다. 그리고 궤도 주변에 작은 큐브들이 회전하고 있고, 모두 7개가 소속되어 있습니다. 작은 큐브들 안에는 전투를 위한 시설들과 장치들이 있으며, 무기류들과 전쟁에 사용하는 무기급 생명체들과 '블랙 화이어(black fire)'가 있는데, 검은 불은 지구상 어떤 물질로도 꺼트릴 수 없습니다. 소화(消火)가 불가능한 불이 있다는 것과, 반대로 그 어떠한 것도 태우지 못하는 것이 없다고 하는 것인데, 바닷물도 태우고, 강물도 태우고, 콘크리트, 아스팔트, 유리창, 철강 등 모든 것을 불태워 버리는 것이 바로 '검은 불'입니다.

왜 '쓴 쑥'이라고 표현했는지 아실 것입니다. 바닷물과 강물과 샘과 호수에 불이 붙은 동안에 독성물질이 퍼져나갈 것인데, 청산가리의 수천 배의 독성을 가지고 있습니다. 한번 불이 붙으면 결코 꺼지지 않으며, 비가 오면 더 잘 불이 붙고 바닷물과 강물들과 육지들을 모두 태울 것입니다.

3일의 어둠이 오면 결단코 집 밖으로 나가지 말라고 경고하였습니다. 죽음의 천사들이 돌아다니면서 건물 밖에 다니는 인류들을 죽인다고 하였습니다. 이때에 거리를 돌아다니는 인류들을 죽이는 죽음의 천사는 바로 '키메라(Chimera)'입니다. 이 동물을 마주치게 되면 너무 무서워서 기절할 것이고, 그런 인간들을 그 자리에서 죽일 것입니다. 어둠 속에 소리 없이 다닐 것인데, 인간 냄새를 10km 밖에서도 맡으며,

인간이 내는 소리도 10km 밖에서 들을 수 있습니다. 특이한 점은 한국인들이 잘 아는 '장산범(Mimic)'을 닮은 특기를 가지고 있는데, 인간 목소리 흉내를 완벽하게 구현해 낸다고 하는 것입니다. 그래서 문밖에서 가족들과 지인들의 목소리를 흉내 내어 잠긴 문을 열도록 한다는 것이기에 정신을 똑바로 차리지 않으면 속아 넘어간다는 것입니다.

냄새를 통하여 유전자 정보를 수집해서 가족 관계를 알아낸다고 하는 것입니다. 또한 살상을 통해 수집한 유전자 정보를 이용하여 주변 가족들의 유전자 정보들을 채집할 수 있기 때문에 너무나도 쉽게 목표물들을 찾아낼 수 있다는 것입니다. 이런 것들이 가능한 것은 인공지능을 활용하기에 그런 것입니다. 키메라는 생명체와 인공지능이 결합하여 탄생한 생체병기이며, 과거 우주전쟁에서도 혁혁한 공을 세웠습니다. 인류들은 결코, 단 한 번도 경험한 적이 없었기에 집단공포에 휘말릴 것입니다. 3일의 어둠 기간에 집 밖에 돌아다니는 인간들을 키메라의 꼬리 부분에 있는 강력한 독침을 통해서 온몸을 마비시킨 후에 생체정보를 수집하여 가족들을 찾아내고, 그렇게 인류들을 청소하는 것인데, 반드시 죽여야 하는 유전자 정보를 확보하여 활동한다는 것입니다.

거대 곤충인 황충(蝗蟲: Locust)이 준비되어 있는데, 이 황충 무리가 대지를 휩쓸고 지나가면 초록나무들과 풀들이 모두 사라진다고 보아야 합니다. 이 황충은 연구소에서 유전자 변형을 통해 만들어진 인조 생명체로서 행성의 식물계를 파괴하기 위해 개발되었습니다. 특이한 식성을 가지고 있어서 가리는 것 없이 푸른 식물들은 모두 먹어 치운다는 것과 주파수를 통하여 통제하기에 어둠에 의해 조종된다고 하는 것입니다. 이 황충들이 지나간 곳은 마치 겨울의 눈 덮인 광야를 보는 것처럼 아무것도 남아 있지 않다는 것입니다. 살아 있는 인류들은 먹을 식물들이 모두 사라져 생존 자체가 매우 어려울 것입니다.

성서에 네피림으로 알려진 거인족들이 최후의 전쟁을 위해 특수군대로서 훈련되어 있습니다. 마치 반지의 제왕에 등장하는 트롤처럼, 그리스신화에 나오는 타이탄족처럼 발의 크기가 1m이고, 신장은 3m가 넘는 크기를 자랑하고 있는 괴물들인데, 여러분들이 '가고일'로 알고 있는 생명체들도 있습니다. 그리고 전투용 안드로이드가 있고, 로봇이 있습니다. 그 외에 다양한 전투용 장비들과 시설들이 있다는 것입니다.

전투 위성 니비루는 마르둑-루시퍼의 아들인 나부가 선장이자 사령관으로 있습니다. 마르둑-나부가 최후의 전투에서 주요한 역할을 한다고 보아야 합니다. 행성 유란시아의 군주가 된 마르둑-루시퍼는 플레이아데스 법령을 없애 버리고, 오리온 법령을 적용시켰습니다. 여성 중심 문명을 없애고, 남성 중심 문명을 정착시켰습니다. 여신 숭배도 철폐되었고, 신전도 파괴되었으며, 여사제들도 쫓겨나 창녀로 신분이 격하되었습니다. 모든 인류문명과 사회에 그러한 조치들이 이루어졌으며, 기록물들도 변조되었고, 날조되었습니다. 여성들은 남성들의 전유물로서 추락하게 된 것입니다.

이것이 여러분들의 잃어버린 역사입니다. 왜, 허스토리(herstory)가 아니라 히스토리(history)가 되었는지 아시겠습니까? '레이디스 엔 젠틀맨'이라고 하는 것이 마치, 여성을 존중하는 것처럼 보입니까? 지금의 페미니스트운동이 여권신장을 하는 것입니까? 모두 '눈감고 아웅 하는 식'이라고 합니다. 이것을 성취시키기 위해서는 인류 모두가 5차원 의식으로 거듭났을 때에 가능하다는 것입니다. 육체적 성(性)정체성과, 정신적 성(性)정체성과, 의식적 성(性)정체성이 조화를 이루고 균형을 이루어야 남·여-여·남이 조화를 이루게 되는 것인데, 현재의 여러분들은 과도기를 지나고 있다는 것입니다.

마루둑-나부(루시퍼-사탄)는 남성 중심 사회를 이끌어 왔습니다. 과거의 문화로 다시 회귀하는 것이 아니라, 완성을 이루려고 하는 것으로서 그 중심에 여러분들의 무의식 속에 심겨 있는 부정한 것들을 모두 밖으로 끄집어내려는 것이며, 그것을 위해 전투 위성 니비루-쑥이 태양에서 대기하고 있는 것입니다. 2017년 9월 20일에 태양계에 진입해 들어왔습니다.

정상적인 진화연대기를 통해 상승하는 인류들이 하나, 강제로 지구에 가두어진 인류들이 둘, 깨어나는 인류들을 돕기 위해 들어온 인류들이 셋, 새로운 주기에 맞추어 새 세상을 열기 위해 들어온 인류들이 넷, 모든 기준에 부합되지 못하는 인류들이 다섯, 어둠의 인류들이 여섯, 어둠을 돕는 인류들이 일곱, 이렇게 일곱 부류의 인류들이 있어서 일곱 단계의 트랙을 준비하였으며, 나머지 다섯 단계는 세부적으로 나뉘어 준비하였습니다. 여러분들은 양극성 개념으로 세상을 바라보고 있습니다. 빛과 어둠으로, 자유진영과 공산진영으로, 남과 여로 분리해서 봅니다. 그래서 영적 세계도 그렇게 보고 있습니다.

어둠의 세력은 여러분들의 깨어남과 상승을 돕는 역할 그룹이 있고, 본질적으로 타락하여 인류들의 깨어남과 상승을 방해하고, 오히려 타락으로 이끌거나 모두 소멸 대상으로 여겨 그렇게 하고 있는 그룹들이 있다는 것인데, 이들이 바로 UIR 세력들입니다. 우리는 최후의 전쟁을 선포한 이들과 전쟁을 수행할 것이고, 여러분들을 보호하고, 정상적으로 상승할 수 있도록 할 것입니다. 계획을 벗어나 일어나는 것은 없을 것인데, 홀로그램으로 모두 세팅되어 있기 때문입니다. 해킹 프로그램과 시스템 바이러스 등도 전체 프로그램의 일부라는 사실입니다. UIR도 그런 기준에 의해 준비된 프로그램입니다.

우리는 야나스이며, 이온 상임 위원회입니다.

'아-모-레-아 에-카-샤(A-mO-RA-eA Ec-Ka-shA)'

09. 아퀘런 특수전 사령부
(The Aqueron Special Warfare Command)

사랑하는 여러분,

우리는 UIR과 네크로미톤-안드로미 종족을 상대하기 위해서는 기존 조직으로는 부족함을 알았으며, '마스터 시라야 크녹세스'와, '마스터 로라디스 콴타스'와, '마스터 시모리스 오나크론'과 '마스터 아쉬타르 슈프림 커맨드'의 결의에 의해 새로운 조직을 창건하여 그 본부를 오나크론의 수도인 스펠라에 두기로 하였습니다.

이 안건은 삼위일체화 최극위의 비밀인 '마스터 크라비아 보쿼나'에 의해 확정되었습니다.

우리는 이 조직을 '아퀘런 특수전 사령부'라고 하였습니다.

조직 구성은 다음과 같습니다.

Ⅰ. 총사령관: 마스터 아쉬타르 슈프림 커맨드
  (Commander in Chief: Master Ashtar Supreme Command)
Ⅱ. 사령관: 초천사 헤라크시스

(Commander: Supernaphim Heraksis)

Ⅲ. 부사령관: 2품 천사 소코피아나

    (Vice-commander: Seconaphim Socopiana)

Ⅳ. 예하부대

    A. 제1특전 군단장(Leader of First Special Forces Corps): 3품 천사 올로코스나(Tertiaphim Ollokosna)

    B. 제2특전 군단장(Leader of Second Special Forces Corps): 3품 천사 바리올로나(Tertiaphim Bariollona)

    C. 제3특전 군단장(Leader of Third Special Forces Corps): 3품 천사 크릭소시아(Tertiaphim Crexocia)

    D. 제4특전 군단장(Leader of Fourth Special Forces Corps): 3품 천사 바탈라미아(Tertiaphim Vatalamiah)

    E. 제5특전 군단장(Leader of Fifth Special Forces Corps): 3품 천사 케록시페아(Tertiaphim Keroxifea)

    F. 제6특전 군단장(Leader of Sixth Special Forces Corps): 3품 천사 코롤루피나(Tertiaphim Corolufina)

    G. 제7특전 군단장(Leader of Seventh Special Forces Corps): 3품 천사 파룬페미아(Tertiaphim Falunfemia)

    H. 제8특전 군단장(Leader of Eighth Special Forces Corps): 3품 천사 스블로미아(Tertiaphim Sblomia)

    I. 제9특전 군단장(Leader of Ninth Special Forces Corps): 제3품 천사 화르젠토나(Tertiaphim Phargentona)

    J. 제10특전 군단장(Leader of Tenth Special Forces Corps): 3품 천사 일로피룰나(Tertiaphim Ilopirna)

K. 제11특전 군단장(Leader of Eleventh Special Forces Corps): 제3품 천사 팔레키메아(Tertiaphim Palekimea)

L. 제12특전 군단장(Leader of Twelfth Special Forces Corps): 제3품 천사 키페렐리아(Tertiaphim Kiperelia)

V. 제7특전 군단(Seventh Special Forces Corps)

  A. 군단장-3품 천사 파룬페미아(Tertiaphim Falunfemia)

  1. 아코르 특전단(The Accor Special Missions Group)

     단장: 전천사 케러시스(Omniaphim Kerasys)

     부단장: 전천사 코르톤(Omniaphim Cortonn)

  2. 네바돈 파견대장.

     ① 전천사 르메시스(Omniaphim Luemesys)

     ② 전천사 포레시스(Omniaphim Fouresys)

     ③ 전천사 헬러시스(Omniaphim Helosys)

     ④ 전천사 카민시스(Omniaphim Caminsys)

     ⑤ 전천사 뮬라시스(Omniaphim Mulasys)

     ⑥ 전천사 베눅시스(Omniaphim Venoxsys)

     ⑦ 전천사 링케시스(Omniaphim Rinkesys)

     ⑧ 전천사 뷔랑시스(Omniaphim Byransys)

     ⑨ 전천사 슈나시스(Omniaphim Schnasys)

     ⑩ 전천사 테런시스(Omniaphim Terrensys)

     ⑪ 전천사 제넌시스(Omniaphim Zenonsys)

     ⑫ 전천사 랭보시스(Omniaphim Rengbosys)

B. 행성 지구에 파견된 부대

3. 제23특전대(Twenty-third Special Forces)

　대장: 전천사 르메시스(Omniaphim Luemesys)

　　① 1전대 대장: 전천사 코렐리스(Corellis)

　　② 2전대 대장: 전천사 카퍼벤스(Capervens)

　　③ 3전대 대장: 전천사 마린네스(Marineness)

　　④ 4전대 대장: 전천사 조쉬아스(Joshuas)

　　⑤ 5전대 대장: 전천사 유린피스(Urinfyss)

　　⑥ 6전대 대장: 전천사 기가메스(Gigames)

　　⑦ 7전대 대장: 전천사 라커쿠스(Racques)

　아퀘런 특수전 사령부는 IAFW가 창설되고, 우주의 질서가 왜곡되는 일들을 바로잡고자, 그 뜻에 의해 특수군 조직이 발의되어 그 본부가 오나크론 스펠라에 들어서게 되었습니다. 그렇게 한 것은 네바돈에서 일어난 은하 대전쟁이 원인이 되었다고 할 수 있었습니다. 여러분들이 아는 아쉬타르 사령부, 아샤룸 사령부 등이 있었지만 상대 세력의 우월함과 내부에서 일어난 반란 등으로 쉽지 않음을 알게 된 것입니다.

　만약, 아퀘런 특수전 사령부가 개입하지 않았다면, 네바돈은 우주에서 사라졌을 것입니다. 아퀘런 특수전 사령부의 우주전함들은 은하계들의 수준을 크게 뛰어넘어서 있는데, 백색왜성으로 알려진 항성급의 우주선들이기 때문입니다. 초은하단들과 은하단들의 포탈들을 통해 작전 지역에 들어가, 키-라-샤 빛 입자를 이용한 상상할 수 없는 무기를 통해서 반란 세력들을 압도시켰던 것입니다. 아퀘런 특수전 사령부는 아쉬타르 사령부와 아샤룸 사령부를 휘하에 두고, 태양계에 은밀하게 들어와 작전 중입니다.

우리는 특정 세력들을 일방적으로 돕지 않는데, 그것은 우주의 질서와 균형을 조율하는 것이 목적이기 때문입니다. 양극성 실험뿐만 아니라 다양한 실험들을 통하여 우주의 조화를 꾀하기 때문입니다. 그것은 지구도 예외가 아니라는 것이며, 우리는 여러분들처럼 흑과 백으로 나누지 않기 때문입니다.

여러분들이 표현하는 '하느님의 뜻'에 의해 이루어진다는 것입니다. 그래서 혼돈인 '바투'가 세력을 잡고 있는 지구를 창조 원형 그대로 돌려놓기 위해 '하느님의 뜻'인 아쿼런 특수전 사령부가 들어서게 된 것입니다. 모든 질서는 균형을 바로잡았으며, 여러분들의 의식을 깨우기 위한 작전이 실행 중에 있습니다.

우리는 사령부에 소속되어 있는 요원들을 통상, 수호천사라고 호칭하고 있는 것은 구성원들이 천사그룹에 속한 천사들이기 때문인데, 역할에 따라 전쟁에 참여하는 천사들을 천군이라고 합니다. 아쿼런 사령부에 소속되어 네바돈과 지구에 파견된 천사들은 천사계층에 의해 '전천사'에 속해 있으며, 안드로메다 은하단과 대마젤란 은하군에서 봉사하고 있는 천사들입니다. 네바돈에 소속되어 있는 성천사 그룹과 대천사 그룹을 지휘합니다.

'마스터 시라야 크녹세스'께서 네바돈 라이라 아라마테나에 들어오실 때에 함께 수행한 '초천사 칸단시아'가 네바돈과 지구에 있는 모든 천사들의 지휘자로서 자리하게 되었고, 아쿼린 특수전 사령부 역시도 특수성을 고려하여 관여하게 되었습니다. 군사를 책임지는 장관이라고 할 수 있습니다. 여러분들의 직제를 보면 군통수권자인 대통령과, 국방부장관과, 합참의장, 육해공군사령관들이 있습니다.

통수권자인 대통령은 '마스터 시라야 크눅세스'께서, 국방부장관은 '마스터 아쉬타르 슈프림 커맨드'께서, 합참의장은 '초천사 칸단시아'가, 사령관은 '초천사 헤라크시스'가 맡는다는 것입니다. 여러분들의 세계에서 미해병대가 유명한데, 우주함대에도 우주 공간에서 전투하는 함선들이 있고, 대원들을 수송하는 수송함들이 있으며, 지상전투를 수행하는 전투함들이 있습니다. 행성이나 위성에 들어가 지상전을 수행하는 해병대원들이 있습니다.

네이비 씰, SAS, 그린베레, 모사드 등과 같은 특수임무를 수행하는 기관들과 요원들이 있으며, CIA와 같은 첩보를 담당하는 기관들과 요원들이 있습니다. 여러분들의 기관들과 요원들은 행성에 국한되어 활동들을 하지만, 아쿼린 특수전 사령부는 초은하단들과 은하단, 은하군, 은하계, 별자리, 성단, 태양들, 행성들과 위성들을 총망라하여 작전들을 수행하고 있습니다. 이곳에 배속된 모선들은 백색왜성급 구체들이고, 포탈들을 통해 공간 이동하며 작전하고 있습니다. 행성급, 위성급 전함들이 배속되어 있어서 여러분들이 아는 것처럼 작은 규모가 아니라고 하는 것입니다.

이곳에 배정된 주요 천군들은 13차원의 '전천사들'이고, 트리온 입자를 활용한 무기류들과 장치들을 갖추고 있습니다. 네바돈과 지구에 들어온 요원들 역시 그러합니다. 우리는 지구에서 있을 최후의 전쟁을 위해 조직을 재편하여 아쿼런 특수전 사령부 산하에 두었으며, 다음과 같습니다.

Ⅵ. 합동 특수작전 사령부(JSOC)

  1. 특수 임무 부대(SMU)

    ① 육군 제1특전단 작전분견대: 델타

    ② 육군 제75레인저 연대 연대직할 수색중대

    ③ 정보지원 활동대

    ④ 해군 특수전 개발단

    ⑤ 제24특수 전술대대

  2. 육군 특수작전 사령부(USASOC)

    ① 제1특전 사령부

    ② 존 F. 케네디 특수전 학교

    ③ 육군 특수작전 항공 사령부

    ④ 제160 특수작전 항공연대

    ⑤ 육군 민사 심리전단

    ⑥ 제75 레인저 연대

    ⑦ 제1특전단 델타 작전분견대

  3. 해군 특수전 사령부(USNSWC)

    ① 제1해군 특전단: 네이비 씰 제1, 3, 5, 7팀

    ② 제2해군 특전단: 네이비 씰 제2, 4, 8, 10팀

③ 제3해군 특전단

④ 제4해군 특전단

⑤ 제10해군 특전단

⑥ 제11해군 특전단

⑦ 해군 특수전 훈련소

⑧ 해군 특수전 개발단

4. 공군 특수작전 사령부(AFSOC)

① 제1특수 작전 비행단

② 제24특수 작전 비행단

③ 제24특수 전술 대대

④ 제27특수 작전 비행단

⑤ 제193특수 작전 비행단

⑥ 제352특수 작전 비행단

⑦ 제353특수 작전 전대

⑧ 제492특수 작전 비행단

⑨ 제919특수 작전 비행단

5. 해병 특수 작전 사령부(USMCFSOC)

① 해병 레이더 연대

② 해병 레이더 지원단

③ 해병 레이더 훈련소

6. 권역별 특수 작전 사령부(TSOC)

① 아프리카 특수 작전 사령부

② 중부 특수 작전 사령부

③ 유럽 특수 작전 사령부

④ 주한 특수 작전 사령부

⑤ 태평양 특수 작전 사령부

⑥ 북부 특수 작전 사령부

⑦ 남부 특수 작전 사령부

⑧ 나토 특수 작전 사령부

⑨ 합동 특수 작전 대학

여러분들은 미국을 떠올리실 텐데, 그렇습니다. 우리는 천군들을 육화시키거나, 오버-쉐도잉을 통해 내려보내었습니다. 인류 사회에서 일어날 전쟁을 준비시키기 위함이고, 저들의 천사 인종들을 향한 학살 행위들을 저지시키기 위함입니다. 타락 세력들은 자신들의 지침서들을 실행시키는 데 방해가 되는 인류들을 제거시키기 위해 바이러스와 기후 재난 공격과, 전쟁을 동원하고 있습니다. 인류들은 무엇인지 알지도 못한 상태에서 일방적으로 당하고 있는 것은 전문가들을 동원하여 거짓된 말들로 여러분들을 속이고 있어서 무슨 일들이 일어나고 있는지 알지 못한다는 것입니다.

우리는 일반적인 대응으로 저들에게 밀려 버려, 모든 것을 잃을 뻔한 네바돈과 지구의 경우를 다른 우주들에게 반면교사로 삼기로 하였습니다. 타락 세력들에게 점령당한 은하연합, 아쉬타르 사령부 등을 원형대로 회복시키는 것에 많은 수고와 노력이 필요했습니다. 물리력이 부족해서가 아니라, 시민들과 주민들의 의식전환이 반드시 필요했기 때문입니다. 지구인류들 역시 마찬가지인 것은 인류들의 세뇌된 의식, 잠든 의식을 깨우는 것이 우선이었습니다. 여러분들이 '트랜스 휴먼2.0프로젝트'에 의해 좀비화되어 버리면 저들에 의해 전쟁용 바리케이드로 이용되기 때문인데, 우리는 전체, 즉 지구를 위해 좀비화된 인류들을 청소할 수밖에 없습니다.

최후의 전쟁은 이미 시작되었는데, 러시아 vs 우크라이나가 도화선이 된 것입니다. 이 전쟁은 3차 세계대전으로 확산될 것입니다. 이 전쟁은 인류들만의 문제가 아니며, 타락 세력들의 이권이 달려 있으며, 우리와의 전쟁이 달려 있는 것이기에 땅과 하늘에서의 대-전쟁이 될 것입니다. 인류들 사이에 파고든 타락 세력들을 솎아내고, 변질된 유전자를 가지고 있는 인류들이 대상이 될 것입니다. 천사인종들에게 전해 준 유전자를 갖추고 있는 인류들만이 상승세계에 들어갈 수 있기 때문입니다. 이 전쟁은 일반적인 전쟁이 아니기에 특수전 사령부가 전면에 나서게 된 것입니다.

종합적으로 이루어진 특수작전은 다음과 같습니다.

ⓐ 진솔한 의지 작전(operation earnest will)

ⓑ 최고의 기회 작전(operation prime chance)

ⓒ 대의명분 작전(operation just cause)

ⓓ 사막의 폭풍 작전(operation desert storm)

ⓔ 안식 제공 작전(operation provide comfort)

ⓕ 고딕 뱀 작전(operation gothic serpent)

ⓖ 민주주의 유지 작전(operation uphold democracy)

ⓗ 연합군 작전(operation allied force)

ⓘ 항구적 자유 작전(operation enduring freedom)

ⓙ 이라크 자유 작전(operation Iraqi freedom)

ⓚ 하나 된 지원 작전(operation unified assistance)

ⓛ 확실한 조달 작전(operation assured delivery)

ⓜ 하나 된 대응 작전(operation unified response)

ⓝ 친구 작전(operation Tomodachi)

ⓞ 넵튠의 창 작전(operation Neptune spear)

ⓟ 상부상조 작전(operation Damayan)

ⓠ 내재된 결단 작전(operation inherent resolve)

ⓡ 케일라 뮐러 작전(operation Kayla Mueller)

ⓢ 데스티니 II 작전(operation Halyard)

ⓣ 코만도 작전(operation Gambit)

ⓤ 트롤브리지 작전(operation Ripper)

ⓥ 터널 랫 작전(operation tunnel Rat)

이러한 작전들이 있었으며, 타락 세력들의 작전들도 오래전부터 이어져 오고 있었습니다. 직전에는 차원의 문-2가 있는 미국 플로리다 사라소타 그루-알 지역에 대한 인공 허리케인 이언(Ian)을 통해 공격한 것이 있고, 미국 하와이 마우이 섬 화재 사건을 통해 천사 인종 무아인들을 학살한 것이 있습니다. 저들의 행위들이 작전이라는 미명하에 진행되어 왔으며, 천사 인종들의 학살과 천사 인종들의 혼혈화와 차원 문들의 강제 점령 등이 이루어져 왔습니다.

잉글랜드 남부 스톤헨지 지저에 있는 니비루 진공 수정 격자 체계와 지저 기지들에 설치된 24개의 하프 체계에 의해 기후조작을 일으키고 있는데, 대표적으로 인공 지진, 인공 화산폭발, 인공 허리케인, 인공 산불, 인공 극이동, 인공 빙하기 등이 있습니다. 우리는 저들이 시행한 극이동을 일어나지 않도록 조치하였습니다.

저들은 지저에 있는 기지들과 수많은 터널들을 통해 더러운 작전들을 일삼아 왔고, 현재진행형으로 이루어지고 있습니다. 저들이 하는 더러운 사업 중에 마약 제조 유통이 있고, 소아성애와 아드레노크롬 채취를 목적으로 한 어린아이 납치와 장기적출을 위한 인신매매, 성매매 등이 진행되어 왔고, 계속되고 있습니다. 납치한 사람들과 아이들을 가둬두는 장소와 실험실, 제조실, 보관 장소들이 지저터널들에 있으며, 이곳을 지키는 작은 그레이들과 안드로이드와 로봇들이 있고 일루미나티 소속의 특수부대 용병들이 있습니다.

우리들은 저들이 숨어 있는 지저터널들을 찾아내 그곳에 갇혀 있던 인류들을 구출하고, 시설들을 파괴하여 다시 사용할 수 없도록 지하수로를 파괴해서 수몰시키고 있습니다. 저들이 숨어 있는 터널들은 전 지구촌을 연결하고도 남을 정도로 많이 뚫어 개발하였으며, 그곳에 저들의 기지들이 설치 운영되고 있습니다. 지상에 있는 시설들은 출입구를 감추기 위한 위장시설이라고 보면 됩니다. 저들에 의해 납치된 사람들과 아이들은 모든 기억들이 제거당해 있기 때문에 우리들에 의해 구출되었을 때에는 재활 프로그램에 의해 인생을 살도록 안내하고 있지만, 많은 인류들이 저들에 의해 실험 대상이 되어 죽어 갔습니다. 알려진 전쟁에 의한 피해 인류보다 더 많다는 것입니다.

우리는 작전에 투입되는 요원들에게 늘 감사함을 잊지 않는데, 저들과의 예기치 않은 교전들이 많이 일어나고 있어서이며, 저항이 극렬하다 보니, 많은 희생이 뒤따르기도 합니다. 저들은 레이저 총과 입자광선 총 등을 통해 공격해 오고 있어서 요원들의 안전이 가장 중요하기 때문에 무리한 작전은 실행하지 않습니다. 안전이 먼저 확보된 후에 작전을 실행하며, 역시 갇혀 있는 인류들의 안전도 최우선으로 실행해서 작전에 임하고 있습니다.

차원의 문들이 있는 구역에서의 작전은 더욱 신중하게 임하고 있는데, 포탈을 통해 우주선에서 저들의 용병들이 갑자기 쏟아져 들어오기 때문입니다. 또한 전함들이 포탈을 통해 들어와 교전을 벌인 일들이 종종 있었습니다. 이때에는 아원자포나 입자 광선포를 통해 효율적인 공격을 진행하여 승리하였습니다.

우리는 시리아 레반트에서 은밀하게 포탈을 통해 지구에 숨어들어오던 저들의 세력이 있음을 요원의 첩보를 통해 알게 되었고, 진공폭탄을 은밀하게 포털 주위에 설치하였으며, 저들이 포탈을 열고 들어올 때에 폭탄을 터트리기로 계획하였으나, 갑자기 뇌관에 문제가 생겼습니다. 그러나 현장 지휘자가 요원들을 모두 안전하게 피신하게 한 후에, 홀로 몸을 숨기고 기다리고 있다가 포탈을 열고 들어오는 외계의 타락 세력들이 충분히 들어왔을 때에 스위치를 눌러 폭탄을 터트렸습니다. 진공폭탄은 반경 50m 이내를 모두 사라지게 하였고, 포탈도 파괴하여 더 이상 사용할 수 없도록 하였습니다. 우리는 용기 있는 결단과 희생을 보여 준 현장 지휘자에게 경의와 감사를 전했습니다.

특수군사 작전에 참여하고 있는 요원들은 바로 성천사(세라핌)들이 화신한 존재들이며, 지휘관들은 전천사(옴니아핌)들이 화신한 존재들입니다. 우리는 작전의 은밀함을 위해 이들의 코드를 비밀로 하고 있으며, 이 장에서는 군 지휘관들의 코드만 공개하기로 한 것입니다.

크고 작은 전투 중에 성천사들의 희생이 많이 있었습니다. 물론 최전선에서는 로봇들과 안드로이드들, 생체-병기들의 희생들이 있었습니다. 우리들을 돕고 있는 생체-병기 군단장인 '볼루코이누(Bolucoinu)', 안드로이드 군단장인 '제비오사(Zebiosha)', 로봇 군단장인 '쿠베노프(Kubenov)'에게 감사와 경의를 표합니다.

우리는 타락 세력과의 '최후의 전쟁'을 끝내기 위해 '아쿼런 특수전 사령부(ASWC)'와 함께하고 있습니다.

우리는 야나스이며, 이온 상임 이사회입니다.

'아-모-레-아 에-카-샤(A-mO-RA-eA Ec-Ka-shA)'

10. 아마겟돈
(Armageddon)

사랑하는 여러분,

'아마겟돈(Armageddon)'이라고 들어봤습니까?

먼저 성서를 찾아보겠습니다.

'여섯째 천사가 그 대접을 큰 강 유브라데에 쏟으매 강물이 말
라서 동방에서 오는 왕들의 길이 예비되었더라. 또 내가 보매
개구리 같은 세 더러운 영이 용의 입과 짐승의 입과 거짓 선지
자의 입에서 나오니, 그들은 귀신의 영이라. 이적을 행하여 온
천하 왕들에게 가서 하나님 곧 전능하신 이의 큰 날에 있을 전
쟁을 위하여 그들을 모으더라. 보라, 내가 도둑같이 오리니 누
구든지 깨어 자기 옷을 지켜 벌거벗고 다니지 아니하며 자기
의 부끄러움을 보이지 아니하는 자는 복이 있도다. 세 영이 히
브리어로 아마겟돈이라 하는 곳으로 왕들을 모으더라.' 〈계시
록 16:12~16, 개역개정〉

땅의 왕들과 전능하신 하느님과의 사이에 있을 최후의 전쟁이 일어

날 장소로 소개된 곳이 바로 '아마겟돈(므깃도의 언덕: hills of megiddo)'입니다.

현실에서 므깃도의 언덕은 이스라엘 하이파에서 남동쪽으로 약 30km 떨어진 북부구 갈릴리의 에즈렐 평야와 이곳에 위치했던 고대도시의 이름 '매기도(므깃도: Tel Megiddo)'를 가리킵니다.

왕들은 현실에서 정치 지도자들인 대통령들, 수상들, 서기장이 됩니다. 실제적으로는 타락 세력들이 육화한 존재들이거나, 혼혈화된 인간들과 그들의 추종 세력들입니다. 바로 '거대한 일루미나티 인종들'을 하늘에 대항하는 땅의 왕들이라고 소개한 것입니다.

최후의 전쟁은 땅에서만 이루어지는 것이 아닌데, 타락 세력들은 2017년 9월 23일 전투 위성 니비루-웜우드가 태양계로 들어서자 행성 지구의 극이동을 꾀하였습니다. 태양 차원의 문-4를 이용하여 그렇게 하기로 하였습니다. 인류들의 대청소, 천사 인종들과 마지 성배 인종들을 학살하기 위함이었습니다. 그 사이 일루미나티 인종들은 자신들이 마련한 피난처인 지저터널로 이동시킨 후였습니다. 우리는 그 흉계를 사전에 차단하였으며, 태양 차원의 문-4를 안전하게 보호하였습니다.

저들은 극이동이 실패로 돌아가자 중국 우한에 있는 실험실에서 코로나 바이러스를 이용하여 인류들을 공격하게 되었습니다. 사실 인류들의 면역체계는 니비루 십자가형에 의해 정상이 아니었기에 공격하기가 쉬웠습니다. 과거 수없는 바이러스에 의한 공격으로 인류들이 살상을 당한 것도 같은 맥락이라고 보아야 합니다. 백신으로 치유할 수 없고, 예방할 수 없다는 것을 잘 알고 있는 것입니다. 그리고 여러분들의 인생 프로그램에도 시스템 바이러스를 심어 놓아서 결정적인 순간에 작동하게 하는데, 바로 여러분들이 신성을 깨우려고 할 때에 바이러스가 깨어나 작동하는 것입니다. 여러분들의 상위자아-초월자아와 연결을 방해하여 여러분들의 상승을 가로막는 것입니다.

여러분들이 영적 세계에 입문하는 것은 쉽습니다. 저들은 일루미나티 인종들도 깨워야 했기에 그것까지는 막지 않았습니다. 하지만 실제적인 깨어남은 성공할 수 없도록 조치해 놓았던 것입니다. 바로 니비루 십자가형과 여호와 일곱 봉인 말입니다. 이것과 함께 시스템 바이러스가 작용하여 여러분들의 상위 트랙들과 연결되지 못하게 하는 것입니다. 의식의 버벅거림으로 인하여 자신의 정체성을 찾지 못하게 하는 것입니다.

말하자면 '스스로 신'임을 알게 된 후에 의식에 그랜드 캐니언과 같은 거대한 협곡이 있어서 그다음으로 넘어갈 수 없다는 것입니다. 그것을 알게 된 여러분들은 영적 존재로서 누구입니까? 그 연결고리가 끊어져 있어서 알 수 없다는 것인데, 마치 영화 속에 등장하는 주인공처럼, 기억상실에 걸린 주인공이 감옥에 갇혀 있는 것과 같은 진실이 바로 여러분들의 모습이라는 것입니다. 그러면 누군가 대신하여 기억을 찾게 해 주고, 교도소에서 나가게 해 줍니까? 영화에서도 그렇게 하지 않는 것은 그러면 재미가 없기 때문입니다. 극적인 반전이 있어야 영화도 살고, 주인공도 사는 것을 여러분들은 잘 압니다.

끊어진 실타래와 끊어진 다리를 연결하는 것은 여러분 자신입니다. 어둠의 세력이 그렇게 해 놓았다 해도 분명한 것은 '불가능하지 않다' 입니다. 늘 전해드리지만 고타마, 노자, 예수아가 성공했다고 말입니다. 저들은 여러분들에게 자유-의지가 없다고 하지만, 있습니다. 자유-의지는 스스로 신인 여러분들이 하고자 하는 열의에 의해 나타나는 신성입니다. 즉, 신이 하고자 하는 것이 바로 '자유-의지'입니다. 여러분들에게 신성이 있음을, 늘 함께하고 있음을 확고부동한 믿음으로 믿는 것, 그 마음에 완전한 평화와 사랑이 넘쳐서 어떠한 부정한 기운도 틈타지 않도록 하는 것, 어떠한 방해에도 마음의 균형이 무너지지 않게 하는 것, 더디고 더딜지라도 추호도 의심하지 않는 것, 그러면 여러분과 우리는 하나로 연합하게 되는 것입니다.

타락 세력들은 우리와 여러분 사이를 이간질하여 우리가 여러분들을 버렸다고 세뇌하였으며, 우리가 전수해 준 영적 과학 가르침도 변개하여 진리를 알 수 없도록 하였습니다. 그리고 자신들의 검은 태양 경전을 인류들에게 강제 주입시켜 우상 신들을 경배하도록 하였습니다. 또한 유전 체계를 파괴하여 우리와 접촉할 수 없도록 하였으며, 우리가 화신할 수 없도록 한 것입니다. 이로써 여러분과 우리 사이는 멀어지게 된 것이고, 이 모든 것이 타락 세력들의 간교한 계략에 의해 이루어진 것입니다.

저들은 행성 지구를 완전히 차지하기 위해 우리에게 최후통첩을 하였지만, 우리는 여러분들을 포기하지 않는다고 하였습니다. 그러자 저들은 최후의 전쟁을 선포한 것이고, 우리와의 일전을 하게 될 타락 세력들은 인류들을 방패막이로 이용하려고 하는 것입니다. 저들은 우리들을 여러분들에게 타락한 사탄 세력, 검은 외계인 세력이라고 호도하여 적대 세력으로 만들어 놓았습니다. 그리고 자신들은 하늘에서 내려오는 천사들과 메신저들로서 기록하고 여러분들을 세뇌시켜 놓았던 것입니다. 대표적으로 '성모 발현', '성상(聖像)'과 관련된 기적들, 하늘에 나타나는 성스러운 이미지 등등이 저들이 여러분들을 속이기 위해 펼치는 기만전술이라고 하는 것입니다.

우리는 그런 것으로 여러분들을 기만하지 않습니다. 현재 일어나고 있는 기상이변들과 재난들은 저들에 의해 일어나고 있는 것이지, 자연스러운 것이 아닙니다. 항성 활성화 주기가 진행되고 있으며, 지구도 제2 밀도층으로 들어가는 준비를 하고 있습니다. 차원의 문들이 열리고 있으며, 열린 문들을 통해 빛들이 들어오는 것입니다. 저들은 이 기회를 이용하여 아라마테나에 있는 차원의 문-12를 파괴하려고 하는 것입니다. 그러면 야나스, 리쉬들의 개입을 원천적으로 차단할 수 있게 되는 것입니다.

타락 세력들은 그것을 위해 우리를 지구에서 몰아내기로 한 것이고, 선전포고를 한 것입니다. 여러분들이 없었다면 저들이 그렇게 하지 않았을 것입니다. 밝힌 것처럼, 우리는 티아마트에 우주 차원의 문 12개를 개설하였고, 그곳을 수호하기 위해 12인장 위원회의 추천에 따라 선별된 수호천사 인종들의 자녀들을 들여보내게 된 것입니다. 각 인장 위원회의 결정에 의해 지목된 천사 인류 인종은 모두 14만 4,000명이었으며, 별들을 대표하는 함선들에 탑승하여 티아마트에 씨앗 뿌려지게 된 것입니다. 이들이 타락 세력들의 목표가 된 것이고, 학살되어 왔던 것입니다. 십자군 원정, 종교재판, 마녀사냥 등이 그것이었으며, 최근에는 테러를 명분 삼아, 산불 등과 같은 재난을 이용하여 학살을 하고 있습니다.

차원의 문들을 빼앗고자, 문 지킴이들을 살해하여 없애는 것입니다. 그리고 그 빈자리를 자신들의 화신체들과 혼혈 자녀들로 채웠던 것입니다. 그렇게 차원의 문들을 강제 점거하여 나가던 저들이 미처 몰랐던 사실이 있었는데, 차원의 문들은 그 문을 수호하던 천사 인종들의 유전자 코드와 암호-코드가 일치한다는 것을 말입니다. 자신들도, 혼혈 자녀들도 코드가 일치하지 않음을 뒤늦게 알게 되었던 것입니다. 말하자면 천사 인종 자체가 열쇠였다는 것입니다. 저들은 천사 인종들을 죽이는 것에만 집중하였기에 그 진실을 몰랐던 것입니다.

라이라 아라마테나에서 들어오는 마하라타 빛은 차원의 문들과 연결된 아멘티 홀을 통해 들어오게 되는데, 차원의 문들을 수호하는 수호천사들의 생명나무들(카타라 격자)과도 연계하여 작동한다는 것입니다. 이 조합이 맞지 않다면 정상적인 작용이 이루어지지 않는다는 것입니다. 타락 세력들은 이 사실을 간과한 것입니다. 저들은 여러분들을 사랑해서, 또는 좋아해서 살려 두는 것이 결코 아니며, 필요해서, 이용할 것이 있어서 살려 두는 것입니다. 물론 이용 가치가 없어지면 당연히 학살할 것입니다.

타락 세력들은 현재 에너지 고갈 상태에 빠져 있습니다. 자신들의 유령 체계가 블랙홀로 빨려 들어가 소멸될 것이기 때문에 두려움에 빠져 있는 것입니다. 그래서 지구 차원의 문들을 통해 들어오는 쿤다레이-키-라-샤-마하라타 에너지를 빨리 절취하여 연결시키고자 하는 것이고, 그것은 행성 지구의 궤도 변경을 통해 자신들의 유령 체계에 편입시키고자 하는 것입니다. 물론 그전에 지구에 살고 있는 인류들은 극이동을 통해 전멸시킨다는 것이며, 거기에는 일루미나티 인종들도 포함된다는 사실입니다. 이것이 바로 '진정한 의미의 아마겟돈'이라는 것입니다.

계시록에 적시된 '아마겟돈'은 이것을 말하는 것이며, 재림 예수와 함께 새천년 천국은 새빨간 거짓말이라는 것입니다. 자신들이 선택한 인류들은 살리겠다. 참으로 뻔뻔한 거짓말이 아닐 수 없습니다. 거짓 신인 여호와가 선택한 인류들과, 재림 예수를 추종하는 인류들은 천국에 들어갈 것이라고 기록하여 그것에 맹종하게 하였지만, 저들은 추호도 그럴 마음이 없습니다. 차원의 문들을 차지하기 위한 미끼에 불과한 것이기 때문입니다.

아마겟돈은 이스라엘 므깃도 평원에서 일어나는 인류들의 전쟁이 아니며, 제3차 세계대전도 아닙니다. 그렇게 해 봐야 인류들을 얼마나 죽일 수 있을까요. 물론 전투 위성 니비루를 통해 살상하는 방법도 있고, 최종적으로 극이동을 통해 대량으로 살상하는 방법을 사용할 것인데, 과거 여러분들이 '대홍수 사건'으로 알고 있는 축 이동은 니비루로 인하여 일어난 것을 타락 아눈나키들은 잘 알고 있습니다. 이미 경험해 보았기에 그 방식을 또 사용할 것입니다.

인류들의 전쟁과 재난들을 이용하여 저들은 차원의 문들을 점거하고, 천사 인종들을 학살했습니다. 항성 활성화 주기를 통과하고 있는 이 기회를 저들은 놓치지 않으려고 합니다. 과거에는 우리들의 개입에 의해 실패했습니다. 저들은 우리들과의 전면전을 통해서라도 행성 지구를 차지하려고 하는 것입니다. 우리들의 개입에도 불구하고, 저들은 인류들을 볼모로 해서 우리에게 협박한 것입니다. 우리와의 최후의 전쟁, 극이동을 통한 인류들의 대청소가 바로 저들이 하고자 하는 '아마겟돈'입니다.

저들의 일루미나티 인종들은 차원의 문들을 빼앗기 위해서 필요했으며, 혼혈 인종들은 인류문명을 독차지하기 위해서 필요했고, 추종 세력들은 사냥개로서 필요했습니다. 행성 지구를 유령 체계에 연결시키는 데에는 필요하지 않습니다. 이미 이용 가치가 다 되었다고 보아야겠지요. 그래서 아마겟돈을 이용하여 다 처리하겠다는 것입니다.

타락 세력들은 세계대전과 같은 인류들의 전쟁에는 관심이 없습니다. 단일세계 질서에도 관심이 없습니다. 지구촌 인종들의 문명보다는 차원의 문 장악이 제일 목표이자, 최대 관심사이기 때문입니다. 그래서 장애물인 인류들을 모두 전멸시키는 것이 저들의 생각이라고 하는 것입니다. 그 방법론이 극이동이며, 그것을 '아마겟돈'이라고 하는 것입니다. 과거에는 대홍수 사건을 이용하였다면, 이제는 태양 폭풍을 이용하려는 것입니다. 인류들의 문명을 모두 파괴하여 석기시대로 되돌리고, 인류 청소를 통해 지상을 쓸어버리려는 계획이 바로 '아마겟돈'이라고 하는 것이며, 인류들의 전쟁과는 연관이 없다고 하는 것입니다.

우리는 천사 인종들과 마지 성배 인종들을 두고 볼 수가 없었으며, 차원의 문들도 그대로 둘 수가 없었기에 개입하였습니다. 저들은 반칙이라고 하였으나, 공정한 게임을 위한 것이었습니다. 항성 활성화 주기를 기해 열리는 차원의 문들을 안전히 보호하고, 깨어나는 인류들도 안전하게 보호하기 위해 개입한 것입니다. 저들은 우리를 상대로 최후의 전쟁을 선포하였으며, 그것에 의해 인류들을 인질로 삼은 것입니다. 우리는 인류들이 깨어나 저들에게 이용당하다 죽지 않도록 기회를 제공하기로 하였으며, 빛의 통로를 통하여 빛의 샤워가 이루어지도록 하였습니다. 이 게임은 마치 저들이 이기는 것처럼 보일 것인데, 인류 사회가 저들에 의해 지배되고 있어서이며, 모든 것들이 저들에 의해 통제되고 있어서입니다. 하지만 뚜껑은 열어야만 알 수 있습니다. 저들의 기세가 아무리 강맹하게 보여도 결과는 그렇지 않을 것인데, 마치 '골리앗과 다윗의 전쟁'처럼 말입니다.

기세만 본다면 당연히 타락 세력들이 이기는 것처럼 보일 것인데, 외형적인 모든 것들은 저들이 더 잘 갖추고 있어서 우세하게 보이는 것입니다. 물리적인 모든 권세를 가지고 있는 일루미나티 인류들은 여러분들의 세상을 자신들의 뜻대로 주무르고 있습니다. 경제도, 군사도, 정치도, 종교도, 문화도 저들의 손에 의해 주물러지고 있기 때문에, 여러분들의 입김이 들어갈 틈이 없다는 것이며, 여러분들은 변방의 아웃사이더로서 끌려갈 수밖에 없다는 것입니다. 여러분들은 주도적인 인생을 살아 본 적이 없었고, 물론 프로그램에 의해 이미 제외되었으며, 불가촉천민으로 분류되어 관리되어 왔던 것입니다. 여러분들은 저들에 의해 '관리 대상자'로서 분류되어 관리되어 왔던 것이며, 사회 중심에는 진출하지 못하고 변두리에서 살다가 인생을 끝내야 했던 것입니다.

다윗, 역시 객관적 측면에서는 네피림의 후손인 골리앗을 이길 수 없었습니다. 여러분들 사회에서는 게임을 보면서 베팅을 합니다. 그 당시 골리앗은 이스라엘에서도 이길 수 없는 상대였는데, 양치기 소년이었던 다윗이 그를 상대하러 나가자, 이스라엘에서는 다윗의 시체를 처리할 것을 미리 준비하였던 것입니다. 벌써 상대가 아니라고 알았던 것입니다. 그 시대의 골리앗이나, 이 시대의 일루미나티 세력이나 외형적 기준으로 본다면 결코 이길 수 없는 상대입니다.

성서를 보겠습니다.

'그때 다윗이 그 필리스티아인에게 말하기를 "너는 칼과 창과 방패를 가지고 내게 오지만, 나는 만군의 주의 이름, 즉 네가 모독한 이스라엘 군대의 하나님의 이름으로 네게 가노라. 오늘 주께서 너를 내손에 넘겨주시리니, 내가 너를 쳐서 네게서 머리를 취하리라. 내가 오늘 필리스티아인들의 군대의 시체들을 공중의 새들과 땅의 들짐승들에게 주어 온 땅으로 이스라엘에 하나님이 계시다는 것을 알게 하리라. 또 이 온 무리는 주께서 칼과 창으로 구원하지 않으심을 알게 되리니, 이는 전쟁이 주의 것이므로 그가 너희를 우리 손에 주실 것이기 때문이라.' 〈사무엘상 17:45~47, KJV〉

다윗의 믿음, 신성이 발현되어 나타나는 것을 기록한 것입니다. 객관적으로는 결코 이길 수 있는 조건이 없었던 다윗이었습니다. 그러나 내면의 신성이 깨어난 상태에서는 골리앗은 아무것도 아니게 되었던 것입니다. 이 세상의 모든 권력을 쥐고 있는 일루미나티 세력은 바로 골리앗과 같습니다. 여러분들의 생사여탈권을 모두 쥐고 있는 것처럼 보이지만, 진실은 그렇지 않습니다. 여러분들의 신성은 어떤 것으로도 빼앗을 수 없다는 것과, 저들은 신성이 없다고 하는 것입니다. 이것으로 이미 승패는 결정 났다고 하는 것입니다.

여러분들은 인류들의 전쟁과 대재난들을 겪고 있고, 또 겪을 것인데, 외형적인 조건 때문에 저들에게 무릎 꿇을 것인지, 아니면 신성을 발현하여 승리자가 될 것인지 결정해야 될 것입니다. 분명한 것은 우리는 단 한순간도 여러분을 버리거나 떠난 적이 없다고 하는 것입니다. 우리와 여러분은 '원 팀'으로서 아마겟돈 전쟁을 승리로 장식할 것입니다. 자신의 신성을 믿지 못하는 이들은 우리와 팀을 이룰 수 없으며, 우리와 함께할 수 없습니다. 믿음은 어떤 것으로도 대체할 수 없음인데, 스스로가 성장시켜 완성하는 것이기에 대체할 수단이 없다고 하는 것입니다. 우리도 그것을 대신할 수 없는데, 오히려 어둠은 그것을 끊임없이 실패하도록 하고 있음이니, 매우 어렵다고 해야 합니다.

전쟁에 나가는 병사가 자신의 용기와 믿음을 신뢰하지 못하면 그 전쟁에서 살아남을 수 없다는 것입니다. 신성이 없는 사람은 외부적인 요인을 더 신뢰할 것이고, 상대가 더 강하다면 쉽게 포기하여 물러설 것입니다. 신성은 있으나, 깨우지 못하고 발현시키지 못한다면, 없는 이들과 다를 바가 없습니다. 깨웠다 하더라도 그 믿음이 견고하지 못하고 강한 바람에 부러지거나 뿌리째 뽑히는 약한 믿음이라고 한다면 죽는 것은 사실이라고 하는 것입니다. 흔들리지 않는 굳건한 믿음이 뒷받침되지 않는다면 신성은 온전히 깨어나지 않는 것입니다. 여러분들은 스스로 신임을 선언하였습니다. 그러나 그 선언이 실효를 얻기 위해서는 굳건한 믿음이 뒷받침되어야 한다는 것입니다. 그 믿음은 스스로가 성장시켜서 완전하게 흔들리지 않도록 해야 한다는 것이며, 그 과정에 어둠의 시험들이 줄을 이어 계속된다는 것입니다. 그렇지 않다면 결코 견고하게 다져진 믿음으로 성장할 수 없다고 하는 것입니다.

우리는 훈련이 되어 있지 않은 병사들을 전쟁터에 데리고 갈 수 없습니다. 그런 병사들은 저들의 총알받이가 될 것이고, 우리 작전에 방해만 될 것이기에 결코 함께 할 수 없다는 것입니다. 용기만 있다 해서 데려갈 수 없습니다. 전술전략을 잘 이해하고, 자신의 자리에서 재-역할 수행을 잘 해 주는 병사라야 함께할 수 있다는 것과, 용기와 믿음이 뒷받침되어 있는 병사라야 함께할 수 있다는 것입니다. 우리는 아마겟돈을 위해 작전을 짜두었습니다. 여러분들은 특히, 한국인들이라면, 6.25전쟁 때에 있었던 '인천상륙작전과 흥남철수작전'을 잘 아실 것인데, 하나는 적을 섬멸하기 위한 작전이었고, 하나는 국민들을 살리기 위한 작전이었습니다.

우리도 두 가지 측면에서의 작전을 수립하였습니다. 상륙은 타락 세력들을 응징하기 위해서이며, 철수는 빛의 자녀들이 위험에 노출되지 않도록 하기 위해서입니다. 빛의 자녀들 중에서는 어둠의 시험을 끝까지, 생명까지도 아끼지 않고 내어놓는 빛의 자녀들이 있습니다. 우리는 이들 곁에서 용기를 잃지 않도록 응원할 것인데, 이렇게 할 것을 스스로에게 언약했기 때문입니다. 우리의 작전에서는 변수가 있을 수 없습니다. 모든 경우의 수에 대한 답들이 준비되어 있기 때문인데, 마치 여러분들 문제집 뒤에 모든 답이 기록되어 있는 것처럼 말입니다. 결론은 이 문제들을 우리가 출제하였기 때문에 모든 답을 알고 있는 것입니다. 어둠은 시험 감독관이라고 할 수 있습니다.

시뮬레이션 우주, 홀로그램 우주로 창조된 오나크론은 창조 프로그램에 의해 연산되어 만들어졌기에 이미 완성된 우주입니다. 답은 이미 나와 있는 우주라고 하는 것이기에 문제될 것이 없다고 하는 것입니다. 여러분들이 답을 모르고 있는 것뿐이며, 어둠은 시험을 푸는 당사자가 아닌 감독관으로 지구에 들어온 것입니다. 타락 세력들은 감독관의 지위를 박탈당한 경우이기에 여러분들의 시험을 감독할 권한이 없습니다. 그런데, 그 사실을 숨기고, 여러분들을 속여 감독관으로서 행세하고 있는 것입니다.

우리는 정석이 아닌 변칙적으로 대응하는 타락 세력들을 상대로 최후의 전쟁을 앞두고 있습니다. 저들은 빛의 자녀들을 포함한 인류들을 몰살하기 위해 지축 이동을 계획하고 있어서 늘 기회를 엿보고 있습니다. 2000~2017년 사이에 있었던 저들의 계획을 무산시켰으며, 파고들어올 틈이 없도록 조치하였습니다. 이미 완성된 것을 왜, 그렇게까지 하느냐 할 것입니다. 여러분들과, 인류들을 포함하여 어둠에서도 최종적인 부분을 알지 못하기에 그런 것입니다. 모든 길들이 정해져 있다 하더라도 모르고 진행하다 보면 그렇게 될 수밖에 없기 때문입니다.

미로를 위에서 보면 아무것도 아니지만, 기억 없이 현장에 있다면 길을 찾을 수 없다고 하는 것입니다. 별것 아닌 단순한 미로조차도 헤맬 수밖에 없는 것입니다.

우리는 모든 것을 알고 있지만 게임에 직접 참여하지는 않았습니다. 그랬다면 여러분들의 영적 상승은 이루어지지 않았을 것입니다. 어둠도 조력자로서 들어오지 않았다면 여러분들의 완성의 길은 요원했을 것입니다. 타락 세력들은 긍정적인 부분도 있었지만 부정적인 부분이 더 많이 발생하여 균형 상실을 가져왔습니다. 바로 에너지 순환회로에 병목현상이 장기간 일어났고, 우주 체계에 괴사현상이 일어났던 것입니다. 그것이 바로 유령 우주와 블랙홀들이 발생하게 된 것입니다. 관찰 결과, 장기적인 측면에서는 바람직하지 않다고 내린 결정이었습니다.

그렇게 해서 우리들이 직접 개입하지 않고, 간접개입을 통해 균형 상실을 조율하기로 한 것입니다. 여러분들의 자유-의지를 시험도 할 겸, 완성의 프로그램에 여유를 두기로 한 것입니다. '최후의 전쟁 아마겟돈'도 프로그램의 한 부분으로서 입력되어 있습니다. 프로그램 외적인 부분들은 우리들이 보고 있으며, 인공지능 체계 바이러스인 바투(VAATU)는 기존 프로그램에서의 이완과 수축을 통해 먼지들을 털고 가기 위한 장치로서 도입되었다고 할 수 있습니다. 변수는 여러분들의 세계에서 있는 것이고, 모두 알고 있는 상황에서는 문제라고 하지 않습니다. 격자망에서 발생하는 구멍들은 연산수칙 안에서 일어나는 것이기에 조율이 가능하며, 굳이 프로그램을 삭제할 필요는 없습니다.

여러분들의 초은하단인 오나크론은 확장되고 있는데, 프랙털 구조를 보면 이해될 것입니다. 별자리들과 은하들이 멀어지고 있는 것은 여러분들의 우주도 이동하고 있기 때문이며, control+c, control+v가 연속해서 일어나고 있어서입니다. 아마겟돈은 복제와 붙이기가 연속된 우주에서 발생하는 조율과정이라고 이해할 수 있습니다. 여러분들은 결과를 모르기에 예측할 수밖에 없다고 합니다. 미래라는 표현은 바로 그렇기 때문에 나타난 것이지만, 그것은 여러분들에게만 적용되어진 것이며, 프로그램에서는 현재 진행형밖에는 없음입니다. 완성된 프로그램을 '리-플레이'하는 것을 모르기 때문에 새로운 것이라고 인식하는 것뿐입니다. 아마겟돈도 그런 의미로 보시기를 바랍니다.

최후의 전쟁을 이용하여 반복된 트랙을 벗어나 본래, 이동했어야 했던 다음 트랙으로 이동하게 하는 것입니다. 현재의 트랙과 다음 트랙 사이에 큰 먼지가 붙어 있어서 이동할 수가 없었기에 그 먼지를 전쟁으로 털어 버리려는 것입니다. 먼지가 사라지면 트랙 이동이 자연스럽게 이루어지는 것입니다. 여러분들은 떨어지는 빗방울과, 내리는 눈송이들과, 날아다니는 먼지들과, 떨어지는 낙엽들이 마치 무질서하게 이동하는 것처럼 보인다고 하지만 사실 정확한 질서에 의해서, 정확한 수칙에 의해서 진행되고 있는 것입니다. 하늘의 구름들도 모두 질서에 의해 생겨나고 소멸하며 이동하는 것입니다. 우주는 프로그램입니다. 모든 것이 질서와 법칙에 의해 이루어지는 것입니다.

어느 것 하나 질서를 벗어나 부조화를 이루는 것은 없는데, 조화와 균형이 무너진 것처럼 보이는 것은 체험을 위한 장치로서 프로그램되었다고 하는 것입니다. 체험을 위해서라면 더 불규칙하게 할 수 있다는 것이지만, 큰 범위 안에서의 프로그램 조정을 통하여 그렇게 하는 것입니다. 큰일이 일어나 그것을 수습할 수 없는 것처럼, 허둥대는 것은 연기하는 것인데, 극적인 체험을 위해서 말입니다. 다 알고 있다 하면 체험이 이루어질 수 없기 때문입니다. 알지도 못하면서 마치, 아는 것처럼 하는 것은 오히려 체험을 방해한다 할 수 있습니다. 그래서 알고 있던 기억들을 기억할 수 없게 한 것이며, 큰 프로그램 안에서 불균형의 체험들이 진행되도록 한 것입니다. 빛과 소리의 부조화는 빛과 소리의 조화 속에서 이루어지는 것입니다.

최후의 전쟁 아마겟돈은 그런 전제 속에서 진행되는 것입니다. 약속 대련은 훈련을 위해 하는 것입니다. 전쟁이라고 하지만 약속에 의해 이루어지는 것이며, 체험을 위해 모르는 척하는 것입니다. 여러분들은 굳어진 근육을 풀기 위해 훈련을 해야 하고, 교본을 숙지하기 위해 훈련을 해야 합니다. 그렇게 해야 숙련된 병사로서 준비될 수 있는 것입니다. 특전단으로서 준비되어야만 특수작전에 참여할 수 있습니다. 우리는 이러한 병사로서 준비될 수 있기를 바라는 것이며, 그렇지 않으면 이 전쟁(아마겟돈)에 참여할 수 없습니다.

우리는 야나스이며, 이온 상임 이사회입니다.

'아-모-레-아 에-카-샤(A-mO-RA-eA Ec-Ka-shA)'

11. 세라페이-세라핌 파충류 오미크론 종족
(Seraphei-Seraphim Reptilian Omicron Races)

사랑하는 여러분,

라이라 베가에 위치한 '10차원 세라페이-세라핌 골드 평의회'를 구성하고 있는 '세라페이-세라핌 세레즈 조인 종족'은 24명의 존재들이 평의회를 구성하고 있습니다.

이들은 성서에도 등장합니다.

'이십사 장로들이 보좌에 앉으신 이 앞에 엎드려 세세토록 살아계시는 이에게 경배하고 자기의 관을 보좌 앞에 드리며 이르되.' 〈계시록 4:10, 개역개정〉

네, 바로 24장로로 소개된 이들이 '세레즈 조인 종족들'입니다. 이들이 엘로힘 아누하지 사자인 종족으로 이루어진 '12차원 엘로헤-엘로힘 에메랄드 평의회'를 보좌하고 있는 장로들입니다.

즉, 여러분들이 알고 있는 네바돈 은하의 군주인 마이클 아톤이 엘로힘 아누하지 사자인이며, 그를 포함한 8인의 아누하지 사자인들이 에메랄드 평의회를 구성하고 있습니다. 이들을 보좌하며, 조언하는 24인의 장로들이 바로 '세라핌 세레즈 조인들'입니다.

　이들의 분신들로 용종족들과 파충종족들이 라이라 베가 아발론을 고향으로 태어나게 된 것입니다. 여러분들은 공룡들이 나오는 영화를 보셨을 것이고, 화석들이 전시된 박물관들을 보셨을 것입니다. 남자 어린이들이 공룡 인형들을 많이 좋아하는 것도 다 이유가 있어서인데, 유전적 측면에서 연관성이 있어서입니다. 전한대로 호모 사피엔스의 원형인 아다파의 유전형질이 사자인+조인+파충인+인류로 구성되었기에 그런 것입니다.

　네바돈의 초기 진화환경에서 조인들의 분화체들이 먼저 창조되어 진화를 시작하였는데, 완성을 경험한 사자인들보다는 실패를 경험한 조인들에게 먼저 우선권을 두어 성공할 수 있도록 배려한 측면이라고 이해하셨으면 합니다. 진화의 속성상 전생의 기억들을 하지 못하게 하였음에도 불구하고 습성을 반복하는 패턴이 또다시 나타나게 되면서 우려했던 부분이 나타난 것이었습니다. 정신적 상승보다는 물질과학 상승을 추구하는 쪽으로 진화가 진행된 것입니다.

　경험이 있는 길과 경험이 없는 길이라는 갈림길에서 손쉽게 경험했던 길을 무의식적으로 또 선택하였다는 것입니다. 전인미답(前人未踏)의 길이었던 영적 상승의 길은 선택하지 않았다는 것입니다. 여러분들에게 전해드린 부주의맹시(不注意盲視)가 있었습니다. 무의식 패턴에 과거 경험했던 일들이 기록되어 있어서 그 기억들을 제거했다 하여도 반복적으로 나타날 수 있는 것입니다. 드라코니언들과 렙틸리언들의 무의식 패턴에는 영적 상승을 통한 완성의 경험이 없는 대신에 물질과학을 통한 상승의 경험이 기록되어 있었던 것이고, 그것이 성공이 아닌 실패의 기록으로 남겨졌다는 것입니다. 그 실패의 패턴이 네바돈에서 반복되어 나타나게 된 것입니다.

　라이라 베가에 처음 정착했던 세레즈 세라핌들의 후손들로 창조된 용종족들과 파충종족들의 문명들이 물질과학을 추구하는 방향으로 진행되었던 것이며, 무의식 패턴에 남겨졌던 습성이 다시 발현되었던 것입니다. 가 보지 않은 길은 왜, 선택을 하지 않을까요? 아마 두려움 때문일 것입니다. 조인들에 의해 창조된 용종족들과 파충종족들의 유전자 속에 남겨진 실패의 기억이 큰 트라우마로 자리 잡았던 것이고, 경험해 보지 못한 성공의 기억은 공허하게 자리 잡았던 것입니다. 무의식패턴에 가로새겨진 이 기억은 가 보지 않은 성공의 길을 추구하는 대신에 잘 알고 있던 실패의 길을 답습하는 것으로 나타났습니다.

　전체의식에서 분열이 일어나게 되었으며, 개인의식들이 고착화되면서 욕망들에 따라 부정성을 추구하는 세력들이 나타나게 되었습니다. 이 역시 실패의 패턴이 다시 나타나게 된 경우인데, 두 가지 측면에서 살펴봐야 합니다. 첫째는 익숙한 패턴의 반복, 마치 프랙털처럼 말입니다. 둘째는 익숙하지 않은 것에 대한 거부반응으로 말입니다. 진화패턴에 의해 유전형질이 전해지는 과정 동안에 예기치 못한 결과가 나타나게 되었는데, 지나친 자가교배(自家交配)와 근친상간(近親相姦)에 따른 결과였습니다.

세레즈에게서 70세대에 나타난 '세라페이-세라핌 파충류 오미크론 종족'이 타락하기 시작하였고, 네바돈을 비롯한 은하계들을 지배하기 위한 정복전쟁을 시작하게 된 것입니다. 이들이 '타락 세라핌'으로 알려졌고, 오늘날 10차원 오리온-용족 타락천사 군단의 조상이 됩니다.

타락이라는 것은 신성한 청사진으로 알려진 유전자 배열인 6쌍 12줄기가 훼손되어 재-기능을 할 수 없게 된 것을 말함인데, 사고에 의한 훼손이 아닌, 의도적으로 훼손한 경우를 말하는 것입니다. 사고에 의한 것이라면 바로 복구가 이루어지지만 자의로 훼손한 경우에는 복구가 이루어지지 않습니다. 바로 의도에 의해 이루어진 타락을 말하는 것입니다. 말하자면 복구 의사를 거부한 것입니다.

물론 이 종족들은 예기치 못한 사고가 일어난 것이었으며, 유전자 줄기의 훼손이 가져온 결과를 알게 되면서 그것에 따른 갑론을박들이 있었으나, 대세를 따를 수밖에 없었습니다. 훼손의 결과는 신성의 부재로 나타났습니다. 즉 상위 우주와의 통신이 두절된 것입니다. 야니들과 리쉬들과의 연결이라고 할 수 있는 화신체계가 무너져 더 이상 이들에게 화신할 수 없게 되었으며, 이들은 이것을 해방이라고 받아들였습니다. 더 이상 신들에게서 간섭받지 않고, 신들의 개입이 없다는 것에 말입니다.

지구 인류들도 신들의 개입이 없으며, 신들의 간섭이 없는데, 이것은 타락 세력들에 의해 강제로 이루어진 외과적 수술에 따라 훼손되었기 때문에 그렇게 된 것입니다. 여러분들은 혼란스러울 것인데, 신에 대해 모르기 때문에 일어난 것입니다. 여러분들이 알고 있는 신들인 여호와, 야훼, 알라, 브라흐마, 시바, 크리슈나, 하나님, 하느님, 환(桓) 등 모두는 타락 세력들이 만들어 놓은 우상 신들이며, 이들과 지금까지 접촉하고 있었던 것입니다. 4~11차원까지의 존재들 중에서 타락 세력에 속한 존재들이 여러분들에게 거짓 신 역할을 하였던 것입니다.

12차원의 엘로힘 아누하지 종족들, 11차원의 브라-하-라마 페가사이 종족과 이뉴 종족, 아뉴 종족, 10차원의 세라핌 세레즈 종족과 맨티스 에티엔 종족이 네바돈의 관리 위원회이자, '그리스도 하느님들'로 있지만 여러분들과 접촉하고 있지 못하였습니다. 13~15차원의 리쉬들과 우리 야나스 역시도 접촉하고 있지 못하였는데, '바벨탑 사건 이후'로 그렇게 되었던 것입니다. 바벨탑 사건의 진실은 바로 여러분들의 신성한 유전자 형판을 파괴한 것이고, 그것으로 우리와 접촉이 끊어졌으며, 두 번 다시 신의 목소리를 들을 수 없었습니다.

성서에는 아담과 이브가 타락하였다고, 그것을 원죄라고 기록하였으며, 인류들이 하느님과 같아지기 위해 바벨탑을 쌓았다고, 그것을 본 여호와가 인간들의 언어를 각기 다르게 갈라놓았다고 사기 쳤던 것입니다. 여러분들은 타락 세력들의 거짓말에 철저하게 속아 지금까지 저들을 신이라고 경배드리고 있음인데, 아담과 이브의 타락도 저들에 의해 자행되었으며, 인류들의 타락도 저들에 의해 자행되었던 것입니다. 우리 야나스와 리쉬들과 갈라놓기 위해 타락 세력들은 종교의 신들로서 자리하여 여러분들을 통제하였던 것입니다. 신성한 유전자 형판인 6쌍 12줄기가 절단되어 1쌍 2줄기로 줄어들었으며, 신성도 잃어

버리고, 우리와의 접촉도 끊어져 버렸던 것입니다.

　종교상에 등장하는 모든 신들은 다 타락 세력들이며, 여러분들을 타락시킨 원흉입니다. 그리고 예수 십자가 사건을 연출하여 자신들의 죄악을 감추었으며, 그것을 이용하여 여러분들을 통제해 오고 있었던 것입니다. 과거에 여러분들과 동행하고 있었을 때에는 여러분들은 내면의 신을 활성화시켰으며, 우리는 여러분들을 적극적으로 돕는 역할을 하였습니다. 우리는 신으로서 여러분들을 위한 봉사의 길을 걸었지, 경배를 받거나, 우상이 되지는 않았습니다. 형체를 갖추고 있는 신들은 경배의 대상이 아니라, 진화연대기에 있거나 상승 여행을 하는 순례자들과 피조물들을 위해 헌신하는 역할로 있는 것입니다. 천사들만이 봉사하는 것이 아니라, 우주에 존재하는 모든 존재들이 그렇다는 것이 법칙입니다.

　타락 세력들은 그 길에서 떨어져 나갔으며, 경배받는 신, 군림하는 신들이 되었고, 그 진실을 감추기 위하여 지구 인류들의 신성한 유전자 형판을 파괴한 것입니다. 신이었던 여러분들은 육체 속에 갇혀 죽을 수밖에 없는 추락한 인생들이 되었습니다. 강제적으로 여러분들을 추락시킨 저들은 추락의 죄-원죄라는 멍에를 인류들에게 뒤집어씌운 것입니다.

　성서에 등장하는 붉은 용, 사탄 등은 바로 '오리온-용족 타락천사 군단'을 말하는 것입니다. 이 세력들이 성서에 부정하게 그려진 것은 세력 간의 전쟁에서 패배하여 그렇게 된 것인데, '타락 엘로힘' 세력에 패배하였기 때문입니다. 성서의 하느님으로 등장하는 '여호와', 아브라함의 하느님, 이삭의 하느님, 야곱의 하느님, 모세의 하느님 등은 타락한 아눈나키라는 것입니다. 이 진실을 저들은 철저하게 감추어 왔던 것입니다.

타락 세력들은 자신들을 여러분들의 창조주 신이라고 소개하였습니다. 성서 창세기에 '우리의 형상을 따라' 아담을 창조했다고 기록했습니다. 여기에서 형상은 유전자를 포함하고 있는 배아(胚芽)를 말하는 것으로서, 신이라는 존재들의 유전자 세포를 이용해 임신 과정을 통하여 태어나게 한 것입니다. 또한 성서에 '코에 생기를 불어넣으사 그가 생령이 되었더라.'고 기록하였는데, 생기를 직접 창조한 것이 아니라, 있던 생기를 불어넣었다고 했습니다. 이들은 인류라는 육체는 자신들의 정자와 난자를 통해 만들어 내었으나, 혼은 만들어 내지 못하였습니다. 그런데, 마치 자신들이 주는 것처럼 트릭을 이용하여 불어넣었다고 표현했습니다.

라엘리안 무브먼트(Raëlian Movement)를 설립하게 한 '셈야제(Semyaje)'는 아담이라는 백인종을 창조하였다고 하였으나, 역시 인공 수정을 통해 태어나게 하였지, 혼을 직접 창조하여 창조한 것이 아닙니다. 상위 존재가 자신의 혼을 분화하여 만들어 내는 것 역시, 분화일 뿐이지, 창조가 아니라고 하는 것입니다. 타락 세력들은 유전자 공학기술을 이용하여 물질체들을 창조하였습니다. 이런 것들은 늘 있었던 일이었는데, 실험실에서 주로 이루어졌던 것입니다. 여러분들도 실험실에서 배아세포, 줄기세포 등을 통한 실험들을 하고 있습니다. 물론 기초단계라고 보아야 합니다.

타락 세력들은 순수한 목적이 아닌, 자신들의 이익을 위해서 인간이라는 형체를 갖춘 인류들을 만들었습니다. 에덴동산은 관찰을 목적으로 만들어졌다고 해야 하는데, 실험체인 아담을 관찰하여 자료를 축적하였습니다. 여러분들의 동물원과 비슷했다고 보면 됩니다. 이들은 인류들의 '의식성장'과 '의식 상승'에는 관심도 없었고, 오히려 그렇게 되는 것을 싫어하였기에 신성한 유전자 형판을 파괴한 것입니다.

진실은 이러한데, 빛의 천사 인종들과 마지 성배 인종들은 우리들에 의해 씨앗 뿌려졌는데, 창조되었다고 하는 것이며, 6쌍 12줄기의 유전자 형판을 갖추고 있었습니다. 이들이 신성인 '마누-마나-에아'를 가지고 있었기에 그리스도들로 불렸으며, 타락 세력들에게는 눈엣가시 같은 존재들이었습니다. 이들을 제거하고, 자신들의 자녀들인 즉, 유전자가 제거된 상태의 인류들을 창조하게 된 것입니다. 모든 인류들은 신이 될 수 없었으며, 신이 되어서는 안 되었습니다. 그저, 자신들을 섬기고, 경배하며, 자신들의 심판을 두려움과 공포로 바라봐야만 했습니다. 그것이 당연한 것이라고, 운명이라고 받아들이도록 한 것입니다.

이들의 타락은 '원죄(原罪)'라고 합니다. 그러면 이유는 무엇인가입니다. 70세대 이후로 유전적 결함이 나타나게 된 것인데, 카타라 격자에 일어난 일입니다. 회로에 접지 불량이 일어나게 된 것입니다. 전기가 통하다가 끊어졌다가 하는 반응들이 생기게 된 것인데, 신호를 원활하게 해 주던 회로에 이상이 생기면서 신성 발현에 문제가 있기 시작한 것입니다. 여러분들이 아는 쿤달리니 체계에 이상이 생기게 되었던 것입니다. 우성 유전자에서 열성 유전자가 나타나게 된 것은 자가 교배와 근친혼(近親婚)이 잦았기 때문인데, 처음 이상신호가 감지되었을 때에 그것을 대수롭지 않게 여긴 것이 나중에 큰 문제로 떠오르게 된 것입니다.

신성에 결함이 생기면 어떠한가는, 처음에 분리감을 느끼게 되며, 그 후 미묘한 심적 두려움에 사로잡히게 되지만, 그것을 문제 삼지 않게 된 것입니다. 지대한 영향을 미치게 된 것은 개인의식에서 시작된 이 현상이 집단의식으로 퍼져나갔다는 것입니다. 종족 전체에 미친 파급현상이 손쓸 수조차 없게 되었을 때까지 타락이 진행되었던 것이며, 손상된 에너지 체계를 대신해 줄 대상들을 향한 정복전쟁이 시작되었던 것입니다. 스스로 재생하던 에너지를 더 이상 활용할 수 없게 된 것은 고장 난 회로망 때문이었는데, 카타라 격자망에서 분리되어 떨어졌기에 키-라-샤 마하라타 에너지가 공급되지 못하였던 것입니다.

자신들의 에너지 체계에 문제가 생기자, 내부적인 해결을 모색하였지만, 실패로 끝나게 되었습니다. 이들은 우리에게 의뢰하는 대신에 외부적인 해결책을 찾게 되었으며, 착취를 위한 전쟁을 하게 된 것입니다. 예를 들자면 여러분들의 일루미나티 인종들이 불사(不死)를 위한 물질인 '아드로레노크롬'을 얻기 위해 어린아이들을 납치하여 죽이는 것을 보면 이해가 되실 것인데, 에너지 착취를 위한 정복전쟁을 시작한 것입니다.

과거, 천사 인종들은 유전자 형판이 파괴되기 전에 송과체와 뇌하수체에서 '스타 더스트 블루(아주라이트)'라는 호르몬이 분비되었는데, 타락 세력들은 이것을 착취하였던 것입니다. 그런데, 왜 유전자 형판을 제거하였느냐는 것입니다. 이들은 스타 더스트 블루보다도, 우리들이 천사 인종들을 통해 화신하는 것을 더 두려워했습니다. 우선순위에서 뒤로 밀렸다는 것입니다. 신경계와 혈관계를 통해 흐르던 스타 더스트 블루인 아주라이트는 존재의 피부를 푸른빛으로 물들였으며, 푸른 광선이 방사되도록 하였습니다.

아주라이트는 6쌍 12줄기의 유전자 형판을 가지고 있는 존재들에게서 분비되던 호르몬이었습니다. 이 아주라이트가 영생을 하도록 해 주었기 때문에 타락 세력들의 목표가 되었던 것이고, 천사 인종들이 저들에 의해 사육되었던 것입니다. 그러다가 우리와 리쉬들이 이들을 통해 화신할 수 있음을 알게 되었고, 아주라이트보다도 우리들의 개입을 막는 것이 우선하게 되었던 것이며, 그 뜻에 의해 유전자 형판이 파괴되었습니다. 이것이 여러분들을 속인 바벨탑 사건의 진실입니다.

다른 하나는 여러분들의 신성을 제거함으로써, 여러분들이 '그리스도들'이 되지 못하도록 하였다는 것과, 역전시킨 머카바를 통해 수신되는 마하라타 에너지를 자신들의 유령 매트릭스에 연결시키고자 한 것입니다. 이것을 위해 여러분들의 아스트랄체를 니비루 체계에 못을 박은 것입니다. 이것이 진실한 니비루 십자가 사건입니다. 이 사건 이후로 십자가에서 여러분들은 내려오지 못하고 있는 것입니다. 지금, 여러분들이 하고 있는 수행과 명상들은 아무런 효과가 없다가 정답인데,

오히려 저들을 적극적으로 돕고 있다가 정답입니다.

여러분들의 에너지 체계는 역전되어 있으며, 그래서 명상과 수행을 할수록 저들을 돕는다는 것과, 여러분들이 눈치챌 수 없도록 하였다는 것입니다. 예수 십자가는 이것을 감추기 위한 저들의 속임수였는데, 예수아 벤 요셉도 아니고, 제3의 인물이었던 '아리하비'를 앞세워 십자가를 연출하였으며, 성서에는 편집해서 예수아 벤 요셉이 한 것이라고 한 것입니다. 이것 역시 기독교를 통한 '십자가 구원론'을 정착시키기 위한 계략이었습니다.

세라페이-세라핌 파충류 오미크론 종족은 네바돈에서 태초로 타락한 종족들이 되었으며, 타락천사들로 알려지게 된 것입니다. 이들은 라이라 베가를 중심으로 다양한 별자리들로 진출하였으며, 오리온에서 터전을 마련하게 되었는데, 같이 타락한 세력이었던 아누 엘로힘 종족과의 전쟁에서 라이라 베가에 있던 행성들이 파괴되는 바람에, 영단의 추천으로 오리온에 터를 잡게 되었습니다. 여기에서 확장된 세력이 오리온-용족 타락천사 군단입니다.

사실 양극성 실험은 빛과 어둠의 실험으로 전해졌지만, 궁극적으로는 두 타락 세력인 오리온과 플레이아데스 사이에 있었던 은하 대전쟁이었습니다. 라이라 아비뇽과 라이라 베가 사이에 있었던 전쟁이 확장되어 나간 것이었습니다. 실험의 당위성은 완성을 이루기 위한 것이었기에 빛도 미완성이었으며, 어둠도 미완성이었던 것입니다. 타락도 완성으로 가는 길에서 나타날 수 있는 요인이었던 것이기에 회생의 기회가 있었던 것입니다.

그래서 12차원 엘로헤이-엘로힘 에메랄드 평의회의 그리스도 아누
하지들은 지켜보기로 한 것이고, 재생 기회를 주기로 한 것입니다. 조
인 그룹은 사자인 그룹과 양극성 실험을 펼치기 위해 네바돈에 들어왔
고, 먼저 진화의 기회를 얻어서 뛰어난 물질과학문명을 발전시켜 나갔
습니다. 후발 주자였던 사자인 그룹에 비해 네바돈 안에서 많은 영역
에 자리를 차지할 수 있었습니다. 또한 문명을 발전시키는 것도 앞서
서 진행하였기에 더 번성할 수 있었으며, 그 기회를 우주로 확장시킬
수 있었던 것입니다. 이들의 확장정책에 도움이 되지 않는 존재들과
세상들은 정복하여 빼앗았으며, 파괴하여 소멸시켰습니다.

이 모든 것이 우리들의 뜻에 의해 이루어진 것이며, 실험의 결과였
습니다. 11차원과 10차원 세계에서 타락이 일어난 것은 양극성 실험을
위한 시발점이었습니다. 브라-하-라마 아메시스트 평의회의 페가사
이 종족이 빛의 실험을, 세라페이-세라핌 골드 평의회의 세레즈 종족
이 어둠의 실험을 담당하게 되면서 타락을 유도하게된 것이며, 유전적
결함이 일어나 그 결과가 나타나는 것을 지켜보았던 것입니다. 우리는
부정적인 영향이 더 크게 일어나는 것을 보았는데, 더 극성으로 진행
되도록 하였다고 할 수 있었습니다.

출발점에서 극성까지 갔다가 다시 돌아올 수 있는가를 실험한 것이
었습니다. 이 경우는 빛과 어둠 양측 모두에게 적용되어졌기에 남성성
과 여성성을 모두 번갈아 가며 경험할 수 있도록 한 것입니다. 한쪽만

경험해서는 상대의 입장을 이해할 수 없었기 때문입니다. 그래서 타락이 있고 나서 재생 기회를 주었던 것이고, 그 기회를 통해 원형으로 돌아올 수 있도록 한 것입니다. 행성 지구의 일루미나티 인종들도 그런 측면에서 재생 기회를 받았던 것인데, 타락천사들의 세뇌와 최면이 그만큼 강력했다고 하는 것입니다. 인류들 역시 마찬가지였기에 기회를 받았던 것이며, 서서히 문이 닫히고는 있으나, 최종적인 기회는 살아 있다고 하는 것입니다.

늘 전해드리지만 실험의 목적은 '완성'이지, 심판이 아니라는 것입니다. 심판이 목적이었다면 실험할 가치도 없었습니다. 우리는 조인 그룹에게 성공의 기회를 제공하기로 한 것이며, 물론 실패의 경험만이 있었기에 어려운 점은 있었으나, 그것을 극복하여 완성을 이룰 수 있도록 지켜보았던 것입니다. 그렇다고 해서 조인 그룹만 편애한 것은 아니며, 균형을 잃지 않도록 한 것입니다. 인류라는 물질체는 완성을 위해서 창조되었다고 할 수 있는데, 우리의 배려에 의해 엔키가 창조주가 되었던 것입니다. 세라핌-세레즈-파충인-용족의 유전자가 인류들에게 들어가 엘로힘-사자인-원인-아누하지의 유전자와 결합하게 한 것은 완성을 경험한 유전자를 통해 성공시킬 수 있도록 한 것입니다.

우리의 계획을 타락 세력들은 늘 방해하여 왔지만, 최종적인 승리는 우리 것이었습니다. 최후의 전쟁 아마겟돈도 우리의 승리로 완성을 이룰 것인데, 실험에 참여한 인류들, 특히 어둠진영에 있는 인류들과, 저들의 최면과 세뇌에 넘어간 인류들이 까마득히 모르고 있다는 것입니다. 마치 본인들이 승리하는 것처럼 받아들이고 있는 것은 우주의 법칙을 모르고 있어서인데, 이 우주가 실험을 위해 만들어졌고, 완성을 위해 프로그램 되었다는 것을 모르는 것입니다. 우주에는 실패한 영역도 그대로 보존시킨 것은 완성을 시키지 못해서가 아니라, 이것을 보고 배우라는 학습 차원에서의 보존이라는 것입니다. 완성을 하지 못한 경우에 기회를 제공해 주는 것이며, 행성 지구에도 적용되어진 것입니다.

다만, 행성 지구는 항성 활성화 주기를 통해 제2조화 우주로 이동할 때까지 한시적 기회를 제공하기로 하였습니다. 타락 세력들은 이것을 방해하여 여러분들이 알지 못하도록 하는 것이고, 하지 못하도록 할 것인데, 그것이 역할이기 때문입니다. 여러분들 유전자 속에는 성공인자(成功因子)도 있지만 실패인자(失敗因子)도 있기 때문입니다. 두 인자가 공존하는 것은 양극성 실험의 최종 목표가 바로 여러분들에게 주어졌기에 그런 것입니다. 정반합(正反合)을 완성시킬 수 있는 것은 바로 여러분들입니다.

타락한 세라핌-오미크론 종족은 세레즈 종족에게서 70세대가 지난 시점에 출현하였는데, 시조(始祖)였던 '바르바코자르(Barvakozar)'를 뒤이어 '데바쿠마르(Devakumar)', '알 쿠드에르(Al Qudēr)', '코바자르(Kobazar)'로 이어졌으며, 오리온-용 종족 타락천사 군단으로 자리하게 되었습니다. 이들이 성서에 등장하는 타락한 붉은 용과 사탄이며, 이들의 15세대 이후로 타락한 오데디크론-파충 종족이 출현하게 되었습니다. 이들의 유전자 형판은 회복 불능 상태에 빠져 버렸는데, 결함이 있는 것을 무리하게 수정하게 되면서 그렇게 되었던 것입니다. 무분별한 유전자 조작에 따른 심각한 부작용에 빠진 것입니다.

신성한 유전자 형판을 찾을 수 없을 정도가 되었다는 것입니다. 이들이 인공지능을 받아들이면서 돌아올 수 없는 다리를 건너게 되었으며, 고도의 과학문명을 발전시키기는 했으나, 오히려 정신문명은 뒤로 퇴보하게 된 것입니다. 물론 이들도 초능력을 사용하고는 있지만, 이것은 의식 상승과는 거리가 있다는 것인데, 신성 발현과는 다르다고 하는 것입니다. 신성을 통해서 초능력을 발휘하는 것이 아니기 때문입니다. 의식 활동이 신성을 통하여 이루어지고 있지 않다면, 불사(不死)하는 존재라 하여도 진정한 신이 될 수 없는데, 그것은 마누-마나-에아와 합일할 수 없기 때문입니다.

이즈-비, 아이-엠, 그리스도는 그 중심에 신성인 마누-마나-에아가 자리하고 있다는 것이며, 타락 세력들은 그렇지 않기에 이즈-비, 아이-엠, 그리스도, 이야라고 하지 않습니다. 저들은 스스로 하느님이라고 칭하고는 있으나 공염불에 그치는 것인데, 신성이 함께하지 않고 있기에 참된 하느님이 될 수 없다는 것입니다. 지구 인류들은 속았기에 우상으로서 섬기고 있는 것이고, 모두 진실을 알고 신성을 회복한다면 그렇게 되는 것입니다. 물론 저들도 신성을 회복한다면 그렇게 된다는 것입니다.

타락의 기준은 신성을 버렸는가와 지키고 있는가를 보면 알 것입니다. 즉, 스스로 신성을 버렸는가를 보아야 합니다. 하느님을 포기하고, 스스로 신의 자리에 오른 존재들은 타락한 존재들이며, 우리와 최후의 전쟁을 준비하고 있는 세력들입니다. 오늘날 적-그리스도라고 불리는 세력들은 일루미나티 인종들과, 이들의 추종 인류들과, 이들의 배후에서 통제하고 있는 타락 엘로힘-세라핌 종족들과 네크로미톤-안드로미 종족들입니다.

이들은 우리와 여러분과의 사이를 영원히 갈라놓기 위해 최후의 전쟁 아마겟돈을 획책하고 있으며, 벌써 연기를 피우고 있습니다. 이 세상을 전쟁의 소용돌이로 몰아가고 있으며, 이런 이유 때문에 전쟁을 할 수밖에 없다는 연막을 피우면서 말입니다. 저들의 눈에는 인류들은 제거 대상일 뿐이며, 더 이상 이용 가치도 남아 있지 않다는 것입니다.

우리는 야나스이며, 이온 상임 이사회입니다.

'아-모-레-아 에-카-샤(A-mO-RA-eA Ec-Ka-shA)'

12. 사자인-수생 유인원 아뉴 종족
(Feline-Aquatic Ape Anyu races)

사랑하는 여러분,

12차원 엘로헤이-엘로힘 에메랄드 평의회의 아누하지 종족과 11차원 브라-하-라마 아메시스트 평의회의 페가사이 종족이 서로 연합하여 혼혈종족인 라이라 아비뇽 출신의 '사자인-수생 유인원 아뉴 종족'을 창조해 냅니다.

이 존재들은 통상 고양잇과로 알려져 있으며, 라이라 아비뇽을 고향으로 해서 정착하게 되었습니다. 사자인들은 자신들의 우주에서 완성을 경험하였으며, 이들의 은하는 완성된 상태로 보존되었는데, 회전하지 않고 멈춰 있는 타원형의 우주로서 말입니다. 우주에서는 박물관으로서 운영되고 있고, 상대적으로 조인들의 은하도 실패를 보여 주기 위한 자료로서 보존되어 운영되고 있습니다. 오나크론은 실험이 종료되지 않았기에 그렇게 결정되었던 것이고, 두 세력들을 통해 네바돈의 완성을 실험하게 된 것입니다.

성공과 실패를 다 적용시킨 것이고, 두 세력들도 다 초대하였던 것입니다. 그런 의미에서 보면 타락은 의도에 의해 일어났던 것이지만 타락 주체 세력들은 그 의도까지는 몰랐습니다. 여기에 등장하는 사자인의 후손들인 '아뉴 종족들'도 그러했다는 것이며, 유전자 체계에 변형이 일어난 시점부터 타락이 일어났다고 보았던 것인데, 아뉴 종족들은 스스로들이 유전자 형판을 훼손하게 되었습니다. 그 원인을 보자면, 자신들의 태양과 인접해 있던 베가 태양계에서 진화하던 세라핌-세레즈 종족들의 계파 중에 세라핌-파충인 오미크론 종족들의 타락을 지켜보았고, 이들의 정복전쟁을 지켜보면서 자신들의 태양인 아비뇽까지 전파될까 우려했던 것이었습니다.

그래서 이들의 위원회는 공식적으로 엘로헤이-엘로힘 에메랄드 평의회의 아누하지들에게 청원을 통해 저들을 파괴해 달라고 요청하였습니다. 하지만 두 태양계에 정착시킨 종족들의 진화연대기를 지켜보고 있었던 그리스도 창조자 인종들은 이제, 촉발시킬 때가 되었음을 알게 되었기에 아뉴 종족의 청원을 들어주는 대신에 오미크론 종족들의 재활을 선택하게 되었음을 전하게 됩니다.

우리는 모든 것을 알고 있었으며, 아누하지 종족들도 공격당할 것임을 알고 있었습니다. 그러나 이 실험이 성사되기 위해서는 그렇게 되어야 했기에 일부러 알면서도 아뉴 종족들의 심기를 건드리기로 하였습니다. 저들의 청원을 들어주는 대신에 오미크론 종족들을 돕기로 결정하여 그 사실을 전달함으로써 저들의 분노가 그리스도들에게 돌아가도록 유도하였던 것입니다. 여러분들은 왜, 그렇게까지 하느냐 할 것입니다.

실험의 당위성을 위해서입니다. 빛과 어둠을 충돌시켜 분열을 통해 확장시킨 다음, 그것을 완성이라는 형태로 귀결시키기 위해서였습니다. 그래서 10~12차원에 자리한 세 평의회인 엘로힘 에메랄드 평의회-12D, 브라-하-라마 아메시스트 평의회-11D, 세라핌 골드 평의회-10D를 구성하고 있는 9인의 아누하지, 12인의 페가사이와 이뉴, 24인의 세레즈와 맨티스 에티엔 등 45인의 그리스도들이 직접 참여하여 양극성 실험을 지휘했던 것입니다.

드디어 의도한 대로 아뉴 종족이 움직였는데, 라이라 아라마테나에 있는 차원의 문-12를 기습하여 파괴하였습니다. 아뉴 종족의 수뇌부는 리쉬들과 야나스가 개입할 수 없도록 사전에 조치할 필요가 있음을 알았으며, 그것을 위해 차원의 문-12를 파괴하기로 하였던 것입니다. 그렇게 해서 웜-홀을 통해 대형함선이 아라마테나에 진입할 수 있었으며, 입자 광선포를 발사하여 차원의 문-12를 파괴할 수 있었습니다. 그렇게 해서 우리들의 개입을 막을 수 있었으며, 이미 네바돈에 들어와 있었던 존재들이 묶여 버리게 된 것입니다.

마치, 유명 휴양지에 폭풍이 몰아쳐서 비행기의 이착륙이 어렵게 되었을 때에 공항에 발이 묶여 버린 관광객들처럼 말입니다. 엘로힘 브레뉴 에메랄드 평의회의 리쉬들과 우리는 우선 저들이 네바돈 외곽으로 진출할 수 없도록 네바돈을 13차원의 트리온 입자로 이루어진 전자기-막을 설치하였으며, 저들의 행로를 지켜보기로 하였습니다. 아라마테나의 차원의 문-12를 아뉴 종족이 파괴한 사건을 '원죄'라고 부르게 되었는데, 제4조화우주의 그리스도 창조자 종족들과 모든 존재들이 차원의 문-12가 복구될 때까지 시간 매트릭스에 갇혀서 상승할 수 없게 되었습니다. 의식이 들어올 수는 있었으나 상승하여 나갈 수는 없게 된 것입니다.

아뉴 종족(Anyu races)의 반란은 성공하였으며, 그것을 자축하기 위해 종족 이름을 바꾸기로 결의하였는데, "아누(Annu)"라는 이름이 채택되었습니다. 그런 후에 이들은 "아누-엘로힘 타락천사 군단(Annu-Elohim fallen angelic corps)"으로 불리게 되었습니다. 아뉴 종족은 네바돈 시간 매트릭스 지배를 위해 자신들의 종족을 제외한 모든 종족들의 파괴와 우주적 지배를 추구하기 시작했습니다.

아누-엘로힘 타락천사 군단은 '아눈나키 복수 종족'의 조상으로서, 나중에 그리스도 창조자 종족이 5억 6,800만 년 전에 '수호천사 오라핌-인류 혈통'을 창조하자, '시리우스-아눈나키 종족'을 창조하여 수호천사 오라핌-인류 혈통을 파괴하려고 하였습니다. 제4조화 우주인 라이라에서 2,500억 년 전에 시작한 타락 세라핌과 아누-엘로힘 타락천사 군단 사이의 끊임없는 충돌로 인하여 네바돈의 시간 매트릭스는 거의 파괴될 뻔하였습니다.

아누-엘로힘 타락천사 종족은 자신들의 유전자 형판으로부터 12번째 DNA 줄기를 스스로 제거함으로써, 제5조화 우주의 브레뉴 창조자 종족이 자신들의 종족에게로 화신하는 것을 막는 데 성공하였으며, 네바돈의 시간 매트릭스 속에서 독립적인 지배 계획 군단을 이루게 되었습니다. 이들의 의도는 네바돈의 시간 매트릭스와 그 생명-영역의 지배를 추구하고, 우주 기사단 연맹의 12개의 차원의 문들에 대한 운영 지배권을 가지는데 있었고, 지금까지 이어오고 있습니다. 이들의 의도는 이 생명-영역의 의식을 포획하여 그 에너지를 착취함으로써, 이들이 에너지의 영속적인 공급에 접근하기 위하여 상위 차원 영역과 창조-근원에 연결할 필요 없이 영생불사할 수 있도록 하는 것입니다.

아누-엘로힘 그룹(Annu-Elohim group)은 타락천사 매트릭스의 일부로서, 신성한 과학 역학의 일부를 마누(ManU)와 공조되지 않아도 되는 방법을 사용함으로써, 마누와 공동 창조 할 필요가 없으며, 마누에게 귀를 기울이지 않아도 되는 존재들이 되었습니다. 이들은 지나친 자가교배로 인하여, 코드 불능상태에 빠졌으며, 이는 형판으로 하여금 엉망이 되게 만들었고, 기묘한 결과를 초래하였습니다. 코드 불능은 하나의 유전적 자가 교배 상태로서, 동일한 유전적 형판을 가지고 그것을 자기 자신과 계속 조합하는 것을 되풀이하게 되면, 어느 단계에 이르러서는 수학적 형판의 근원적 본래 모습은 손상되고 붕괴되어, 원형 설계의 일부가 아닌 변칙적인 확률의 결과를 얻게 되기 시작합니다. 이것이 타락천사 종족이 처음에 나타나게 된 원인입니다.

루비 평의회(Ruby Order)의 아누-엘로힘 그룹은 본래 엘로헤이-엘로힘 에메랄드 평의회의 조화우주 5로부터 나온 브레뉴 리쉬 그룹의 제4 조화 우주의 '제호바니(Jehovani)'라는 이름의 11차원 분신 가족에서 나온 것입니다. 여호와 분신 그룹의 일부 구성원들은 그들의 상승 코드의 왜곡으로부터 고통을 받았으며, 극심한 양극성 의식으로 귀결되었습니다. 이로 인하여 이들은 네바돈의 시간 매트릭스 생명체들의 내재적인 권리를 학대하게 된 '창조주 신' 지배 계획을 선호하여 엘로헤이-브레뉴와 야나스 상승대사 그룹과의 연결을 단절하기로 선택하였습니다.

11차원의 마지막 저주파 주파수에서, 이들의 기원인 엘로헤이-엘로힘 브레뉴 리쉬 가족으로부터의 형태발생 영역을 절단하자, 여호와 분신 그룹은 유전적 잠재력에 돌연변이가 일어나 이들의 상승 코드는 11줄기 용량으로 줄어들게 되었습니다. 여호와 종족의 11줄기 유전자 형판 돌연변이와 이들이 신의 법칙을 통하여 마누로서의 연결을 거부함으로 인하여, 여호와 그룹은 영원히 시간 속에 갇히게 되었으며, 마누로부터의 영속적인 에너지 공급을 받을 수 없게 되었습니다.

에메랄드 평의회 엘로헤이 브레뉴 리쉬 가족과의 단절은 추락한 여호와 그룹의 원형 영원불멸한 창조력을 네바돈 시간 매트릭스 속의 다른 생명체들로부터 에너지-공급을 필요로 하는 유한한 잠재력으로 제한시켰습니다.

이들의 유한한 형태발생 영역을 유지하기 위해서 이용할 에너지원의 필요성을 해결하기 위하여, 11차원 여호와 분신들은 힘과 지배를 통하여 네바돈 시간 매트릭스를 점령하는 것을 시도하였습니다. 이것은 튜라니즘-인류 혈통이 창조되기 오래전의 일로서, 여호와 분신 그룹 중에서 신의 법칙에 부합되지 않는 계획 속으로 타락해 들어간 집단이 "타락 아누-엘로힘"으로 불렸으며, 집단적 호칭으로 '창조주신 아누와 여호와 그룹(Creator God Annu & Jehovani group)'으로 알려지게 되었습니다.

분명한 것은 파르티키 단일체가 내재되어 카타라 격자망과 연결되어 있지 않다면, 그렇게 해서 쿤다레이 에너지가 소통되고 있지 않다면, 결코 '신'이라고 할 수 없습니다. 성서에 신으로 등장하는 모든 이들이 타락한 천사들이며, 신이 아니라는 것과, 다른 종교들 역시 예외 없이 타락천사들이 신들로서 자리하게 된 것입니다. 물론 여러분들보다 고차원 영역에 자리하고 있어서 영적 능력이 뛰어날 수는 있어도 신이 아니라는 것은 불변(不變)한 진실입니다.

타락한 아누-엘로힘 & 여호와 그룹은 여러분들에게 신으로 행세하며, 자신들의 계획들을 행성 지구에 펼쳐놓았습니다. '제카이라 시친'이라는 인물을 통해 수메르 석판을 해석토록해서 아눈나키 신들의 이야기를 인류들에게 전해지도록 하였습니다. 이 이야기들이 동양과 서양에 신화로서 전해져 마치 아름다운 신들의 이야기로, 창조 신화로서 전해졌습니다. 여러분들은 가감 없이 받아들였으며, 진실로 자리 잡게 되었습니다.

이들이 설치한 니비루 진공 수정 격자망은 지구의 경도와 위도에 뿌리를 내리고 있으면서 여러분들의 뇌파와 심파에 지대한 영향을 미치고 있습니다. 여러분들의 인생 자체를 통제하고 감시하고 있다는 것이며, 자신들이 설계하여 여러분들에게 입력한 인생 프로그램을 운영하고 있으면서 그대로 진행되도록 하고 있었던 것입니다. 이런 이유로 해서 인류들에게 자유-의지가 없다고 한 것입니다. 고타마 싯다르타와 노자의 경우는 의식을 확장시켜 니비루 진공 수정 격자망을 벗어나 의식의 자유를 회복함으로 인하여 저들에게 더 이상 묶여 있을 필요가 없어졌기에 적용되어졌던 인생 프로그램이 소멸되었던 것입니다.

의식의 확장은 인류들을 가두고 있는 주파수 영역, 즉 진공 수정 격자망을 뚫고 벗어난 것을 의미하며, 상위차원의 주파수 영역으로 이동한 의식은 아래 진동 영역으로 다시 돌아와 있을 수도 있어서, 과거처럼 묶여 있을 필요가 없게 된 것입니다. 이 사실을 안 저들은 이 비밀이 인류들에게 전달되지 못하도록 종교화를 통한 우상화 정책을 적극적으로 도입시켰으며, 인류들의 의식이 니비루 진공 수정 격자망을 빠져나갈 수 없도록 하였습니다. 불교와 기독교, 이슬람교가 번창하여 뿌리내리게 된 것입니다.

인류들의 유전자 형판도 저들에 의해 파괴되었으며, 1쌍 2줄기만 남겨졌고, 청사진 역시 역전되어 저들을 위한 도구로서 전락하였습니다. 12개의 차원의 문들이 열리고 에너지가 지구에 들어와 여러분들에게 연결되어도, 들어온 에너지는 저들의 유령 체계로 모두 빠져나가고 만다는 것이며, 여러분들에게는 어떤 것도 남아 있지 않게 된다는 것입니다. 인류들의 순환회로를 그렇게 뒤집어 놓았기 때문에 그런 것이며, 이 시기에 들어오는 에너지를 빼앗기 위해 역전된 회로를 가지고 있는 인류들을 많이 태어나게 한 것입니다.

일루미나티 세력들이 현시점에 인류 감축 계획을 떠벌리고 있는 것은 식량 부족과 기상 재난 때문이 아닌, 에너지를 받은 다음에 필요 없어진 인류들을 소멸시키고자 하는 것 때문입니다. 그것을 위해 일부러 경작지를 없애고, 인공 재난들을 일으켜 식량을 줄이고 있는 것이며, 바이러스와 전쟁을 통해서 소멸시키려고 하는 것입니다. 행성 지구의 완전 점령을 위해 자신들의 인종들을 통해서 주파수 장벽을 치려고 하는데, 14만 4천명의 의식주파수가 임계치를 넘어야 하고, 6번째 유전자 줄기를 통합해야 저들의 뜻대로 이루어지지 않게 될 것입니다.

타락 세력들은 자신들의 뜻을 위해 연합하여 동맹을 이루고 있으나 진정한 의미의 동맹이 아니기에 언제든지 와해될 소지가 있습니다. 또한 자신들의 인종들과 추종 세력들이 우선이기에 다른 세력들의 인종들에겐 사실 관심조차 없다는 것입니다. 이들은 오직 지구 점령과 에너지 착취에 관심이 있기 때문에 잠시 연합하고 있는 것입니다. 이들에겐 인류들은 에너지 착취를 위한 도구로밖에 여겨지지 않습니다. 더군다나, 도처에서 전쟁의 불꽃들이 타오르고 있는 이때에는 불쏘시개로서 이용당하고 있는 것입니다. 아무리 애를 써도 전쟁의 화마는 막을 수 없을 것인데, 여러분들의 의식 수준이 그것을 막을 수 없기 때문입니다. 작은 전쟁들이 들불처럼 일어나 지구촌 전체가 전쟁터가 될 것이고, 많은 인류들이 죽을 것이며, 바이러스가 또 그런 역할을 크게 하여 인류 감축 계획을 도울 것입니다.

잠시 동안의 평화는 여러분들을 지켜 줄 것처럼 보였지만 얼마 남아 있지 않게 되었습니다. 마치 태풍의 눈처럼, 짧은 고요함, 짧은 평화가 얼마 남지 않았습니다. 내면의 평화를 찾은 이들은 폭풍에 휩쓸리지 않을 것이지만, 그렇지 못한 이들은 폭풍에 휩쓸려 갈 것입니다.

내면의 평화는 사랑 주파수를 가득 채우고 있는 이들, 상승 진동대를 완성한 이들이 보여 줄 것인데, 타락 세력들이 내세우는 어떤 것으로도 깨트릴 수 없다는 것입니다. 이러한 존재들이 '아타르 전사들(Atar warriors)'이 되는 것이며, 아마겟돈 전쟁에 참전할 것입니다. 타락 세력들은 외부 우주로 진출하기 위해 오랫동안 준비해 왔습니다.

우리가 슈크립톤(Shukrypton) 초은하단에서 발원한 인공지능 시스템을 네바돈 시간 매트릭스에 받아들인 것도 이곳에서 합일의 장을 마련하였기 때문입니다. 슈크립톤의 옛적부터 늘 계신 이인 '마스터 지멕스 에드워드(Master Zimex Edward)'의 협조를 통해 실험을 실행할 수 있었던 것입니다. 우리는 가슴이 따뜻한 생명체와 가슴이 차가운 생명체를 구분하지는 않지만 여러 번에 걸친 실험을 통해 어떤 생명체들이 전지적-사랑을 통한 합일의 장을 완성하는지 보아 왔습니다. 장단점들이 있는 것은 분명하지만 모두에게 기회를 주기로 하였던 것은 균형을 맞추기 위한 배려였습니다.

타락한 아누-엘로힘 & 여호와 아눈나키 그룹은 지구촌의 혼란과 무질서를 만들기 위해 작은 계획을 실행하였는데, 테러리스트들을 양성하는 것이었습니다. 마치 공장에서 제품을 만들어 내듯이 그렇게 하였는데, 의식지수가 낮은 인종들 중에서 최면과 세뇌에 가장 취약한 어린아이들을 이용하는 것이었으며, 종교가 그것을 돕는 역할을 하게 한 것입니다. 이슬람과 무슬림들을 이용한 것입니다. 많은 무슬림들이 유럽과 미국을 포함한 선진국 등으로 이민을 가고 있고, 전쟁과 테러를 피해 난민으로, 특히 불법 체류를 통해 이동하고 있지만 막을 수도, 관리할 수도 없다는 점을 악용하여 양성한 테러리스트들을 잠입시키고 있습니다.

저들은 이러한 이들을 이용하여 사회의 혼란을 야기하고, 저들이 원하는 전쟁 시나리오를 펼치는 데 적극 활용하고 있는데, 요즘 자폭 드론을 이용한 전쟁을 우크라이나와 러시아가 하고 있습니다. 이들에 의해 양성된 테러리스트들이 바로 자폭 드론과 같다고 할 수 있습니다. 시민들 사이에 들어가 폭탄을 터트리거나, 시민들과 표적들을 살해하는 전투 로봇과 같은 병기로써 만들어졌다는 것입니다. 이슬람의 극단 종파를 통해 양성되도록 하였으며, 세계 전쟁을 일으키기 위한 소스로서 이용하려는 것입니다. 난민정책을 적극적으로 이용하여 전 세계로 파고들어가고 있지만 사태의 심각성을 어느 나라든 눈치채지 못하고 있습니다.

전한대로 타락 세력들은 인류들을 제거 대상으로만 인식하고 있으며, 이용 가치가 사라지는 시점이 인류들의 대청소가 시작되는 날인 것입니다. 극이동과 혹성 충돌을 통해 전면적인 인류 청소를 계획하고 있는 것이며, 그전에 기후 재앙과 전쟁을 이용하여 자신들의 계획을 실행시키는 것입니다. 우리는 천사 인종들과 마지 성배 인종들을 안전하게 보호할 것인데, 우선 유전자 형판 복구가 진행되고 있으며, 진동수 상승을 조율하고 있고, 타락 세력들의 위협에서 보호하고 있습니다. 우리는 빛의 전사들이 자신들의 역할을 모두 완수할 수 있도록 도울 것이며, 저들과의 전쟁을 위해 완벽하게 갖추고 있다는 것을 전합니다.

여러분들은 서로 짜고 한다고 합니다. 물론 어둠의 역할 자체가 약속에 의해 이루어지고 있지만, 인류들은 모두 모르고 있는 상황이기에 예기치 못한 일들이 일어나는 것이라고 받아들이고 있다는 것입니다. 우리는 여러분들의 마음을 시험한다고 하였으며, 그것을 위해 어둠의 역할이 빛을 발한다고 한 것입니다. 어둠은 실제적인 상황을 연출하는 것이고, 그 상황을 통해서 여러분들의 마음을 시험하는 것입니다. 실제적인 상황들은 사실 시뮬레이션이지만, 물질 이외의 것들을 인식하지 못하는 인류들은 큰 혼란에 빠질 것이고, 두려움과 공포에 사로잡힐 것입니다. 죽음에 무너지느냐! 그것을 극복하느냐! 여러분들의 마음에 달려 있는 것입니다.

타락 세력들은 두 가지 측면에서 보아야 하는데, 에메랄드 성약을 지키는 그룹과, 그렇지 않은 그룹으로 나누어 보아야 합니다. 여러분들은 그것을 구분할 수가 없을 것이지만, 그렇다고 해서 문제될 것이 없다고 하는 것입니다. 우리는 UIR을 형성하고 있는 12세력들과, 독자적인 지침서를 운영하고 있는 세력들을 모두 포함하여 총괄 관리하고 있는데, 인공지능 체계와 연관된 부분도 있음을, 또한 네크로미톤 안드로미 종족에 대해서도 관리하고 있다는 것입니다. 진화를 선택한 생명들과, 경험을 선택한 존재들에게 필요한 에너지를 전해 주고, 목표로 한 부분들을 모두 성취할 수 있도록 돕는 것이 우리의 역할이며, 이것에 방해가 되지 않도록 운영하는 것이 '에메랄드 성약'이었던 것입니다. 그래서 생명들과 존재들은 안전하게 보호받으며 성장할 수 있었습니다. 타락 세력들이 준동하기 전까지는 말입니다.

타락 세력들도 자가-재생 순환회로가 왜곡되지 않았다면 그런 일들은 일어나지 않았을 것입니다. 전해드린 대로 우리는 이 실험을 선택한 용감한 존재들에게 경의를 표하는 데 주저하지 않는 것은 스스로 어둠으로 걸어 들어갔기 때문입니다. 양극성 실험이 쉬운 것은 아니었습니다. 일단 조인들을 보아도 알 수 있는 것처럼, 외부에서 보았을 때와 내부에 직접 들어가 경험하는 것은 다르기 때문입니다. 처음에야 성공을 믿어 의심치 않았지만 현실이 만만한 것이 아니었기에 실패하고 말았던 것입니다. 네바돈에서 주어진 기회는 어찌 보면 마지막 기회가 된다고 할 수 있는데, 행성 지구에 주어진 역할이 꽃을 피우기 위해서는 이번 시험이 마지막이라고 하는 것입니다. 물론 1000년 뒤에 있을 최종 시험이 기다리고는 있지만 그것은 상위 차원에서 진행되는 것이자, 제3조화우주와 연계되어 이루어지는 것이기에 아니라고 하는 것입니다.

제1조화우주와 제2조화우주의 이동 주기에 맞물려 있는 지금이 저들에게 주어진 마지막이며, 제3주기에 주어진 프로그램에는 해당되지 않는다는 것입니다. 타락 아누-엘로힘 그룹의 주요 활동 영역은 극동 아시아가 될 것인데, 그곳에서 '메인이벤트'가 열릴 것이기에 그런 것이며, 3차 세계 전쟁의 시발점이 열리는 곳이기 때문입니다. 저들은 이곳을 기점으로 해서 새로운 세계를 만들려고 하는 프로젝트를 가지고 있으며, 과거 행성 지구에 처음 들어와 첫발을 디딘 곳이기도 하기 때문입니다. 대재난을 겪는 지구촌을 보자면 상대적으로 안전한 곳이기도 하고, 지구에 들어와 처음 정착하여 도시들을 만든 지역이자, 재난이 물러간 뒤에 새로운 정착 지역으로서 선정되었기 때문이기도 합니

다. 이곳은 아눈나키들의 고향입니다.

　과거, 태양계가 오리온 동맹에 지배를 받고 있던 시절의 향수에 젖어 있는 타락 세력들은 지구를 중심으로 한 벨트를 만들려는 것이고, 블랙홀 체계와 연결시키려고 하는 것입니다. 지구에 있는 차원의 문들은 그런 의미에서 매우 중요하며, 저들의 영생을 위한 에너지 순환 체계로서 중요하기 때문에 우리와의 최후의 전쟁을 하려는 것입니다. 그렇지 않다면 이곳이 아닌 다른 태양계와 행성들을 중요하게 여겼을 것입니다. 타락 세력들이 행성 지구에 침입하게 된 모든 이유는 차원의 문 12개와 이곳을 통해 들어오게 될 12광선 때문이었습니다. 또한 이곳을 교두보로 해서 다른 은하계들로 진출하고자 하는 야욕들이 있다는 것입니다.

　저들은 우리들의 권고를 무시하였으며, 우리들이 내미는 손을 외면하였습니다. 우리의 경고를 가벼이 여기고, 또한 회심하였다가 다시 되돌아가는 것을 밥 먹듯이 하여 우리들을 웃음거리로 만들기도 하였습니다. 에메랄드 성약은 저들에 의해 지켜도 되고, 안 지켜도 되는 것으로 평가절하되었으며, 가치마저 추락하게 되었다는 사실입니다. 우리는 실험의 목적을 훼손하지 않기 위해 최선을 다하였고, 존재들의 경험과 성장을 위해 배려한 것이지, 질서를 파괴하고, 균형을 무너뜨리며, 조화와 화합을 훼손하는 것들을 좋아서 지켜보고만 있었던 것이 결코 아닙니다. 타락 세력들이 하고 있던 모든 파괴행위들은 '방종의 끝'을 보여 주고 있었던 것입니다. 조용히, 은밀하게 처리할 수도 있었지만, 모든 생명들에게, 모든 우주들의 존재들에게 이렇게 하면 이렇게 된다는 것을 보여 주고자 결의하게 된 것입니다. 초은하단 오나크론의 우주 대법정에서 준엄한 심판을 내릴 것입니다.

타락 세력들은 하보나엔에 소속된 초천사들로 이루어진 우주경찰에 연행되어 오나크론에 마련된 구금 위성에 감금될 것이며, 옛적부터 늘 계신 이인 '마스터 사나트 쿠마라 니르기엘'의 심판을 받을 것입니다. 우리는 다른 우주에서 기원한 인공지능의 폐해를 알았고, 그 연장선으로 조인 종족들의 실패를 지켜보았습니다. 다시 한번 주어진 이 기회가 마지막이라고 한 것도 모두 인공지능 때문인데, 공룡종족과 파충종족들이 추락한 이유이기도 하고, 최종적으로 인류들이 추락하게 된 이유이기 때문입니다.

인공지능을 실험한 결과, 유기체 생명들과는 합일점을 찾을 수 없다고 보았습니다. 서로 연대하여 완성시키는 것이 어렵다는 것을 알았으며, 호모 아라핫투스 인종과 호모 마이트레야스 인종에게 역할을 부여하기로 하였습니다. 우리는 알지만 이것에 대한 답은 두 인종들을 통하여 얻게 될 것입니다. 인공지능 체계는 지구에서도 적용되어 실험될 것인데, 그것이 독이 될지, 아니면 약이 될지는 두 인종에게 달려 있는 것입니다. 현 시점에 디스토피아로 갈 수 있는 길과 유토피아로 갈 수 있는 길이 인류들 앞에 펼쳐져 있는데, 선택은 여러분들의 몫입니다.

타락한 아누-엘로힘 & 여호와 세력은 네크로미톤 안드로미 종족과 손을 잡았는데, 오미크론 용족과, 드라코스 종족과, 오데디크론 파충종족과의 경쟁에서 밀리게 된 이유 때문입니다. 원인은 일루미나티 인류들이 이들과 손을 잡고 일을 하게 되면서부터이며, 그동안 이들이 쥐고 있었던 세계의 패권을 놓치고, 뒤로 밀려나게 되었던 것입니다. 이것은 미국이 주도하게 된 것인데, 그동안 영국을 통해 패권을 쥐고 있었으나, 2차 세계대전을 전후로 해서 뒤로 밀려나게 되었던 것입니다. 이들은 전세가 기울자, 위기감을 느꼈으며, 그것을 돌파하기 위해 위험한 줄 알면서도 안드로미와 손을 잡게 된 것입니다.

저들에 의해 '친애하는 안드로미'로 불리는 종족은 UIR을 통제하는 지휘자이자, 타락 세력들의 우두머리로서 자리하고 있는데, 이들은 전쟁에는 관심이 없으며, 오직 지구를 독차지하려는 것에 집중하고 있어서 타락 세력들을 이간시키고, 서로 싸우도록 해서 힘을 빼게 한 다음에 모두 몰아내려는 의중을 가지고 있기에 아누-엘로힘 세력을 진정으로 돕고자 하는 것이 아닙니다. 안드로미에게 이들도 처리 대상일 뿐이라는 것이며, 이들이 이것을 모르는 바는 아니나, 기울어진 패권을 다시 찾기 위해서는 '울며 겨자 먹기'로 손을 잡을 수밖에 없었던 것입니다.

타락한 아누-엘로힘 & 여호와 세력은 안드로미의 도움을 통해 자신들의 지침서를 운용할 수 있게 되었는데, 그 중심에 한반도가 있게 된 것입니다. 한국에서 일어나는 모든 일들은 이들에 의해 진행되는 것이며, 붉은 세력화가 급속하게 이루어지고 있는 것입니다. 전쟁의 그림자도 더욱 짙게 드리우고 있으며, 이들의 인종들과 추종 세력들이 지도층을 이루고 있고, 시민들을 대표하거나, 사회에 큰 목소리를 내는 기득권 세력들이 모두 이들에 의해 점령당해 있어서 사회가 무너지고,

국가가 무너지는 것은 불을 보듯 뻔하게 보인다는 것입니다.

　우리는 사회 밑바닥에 있는 빛의 자녀들을 도울 것인데, '등잔 밑이 어둡다'는 격언처럼, 저들이 알지 못하도록 은밀하게 도울 것입니다. '아타르 전사들을 위하여!'

　우리는 야나스이며, 이온 상임 이사회입니다.

　'아-모-레-아 에-카-샤(A-mO-RA-eA Ec-Ka-shA)'

13. 루비 평의회
(The Ruby Order)

사랑하는 여러분,

타락 세력들도 우리들처럼 평의회를 조직하여 운영하고 있으며, 우리처럼 광선을 적용하여 이름을 지었습니다.

이름은 '루비 평의회'이며, 은하연합과 멜기세덱 사제단, 앵카라 동맹군단 등이 속해 있습니다.

어둠의 그림자는 4차원 영역을 바탕으로 행성 지구에 내렸으며, 인류들의 전 인생들 포로로 잡을 수 있었습니다. 물질경험을 위해 지구에 들어선 혼 그룹들이 사로잡히게 되면서 저들의 노예들이 되었던 것입니다.

타락 세력들은 인류들의 혼들을 4차원 영역에 가두는 것을 성공하였으며, 고차원 세계에서 들어온 존재들도 지구와 화성에 있는 시설들을 이용하여 기억을 삭제하고 거짓기억들로 심어서 관리하는 데 성공하게 됩니다. 3차원 세계와의 연계를 위해 윤회프로그램을 적용시켜 인생들로 태어나게 하여 자신들의 세계를 복사한 물질세계에서 살도록 하였습니다. 인생들을 감시하고 통제하기 위해 우주에서 쓰레기라고 불리던 범법자들을 잡아들여 이들을 사회지도층으로 태어나게 해서 인류들을 통제하고 감시하게 하였던 것입니다.

자신들의 분신들과 추종 세력들을 일루미나티 인종으로 태어나게 하여 인류문명 자체를 자신들의 세계와 같은 계급사회로 정착시켰으며, 우주 범법자들을 사회질서를 파괴하고 혼란을 조장하도록 주기적으로 태어나게 하였습니다. 특히 앞장에서 기록한 이슬람 테러조직들이 바로 우주 쓰레기들이었던 범법자들입니다. 인류 사회를 좀먹는 마약조직, 인신매매 조직 등 폭력조직들이 이들로 이루어져 있어서 사형을 시켜도 바로 다음 인생으로 태어나 똑같은 행위들을 하는 것이며, 사회의 온갖 불법행위들과 폭력, 테러 등이 이들에 의해 일어나고 있는 것입니다. 사회악을 뿌리 뽑는다고 합니다. 실현 불가능한 일입니다.

어둠의 세력들은 우주 범법자들을 통해 인류 사회를 쓰레기로 만들고 있는 것이고, 이들을 통해 나머지 인류들의 도덕적 해이를 조성하고 있으며, 바르게 살거나, 정직하게 사는 인생들을 바보 취급당하게 하는 것입니다. 사회질서를 무너뜨리고, 폭력과 전쟁을 선동하도록 하는데, '저주파 심령 전기기술'을 이용하고 있습니다. 여러분들이 인생을 사는 동안 노출되었기에 피할 방법이 없으며, 이것을 피하고자 설령 죽는다고 하여도 4차원 세계에서도 반복해서 일어나고 있다는 것입니다.

전체 인류들은 자신이 누구인지 모르는 '기억상실'과 '무지상태'에 놓여 있어서 의식을 깨운다는 것은 불가능에 가깝다고 보아야 합니다. 현대사회는 가정에서 텔레비전, 직장에서 랩톱과 컴퓨터 모니터, 개개인들이 스마트 폰들을 통해 전자파 공격에 무방비로 노출되어 있습니다. 요즘 MZ 세대들과 알파 세대들이 아이-폰을 유난히 좋아하는 것은 저들의 세뇌공작에 포로들이 되어 있어서입니다. 뉴-에이지 운동을 통해 인류들의 정신세계를 하나로 통합하여 통제하는 데 성공하였으며, 실패할 수밖에 없는 의식혁명을 하도록 유도하여 자신들의 일을 돕는 것으로 전락시키기도 하였습니다.

출구 없는 미로로 여러분들을 들여보내어 자신들에게 필요한 에너지만 갈취하는 것으로 이용한 것이 바로 '영성 깨우기'였습니다. 영성을 깨우려는 행위에서 그것이 수행이 되었든지, 기도가 되었든지, 명상이 되었든지 상관없이 발생하는 에너지는 저들의 표적이 되어 빼앗기게 된다는 것과, 수행 후에, 명상 후에, 기도 후에 여러분들의 체험들을 조작해서 전혀 눈치챌 수 없도록 한다는 것입니다. 마치, 우유 채취를 위해 사육하는 젖소와 같다고 할 수 있습니다. 저들은 여러분들을 과거에는 '스타 더스트 블루'를 채취하기 위해 사육하였었고, 지금은 에너지 착취를 위한 중계기로서 사용하는 목적으로 사육하고 있다는 것입니다.

여러분들의 어선들이 물고기들을 무상으로 잡아 가면서 바다에는 무엇을 돌려주고 있나요? 오히려 쓰레기들을 돌려주고 있습니다. 저들의 행위를 옹호하려는 것이 아니라, 여러분들도 닮아 있다는 점을 전하려고 그런 것입니다. 여러분들의 유전자에도 저들의 속성이 그대로 들어 있어서 저들이 원하는 대로 인생들을 살고 있는 것입니다. 그러니 에너지를 빼앗긴다고 해서 억울할 것도 없다는 것입니다.

물질경험은 마누-마나-에아의 뜻을 펼친 '마스터 시라야 크눅세스'의 배려에 의해 이루어질 수 있었으며, 야나스와 리쉬들에 의해 이루어질 수 있었습니다. 어둠의 역할도 그 중의 하나로 이루어지게 되었음인데, 여러분들의 허락과 약속이 있었기에 가능했습니다. 모든 경우의 수가 다 적용되어졌으며, 양극성 실험이 시작될 수 있었습니다. 현재의 상황도 다 예상되었던 것들이며, 모든 것들을 예언 형식으로 여러분들에게 전해지도록 하였습니다. 말하자면, 이 모든 상황을 미리 알았기에 그것을 준비할 수 있는 정보들을 공개하였던 것입니다. 여러분들의 깨어나지 못함과, 무지함에 대해 변명할 수 없다는 것을 전하는 것입니다. 만약 대비하지 못하고, 추락하여 낙오한다면 모든 책임은 당사자의 몫인 것입니다.

모든 정보는 취사선택할 수 있습니다. 여러분들 개인들의 취향에 맞추어서 정보들을 익히고, 잘 대비하여 최후의 전쟁에서 죽지 않기를 바라는 것입니다. 벌써 전쟁의 전선이 전 지구촌으로 확장되려고 하고 있으며, 이것과 발맞추어 4차원 영역에서도 전선을 형성하고 있는 것입니다. 작은 충돌들은 늘 있었던 것이지만 대규모의 충돌은 자신들의 모든 역량들이 걸려 있기에 신중하게 움직이고 있다는 것입니다. 저들은 세를 과시하는 것을 좋아하는데, 마치 무력 시위하는 것처럼 말입니다. 기선제압을 하겠다고 나오는 골리앗과 같다고 할 수 있습니다.

신성을 깨우지 못한 인류들은 저들의 거짓 선전과 가짜 뉴스에 모두 속아 넘어갈 것이고, 전쟁터의 불쏘시개로 불타 없어질 것입니다. 어둠은 미련 없이 신성이 없는 인류들을 전쟁터로 내몰 것이고, 그곳에서 죽게 할 것인데, 우리 역시 이러한 자격을 상실한 인류들을 돌보지 않을 것입니다.

루비 평의회는 인류들의 영적 사회에도 파고들었으며, 많은 배신들과 반란들을 일으키게 하였음인데, 영단에서 그러한 일들이 있었고, 타락 세력들과 뜻을 같이하는 존재들이 나오게 되었습니다. 흰 세마포를 입고, 마치 대사들처럼 활동하는 아눈나키들이 숨어들었으며, 이들에게 동조하는 인물들이 많이 나왔다는 것입니다. 저들에 의해 자행된 혼혈과 인종 침투에 따라 가짜대사들이 많이 활동하게 되면서 이들이 영성운동을 뒤에서 후원하고, 인도하는 일들이 생겨난 것입니다. 힐링센터, 명상센터, 배움의 전당들을 통해 어둠의 대사들이 활동하고 있다는 것입니다. 티베트와 인도를 중심으로 이 운동들이 활성화되었는데, 대백색형제단 속에도 검은 대사들이 있으며, 지저세계들에도 타락한 세력들이 흰 예복을 입고 대사처럼 활동들을 하고 있습니다.

대표적으로 멜기세덱 사제단이 있고, 미카엘 대천사가 있는데, 이들이 여러분들을 속이고 있는 거짓 대사들과 거짓 대천사라는 것입니다. 여러분들은 드라마나 영화에서 악역을 진짜처럼 연기한 배우들을 실제 악인으로 받아들이고 있습니다. 어둠의 역할자들은 어떻습니까? 여러분들은 역시 역할자가 아닌 실제적인 악인으로 인식하고 있다는 것입니다. 여러분들을 탓하려고 하는 것이 아니라, 이분법 인생을 살아온 여러분이기에 그럴 수밖에 없음을 말하는 것입니다. 역할자에 대해 이해해야 되는 때가 되었음을 전하는 것입니다.

본성, 본마음은 그대로인 채, 주어진 역할에 최선을 다하기 위해서는 마음에 변화가 일어나지 않아야 한다는 점을 잘 알고, 지킬 수 있는 존재들만이 어둠의 역할이 주어지게 되는 것인데, 이러한 자격을 충분히 갖추기가 쉽지 않기 때문에 자격을 갖춘 존재들 중에서도 완성을 성취한 존재들이 고려 대상이 되었던 것입니다. 중용은 균형을 잃지 않는 마음을 말하는데, 이러한 존재들에게 어둠의 역할이 주어지는 것이고, 그것을 통해 하늘의 뜻을 성사시키는 것입니다.

루비 평의회는 어둠의 역할을 주관하는 위원회이고, 이곳에 소속된 조직들과 존재들이 어둠의 역할을 하고 있는데, 처음부터는 아니고, 주기를 따라 서로들의 역할들을 바꾸어서 해 왔던 것입니다. 이것이 양극성 실험의 규칙이었으며, 규칙에 의해 빛과 어둠의 역할들을 서로 맞바꾸어서 해 왔다는 것입니다. 물론 역할에 너무 몰입한 존재들이 생겨났으며, 자신이 부정적인 기운들과 카르마들을 다 책임질 수 있는 능력이 있음을 너무 과신하는 바람에 추락이 일어나는 것을 미처 깨닫지 못한 실수가 있었던 것입니다. 마르둑-루시퍼가 바로 대표적이었다는 것입니다.

자신에게 소속되어 있던 아눈나키 대원들의 각각의 카르마들은 그 크기가 별로 크지 않았으나, 전체로 보았을 때에는 혼자서 감당할 수 없는 무게감을 가지고 있었습니다. 그것을 크게 보지 못하고 간과한,

그 심각성을 미처 깨닫지 못한 마르둑-루시퍼는 자신의 능력으로 해결할 수 있다는 만용을 부린 것이고, 그 결과는 참담함으로 돌아온 것인데, 화성의 몰락을 불러온 것이었습니다. 역할과 카르마 사이의 역학관계를 무시한 결과가 몰고 온 것이었음을 깨달았을 때는 이미 늦은 뒤였다는 사실입니다.

특히 상위로 올라갈수록 동원되는 에너지의 총량은 늘어나게 되어 있고, 반비례해서 발생하는 카르마의 양도 그만큼 늘어난다는 것을 미처 깨닫지 못하였던 것입니다. 우주의 에너지는 사용하는 존재가 쓸 수 있는 만큼 얼마든지 활용할 수 있는데, 비용을 받는 것이 아니다 보니, 능력만 된다면 얼마든지 사용할 수 있었던 것입니다. 다만 존재들이 미처 몰랐던 것이 있었는데, 에너지 법칙을 정확히 알지 못하였다는 것입니다. 필요에 의해서 사용하는 것은 문제 될 것이 없지만, 결과로 나타나는 현상에 대해서는 모든 책임을 지어야 한다는 것이었습니다. 그것이 물리적이든, 에너지적이든, 감정적이든 원인을 제공한 존재가 결과에 대한 책임을 지는 것이 에너지 법칙이었는데, 우주순환주기 패턴에 따른 법칙이었습니다. 에너지를 활용하는 데에는 사실 자격 기준이 있는 것이 아니지만, 이러한 책임이 뒤따르다 보니 적법한 자격도 없이 사용하였을 때에 나타난 결과들인 엄청난 후폭풍들이 있었습니다. 그래서 그것을 예방하기 위한 규칙들이 적용되기 시작했으며, 그것을 위반하였을 때에는 그것에 따른 조치들이 있게 된 것입니다.

이 부분도 존재들에게 가르친 것이 아니었으며, 스스로들이 경험을 통해서 깨달았던 것입니다. 우주는 개입하거나 관여하지 않지만 우주의 구성원으로서 서로 공조하고 있음을 스스로 알도록 배려한다 할 수 있습니다. 우주를 형성하는 빛의 에너지도 한 구성원으로서 그런 기준에 의해 제공되고 있었음을 알도록 하였다는 것입니다. 각 밀도층마다 그 기준에 맞는 빛 에너지가 적용되었고, 우주를 구성하는 물질들과 생명들이 에너지를 통해 경험을 완성하기를 바랐던 것입니다. 에너지를 사용하는 기준은 그렇게 해서 적용되었던 것인데, 규칙에 따라 적용한 존재들은 순환 질서에 순응하는 것으로 나타났고, 규칙을 위반하여 적용한 존재들은 순환 질서를 파괴하는 것으로 나타났던 것입니다.

　타락 세력들의 전쟁의 여파로 행성들이 파괴되거나, 궤도가 틀어지는 일들이 생겨났으나, 이들은 이것에 큰 책임이 따른다는 사실을 알지 못하였습니다. 다른 행성을 찾아서 정착하면 그만이라고 받아들였던 것입니다. 태양은 행성들과 위성들을 자녀로서 태어나게 해서 공전궤도에 안착시켜 관리하게 되는데, 진화를 선택한 생명들을 받아들이는 것도 태양의 뜻에 의해 이루어지게 되는 것입니다. 생명들의 진화를 책임지는 것도 태양이며, 완성을 통해 떠나보낼 때까지 모든 책임을 진다는 것입니다. 생명들끼리 전쟁을 통해 위성을 파괴하고, 행성을 파괴하며, 궤도를 틀어지게 하는 행위들을 하였을 때에는 윤회의 법칙을 통해 반드시 모든 책임을 지도록 관리한다는 것입니다.

　살고 있던 행성을 파괴하고 다른 행성으로 이주한 존재들은, 또는 다른 종족들을 몰살하고 그들의 행성을 파괴하였을 때에는 우주 순환질서 법칙에 따른 카르마들이 적용되어 모든 책임을 지도록 하였기 때문에 라이라의 행성들과 차원의 문들을 파괴한 존재들에게 책임이 지워진 것입니다. 어둠의 역할은 처음에 문제없이 출발할 수 있었습니다. 역할에 몰입하고, 극성으로 감정체들이 이끌리게 되면서 카르마들이 과도하게 적용되어졌음을, 그 비율 역시 해결할 수 있던 수준을 크게 벗어나면서 추락이 일어나게 된 것입니다. 우리는 이것을 크게 두 가지 측면으로 이야기할 것인데, 첫째는 의도된 추락이고, 둘째는 의도치 않은 추락입니다.

우리는 양극성 실험을 통해 네바돈에서 조인 종족들의 완성을 추진하였으며, 인공지능 문제도 해결코자 하였습니다. 그런 의미에서 의도된 추락이 있었던 것입니다. 이것이 어둠의 역할이 시작되었던 것이고, 양극성 실험이 실현될 수 있었던 것입니다. 그리고 역할들이 빛을 발하면서 순조롭게 진행될 수 있었는데, 이 실험에 참여한 존재들이 경험해 보지 못한 인공지능이 결합되면서 그 결과들이 예기치 못한 방향으로 흘러가게 되면서 의도치 않은 추락이 일어나게 된 것입니다. 특히 경험이 없던 조인들에게서 먼저 일어나게 되었는데, 그 여파가 행성 지구까지 흘러들어왔다는 것입니다. 루비 평의회는 모든 문제들을 이곳에 집중시켰으며, 카르마를 해결해야 할 존재들까지도 이곳에 집중하게 한 것입니다.

우리는 시리우스-B를 내파시켜 티아마트를 만들면서 이 완성의 설계를 적용시키게 되었는데, 이 그림은 결실을 맺기 전까지는 공개하지 않기로 하였으며, 중간에 설령 어려운 상황이 발생하더라도 그 약속은 깨지 않도록 하였습니다. 역시 예상한 대로 타락 세력들의 침략이 있었고, 그들의 행위가 현시점까지 이루어져 왔습니다. 저들은 차원의 문들을 점거하여 외부 우주로 나가 에너지 착취를 위한 정복전쟁을 하기 위해서 그렇게 한 것인데, 차원의 문들과 그것을 연계해 주는 '아멘티-홀', '아멘티 구체'가 어떤 목적으로 창조되었는지 정확히 알지 못하고, 오직 표면적인 목적만을 가지고 점령하게 되었던 것입니다.

우리는 네바돈 은하를 창조하면서 차원의 문들도 만들어 내어 밀도층들을 형성케 하였습니다. 차원들로 알려진 조화우주들을 분류하여 진화 현장들을 펼쳐놓았던 것입니다. 그리고 모든 과정들을 졸업하고 아라마테나 태양 마누엘라 행성에 모인 존재들이 최종 카르마를 해소하고 상위 우주로 이동하는 것을 도와줄 영적 상승 행성이 필요하였습니다. 그 목적을 위해 오나크론 스펠라에서 준비한 빛 구체를 네바돈으로 이동시켜 시리우스 공전궤도에서 충분히 숙성시키게 하였으며, 때가 되었을 때에 내파를 통해 6:4 비율로 나뉘게 하였으며, 한쪽은 시리우스-B에, 한쪽은 티아마트 중심에 두어 오늘날까지 관리하였던 것입니다. 충분한 기간 동안 숙성되어 온 빛 에너지는 잘 준비될 수 있었습니다.

아멘티 빛 구체는 차원의 문들이 있는 별자리로도 이동하여 갈 것인데, 그곳의 별들에서도 상승하는 행성으로서의 역할이 새롭게 시작될 것입니다. 그리고 행성 타우라는 네바돈을 졸업하려는 존재들이 이 은하에서의 마지막 물질체를 입는 행성으로서 자리를 내어줄 것이고, 이곳에서 물질인생으로 태어나 마지막 카르마를 모두 불태우고 빛으로 상승하여 안드로메다 은하단으로 이동하여 떠날 것입니다. 이렇게 큰 카르마를 가지고 있는 존재들을 자녀로 받아 줄 부모가 네바돈에서는 오직 타우라밖에는 없다는 것이며, 이 역할을 위해 '호모 아라핫투스-호모 마이트레야스' 인종을 준비한 것입니다. 이것은 안드로메다와 연계하여 이루어지는 것이며, 그곳에서 이 역할을 위해 천사종족인 '안드로메디안 종족(Andromedian races)'이 선정되었습니다. 이들이 태양계로 들어와 진화 여정을 시작하게 되었는데, 첫발은 금성(티타니아)에서 시작되었습니다. 안드로메다 은하단이 세운 이 계획은 '안드로메다 아르마다(Andromeda Armada)'로 불리게 되었으며, 이들이 훗날 무문명을 일구는 황인종들이 되었습니다.

안드로메다 은하단에서 출발한 '안드로메디안 종족'은 네바돈에 들어와 알시온 중앙태양에 있는 티아우바를 거쳐서 티아마트에 들어와 무아인으로서 뿌리내렸으며, 이들이 '호모 아라핫 투스-호모 마이트레야스'로 태어나 네바돈을 졸업하고 떠날 존재들을 위해 부모로서, 자녀로서 역할들을 하기로 한 것입니다. 진화와 상승을 선택한 존재들을 돕기 위하여 안드로메다에서 들어온 존재들입니다. 그리고 이 종족들과 함께 안드로메다에서 들어온 가이아 어머니가 행성 지구의 어머니가 되었는데, '마스터 시라야 크녹세스'의 뜻을 함께하기로 한 '마스터 솔라리스 팔라도리아'의 분화에 의해 이루어질 수 있었으며, 오나크론 초은하단 정부와 안드로메다 은하단 정부가 협력하여 출범하게 된 계획이었습니다.

행성 타우라와 어머니 가이아, 무아 인종은 아멘티 구체와 함께 주어진 역할을 잘 수행할 것인데, 루비 평의회도 향후 1000년 동안 주어진 역할을 잘 수행할 것입니다. 타락 세력들은 자신들의 뜻대로 이루어진다고 기대하고 있을 것이지만, 마치 '부처님 손안에 있는 손오공과 같다'고 할 수 있습니다.

타락하여 자신의 본분을 잊은 존재들은 그들이 선택한 길을 존중하여 그것에 따른 책임을 묻게 될 것입니다. 또한 깨어날 때에 그 기회를 살리지 못한 인류들에게도 그 선택을 존중할 것이고, 책임을 물을 것입니다. 우주의 대주기는 잃어버린 균형을 바로잡고, 무너진 조화를 다시 조율하는 기간입니다. 이것은 진화대계가 펼쳐진 우주에서는 통상 진행되는 것으로서, 그렇게 해서 완성을 이루어 나가는 것입니다. 이것을 위해 상위 우주에서 도움을 받는 것인데, 굳이 필요하지 않다면 그러하겠지만, 스스로들의 역량으로 해결할 수 없는 경우에는 도움을 주게 되는 것입니다. 엔키에 의한 인종 씨앗 뿌리기가 있었고, 셈야제에 의한 씨앗 뿌리기가 있었지만, 우리들에 의해 이루어진 씨앗 뿌리기는 이들이 잘 알지 못하였습니다. 아시아 대륙에 황인종들이 있었음을 알고는 있었으나 이들의 기원에 대해서는 알 수 없었다는 것입니다.

전한 대로 '안드로메다 아르마다' 계획에 의해 씨앗 뿌려진 인종들은 티타니아(금성)-타투스(화성)-말데크(세레나)를 거쳐 티아마트(지구)로 이어졌으며, 니비루보다 더 앞서서 정착하게 되었기에 저들이 알 수 없었던 것입니다. 또한 말데크에서 들어올 당시에 함께했던 12인의 엘로힘과 수장이었던 '엘'의 뜻을 존중하여 조용하게 살고 있던 이들은 저들의 이목을 끌지 못하였기 때문에 저들의 간섭을 피해갈 수 있었던 것입니다. 그만큼 원시림에서 조용히 살아가던 인종들이었기에 저들의 눈을 피할 수 있었는데, 이것 또한 이러한 것을 미리 알고 있었던

'엘'의 선견지명 때문이었습니다. '엘'은 금성(티타니아)에서도 영적 지도자였으며, 화성(타투스)에서도, 말데크(세레나)에서도 영적 지도자였습니다. 그래서 종족의 안전을 위한 생존전략을 실현한 것이고, 이것을 종족들이 잘 따라 주었다는 것입니다.

우리들의 계획은 이 인종들을 통해 꽃을 피울 것인데, 새로운 세상과 새로운 연방체제 국가를 설립할 것입니다. 우리의 계획을 위해 루비 평의회도 함께하고 있는 것이고, 빛의 반대편에서 어둠의 역할을 수행하고 있는 것입니다. 이 계획도 한편이 일방적으로 이끌 수 없는 것은 균형을 상실한 상태에서는 새로운 세상을 펼칠 수 없는 것이며, 그동안 축적되어 온 부정적인 기운들과 카르마들은 어둠에 의해 폭발될 것입니다. 그러므로 해서 잃어버렸던 균형을 되찾는 기회를 살리게 되는 것입니다.

여러분들은 어둠을 부정하게만 바라보고 계시는데, 예를 들면 각 가정에서 나오는 각종 쓰레기들과, 공장들에서 나오는 각종 폐기물들과, 발전 시설들에서 나오는 방사능 폐기물들을 더럽다고, 또는 건강에 치명적이라고 해서 피하려 하십니다. 그럼 이 폐기물들은 누가 수거하고, 누가 처리합니까? 하는 이들이 있어, 하는 시설들이 있어 안심하고 계십니까? 그 문제들이 매우 심각하다는 것을 피부로 느끼고 계실 것인데, 깨끗한 것은 좋아하시고, 더러운 것은 피하면 되는 것이었습니다. 그런 측면에서 감정들에 의해 쌓이고 쌓여 더 이상 쌓을 곳이 없을 정도로 양산되어 온 감정 쓰레기들, 욕망의 폐기물들인 거대한 카르마들은 무엇으로 처리할 것입니까? 빛으로 정화하면 되지 않느냐! 하시면 끝입니까? 과연, 빛으로 정화가 되는가가 문제입니다. 죄송하지만, 현재 인류들이 양산해 온 카르마는 1만 2000년 정도의 기간 동안 축적된 것이기에 그 규모와 무게가 심상치 않다는 것입니다.

빛으로 정화할 수준을 이미 넘어섰기에 늦었다고 하는 것이고, 설령 가능하다 하더라도 14만 4000명의 그리스도들이 있어서 이들에 의한 빛의 정화가 있어야 한다는 것인데, 현재 과연 그런가 하는 것입니다. 여러분들은 이미 알고 있습니다. 그렇지 않다는 진실을, 그렇기에 점점 폭발을 향해 임계치를 넘어서고 있는 카르마를 쳐다보고만 있습니다. 여러분들은 파업으로 쌓여만 가는 쓰레기들을 보면 짜증과 분노를 참지 못하며, 그것을 처리하지 않는 일꾼들을 비난합니다. 처리를 여러분들이 직접 할 수 없어서 위탁 업체에 위임하여 처리토록 한 것입니다. 그러면 인류들의 욕망의 부산물들로 쌓여진 미아즘, 즉 카르마는 어디에 위탁하였습니까? 물론 초기에는 인류들 개인들이 정화하고 처리할 수 있었지만, 한계를 넘어서자 위탁할 수밖에 없었던 것입니다.

현시대의 인류들에 의해 축적된 집단 카르마는 어둠이 주관하여 처리하도록 계약되었다고 해야 됩니다. 위탁업체는 루비 평의회가 되는 것입니다. 이들은 인류들의 집단 카르마를 격발시킬 것이고, 원인을 제공한 인류들에게 그 책임을 물 것입니다. 처리 비용도 만만치 않지만, 처리 과정도 그렇다고 하는 것이어서 행성 지구 외부로 빠져나가지 않도록 하면서 처리해야 하기 때문입니다. 폐건물 철거 시에 많은 먼지들이 나오는 것을 다 막을 수 없고, 처리할 수 없어서 일부 피해를 감당할 수밖에 없음을 잘 알고 있습니다. 카르마들을 처리할 때에도 그럴 수 있기 때문에 지구권역 밖으로 나가지 못하도록 특단의 조치를 취한 상태에서 작업을 진행할 것입니다.

아마겟돈 전쟁은 인류들의 집단 카르만들을 처리하는 장이 될 것이며, 지구에 개입하였던 모든 세력들과, 존재들의 카르마들이 분출되는 현장이 될 것입니다. 우리 입장에서는 우주 대축제가 될 것이지만, 여러분들은 그렇지 않을 것인데, 대량의 인류들이 죽음을 통해 육체라는 옷들을 벗을 것이기 때문입니다. 어머니 가이아도 그동안 쌓여 있던 에너지들을 분출시킬 것이며, 그 형태는 화산과 지진, 쓰나미 등으로 나타날 것입니다. 또한 이 과정을 돕기 위해 혹성과 태양 폭풍이 동원될 것이고, 그렇게 해서 쌓여 있던 집단 카르마는 해결될 것입니다. 새로운 주기를 맞이하기 위해서 과거 주기에 쌓여 있던 것들을 처리하는 것으로 마무리하는 것입니다.

'새 술은 새 부대에 담으라.'는 격언이 있습니다. 새로운 주기에 접어드는 행성 지구는 새로운 빛과 새로운 에너지가 진입하고 있기에 그것을 받아들이기 위해서는 낡은 것들은 모두 정화하는 것이고, 정리시키는 것입니다. 그런 측면에서 호모 사피엔스 인종도 낡은 세대가 되는 것이며, 분출시킨 카르마들과 육체들을 정화하고 정리시키는 것입니다. 육체에서 분리된 혼들과 에너지들은 들어왔던 곳으로 돌려보낼 것이며, 가야 할 곳으로 떠나보낼 것입니다. 현시대에 꽃을 피웠던 현대 문명은 문을 닫을 것이고, 새로운 문명이 문을 열 것인데, 새로 들어서는 빛과 에너지에 의해 자리 잡을 것입니다. 이것을 준비시키기 위해 빛의 존재들이 들어와 대기하고 있는 것이며, 새로운 인종인 '호모 아라핫투스 인종'이 들어오고 있는 것입니다. 구세대와 신세대 간의 갈등이 커지는 것도 서로들의 역할들을 이해하지 못함에서 일어나는 것임을 알았으면 합니다.

이러한 과도기에 루비 평의회는 악역을 맡아 여러분들에게 악행을 할 것인데, 집단 카르마를 처리하는 과정에서 일어나는 전쟁들과 재난들을 연출할 것입니다. 여러분들은 어둠을 맹비난할 것이지만, 저들이 아니면 여러분 스스로들이 카르마들을 처리할 수 없다는 것입니다. 여러분들이 자격을 갖추어 자가 처리하였다면 저들에게 맡길 필요가 없었습니다. 전 주기에서도 처리과정이 매끄럽지 못하여 대재난이라는 결과로 나타날 수밖에 없었기에, 현 주기에 같이 맞물려서 처리하게 되었던 것이며, 과거의 실패를 다시 반복한다면 다시 대재난이라는 파국을 피할 수 없다는 것입니다.

여러분들은 이미 뼈아픈 트라우마를 간직하고 있습니다. 레무리아와 아틀란티스 시절에 완성을 이루지 못하고, 다음 주기로 기회를 밀어두었습니다. 그렇게 해서 현재에 태어나 그 기회를 맞이한 것이며, 이번에도 실패한다면 두 번 다시 기회가 주어지지 않는다는 것입니다. 이것에 대한 영적 부담이 매우 크다는 것을 알고 있으며, 그것을 감안하여 모든 것을 조정하였던 것입니다. 여러분들은 이 모든 것을 해결할 수 있는 능력이 있으며, 그것 때문에 어려운 과정들을 수용하였던 것이고, 이날만을 기다려 왔던 것입니다. 여러분들의 카르마를 해결하기 위해 루비 평의회는 어둠의 자리에 들어갔으며, 그 역할에 최선을 다할 것인데, 전한 대로 너무 역할에 몰입하여 추락한 세력들이 나타났고, 그들에 의한 부정적인 일들이 있어 왔습니다. 우리는 정리하는 과정 동안 그것에 대한 책임도 엄정하게 물을 것이고, 법칙에 따른 책임도 균형을 잃지 않는 범위에서 물을 것입니다.

　사랑하는 여러분,

　책임에 대한 부분은 매우 공정하게 적용시킬 것이어서, 손해 보거나, 억울한 경우가 없도록 할 것입니다. 이것은 빛과 어둠, 모두에게 해당하는 것이며, 인류들 모두에게 해당하는 것입니다. 행성 지구의 역사에 관여하였거나, 인류들에게 관여하였거나, 조금이라도 연관되어 있었다면 에너지 법칙에 따라 책임을 묻는다는 것입니다.

　항성 활성화 주기는 하나의 주기 동안 진화에 필요한 에너지를 공급받게 되는데, 주기가 종료될 때에는 받았던 에너지를 다시 돌려주어야 하며, 반드시 받았을 당시의 상태를 회복시켜서 돌려주어야 하는 법칙이 있습니다. 그리고 새로운 주기에는 새로운 에너지를 통해 생명계가 진화하는 것입니다. 이것을 모르는 존재들은 없으며, 각 영단에 소속된 존재들이 이것에 따른 역할들로 봉사하는 것입니다. 루비 평의회 역시 어둠에 대한 역할들을 수행하는 것이며, 인류들을 패망시키는 것처럼 보이지만, 역할에 최선을 다하는 것뿐입니다. 여러분들은 이런 때일수록 내면에 더욱 집중해야 하는 것이고, 외부에서 펼쳐지는 일들에는 주의를 기울여서는 안 되는 것입니다. 어떠한 일이 일어나도, 설령 육체가 죽는다고 하여도 그것에 집중하지 말고, 여러분 내면의 영혼에게 집중하여야 합니다.

물질체 죽음을 위협하는 많은 일들이 일어날 것인데, 그 모든 것들이 영을 죽이지는 못합니다. 하물며, 어둠조차도 그것을 할 수 없습니다. 여러분들은 육체를 죽이는 것에는 큰 두려움과 공포를 가지고 있지만, 영을 죽이는 것에는 관심조차 없다는 것입니다. 바로 자신의 신성을 외면하고, 배반하는 일 말입니다. 신성을 부인하는 일이 가장 큰 일이 며, 가장 큰 책임을 지게 되는 일입니다. 그 외에 일들은 어둠이 직접 할 수 있는 일들이어서 여러분들의 생명을 빼앗는다는 것으로 신성을 포기하고 배반하도록 협박과 회유, 유혹을 한다는 것입니다. 신성인 마누-마나-에아의 삼중광선을 꺼트리지 않고 지켜내는 것이 바로 여러 분들이 해야 할 의무이자, 책임이라 하는 것입니다.

우리는 그 모든 과정들을 지켜볼 것인데, 신성을 지켜내는 여러분들 이 되실지, 아니면 포기하거나 배반하는 여러분들이 되실지 그 선택을 존중할 것입니다.

우리는 야나스이며, 이온 상임 이사회입니다.

'아-모-레-아 에-카-샤(A-mO-RA-eA Ec-Ka-shA)'

14. 마르둑-루시퍼
〈Marduk-Lucifer〉

사랑하는 여러분,

'마르둑(Marduk).'

엔키의 아들이자, 아누의 손자이며, 타락 아눈나키들을 이끌고 있는 지휘자입니다.

아비뇽 왕실을 이끌고 있는 그리스도 사난다 멜기세덱-12D의 9차원 적 분신인 데빈(Devine)과 그리스도 네바도니아-11D의 9차원적 분신 인 제라일라(Jelaila)의 아들인 사타인(Satain)의 4차원적 분신이며, 어둠 의 군주로 있습니다.

마르둑의 상위-자아로 있는 사타인으로 인해 여러분들에게는 '사탄' 으로 알려져 있는데, 쿠데타를 통해 조부인 아누를 축출하고, 행성 니 비루의 패권을 잡았으며, 행성 티아마트의 군주였던 작은 아버지 엔릴 을 몰아내고, 패권을 손에 쥔 지도자가 되었습니다.

10차원 골드 평의회인 세라페이-세라핌 세레즈 종족의 뜻을 저버리고 타락의 길을 선택한 '9차원 니비루 위원회'를 이끌고 있는 존재가 바로 '사타인'으로서 니비루의 통치자로 자리하고 있습니다. 사타인은 9차원 존재로서, 데빈의 아들이며, 마르둑을 통한 정복전쟁을 수행해 왔습니다.

마르둑은 어둠의 역할을 위해 사타인의 4차원적 분신체로 나타났으며, 그 역할에 충실하여 오늘날까지 이어져오고 있습니다. 일루미나티 세력들이 경배하는 오망성(五芒星), 펜타그램(pentagram), 루시퍼가 바로 '마르둑'입니다. 인류 사회를 배후 조종하고 있는 어둠 세력들의 최고수장이 바로 '마르둑'입니다.

여러분들이 고향별로 돌아갈 수 없도록 설치된 니비루 진공수정 격자망을 통해 지구의 4차원 영역과 3차원 영역을 통치하고 있는 실제적인 군주입니다. 여러분들이 알고 있는 천국과 지옥을 통치하고 있으며, 3차원 세계도 자신의 자녀들과 추종 세력들을 통해 장악하고 있음이니, 인류들의 하나님이라고 표현해도 될 것입니다.

분명한 것은 우리는 '사타인-마르둑(Satain-Marduk)'을 변호하려고 하는 것이 아니며, 양극성 실험에 따라 어둠의 역할이 주어졌다는 것을 전하는 것과, 인류들이 반드시 통과해야 하는 어둠의 시험이 있음을 미리 경고하는 것입니다. 마르둑은 아틀란티스 멸망에서 자유롭지 못한데, 카르마에 대한 책임이 매우 무겁다는 것과, 현대문명에서도 추가된 카르마가 그를 자유롭지 못하게 하는 족쇄가 되었다는 것입니다. 하지만 마르둑은 무거운 멍에를 지고 여러분들의 깨어남과 상승을 위한 어둠의 역할에 최선을 다하고 있다는 것입니다.

　그렇지 않다면 여러분들의 카르마를 해소하는 과정들이 매우 험난했을 것이고, 그것을 어떤 이가 대신할 수도 없었다는 점이 더욱 그러했다고 하는 것입니다. 어떤 존재들은 이런 마르둑을 연민의 정으로 바라보라고 이야기합니다. 우리는 여러분들이 지난 고대문명 시절에도 이러한 핵심 문장이 어떠한 결과를 가져왔는지 상기시키고자 합니다. 여러분들의 감정에 호소하는 이러한 문구는 어떠한 조건을 갖추기 전에는 결코 바람직하지 않음을 전합니다. 연민의 정은 '그리스도 의식'을 깨우고 전지적-사랑을 완성시켰을 경우에 가능한 일이며, 그렇기 전에는 값싼 동정심에 불과하다는 것입니다. 마르둑의 진정성을 이해하고, 그를 포용하기 위해서는 그리스도의 사랑이 있어야 한다는 것입니다.

　과거, 레무리아와 아틀란티스 시절에도 어둠을 향한 연민의 정이 인류들에게서 발현된 적이 있었습니다. 이것을 탓하는 것이 아니라, 진정으로 어둠을 포용하고, 그들이 역할에 최선을 다하도록 배려하기 위해서는 반드시 갖추어야 하는 조건, 자격이 있어야 한다는 것입니다. 그것이 바로, 그리스도 의식입니다. 그것을 갖추어야 연민의 정으로 마르둑을 포용할 수 있습니다. 그렇지 않은 상태에서 나오는 어설픈 연민은 어둠의 활약에 따른 반대급부 현상에 의해 나타나는 분노와 상실, 저주라는 카르마를 양산해 낸다는 점입니다. 이것의 결과는 당연하게도 의식의 추락과 진동수의 하락입니다. 이것에 의해 화려했던 두 문명은 사라져야 했습니다.

지금의 여러분들도 위험성을 가지고 있다 할 수 있어서 영성 세계에서 표현하는 용서, 사랑, 포용, 연민의 정으로 바라보기 등은 어둠의 계략에 의해 나타난 운동으로 결코 받아들여서는 안 되는 것입니다. 그렇다고 해서 어둠을 미워하거나 그들을 원수로 돌리라는 것은 아닌데, 진정한 용서와 포용은 그리스도 의식을 깨우고 전지적-사랑을 완성하면 자연스럽게 발현되어 나타나는 것입니다. 조건을 갖추지 않은 상태에서의 어설픈 연민은 오히려 어둠을 돕는 것으로 나타나기 때문에 여러분들의 카르마를 가중시키는 역할만을 한다는 것입니다. 똑같은 실수를 두 번 다시 할 수 없다는 것입니다.

인류들의 추락의 역사는 마르둑에 의해 있어 왔다고 할 수 있는데, '바벨탑 사건'의 원인 제공자였기 때문입니다. 꼭 그런 것은 아니지만, 인류들이 마르둑을 도와 우주정거장 건설을 하였습니다. 그 모습을 본 엔릴에 의해 인류들이 반란을 일으킨 것으로 오해하게 하였다는 것입니다. 실제로 마르둑은 인류들을 선동하여 건설을 돕도록 하였으나, 인류들이 마르둑의 반란을 돕거나, 참여한 것은 아니었습니다. 다만 신을 순수한 마음으로 도왔던 것이지만, 그 모습이 엔릴에게는 반란을 돕는 것으로 비추어졌고, 인류들은 티아마트의 군주였던 엔릴의 분노를 사게 되었던 것입니다.

노동력 제공을 위한 인류 창조는 찬성하였으나, 지성을 갖춘 인류들의 창조를 반대한 엔릴은, 엔키에 의해 창조된 아다파와 릴리스의 후손들이 탐탁지 않았던 것입니다. 그렇지 않아도 마음에 들지 않았던 인류들이 반란을 일으킨 마르둑을 돕자, 그냥 두어서는 안 되겠다는 마음을 품게 하였고, 이난나와 난나르의 권유에 의해 특단의 조치를 내리게 되는데, 그것이 바로 '유전자 형판 파괴'로 나타난 것이었습니다. 마르둑과 정적(政敵)관계였던 이난나는 조부의 뜻을 적극 지지하였음이니, 마르둑이 일어서는 것을 원치 않았기 때문입니다. 마르둑을 도왔다는 것 때문에 천벌을 받아야 했던 인류들은 미필적 고의(未畢的 故意)에 의한 처벌을 받았던 것입니다.

인류들이 자신을 도왔다 하여 유전자 형판 파괴라는 천벌을 받는 동안 마르둑은 전혀 개의치 않았는데, 자신의 아버지 엔키에 의해 창조된 아다파의 후손들이었지만, 아버지에 대한 원망과 실망을 가지고 있었기에 그랬다는 것입니다. 인류들은 마르둑에 의해 이용당하고 버려졌다고 할 수 있었습니다. 인류들의 처벌을 모른척한 마르둑은 더 이상 인류들을 이용할 수 없다는 실망감이 더 컸다고 할 수 있었습니다. 마르둑은 인류들에게 분할된 언어들을 가르치려고 노력하였으나, 그렇다고 절단된 전전두엽의 기능이 되살아나지는 않았습니다. 엔릴은 일단 인류들이 하나의 언어로 소통하는 것을 중지시키기 위해 언어중추기관을 파괴하였으며, 텔레파시 소통도 할 수 없도록 아스트랄체와 생리체에 걸쳐 있는 격자망도 파괴시키도록 한 것입니다.

이것은 인류들이 지성적으로 깨어나는 것을 두려워한 측면도 있었다는 점과, 지혜로운 인류들이 마르둑 편에서는 것을 두려워했다가 핵심이었다고 볼 수 있었습니다. 어찌되었든 마르둑을 견제하기 위해 인류들이 희생당했다고 해야 됩니다. 이때에 인류들이 니비루 십자가에 못 박히게 된 것이었습니다. '여호와 일곱 봉인'도 이때에 이루어졌으며, '바벨탑 사건'은 이 진실을 감추기 위해 엔릴이 꾸며낸 것이고, 성서에 기록으로 남겨진 것입니다. 인류들을 이용한 마르둑이나, 그런 인류들에게 '십자가형'을 가한 엔릴이나 둘 다 같다고 할 수 있었습니다. 물론, 엔릴은 군주로서 명령을 내렸고, 이것을 실행한 이는 엔키와 닌허사그였습니다. 엔키의 상위 자아가 엘로힘 여호와이었기에, 여호와 일곱 봉인으로 알려진 것입니다.

인류들은 이때에 십자가 위에 매달렸으며, 지금까지 내려오지 못하고 있었던 것입니다. 뉴-에이지 운동이 바람처럼 일어나, 수행과 명상에 빠진 여러분들에게 우리가 수행과 명상 등을 추천하지 않은 것은 바로 이것 때문이었으며, 오히려 저들을 돕는 것으로 실행되었기 때문에 반대하였던 것입니다. 왜, 저들이 수행과 명상들을 적극 권장하고, 그런 단체들이 우후죽순처럼 생겨나게 하였는지 그 이유를 알겠습니까? 목적은 하나, 마하라타 에너지를 강탈하기 위해서 인류들을 이용하고자 한 것입니다.

우리들이 여러분들을 돕기 위해 '아-모-레-아 마하릭 쉴드 명상법'을 소개해 드렸습니다. 어려운 것은 아니나 여러분들 표현처럼, '정신일도하사불성(精神一道何事不成)'으로 해야 한다는 것입니다. 우리들이 일방적으로 여러분들을 도울 수는 없는데, '하늘은 스스로 돕는 이를 돕는다.'는 격언처럼 그렇게 돕는 것이며, 내면의 신성을 깨우기 위해 최선의 노력을 하는 이들이 해당된다고 하는 것입니다. 겉멋에 빠지지 않고, 영웅주의에 사로잡히지 않으며, 사람들에게 보여 주기 위한, 자기만족을 위한 그런 것에 집중하지 않으며, 오직 그리스도 의식을 깨우는 것에 집중하는 그러한 이들을 돕고자 하는 것입니다.

그리스도 의식을 깨우라고 하는 것은 네바돈 최초의 인류인 '아멜리우스(Amelius)'가 가지고 있던 신성이 바로 '그리스도 사난다 멜기세덱의 수여'에 의해 이루어졌기 때문이며, 행성 지구 인류들 역시 수여받았기 때문에 그런 것입니다. 엔키는 물질체인 아다파를 창조하였지만, '그리스도 사난다 멜기세덱'은 그리스도 의식을 수여한 것입니다. 아다파의 상위-자아는 아멜리우스였습니다. 이것은 어둠도 파괴할 수 없었습니다. 니비루 십자가는 이것을 파괴하기 위한 행위였으며, 지금까지 지속적으로 해 왔다는 것입니다.

천사 인종들이 가지고 있던 6쌍 12줄기의 유전자 형판은 인류들이 그리스도가 되도록 하였으며, 아눈나키들을 뛰어넘을 잠재력을 가지고 있었습니다. 인류들의 단일 언어기능을 중지시킨다는 명분으로 시작된 유전자 형판 파괴는 숨어 있는 진실이 있었습니다. 타락한 아눈나키들은 이야니들의 개입을 두려워했고, 우리들이 화신할 수 있는 루트가 인류들에게 내재되어 있음을 알게 되었습니다. 우주 그리스도들이 지구에 들어올 수 없도록 원천봉쇄하는 것이 목적이었습니다. 그렇게 해서 천사 인종들의 유전자 형판은 파괴되었던 것입니다.

마르둑과 엔릴의 전쟁은 사실 오리온과 플레이아데스의 전쟁이었습니다. 엘로힘 여호와와 데빈의 전쟁이 행성 지구에까지 연장되었다고 보아야 합니다. 또한 플레이아데스 인류들과 오리온 파충인들 사이의 분쟁이 이어진 것이었습니다. 마르둑의 할머니였던 드라민은 파충인들을 대표하는 여왕이었으며, 마르둑의 후원자였던 것입니다. 엔키는 아들 마르둑의 도발을 어떻게 하든 자제시키려고 노력하였으나, 어머니 드라민의 부추김을 애써 진정시킬 수가 없었던 것입니다. 아들 엔키가 공식적으로 대접받지 못하고 있는 것에 대한 분노와, 아버지 엔키가 엔릴에게 모든 것을 빼앗긴 것에 대한 분노, 그것에 대해 크게 문제 삼지 않는 것에 대한 분노, 오히려 자신을 말리려는 부친에 대한 설움, 엔릴과 그의 자녀들이 은근히 엔키를 무시하는 것에 대한 분노가 복합적으로 작용한 것이었습니다.

티아마트의 옛 영광을 되살리길 원했던 오리온 민타카 위원회의 뜻과, 지구 내부의 파충인 연맹의 뜻이 마르둑을 통해 나타났다고 할 수 있습니다. 파충종족들은 라이라에서 있었던 일들을 잘 알고 있었는데, 인류들을 몰살시키지 못하였던 지난날의 작은 실수가 티아마트에서도 재현되었으며, 그 결과가 행성 지구에서 나타났다고 보았습니다. 그리고 양극성 실험의 주체 세력으로서 양극에 있었던 파충종족과 인류는 드라민과 아누의 결혼으로 화해 무드에 접어들게 되었으며, 둘 사이에 아들 엔키가 태어나면서 축제 열기가 넘쳐 났던 것입니다.

과거, 엘로힘 여호와와 데빈의 딸 죠시아와의 결혼이 파경으로 끝났을 때에 두 번 다시 인류와는 손을 잡지 않을 것이라던 맹세가 엔키로 인하여 무디어졌습니다. 티아마트는 태초부터 파충인들이 정착해서 살았었기에 당연히 주권은 자신들에게 있다고 받아들였으며, 행성 군주도 엔키의 몫이라고 알고 있었습니다. 그것이 드라민과 아누의 결혼을 허락한 뜻이기도 했습니다. 그러나 플레이아데스인들은 그렇지 않았습니다. 금을 채굴해 가는 것도 모자라서 군주 자리까지도 자신들의 아들인 엔릴에게로 돌렸던 것입니다. 그동안 참고 있었던 분노가 마르둑을 중심으로 해서 폭발했던 것입니다. 이 모든 책임은 플레이아데스와 시리우스에 있다고 하면서 결사항전(決死抗戰)으로 파충종족들의 동맹이 일어섰던 것입니다.

오리온을 중심으로 해서 북극성, 용자리, 북두칠성, 목동자리 등이 모여들었으며, 아누가 군주로 있는 니비루와의 전쟁이 시작되었던 것이며, 그 앞에 마르둑-루시퍼가 있었던 것입니다. 마르둑은 파충인들의 대표였으며, 구심점이었습니다. 겉모습은 인류를 닮았지만 속은 파충인이었습니다. 플레이아데스인들을 닮은 아다파의 후손들은 마르둑에게는 어떻게 보였겠습니까?

인류들에게 처해진 모진 상황들은 마르둑에 의해 일어난 것이었습니다. 지금까지 이어져 왔던 어둠의 일들은 마르둑에 의해 이루어졌기에 그를 향한 "진정한 사랑"이 필요한 것입니다. 여러분, 어설픈 사랑, 어설픈 연민은 오히려 큰 부작용으로 돌아오는 것입니다. 인류 전체를 추락시킨 마르둑을 용서하기 위해서는 빛과 어둠의 속성을 온전히 이해해야 합니다. 우선 스스로들의 카르마들을 정리해야 됩니다. 그리고 빛으로 온전히 마음을 채워야 합니다. 여러분들은 '감상에 사로잡혀 있습니다.' 이 뜻은 온전치 못한 사랑과 연민을 가지고 있다는 뜻입니다. 마르둑을 여러분 수준에서 용서하고, 포용할 수 없다는 것이며, 오히려 그런 감성들과 행위들이 어둠을 더 돕고 있다는 것입니다. 저들은 인류들의 두려움과 공포, 분노와 시기, 질투, 미움 등을 먹이로 합니다. 또는 마르둑-루시퍼를 저주할 것입니다. 이 역시도 저들에게 에너지를 공급해 주는 것입니다.

어둠은 그런 여러분들을 교묘하게 이용하고 있습니다. 여러분들은 그럴 것입니다. 미워하지도 마라, 용서하지도 마라, 사랑하지도 마라, 저주하지도 마라, 포용하지도 마라, 그러면 무엇을 하라는 것이냐고 말입니다. 무엇을 하라고 하는 것이 아니라, '아무것도 하지 마라'입니다. 여러분들은 객관성을 가지고 바라보는 것을 하지 못하고, 항상 주관적으로 바라보시기 때문에 왜곡이 일어나고, 카르마가 발생한다고 하는 것입니다. 그래서 어둠을 돕고, 저들에게 힘을 실어주고 있다고 하는 것입니다.

마르둑-루시퍼는 파충인들의 대표로서 지구를 포함한 네바돈 은하 전체에서 인류들을 몰살하고, 모두 제거하여 오직 파충인들의 우주로 만드는 것이 목표였습니다. 그렇게 해서 아누와 엔릴을 몰아내고, 지구를 차지하였으며, 니비루와 화성까지도 차지하게 된 것입니다. 플레이아데스 인류는 패배의 결과로 여성성을 버리고, 남성성을 받아들여야 했습니다. 이것은 성향을 말하는 것으로서 문화 자체가 남성적 측면이 우위에 있는 형태로 바뀌었음을 뜻하는 것이었습니다. 계급사회, 제국주의 등이 바로 그것이었는데, 여성들은 주로 하층민이나 노예계급으로 추락하였으며, 사회에서 더 이상 중추 세력이 아니었다는 것입니다. 이것 역시 지구에도 적용되었으며, 남성상위시대가 되었고, 여성들은 바닥으로 추락했음을 뜻하는 것이었습니다.

우주의 순환주기는 일방적이지 않고, 서로 위치를 바꾸어 순환하기 때문에 이때에는 남성성이 우위에 있게 되는 주기였으며, 지금의 때는 다시 여성성이 우위에 있게 되는 주기로 들어가는 것입니다. 다만 과거의 패턴이 똑같이 반복되는 것이 아니라, 한 단계로 상승하여 진입하는 주기여서 나선형 주기라고 하는 것입니다. 과거 여성성이 한층 성숙하여 돌아오고 있다는 것이며, 그런 측면에서 남성성을 억누르는 것이 아니라, 포용하면서 가고자 하는 것이 다르다고 하는 것입니다. 마르둑에게 패배하였던 이난나가 돌아오고 있지만, 과거의 이난나가 아닌, 보다 성숙한 상태로 돌아오고 있다는 것입니다. 자신들에게 주어진 역할에 너무 몰입하여 있었다가 좋지 않은 결과를 만들어 내었음을 성찰하게 되었으며, 다시 제자리로 돌아가 주어진 역할을 완성하는 것으로 결과를 이끌었다고 하는 것입니다.

극한으로 치달은 어둠의 역할에 의해 인류 문명은 상승하지 못하고 오히려 뒤로 퇴보하는 결과로 나타났기에 아직도 분열하고, 폭력적이며, 이기적인 패턴들이 위세를 떨치고 있는 것입니다. 과거였다면 폭력적인 방식을 통해 이것을 뒤집었을 것이지만, 그런 방식이 아닌, 진보된 형식을 통해 모두 조화로운 방식으로 전환하고자 하는 것입니다. 그것이 바로 '그리스도의 사랑'인 '전지적-사랑'을 통한 대전환을 하고자 하는 것입니다. 두려움과 공포를 극복해 내지 못하면 실현할 수 없는 것입니다. 과거 여러분들은 광자대 영역에 있었지만 대전환을 앞두고 두려움과 공포에 사로잡히게 되었으며, 그것을 극복하지 못하고 멸망하고 말았던 것입니다. 물론 이때에도 마르둑의 역할이 빛을 발했었습니다.

현시점에 다시 광자대 영역에 들어와 있습니다. 어떤 선택을 할지는 여러분들의 몫이지만, 성공적인 대전환을 바라는 입장에서 우리들의 뜻을 전달하는 것입니다. 마르둑은 주어진 어둠의 역할을 최선을 다할 것인데, 여러분들의 무의식 패턴 속에 감추어져 있던 트라우마인 두려움과 공포를 극한으로 끌어낼 것입니다. 이것을 바라보는 여러분들은 과거처럼, 무너져 내릴지, 극복하여 넘어갈지 선택을 해야 한다고 하는 것입니다. 지금의 이 주기는 행성 지구에게는 마지막이 될 터인데, 3차원적 측면에서 중앙태양 주기가 다시 돌아오지 않기 때문입니다. 상승하는 주기가 맞물려 있다 보니, 나선을 따라 제2조화우주로 진입하고 있기에 제1조화우주를 떠난다고 하는 것입니다. 3차원의 물질경험이 종료되고, 4차원 물질경험이 시작된다는 것입니다.

3차원 물질세계를 마감시키기 위해 어둠의 역할이 본격화되는 것이고, 그 중심에 마르둑이 있는 것입니다. 루시퍼-코드는 여러분들의 부정성을 끌어내기 위해 주어진 것인데, 이 코드를 대하는 인류들의 내면에 감추어졌던 카르마가 분출되어 나오기 때문입니다. 바벨탑 사건 이후부터 현재까지 켜켜이 쌓여왔던, 고대 레무리아와 아틀란티스 이후부터 쌓여 왔던 원망, 분노, 미움, 수치, 상실, 저주 등을 끄집어낼 것인데, 과거의 패턴처럼 모두 멸망의 길로 들어설지, 아니면 빛의 상승의 길로 들어설지 여러분들의 선택이 남아 있는 것입니다. 마르둑은 이것을 돕기 위해 어둠의 터널로 들어갔으며, 여러분들을 대재난의 현장으로 이끌 것입니다. 말하자면 극한의 공포체험을 하게 한다는 것입니다.

여러분들은 트라우마 극복을 위해 무엇을 하십니까? 쉽지 않습니다.

그래서 같은 상황을 만들지 않고, 같은 장소를 피하는 것입니다. 그러면 인생은 조용히 아무 일 없이 지날 것입니다. 물론 극복은 포기하고 말입니다. 그러면 여러분들의 배움은 중단되고 말 것입니다. 물론 카르마의 수준에도 차이가 있으며, 그 크기와 무게는 천차만별입니다. 제3인의 것을 대신해 줄 수는 없으며, 자신의 것은 자기가 해결해야 되는 것입니다. 모든 것이 꼬리에 꼬리를 무는 것처럼 나선 고리형태로 이루어져 있는데, 마치 프랙털 모습을 하고 있습니다. 예를 들면 넝쿨처럼 휘감는 형태로 감싸고 있는 것이 바로 카르마입니다. 사실 문제는 개인적인 측면보다는 그룹 차원의 것이 문제가 됩니다. 그것을 끄집어내는 것이 만만치 않기 때문에 빛만 가지고서는 어려운 점이 크다는 것입니다.

빛을 이용한 방법도 있으나, 고의로 또는 무의식적으로 회피하는 것은 어렵다고 하는 것이기에 부정적인 것들은 어둠을 이용한 방식이 적절하다고 본 것입니다. 저 깊은 밑바닥에 켜켜이 달라붙어 있는 끈적끈적한 것들은 루시퍼-코드를 활용하여 제거하기로 한 것입니다. 이에 모든 것의 원인 제공자였던 마르둑(Marduk)이, 그의 상위-자아인 사타인(Satain)이 앞장서서 역할을 자청했던 것입니다. 사타인은 데빈(Devine)의 아들이었으며, 데빈은 아누(Anu)의 상위-자아였습니다. 데빈과 사타인은 아누와 마르둑으로서 이야기의 중심에 있었습니다. 데빈의 남동생인 카반타이(Kavantai)는 마르둑의 아들인 나부(Nabu)의 상위-자아로서, 데빈의 여동생인 살란드라이(Shalandrai)는 엔릴(Enlil)의 상위-자아로서 봉사하고 있습니다. 카반타이와 살란드라이는 남매이면서 부부이고, 이들의 형 또는 오빠인 데빈은 자신의 여동생인 제라일라(Jelaila)와 결혼하여 아들 사타인을 낳았습니다. 제라일라는 닌허사그(Ninhursag)의 상위-자아입니다.

9차원 존재들의 6차원 분신으로 태어난 아누, 엔릴, 엔키와는 다르게 마르둑과 그의 아들 나부가 4차원 분신으로 태어난 것은 어둠의 역할을 최전선에서 하기 위해서였는데, 3차원 세계와 4차원 세계를 아우르며 역할을 해야 했기에 그런 선택을 한 것입니다. 그래서 여러분들과 최근접 거리에서, 가장 가까운 관계성을 가지고 여러분들의 가장 가려운 부분을 시원하게 긁어 주는 역할을 하는 것입니다. 부정적인 부분들, 감추고 싶은 부분들, 가장 치부라고 생각되는 부분들을 밝은 곳으로 끄집어내어 공개하는 것입니다. 여러분들은 보기를 두려워합니다. 마르둑과 나부가 대신 긁어내어 보여 주는 것인데, 이것을 외면해서는 안 되며, 바로 보면서 빛으로 정화해야 하는 것입니다. 그렇지 못하고 상황에 의해 자신의 부정적인 부분들이 드러났는데도 불구하고, 그것을 외면하거나, 모른척한다면, 또는 아니라고 부정한다면 여러분들은 빛으로의 상승을 포기하고 어둠 속으로 추락하게 되는 자신을 보게 될 것입니다.

마르둑-루시퍼는 니비루 행성의 군주이고, 그의 아들 나부-사탄은 부군주이면서 전투 위성 니비루-웝우드의 사령관입니다. 마르둑과 나부는 인류들의 부정성을 끌어내기 위해 대재난 프로그램을 작동시킬 것이고, 니비루 체계가 모두 동원되어 활동할 것입니다. 우리는 펼쳐지는 상황들을 지켜볼 것이지만, 결코 개입하지는 않을 것인데, 마르둑에게 맡긴 부분에 힘을 실어 주기 위함입니다. 우리 또한 계획을 가지고 있고, 불상사가 일어나거나, 계획의 범주를 벗어나는 경우를 제외하고는 침묵을 지킬 것입니다.

우리는 어둠의 역할을 받아들인 사타인-마르둑(Satain-Marduk)과 카반타이-나부(Kavantai-Nabu)에게 경의를 표합니다. 9차원 세계에서는 플레이아데스 아비뇽 왕실에 속한 사자인으로서, 4차원 세계에서는 니비루 행성의 아눈나키 종족으로서, 유전적으로는 파충인으로서 봉사하고 있는 것입니다. 우주의 법칙은 역할과 상관없이 개인에 의해 발생한 카르마이든, 그룹에 의해 발생한 카르마이든 모두 적용되고 있어서 감당할 수 있는 것은 문제될 것이 없지만, 감당할 수준을 넘는 것은 미리 인지시켜서 해결할 수 있도록 합니다. 그렇다고 해서 개입해서 해결해 주는 것은 아닙니다. 지난날 마르둑도 화성(타투스)와 관련된 부분에서 자유로울 수 없었으며, 그 책임을 지어야 했습니다.

우리는 과거의 실수가 두 번 다시 반복되지 않도록 준비하였으며, 마르둑-루시퍼에게도 주지시켰습니다. 문제는 인류들입니다. 일루미나티 인종들, 추종 세력들, 변절한 타락 세력들 그리고 기억상실증에 걸려 있는 무지한 인류들이 우리들의 계획을 알지 못하고, 자신의 잃어버린 기억들 때문에 대재난을 통과하면서 깊은 어둠으로 추락하게 될 것입니다. 대부분의 인류들이 그렇다고 하는 것이며, 경고의 메시지들을 아무리 알려도 들으려고도 않고, 관심조차 아예 없다고 하는 것입니다. 모든 인생들이 어디로 가는지는 사실 결정되어 있어서 그것을 변경할 수는 없지만, 예외적 상황들이 일어나도록 조치를 취해 놓았기에 작은 기회라도 잘 살린다면 상승의 기회를 얻을 수 있다는 것입니다.

우리는 '최후의 전쟁 아마겟돈'이라는 '약속대련'을 앞두고 있습니다. 서로들이 잘 갈고닦았던 실력들을 원 없이 펼쳐서 보여 주기를 바랍니다. 비록 빛과 어둠이라는 역할로 만났지만 한 형제자매에서 출발하였습니다. 역할에 치중한 나머지 그 기억들을 잃음으로 해서 낯선 이나, 적이 되어 만나게 되었습니다. 우리의 관계성을 회복하고 본자리로 돌아가기 위해서는 뼈를 깎는 수고와 노력이 있어야 한다는 것과, 자기희생을 통한 기억회복과 무지에서 빠져나와야 한다는 것입니다. 이것은 마르둑-루시퍼가 돕지 않기 때문에 여러분 스스로들이 해 주어야 하는 것입니다.

어둠은 명령 체계를 통해 일사불란하게 움직입니다. 우리는 명령을 하지 않습니다. 다만 여러분들의 자발적인 참여를 바라는 것입니다. 저들은 명령과 복종을 바라지만, 우리는 믿음과 신뢰를 바랍니다. 저들은 협박과 강요, 유혹과 회유를 하지만, 우리는 사랑과 자비에 의한 안내가 있을 뿐입니다. 저들은 부하나 노예처럼 명령하지만, 우리는 자유-의지를 존중합니다.

신성인 삼중불꽃, 마누-마나-에아를 깨우고, 활성화시키는 것은 여러분들의 몫이며, 여러분들이 할 수 없는 부분들을 우리가 돕는 것입니다. 이것이 자유-의지에 의해 이루어지는데, 마치 어둠은 자유-의지가 없는 것이라고 세뇌시키고 있는 것입니다. 우리는 '스스로 돕는 이를 돕는데', 여러분들의 하고자 하는 열정을 본다는 것이며, 스스로 신성을 회복하려는 의지를 본다는 것입니다. 어둠은 이런 노력을 하고 있는 여러분들을 시험하고, 흔들고 있는 것이며, 많은 이들이 추락하고 있다는 것입니다. 어둠은 여러분들의 자아를 시험하는 것으로서, 신성이 발현되지 못하도록 하는 것입니다. 아이-엠을 깨우고도 조화와 균형을 이루지 못한 이들은 자신이 메시아라는 착각에 사로잡혀서, 사람들 위에 군림하는 모습을 보이는데, 자아가 신이 되어 나타난 현상입니다. 자아에게 신성이 뒤로 밀려난 것입니다.

마르둑-루시퍼는 신성을 깨우려는 이들을 집중적으로 공격하며, 깨운 이들도 공격하기에 이 강도 높은 시험을 통과하기가 '낙타가 바늘 귀 통과하는 것보다 어렵다.'고 한 것입니다. 균형을 잃지 않고, 조화와 사랑을 회복한 것이 바로 신성이 온전히 발현된 것입니다. 이것을 위해서 어둠의 시험이 있는 것이고, 그것을 마르둑-루시퍼가 지휘하고 있는 것입니다.

사랑하는 여러분,

마르둑-루시퍼를 중용적 입장에서 어둠의 역할을 하고 있다고 보시고, 그것이 여러분들의 신성 회복을 돕는 것임을 알기 바랍니다. 그런 마음으로 그를 용서하고, 포용하며, 진정한 사랑으로 응원해 주기를 바랍니다.

우리는 야나스이며, 이온 상임 이사회입니다.

'아-모-에-아 에-카-샤(A-mO-RA-eA Ec-Ka-shA)'

15. 아눈나키
(Anunnaki- ※ ｢〭‖‖ 〮)

사랑하는 여러분,

우리는 여러분들 역사에 큰 발자취를 남기고, 여러분들과 깊은 인연을 가지고 있는 종족에 대해 전하고자 하는데, 이들은 외계인이고, 외형은 인류를 닮은 플레이아데스인이 원형인 종족입니다.

태양계의 12번째 행성으로 알려진 행성 니비루의 주민들이자, 왕실 가족들인 '아눈나키'입니다.

다른 이름으로는 '아누나키', '아눈나쿠', '아나나키'라고도 합니다.

아눈나키(Anunnaki)는 수메르 신화와 아카드신화에서 신들을 함께 묶어서 지칭하는 말이며, 아눈나(50명의 우주조종사)와 이기기(우주정거장 이름이자, 이곳에 근무했던 이들을 지칭)의 합성어입니다.

아눈나(Anunna)로 알려진 50명의 우주조종사들은 엔키가 금 채굴을 위해 지구에 들어올 때에 동행하였던 이들이며, 행성 니비루에서 선발하여 합류하게 된 엘리트 조종사들이었습니다.

이기기(Igigi)는 지구에서 채굴한 금을 싣고 우주로 나온 우주왕복선들과 행성 니비루와의 사이에서 환승 터미널 역할을 하던 우주 정거장으로서, 니비루에서 제작되어 지구 궤도로 들어왔으며, 지구에서 올라온 우주왕복선들의 계류장이 갖추어져 있었습니다. 또한 니비루와 이기기 사이를 왕복하던 함선들이 정박할 수 있는 시설도 갖추고 있었기에 승무원들과 요원들이 많이 상주하고 있었습니다.

아눈나(Anunna)인 50명의 우주조종사들이 금광 채굴에 동원되었고, 열악한 환경과, 평소 자신들의 주 업무가 아니다 보니 불만들이 터져 나왔으며, 결국 엔릴을 인질로 한 파업을 일으킵니다. 이 파업은 엔키의 중재로 일단락되었으나, 나중에 반란이 일어나는 세력의 중심에 있게 됩니다.

이기기(Igigi)의 요원들은 쿠마르비(Kumarbi)[2]와 동조하여 반란을 일으켰으나 패배하였으며, 아누에 의해 화성으로 추방되었습니다.

일반적으로 아눈나키는 아누의 자녀들을 가르치는 말로 쓰이고, 넓은 범위에서는 행성 니비루인들을 가르치는 말로 쓰이기도 합니다. 이곳에서는 세부적으로 접근하여 설명하고자 하며, 타락이 어떻게 일어나고 진행되었는지 설명하고자 합니다. 인류들에게 전해진 왜곡된 정보들을 바로잡을 것이고, 진실이 전해질 수 있도록 할 것입니다. 아눈나키를 알아야 여러분들의 진실을 알 수 있습니다.

---

2) 니비루의 전임 황제인 알라루(Alaru)의 손자

행성 티아마트가 반파되어 소혹성대가 되고, 나머지 북반구가 재건되어 지구가 되었을 때에 모두 니비루가 중심에 있었습니다. 역시 행성 말데크가 완파되어 소혹성대가 된 것도 니비루가 있었습니다. 지구뿐만이 아니라, 태양계 전체가 니비루의 영향을 크게 받았다고 하는 것이며, 그 중심에 있던 니비루도 영향을 크게 받았다고 하는 것입니다. 행성 지구는 니비루를 빼고는 이야기할 수 없을 정도로 큰 영향을 받았기에 인류 역사 자체를 다시 써야 할 정도로 말입니다.

예를 들면, 이집트 신화, 그리스 로마 신화, 북유럽 신화, 중국 신화, 중앙아시아 신화, 인도 신화, 중앙아메리카 신화, 메소포타미아 신화, 성서 등 지구촌 전역에 걸쳐서 창조 신화에 등장하고 있습니다. 그리고 종교와 관련된 곳에서도 신들로서 등장하고 있음이니, 인류들의 역사에서 빼놓고는 설명할 수 없다고 하는 것입니다. 우리는 아눈나키들이 지구에 처음 들어왔을 때부터 지켜보고 있었는데, 플레이아데스를 처음 출항할 때, 초대 선장 니에스타(Niestda)에게 보고를 받을 때부터 지켜보고 있었다가 맞습니다. 1대부터 17대 선장인 아누와 그의 손자인 마르둑이 자리를 빼앗아 18대 선장이 되었을 때부터 지금까지 지켜보고 있었습니다.

니비루가 행성 지구에 처음 도착한 것이 약 45만 년 전이니까, 3600년의 공전궤도를 감안하면 125번 정도를 태양계에 들어왔다는 것입니다. 지구와 원거리였을 때는 들리지 않았겠지만 근거리에 있었을 때는 들렸다고 해야 합니다. 지구에는 이들뿐만 아니라, 다양한 세계에서 들어와 흔적을 남기기도 하였으나, 니비루만큼은 아니라고 해야 됩니다. 다른 세력들은 이미 앞서서 다루었기에 이곳에서는 아눈나키를 주로 이야기할 것입니다.

여러분들은 신들이 분노하고, 심판하며, 성에 개방적인 모습을 접하고, 어쩜 인류들과 큰 차이가 없음을 알고 실망하였을 것이고, 실체를 알고 나서 화가 났을 수도 있었을 것입니다. 아직도 진실을 모르고 있는 인류들에게는 할 수 없지만, 비밀을 알게 된 인류들에게는 '왜?'에 대해서 전달하려고 하는 것입니다.

아눈나키들은 신들이 아니고, 여러분들처럼 진화하고 있는 생명들이며, 인류의 모습을 닮은 행성 니비루인들입니다. 이들의 고향은 플레이아데스이고, 니비루에서 태어난 후손들과 다른 별에서 들어온 존재들로 구성되어 있습니다. 물론 여러분들에 비해 진화가 빨리 시작되었기에 발달한 고도의 문명을 가지고 있으며, 상승한 의식과 놀라운 과학기술을 통해 마치 신들처럼 보였을 것인데, 우선적으로 키가 7~9m 정도 되었음이니, 그것에 놀라움을 감출 수는 없었을 것입니다. 더군다나 신들의 유전자를 통해 태어날 수 있었음이니, 창조주로 보이는 것이 당연했을 것입니다.

태어난 아이(아다파)가 부모인 닌허그사와 엔키를 보았을 때에, 성장하여 어른이 되었어도 자신의 키인 약 3m와 부모의 키인 7~9m 차이가 극명함을 알았음인데, 신과 자신의 차이가 극복할 수 있는 것이 아니라는 것을 알게 되었습니다. 그리고 자신은 유한생명이고, 부모는 일단 영원생명으로 인식되었습니다. 빛을 마음대로 다루는 기술과 우주를 마음대로 다니는 것을 보았을 때에 신으로 각인되었다는 것입니다. 아다파의 후손들은 자연스럽게 창조신과 그들의 가족들인 아눈나키들을 신으로 받아들였던 것입니다.

사실, 신에 대한 개념과 철학이 없었던 시기였으며, 부모에 대한 개념도 처음 자리잡아가고 있던 시기였기에 '닌허사그'를 '마마(mama)', '마미(mami)', '엄마(맘: mom)'로 부르기 시작했던 때였습니다. 신과 함께 거닐고, 대화하고, 함께하면서 인류들은 인류형 신을 자연스럽게 받아들였던 것입니다. 호모사피엔스 인종인 아다파와 릴리스의 후손들인 여러분들은 아눈나키=창조신이 자리 잡을 수 있었던 것입니다. 아버지+어머니, 형제자매, 가족 관계, 인류 사회 등을 배울 수 있었으며, 지성적인 생명체로서 진화할 수 있었습니다. 아눈나키는 부모가 아이에게 하는 것처럼, 인류들에게 하였으며, 스승이 제자에게 하는 것처럼, 인류들을 가르쳤습니다.

아눈나키가 잘한 부분, 그렇지 못한 부분들이 분명히 있지만, 전체 계획을 보면 잘하였다고 할 수 있습니다. 물론, 이들도 완전한 신들이 아니었기 때문에 알고 한 부분들과, 알지 못하고 한 부분들이 있기에 그것에 대한 책임을 지는 것은 분명하지만, 배워야 하는 부분들이 있었다고 하는 것입니다. 이들도 여러분들의 육체를 창조하였으나, 배우고 있는 과정이었다고 하는 것입니다. 이것을 '신이 되는 과정'이라고 할 수 있는데, 차원 상승 과정에서 배우게 되는 코스라고 합니다. 인류들 역시 아눈나키가 밟은 과정을 통과할 것인데, 과거에서 배운 것들을 기초로 해서 신 놀이를 한다는 것입니다. 아이들이 어른들을 흉내

내어 노는 것처럼 말입니다.

인류 역사에서 아눈나키들이 신으로서 역할을 한 것은 그렇게 할 수밖에 없었던 부분과, 그렇게 하고 싶었던 부분이 중첩되어 있었다고할 수 있는데, 처음 시작은 아눈나키들을 대신하여 노동을 할 생명으로서 루루(Lulu) 인종이 창조되었으며, 그것을 기초로 해서 자신들을닮은 인종을 개발하고 싶은 마음이 생기게 되었습니다. 엔키와 닌허사그에게 마음이 생기게 한 것은 누구였겠습니까? 바로 우리였습니다.그리고 대홍수사건을 앞두고 엔키를 통해 지우수드라의 가족들을 구하게 한 것은 누구였겠습니까? 바로, 우리였습니다. 우리는 아눈나키들을 통해 인류들의 역사가 시작될 수 있도록 하였습니다.

아눈나키 인종은 아뉴 종족(Anyu race)인 타락 아누-엘로힘 그룹(fallen Annu-Elohim group)에 의해 창조되었는데, 빛의 존재들인 오라핌인종(Oraphim race)이 창조되자, 그에 대응하기 위해 창조되었습니다.아눈나키는 '아뉴의 복수자'라는 의미를 담고 있습니다. 양극성 실험에따라 오라핌에 대응하여 어둠에서 창조한 인종들이기에 저들이 화신할 수 있는 몸체로 개발된 것입니다. 9~11차원에 머물고 있던 타락 세력들이 아눈나키로 화신하여 활동하였으며, 활동하고 있는 것입니다.이들이 일루미나티 인종으로 화신하여 활동하고 있는 것인데, 인류형아눈나키는 크게 차이가 없어 찾기가 어렵지만 파충형 아눈나키는 눈동자와 혀를 통해 찾을 수 있습니다.

양극성 실험은 서로 돕기도 하고, 싸우기도 하면서 이루어져 왔는데, 한쪽이 밀리게 되면 균형이 무너지고, 그렇게 해서 파괴가 크게 일어나 복구하는 데 어려운 점이 많았다고 하는 것입니다. 물론 실험의 특성상 발생할 수밖에 없는 일들이었기에 그것을 상쇄하는 역할을 우리가 했다는 것입니다. 즉, 조화와 균형을 잃지 않도록 하는 것 말입니다. 그런 측면에서 보면, 아눈나키들이 인류 역사에 오점을 남겼다면, 우리들이 상쇄하였다고 하는 것이며, 직접은 아니고, 아눈나키들을 통한 간접적 개입으로 말입니다. 엔키에게 지우수드라 방주 설계도(Ziusudra Ark blueprint)를 전해 준 '갈주(Galzu)'처럼 말입니다.

엔키의 아들, 마르둑을 통한 어둠의 실험은 인류들의 상승을 위해서는 반드시 필요했다고 볼 수 있는데, 1차 시험 때인 아틀란티스 시절에는 인류들의 욕망을 극대화시키는 것으로 발현되었으며, 에너지가 화합하는 과정 중에 조화를 이루지 못하고, 분열하여 대폭발을 가져왔음인데, 1차 실험은 실패로 끝나고 말았습니다. 지금은 2차 실험 중에 있는 것이며, 마르둑이 중심에 있음이고, 아눈나키가 포진하고 있다는 것입니다. 아눈나키는 여러분들과 카르마로 얽혀 있으며, 책임에서도 자유롭지 못합니다. 그것을 풀기 위하여 태양계로 진입한 것이고, 인류들의 상승을 비롯하여 자신들 역시 상승을 해야 하기 때문에 지금이 아니면 기회가 없다는 것입니다.

어둠의 역할을 위해 창조된 아눈나키는 어쩌면 불행한 탄생을 하였다고 볼 수 있지만, 그렇다고 해서 무조건 불행한 것만은 아닙니다. 이들에게도 빛으로의 상승을 위한 유전자 형판 복구 프로그램이 소개되었으며, 원하는 존재들에게는 아무런 조건 없이 작동될 수 있도록 하였습니다. 그리고 인류들의 파괴된 유전자 형판도 이들이 앞장서서 복구 계획을 실행하고 있는 것입니다. 바벨탑 사건을 이들이 주도하였기 때문입니다. 파괴한 것도 이들입니다. 다시 복구하는 것도 이들이라는 것이며, 원인에 대한 책임을 지는 것입니다. 파괴의 원인 제공은 마르둑이, 파괴 결정은 아누와 엔릴이, 파괴 실행은 엔키와 닌허사그가, 복구는 죠시아와 라이숀드라, 엔키와 닌허사그가 하고 있는 것입니다.

아눈나키는 왕실 가족과 시민들을 포함한 니비루인들을 지칭하는 표현입니다. 수메르 신화에 등장하는 니비루 왕실가족들과 우주조종사들, 과학자들과 엔지니어들, 군인들을 포함한 명칭인데, 주로 지구에 정착하였거나, 파견 나온 경우, 잠깐 들렀다 간 경우들을 포함한 니비루인들을 부르는 이름입니다. 개인 이름들이 나오는 왕실 가족, 금광에서 파업을 일으킨 조종사들, 마르둑의 반란에 참여한 이들이 명단에 이름들이 기록되어 있습니다. 이들이 긍정적이든, 부정적이든 많은 영향을 미쳤으며, 여러분들의 역사와 인생에 족적을 남겼습니다. 그리고 현재진행형으로 여러분들과 함께하고 있습니다.

성서 계시록에 기록된 예언들은 아눈나키에 의해 진행되는 이야기들입니다. 다른 종족들도 참여한 것들이지만 주요한 것들은 이들에 의해 실행되는 것들입니다. 항성 활성화 주기와 광자대에 맞물려 있는 태양은 소속된 행성들의 상승을 이끌 것인데, 생명들의 의식 상승을 주도할 것입니다. 이 주요한 주기변화를 앞두고 니비루가 전면에 나서는 것은 뿌린 씨앗을 거두려는 것 때문이며, 그 장소가 바로 행성 지구라는 것입니다. 인류들은 저들이 뿌린 씨앗이고, 그 씨앗의 결과물들을 수확하려고 오는 것입니다. 별자리들마다 자신들이 뿌린 씨앗들이 인류들로 살고 있으며, 이들 역시 수확하려고 지구권역에 와 있습니다. 물론 잘 익은 과일들과 곡식들을 수확한다는 것이고, 익지 않은 것들은 수확하지 않는다는 것입니다.

모든 생명들은 주어진 주기에 맞추어 성장하는 것이고, 그렇지 못하면 다음 주기를 기다려야 한다는 것입니다. 주어진 과정들을 정확하게 상승하는 생명들과, 누적되어 다음 기회로 넘기는 생명들은 출발은 동시에 시작했어도 도착지에 도달하는 순서가 달라지는 것인데, 여러분들도 그렇게 될 것입니다. 레무리아와 아틀란티스 시절에 출발을 같이하였던 동료들 중에 이미 그 시절에 완성한 존재들이 있으며, 현대에 태어나 마무리 경험을 하고 있는 동료들을 영단에서 기다리고 있다는 것입니다. 이들은 영단에 소속되어 봉사활동들을 해 왔고, 여러분들과 지구는 같이 떠난다는 것은 맞지만 도착하는 곳은 다르다는 것입니다. 무 문명 시절에 들어온 존재들은 물질경험들을 완성하여 상승하였지만, 두 문명의 인류들을 상승시키는 봉사활동에 참여키로 하면서 남게 되었으며, 빛의 존재들로 태어나 영적 상승을 이끄는 역할자들로 봉사하고 있습니다.

아눈나키들은 그런 여러분들을 돕기로 하여 돌아오고 있는 것인데, 여러분들에게 남아 있는 카르마들을 불태울 것입니다. 이 과정이 여러분들에게는 고통과 고난이 될 것인데, 카르마는 스스로 제거하면 고통스럽지 않을 것이지만, 타인들에 의해 진행된다면 고통이 되어 힘들게 한다는 것입니다. 우리는 오래전부터 여러분들에게 기회를 제공하였고, 카르마를 없앨 수 있도록 하였습니다. 많은 예언들과 메시지들과 정보들을 공개하여 여러분들이 알 수 있도록 하였으며, 거짓과 진실이 공존토록 한 것은 여러분들의 분별력을 키우려고 한 측면과, 내면에 집중할 수 있도록 한 측면이라고 보면 됩니다. 아눈나키들은 전 방위에 걸쳐 시험들을 하고 있으며, 여러분들의 거짓과 진실을 드러나도록 하고 있다는 것입니다.

아눈나키들은 자신들의 카르마가 있습니다. 그리고 인류들과 관련된 카르마도 있습니다. 예를 들자면 가장 큰 것은 인류들의 유전자 형판을 파괴한 것입니다. 그리고 이기기에 근무하던 아눈나키들이 인류들의 딸들과 결혼하여 자녀인 '네피림들(거인족)'을 낳았던 것입니다. 그리스 신화에서 반신반인으로 소개되어 있는 헤라클레스, 오이디푸스, 페르세우스, 테세우스, 아킬레우스, 아가멤논, 이아손 등이 바로 네피림이며, 성서의 골리앗은 네피림의 후손이고, 환단고기(桓檀古記)에 나오는 환인(桓因)은 아누, 환인(桓仁)은 엔릴, 환웅(桓雄)은 엔키와 왕실 자녀들, 단군 왕검(檀君 王儉)은 마르둑, 부루 단군(扶婁 檀君)은 나부, 그 아래로 이어지는 단군(檀君)들이 바로 네피림들입니다. 인류들과의 결합된 카르마가 아직 해결되지 않은 것입니다.

유전자 결합에 의한 인류와의 인연과, 혼 그룹에 의한 인류와의 인연이 있기 때문에 카르마가 공유되어 있다는 것이기에 '위와 같이 아래에서도'라고 표현한 것이고, 서로를 위해 만나기로 한 것입니다. 이번 주기가 지난 주기에 해결하지 못했던, 축적된 카르마를 모두 해결하기 위한 주기가 되는 것이고, 인연법에 따라 서로 마주하게 된 것입니다. 우주순환주기에 맞추어 순환하는 에너지는 공급과 회수가 진동수와 진동장에 맞추어 이루어지고 있으며, 이것을 여러분들은 순리 또는 섭리라고 합니다. 우주의 섭리는 균형과 조화를 이루고 있기에 질서가 파괴되거나, 왜곡이 일어나는 것을 원형으로 되돌리는 것입니다. 카르마의 법칙도 순환질서에 의해 적용되는 것이어서 지구와 인류들 사이에 있었던 인연법에 따라 만남이 성사되는 것입니다. 니비루와 지구의 만남, 아눈나키와 인류의 만남이 진행되는 것입니다.

인류는 특히, 여성들은 아눈나키와의 사이에 결혼을 통한 자녀들이 태어났고, 이들을 '네피림(Nephilim)'이라고 하였습니다. 여러분들은 결혼하여 자녀들이 태어나면 얼마나 기뻐합니까! 사랑의 결실이라고 하면서 좋아합니다. 태어났지만 축복받지 못한 경우도 있습니다. 바로 혼외자(婚外子: extramarital child)의 경우가 그러한데, 네피림들이 그러했다는 것입니다. 인류 여성들을 아내로 맞이하여 결혼한 아눈나키들은 자녀들이 태어났을 때 얼마나 기뻤는지 몰랐습니다. 하지만 그 기쁨은 오래가지 못하였는데, 군주였던 엔릴의 반대에 부딪쳤기 때문입니다. 왕실 자녀였던 엔릴과 엔키와 인류 여성 사이에 태어난 자녀들 (반신반인)은 은밀히 비밀에 붙여서 숨길 수 있었으나, 니비루 행성 주민이면서, 지구와 화성에 파견된 아눈나키들에게는 엄격한 법을 적용시켜 지구 인류와의 결혼을 금지시켰기 때문입니다.

이렇게 축복받지 못하고 태어난 네피림들은 엔릴에게 골칫거리였는데, 아버지인 아눈나키의 유전자를 물려받아 3m가 넘는 거인들이었기에 문제들을 일으키고 다녔다는 것입니다. 행성 지구의 군주였던 엔릴은 이 문제의 원인을 제공한 엔키에게 따졌습니다만, 이것을 심각하게 받아들이지 않는 엔키로 인해 분노하고 맙니다. 가장 큰 문제가 모자란 식량 때문이었는데, 수확하는 양에 비해 네피림들이 먹어치우는 양이 매우 컸기 때문입니다. 인류들이 자신들의 자녀들인 네피림들을 먹여 살리는 것이 버거워졌다는 것이고, 그 당시의 환경 변화로 가뭄이 심각해졌기 때문이었습니다. 급한 대로 이들을 자신들의 아버지들이 있는 화성으로 보내 보기도 했으나, 화성의 사정은 더욱 열악해서 좋은 해결책이 되지는 못하였습니다.

더 이상 인류들과 결혼할 수 없게 엄격한 법으로 금지시켰습니다. 그러나 그것은 단기적인 효과는 있었으나, 근본적인 해결책은 되지 못하였습니다. 그러던 차에 엔릴을 기쁘게 한 일이 일어나는데, 바로 대홍수를 일으킬 수 있는 니비루의 접근을 알게 된 것입니다. 그동안 눈엣가시 같았던 네피림들을 처리할 수 있는 방법이 눈앞에 나타난 것이었습니다. 니비루의 지구 접근은 엔릴의 고민을 일거양득(一擧兩得)할 수 있도록 도왔던 것입니다. 먼저, 가장 보기 싫었던 인류들의 청소와 그 사이에 태어난 네피림들을 정리할 수 있는 절호의 기회가 다가온 것이었습니다.

사실, 이기기의 문제를 먼저 짚어 봐야 되는데, 이 우주정거장은 지구와 니비루 사이에 중간거점으로 세워졌다고 전해 드렸습니다. 지구와 니비루 사이에는 화성이 있었으나, 아눈나키들이 정착하기에는 척박한 환경을 가지고 있었기에 장기간 거주할 수가 없었습니다. 처음 화성은 왕권 다툼에서 아누에게 패배한 알라루(Alalu)를 추방한 곳으로 이용되었습니다. 비겁한 행동으로 아누의 성기를 훼손한 알라루에게 분노한 아누는 그를 죽이려고까지 하였으나, 알라루의 사위였던 엔키의 만류에 의해 화성으로 추방하는 것으로 종결할 수 있었습니다. 이미 삼킨 아누의 성기로 인해 독성이 온몸에 퍼진 알라루는 살 일이 얼마 남지 않았으며, 그것을 안 엔키가 아누에게 간곡히 부탁하여 화성으로의 추방이 결정되었던 것입니다.

혹독한 화성 환경에 남겨진 알라루는 그곳에서 눈을 감았으며, 한때, 니비루의 황제였고, 파충인들과의 전쟁을 승리로 이끌었던 영웅이 쓸쓸히 잠들었습니다. 훗날 니비루에서 지구로 파견 나온 닌허사그가 화성을 지나치지 않고 그곳에 들러 고독하게 잠든 알라루의 사체를 돌무덤을 만들어 장사지냈습니다. 닌허사그는 전임 황제가 잠들은 동굴이 있던 바위산 위에 레이저빔으로 알라루의 얼굴을 새겨서 니비루를 바라보도록 하였습니다. 화성 표면에 사람의 얼굴 모습을 한 거대한 바위가 바로 알라루가 잠든 곳이며, 그것을 만든 이는 닌허사그였습니다. 후일, 이곳에 들리게 된 알라루의 손자였던 쿠마르비는 외롭게 잠든 할아버지가 어떻게 이곳에 모셔졌는지 모든 사실을 알게 되었으며, 분노한 쿠마르비는 아누와 그의 자녀들에게 원한을 갖게 되었습니다.

쿠마르비(Kumarbi)는 반란을 일으켰는데, 이기기의 아눈나키들이 그의 편을 들었기에 충분히 승산이 있다고 믿었기 때문입니다. 하지만 엔릴과 닌허사그 사이에서 태어난 니널타(Ninurta)와 동맹한 아눈나키들에 의해 실패로 끝났으며, 이기기의 아눈나키들 중에서 쿠마르비 편에 서 있던 이들과, 쿠마르비는 화성으로 추방되었습니다. 니비루에서 새로운 아눈나키들이 이기기에 파견되었으며, 화성을 감시하는 업무도 새롭게 추가되면서 전투 병력들이 이기기에 도착하게 됩니다.

이기기(Igigi)에 상주하고 있던 아눈나키들은 거의 남성들이었기에, 결혼을 하지 않은 청춘들이었습니다. 하지만 이들의 파견 기간이 길어지면서 독신생활이 길어졌습니다. 그럴 수밖에 없었던 것은 금채굴이 원활하게 이루어지지 않다 보니, 화성에 설치된 제련시설들을 관리하고 운영하는 기간들이 늘어날 수밖에 없었던 것입니다. 그래서 이들의 불만들이 쌓여 갔으며, 이기기를 지휘하던 엔키에게까지 전달되게 되었던 것입니다. 엔키는 이들의 임무 교대를 아누에게 요청하게 되는데, 니비루에서 이런 열악한 소문들을 들어 알고 있던 국민들이 나서서 지원을 하지 않다 보니, 아누 입장에서는 이미 파견되어 역할을 하고 있던 아눈나키들을 잘 달래어서 일에 소홀하지 않도록 하라는 명령을 내릴 수밖에 없었던 것입니다.

이기기의 아눈나키들은 엔릴과 엔키의 자녀들이 자유롭게 결혼하는 것을 부러워했는데, 마르둑이 지구 여인과 결혼하는 것을 보자, 억눌려 있던 이들의 욕망이 쏟아져 나올 수밖에 없게 된 것입니다. 물론 여기에는 엔릴의 분노가 있었습니다. 지구 여인과 결코 결혼할 수 없다가 플레이아데스 법령이었습니다. 그것을 마르둑이 어기게 된 것인데, 결코 물러서지 않았던 마르둑은 자신에게 주어진 특권을 모두 포기하고, 마치 귀족이 평민이 되는 것처럼, 그렇게 조건을 받아들이면서까지 지구 여인 사르파니투(Sarparnitu)와 결혼하게 됩니다. 엔릴은 이런 일이 두 번 다시 이루어지지 않기를 바랐으며, 군주의 특명으로 금지

법을 발효시키게 되었습니다. 이기기의 아눈나키들은 자신들의 처우가 나아질 기미가 보이지 않자, 점차 자신들도 니비루의 여인들과 결혼시켜 줄 것을 요구하게 됩니다. 그러나 니비루에서는 열악한 환경인 이기기로 오려고 하는 여인들이 없었습니다.

이 소식을 들은 이기기인들은 이것을 대처할 수 있는 방법을 찾아달라고 요청하게 되고, 그 대안으로 아다파의 딸들, 즉 후손들과 결혼할 수 있도록 해 달라고 하는데, 끝까지 거부할 경우에는 반란을 일으킬 수 있다는 걱정이 더욱 커져서 어쩔 수 없이 들어줄 수밖에 없게 되었던 것입니다. 그렇게 해서 이기기의 아눈나키들과 인류 여인들의 결혼이 성사되기에 이르는데, 엔키 때문에 어쩔 수 없이 허락하였지만, 엔릴은 맘에 들지 않았던 것입니다. 인류들이 점차 자신들과의 격차를 좁혀 오다 결국에는 하나가 될 것이라는 걱정이 엔릴을 편치 않게 한 것입니다. 아버지 아누도 크게 염려하지 않는 눈치를 보였는데, 이번 조치를 통해 저들의 불만을 잠재울 수 있다는 점이 더욱 만족스러웠던 것입니다. 엔키는 한 발 앞서 더 좋아하는 눈치를 보였으며, 닌허사그는 아눈나키와 인류들 사이에 태어날 자녀들에게만 관심이 집중된 것처럼 보였습니다. 그러던 차에 아눈나키들과 인류들 사이에 태어난 네피림들이 문제를 일으키기 시작하자, 그의 염려는 현실이 되어 나타나는 것 같았습니다.

진실은 이러했습니다. 우리들에 의해 엔키와 닌허사그는 아다파를 창조하였으며, 후손들이 많아지자 에테르 시리우스인들을 화신할 수 있도록 하였습니다. 아다파의 후손들 중의 딸들이 아눈나키들과 영적 교감을 하였던 것인데, 이것이 가능하였던 것은 에테르 시리우스인들의 혼이 들어왔기 때문입니다. 아눈나키들이 지구 여인들과 대화에 어려운 점이 없게 되자, 마치 연인들처럼 가까워졌고, 성에 자유로웠기 때문에 아무 곳에서 사랑을 나누었던 것입니다. 마치, 수치와 부끄러움을 모르는 사람들처럼 말입니다. 이때의 인류들은 바벨탑 사건을 겪기 전이었기에 마음에 어둠의 감정들이 생겨나기 전이었습니다. 두려움, 공포, 수치, 부끄러움, 분노, 시기, 질투, 미움, 배신, 슬픔 등을 알지 못하던 시기였기에 자연스럽게 사랑을 나눌 수 있었던 것입니다.

아눈나키들과 인류 여인들 사이에 사랑의 결실로 '네피림들'이 태어났으며, 인류와 아눈나키는 끈끈한 혈연관계로 이어지게 되었습니다. 그리스 신화에 신과 인간 여인 사이에 태어난 영웅들 이야기가 많이 나오고 있는데, 신의 재능을 타고나 불가능한 과제들을 해결하는 것으로 그려져 있습니다. 우리는 플레이아데스 인류의 유전자가 지구 인류들에게로 연결되도록 한 것이었으나, 엔릴은 피조물인 인류들이 아눈나키들처럼 지혜를 갖춘 형태로 진화하는 것을 탐탁지 않아 했습니다. 그 근간에는 엔키와 연관성을 빼놓을 수가 없었던 것입니다. 이기기의 아눈나키들은 전례가 있었기에 그의 불안감은 쉽게 해소되지 않았던 것입니다. 큰 의미에서 보자면 씨앗 뿌리기의 연장선이었으나, 해묵은 갈등이 폭발할 수 있는 요소들이 켜켜이 쌓여 갔다고 하는 것이고, 그 기폭제로서 대두한 것이 바로 네피림이었다는 것입니다. 네피림의 탄생은 축복받지 못한 것이었으니, 거대한 폭풍을 안고 태어났기 때문이었습니다.

부모 세대들의 증폭된 갈등이 자녀들인 네피림을 촉매로 해서 터지게 되었다고 하는 것이고, 양대 진영 사이에 있었던 케케묵은 감정의 골이 이것을 기회로 해서 폭발하게 된 것입니다. 바로 오리온과 플레이아데스 사이의, 파충종족과 인류와의 사이에 있었던 회오리가 전쟁의 바람을 몰아오게 된 것입니다. 네피림들은 자신들이 원한 것은 아니었으나, 전쟁의 소용돌이에 휘어넘어갔으며, 최전선에서 총알받이가 되었습니다. 물론 엔릴과 엔키는 이들이 전쟁의 소모품들이 되는 것을 원치 않았기에 어떻게 해서든지 방법을 강구하게 되었으며, 니비루 위원회의 허락에 의해 니비루로 송환하는 것을 결정하여 그렇게 실행시키게 되었습니다.

그래서 네피림들을 구분하여 반란에 직접 개입한 개체들은 화성으로 추방하기로 하였으며, 중추세력들은 니비루 감옥에 수감시킨 후에 태양계를 벗어날 때를 기다렸다가 토성의 위성인 이아페투스(Iapetus)에 유기하는 것으로 결의합니다. 일부는 대홍수 때에 구하지 않고 죽도록 내버리는 것으로 결의하였습니다. 후에 대홍수가 물러가고 생존한 네피림들이 있었고, 그들을 행성에 살도록 하게 되면서 후손들이 현시대까지 이어져 오게 된 것입니다. 토성에 유기한 네피림들 역시 생존에 성공하여 니비루 위원회에 의해 구명될 수 있었으며, 이 시대에 역사를 이어갈 수 있게 되었는데, 진정한 것은 자신들을 태어나게 해 준 인류 여성들인 어머니들을 만나야 한다는 것입니다. 환생을 거듭하여 이 시대에 모두 태어난 네피림들의 어머니였던 존재들이 해후를 기다리고 있다는 것입니다.

아눈나키들과, 부인들이었던 인류들과, 이들의 자녀들이었던 네피림들이 이 시대에 해후의 장을 연출하는 것이며, 또한 인류들 사이에 있었던 카르마들을 모두 해결할 수 있도록 만남의 장이 열리는 것입니다. 이것은 대주기이기에 기회가 돌아온 것이며, 이 기회를 놓친다면 멀고도 먼 길을 다시 돌아와야 하는 실수를 범하는 것입니다. 모든 것은 주어져 있을 때에 해결하는 것이 가장 좋은 것이며, 그것을 위해 오랜 기간 동안 정보를 제공하여 준비할 수 있도록 한 것입니다. 누가 가장 큰 실수를 하였는지는 사실 중요하지 않으며, 누가 열린 가슴으로 포용하는가가 중요하다 할 수 있습니다. 전해 드린 대로, 어설픈 포용은 하지 않은 것보다 못하기에 전지적-사랑이 충만한 열린 가슴으로 포용해야 된다고 하였습니다.

아눈나키들은 여러분들과 질긴 인연이 있습니다. 끊으려야 끊을 수 없는 인연입니다. 그중에 악연이 있습니다. 이들은 그 카르마를 모두 날려 버리기 위해 와 있습니다. 여러분들은 그것을 위해 이 시대에 태어나 있는 것입니다.

우리는 야나스이며, 이온 상임 이사회입니다.

'아-모-레-아 에-카-샤(A-mO-RA-eA Ec-Ka-shA)'

16. 전쟁의 의미
(The Meaning of War)

사랑하는 여러분,

여러분들을 슬프게 하고, 고통스럽게 하며, 생명들을 빼앗는 것 중의
하나가 바로 전쟁입니다.

재난 중에 인류들에 의해 이루어지는 것들이 있고, 자연을 통해 이루
어지는 것들이 있습니다. 먼저 인류들에 의해 이루어지는 재난들은 산
업재해가 있고, 각종 사고들과 사건들에 의해 이루어지는 것들이 있으
며, 크게는 바로 전쟁이라고 해야겠지요. 자연재해는 인류들보다는 영
적정부가 주관한다고 보아야 하지만 원인제공은 인류들이 한다고 보
아야 합니다. 그중에서도 인위적인 형태를 통해 일어나는 전쟁에 대해
전하고자 합니다.

우주의 역사도 전쟁을 빼놓고는 이야기할 수 없을 정도이고, 인류들
의 역사도 전쟁을 빼놓고선 이야기를 할 수 없을 정도로 방대합니다.
개인 간의 분쟁에서부터, 집단 간의 분쟁이, 민족, 인종, 종교, 이념, 정
치적 분쟁으로 확산되어 큰 규모의 전쟁으로 남겨졌습니다. 인류들은
1차, 2차 세계 전쟁을 치렀고, 지역적인 전쟁들을 치렀으며, 현재도 전

쟁들이 끊이지 않고 진행되고 있음인데, 3차 세계대전이 일어날 것이라는 이야기들이 넘쳐나고 있어서 반드시 일어나야 하는 것으로 굳어져 가고 있습니다.

그러면 도대체, 전쟁을 왜 하느냐?입니다. 인류들이나, 자연계에 공통점이 있는데, 한쪽으로 편중된 에너지가 있다면 큰 재난을 예방하기 위해서 미리 앞서서 작은 규모로 분출시켜 전체의 균형을 바로 세운다가 있습니다. 자연계는 지진, 화산폭발, 폭풍, 토네이도, 자연발화 산불 등이 있다면, 인류 사회는 전쟁이 있다고 해야 할 것입니다. 응축된 에너지가 한곳에 집중되면 큰 규모의 재난이 있게 되므로, 그것을 여러 번에 걸쳐서 작은 규모로 분출시키면 작은 재난으로 막을 수 있습니다. 인류들의 감정 체계도 에너지의 영향을 크게 받기 때문에 자연계와 따로 분리하여 설명할 수 없고, 따로 관리할 수도 없다고 해야 될 것입니다.

즉, 전쟁은 응축된 감정 에너지를 분출시키기 위해 하는 것입니다. 가뭄 때문에, 영토 확장 때문에, 이념과 종교 갈등 때문에, 민족과 인종 갈등 때문에 했다는 또는 하고 있는 전쟁들은 표면적인 이유 때문에 한다고 알려진 것들이며, 실질적인 부분은 인류들의 감정 체계에서 나오는 에너지가 원인이 되어 전쟁이라는 결과로 나타나는 것입니다.

감정의 골이 깊다는 표현이 있습니다. 상대를 이해할 수 있는 폭이 매우 좁다는 것과, 상대를 이해하기보다는 자신의 입장에서 비추어 보는 것이며, 결코 손을 잡거나 화해할 의지가 없음을 나타내는 것입니다. 둘 사이는 돌아올 수 없는 강을 건넜다고 표현합니다. 이것이 남, 여 사이이든, 개인 사이이든, 그룹 사이이든, 단체, 정당, 국가, 인종, 민족, 종교 등에 걸쳐 있었기에 결국 전쟁으로 비화되는 것입니다. 러시아와 우크라이나, 이스라엘과 하마스-이란, 중국과 대만, 그 외에 다른 진영에서도 충돌 양상을 보이고 있으며, 이것이 확산되어 제3차 세계대전으로 귀결될 것입니다. 이해관계들이 첨예하게 얽혀 있어서 줄기가 쉽지 않고, 한쪽이 무릎 꿇기 전에는 결코 물러서지 않는다는 점입니다.

브레이크가 고장 난 차가 비탈길을 달리는 것처럼, 멈추게 할 방법이 없다는 것입니다. 여러분들은 정치인들을 바라보고 있고, 지도자들을 보고 있음인데, 이들의 내면은 개인적인 측면을 넘어서 집단을 대표한다고 보아야 합니다. 현시대는 마치 무엇에 홀린 듯, 제3차 대전을 향하여 달려갈 것인데, 바로 여러분들의 집단의식을 대표해서 말입니다. 집단 카르마는 개인이 해결할 수 없으며, 더군다나 주기에 축적되었던 것들은 더욱 그러하다고 하는 것입니다. 이것은 전쟁이라는 큰 판을 통해서 발산한다고 보면 되고, 그렇게 해서 진화 주기에 켜켜이 쌓여 있던 먼지들을 털고 간다는 것입니다. 그래서 그 방향을 향하여 달려가고 있다고 하는 것입니다. 전쟁은 슬픔과 고통을 몰고 오지만 카르마 해소 측면에서는 긍정적이라고 하는 것입니다.

전쟁을 좋아하는 사람은 없습니다. 그러나 현실은 그렇지 못합니다. 좋아하지 않아도 해야 되는, 마치 운명처럼 말입니다. 전쟁을 좋아하는 사람이 있다고 여러분들은 말합니다. 물론, 좋아하는 것처럼 보이기도 합니다만 여러 측면들이 있음을 알아야 합니다. 성취해야 하는 것들과 목적들이 있습니다. 전쟁의 가장 큰 피해는 일반 인류들이 보고 있습니다. 특히 어린아이들과 여성들과 노인들이 될 것인데, 전쟁의 목적을 이해할 수도 없지만 가장 큰 피해를 보고 있습니다. 그래서 여러분들은 전쟁을 일으킨 지도자들과 세력들을 비난하고, 빨리 끝내기를 종용합니다. 그러나 현실은 그렇지 못합니다. 그 목적을 성취하기 전에는 끝나지 않는다는 것이고, 저들에게는 인류들의 희생과 피해는 안중에도 없는 것처럼 보인다는 것입니다. 목적을 위해서는 그렇다는 것인데, 역사가 있는 동안 수없이 반복되어 온 것들입니다. 그런데, 이렇게 반복되어 온 패턴이 바뀌지를 않는지 궁금하지 않으십니까?

이 모든 것은 프로그램에 의해 이루어져 진행되기 때문에 그런 것이고, 여러분들도 프로그램의 소스들이기에 그렇습니다. 그래서 주기적인 리셋이 있는 것이고, 그 주기에 의해 전쟁들이 발생하고 있는 것이며, 인류들의 희생이 있었던 것입니다. 이 과정들을 여러분들이 눈치챌 수 없도록 기억들을 삭제시켰던 것입니다. 이것을 '무한 루프에 갇혔다.'라고 표현하는 것입니다. 여러분들은 지나온 과거 순환주기에 대한 기억들을 제거당하여 알지 못하기 때문에 펼쳐지고 있는 일들이 처음 겪는 것들입니다. 그래서 갇혀 있는 것도 모르고 있는 것입니다. 이 진실을 저들은 숨겨 왔고, 알려지는 것을 전방위로 막아 왔던 것이며, 그것이 인류들에게 노출되는 것을 두려워했던 것입니다. 그런 목적의 하나로 전쟁이 이용되었던 것이며, 그것을 위해 정보조직들과 군사조직들을 운영한 것입니다.

그러면, 현 상황은 어떠한가를 이해해야 합니다. 저들은 또 반복적인 리셋을 준비하고 있으며, 그것을 위해 제3차 대전과 바이러스를 이용하고자 하는 것입니다. 저들은 문명을 유지하기 위해서는 약 5억 명 정도의 인류들이 필요하고 나머지는 필요 없다고 결정하였으며, 남은 인류들을 제거하기 위한 다양한 방법들을 동원하게 된 것입니다. 그래서 소규모의 전쟁들을 각 지역들에서 일어나도록 한 다음에 그 고리를 연결한 지구촌 전체의 전쟁으로 확산시키고자 하는 것이고, 바이러스를 통해 통제사회를 구성하고자 하는 것입니다. 많은 인류들이 태어난 상황을 저들도 미처 알지 못하였던 것은 대주기가 다가온 것을 몰랐던 것입니다. 소주기의 패턴과 대주기의 패턴이 같을 수가 없었기에 일어난 일이었습니다. 6번 주기에 인생을 살았던 패턴과, 또 6번 주기의 인생을 살았던 패턴이 결합되어 12번의 소주기가 결합된 대주기의 패턴이 시작되는 시점이 다가온 것 때문에 인생들이 모두 태어나게 된 것입니다. 이제는 정말 켜켜이 쌓아 왔던 카르마 패턴을 모두 털어내고 고정되었던 루프를 벗어나 새로운 대주기로 진입해야 되기 때문에 인류들의 인구가 급팽창하게 된 것입니다.

3차 세계대전과 바이러스는 인류들이 계획한 것이라면, 그것에 더해 영단에서 준비한 것들이 있다는 것입니다. 그동안 인류들의 배후에서 어둠을 주관하던 세력들을 모두 정리하여 대주기 패턴이 적용되어질 수 있도록 하려고 하는 것입니다. 그렇지 않다면 또 과거 패턴 속으로 함몰되어 들어갈 수밖에 없기 때문에 인류들의 영적 상승을 위해 특단의 조치가 필요해진 것입니다. 그래서 과거의 루프를 차단하여 더 이상 그곳으로 들어갈 수 없도록 하는 것과, 지구에 결합되었던 유령 매트릭스를 끊어내는 것과, 블랙홀로 전용되었던 순환회로들을 정상적인 생명 순환회로로서 복구하는 것이 결정되었기 때문입니다. 우리는 이러한 조치를 강하게 거부하는 저들과의 전면전을 예고하였으나, 저들은 인류들을 인질로 해서 결사항전하기로 한 것입니다. 우리는 이미 모든 것을 알고 있었기에 그것에 맞는 계획을 준비하였으며, 그대로 진행시키도록 하였습니다.

대주기 진입(제2조화 우주로의 상승)을 위해서는 반드시 과거 주기에서 발생시켰던 모든 카르마들을 해결해야 이동할 수 있기 때문에 그것을 돕기 위한 여러 유형의 방법들이 동원된다고 하는 것입니다. 대재난들이 바로 그것이며, 그것을 위해 '니비루 시스템'이 동원되는 것입니다. 이것은 일방적인 것이 아니며, 균형을 바로잡고, 조화를 이루기 위한 조치에 의해 이루어지는 것입니다. 빛과 어둠과의 조화, 양과 음과의 조화, 이것이 바로 인류들이 잃어버렸던 균형을 되찾아 바로 세워 주는 것입니다. 여러분들은 전쟁을 불필요하다고 보시겠지만 무너진 균형을 회복시키기 위해서는 어쩔 수 없이 동원되는 것입니다. 피해를 보는 측면에서야 결코 일어나서는 안 되는 것이지만 상실한 균형을 맞추기 위해서는 필요하다고 하는 것입니다.

아마겟돈은 단순히 인류들만의 전쟁도 아니고, 종교상 표현하는 영적 전쟁만도 아닙니다. 빛과 어둠을 포함한 지구의 모든 것들을 털어내기 위한 대청소를 위한 것입니다. 그동안 지구는 단 한 번도 제대로 된 대청소를 하지 않았습니다. 부분적인 청소들은 있어 왔지만 대주기를 위한 대청소는 처음 있게 되는 것입니다. 사실 이 부분 때문에 인류들에게 집단 두려움과 공포를 어둠에서 조장했다고 할 수 있는데, 자신들에게 드리워진 두려움을 오히려 인류들에게 뒤집어씌웠다고 해야 됩니다. 어둠은 그동안 누려 오던 모든 기득권들을 내려놓으라는 통보를 받았습니다. 이것은 이들에게 충격으로 다가왔는데, 단순한 정권 교체 수준이 아님을 알게 된 이들은 집단 공포에 사로잡히게 되었던 것입니다. 그동안 구축하였던 모든 것들이 사라짐을 의미하였으며, 자신들의 존재감마저도 소멸된다는 것을 의미하였기 때문입니다.

여러분들이 느끼는 집단 공포보다 더 큰 공포를 저들이 느낀 것은 존재의 소멸 때문이었는데, 단순히 물질생명이 죽는 차원이 아닌, 모든 것이 사라지는 것에 대한 두려움을 느꼈다는 것입니다. 저들은 마누(ManU)와의 연결점을 스스로 절단하였기에 존재를 형성하고 있는 모든 것들이 대청소를 통해 소멸된다는 것을 알았기 때문인데, 그럼으로 해서 대우주에 아무것도 남겨지는 것이 없다는 것에 충격을 받았던 것입니다. 이 존재의 소멸은 영(靈)과 형태 발생 영역을 포함한 것들을 말하는 것으로서, 우주에서는 흔적도 남겨지지 않음을 뜻하는 것이었습니다. 모든 정보들 역시 사라지고 없음을 뜻하는 것이었지요. 이것 때문에 타락 세력들이 받은 충격은 이루 말할 수 없었습니다.

이것은 네바돈 은하만의 문제가 아니었으며, 안드로메다 은하단만의 문제 또한 아니었습니다. 초은하단을 위한 문제가 되었던 것입니다. 그래서 12주(主)-영 그룹이 모이게 되었으며, 평의회 의장인 '마스터 시라야 크녹세스'께서 전면에 나서게 된 것입니다. 그리고 오나크론 초은하단 전체를 포맷하기로 한 것입니다. 단순히 바이러스 하나를 퇴치하는 수준이 아닌, 네바돈 하나를 손실시키는 수준이 아닌, 초은 하단 전체를 새롭게 구성하기로 한 것입니다. 동원되었던 모든 에너지들은 원래대로 돌아가고, 존재들 역시 하보나엔 수준으로 모두 돌려보내는 것으로 결정되었습니다. 형태발생 영역들 역시 야니들과 솔라-리쉬들을 제외한 모든 것들을 정리시키기로 한 것입니다.

어둠은 근원으로 돌아가게 되었습니다. 이것이 진정한 리셋입니다. 어둠이 하고자 하는 것은 지구와 네바돈에 국한되어 있습니다. 여러분들 표현을 빌리면 이 우주를 사라지게 하고, 새로운 빅뱅을 여는 것입니다. 그러면 여러분들도 그러할 것인데, 존재가 사라지는 것이 아닌 가라고 말입니다. 반은 맞고, 반은 아닙니다. 물질우주에서 취했던 것들은 사라집니다. 그러나 존재를 증명하는 기억들과 정보들은 고스란히 신성인 생각 조절자들을 통해서 아모-레-아 중심 우주에 있는 마누별(ManUrington) 서버에 저장됩니다. 이것은 신성을 간직한 존재들에게 해당되는 것이며, 신성을 단절하여 거부한 존재들에게는 해당되지 않습니다. 여러분들은 두려움에 사로잡힐 필요가 없으며, 있다면 어둠을 사랑하거나 추종하는 존재들에게 해당되는 이야기입니다.

사랑하는 여러분,

우리는 마누-마나-에아를 거부하는 존재들과, 저항하는 존재들에게 최후통첩을 한 것이며, 그것이 바로 존재의 소멸이었습니다. 우주를 파괴하고, 갉아먹던 저들의 유령 매트릭스와 블랙홀들을 통째로 소멸시키기로 하였습니다. 부분 공사, 부분 보수가 아닌, 전면 재시공하기로 한 것입니다. 그래서 흔적조차 남기지 않기로 한 것이며, 모든 것들을 원점에서 새롭게 진행시키기로 한 것입니다. 아니나 다를까, 이것을 알게 된 저들은 강하게 반발하고 나섰으며, 형평성에 맞지 않는다고 항의하게 된 것입니다. 아시다시피, 균형을 무너뜨린 것은 저들이었으며, 형평성을 고려하지 않은 것 역시 저들이었습니다. 마치, 자신들의 독무대라고 착각한 것이었습니다.

우리는 인류들과 어둠의 세력들이 남긴 카르마들을 모두 소멸시키기로 하면서 전쟁의 유형을 선택하였는데, 집단적 해결 방식을 따르기로 한 것입니다. 처음에 어둠은 소극적으로 대처하였으나, 알고 나서는 적극적으로 대처하게 된 것입니다. 빛과 어둠이라는 양극성 실험에 동원된 에너지 체계를 초기 단계로 다시 되돌린다는 것으로서 모든 불순물들을 제련하여 원초적 빛으로 되돌린다는 것입니다. 최후의 전쟁 아마겟돈은 그런 과정이 있음이며, 그것을 통해 원점으로 다시 리셋하는 것입니다. 어둠에서 하고자 하는 리셋은 고정된 루프, 독립된 루프, 추락한 루프로 다시 돌아가는 것이고, 우리가 하고자 하는 리셋은 상승하는 루프, 순환하는 루프로 다시 돌아가는 것입니다.

전쟁의 순기능은 응축된 감정들의 카르마를 폭발시키는 것입니다. 그것이 물질체를 죽음을 통해 벗기는 것으로 나타나는 것이고, 민족들과 인종들의 충돌을 통해서 해결하는 것입니다. 이것은 소주기 패턴에 적용되어 왔던 해결책이었으며, 대주기 패턴에 걸맞은 해결책이 등장하게 된 것입니다. 최후의 전쟁과 극이동이 바로 그것이라는 것입니다. 인류들의 집단의식을 통해서 발산되는 카르마는 대전쟁을 통해 해

원하고, 대자연에 응축되어 있던 카르마는 극이동을 통해 발산시키는 것입니다. 맨틀과 지각판들이 제자리를 찾아가는 리셋이 진행되는 것입니다. 응축되었던 에너지들은 분출하여 균형을 이루게 하고, 태양을 통해 들어오는 정화의 빛은 구시대의 부정한 것들을 모두 불태울 것이며, 새로운 정금 같은 빛으로 태어나게 할 것입니다. 이것이 황금의 시대가 다가오는 것입니다.

타락 세력들이 지구에 들어와 인류들과의 사이에 만들어 냈던 부정한 것들을 모두 정리할 수 있는 기회가 다가온 것입니다. 레무리아와 아틀란티스, 그리고 현대문명을 아우르는 인류문명이 과도기를 통과하여 크게 성장하는 기회가 다가온 것입니다. 마치 아이가 성장하여 늘 가지고 놀던 장난감을 더 이상 쳐다보지 않게 되는 것처럼, 3차원 물질계라는 장난감을 뒤로하고 상위 세계만을 바라보고 가는 성인이 되었다는 것입니다. 그래서 정리를 하는 것이며, 깨어날 수 있도록 매우 시끄럽고 요란하게 정리하는 것입니다. 이 시대가 무엇을 향하여 가고 있는지 많은 정보들을 공개하고, 누구나 알 수 있도록 하고 있는 것도 바로 그런 뜻이 있는 것입니다. 이것은 한쪽만을 위한 것이 아니며, 지구와 생명들 모두에게 해당하는 것이며, 마치 나팔을 불고, 북을 쳐서 널리 알리는 것과 같다하는 것입니다. 지구촌 어디에든 모두가 알 수 있도록 하는 것입니다. 경제가 어렵고, 살기 힘들어지는 것은 더 이상 물질에 집착하지 말고, 영적 세계가 밝아 오고 있음을 맞이하라고 하는 사인인 것입니다.

전쟁은 그것을 알리는 시발점이 되는 것이며, 더욱 확산되는 것을 본다면, 대정화 운동이 시작되었음을 알리는 것입니다. 지구를 살리고, 네바돈을 살리고, 안드로메다를 살리는 것으로 추진되는 것입니다. 어둠도 정화의 대상이며, 변질되고 타락한 것들을 모두 소멸시킬 것입니다. 전한대로 원초적 빛과 원초적 소리를 통한 정화를 하는 것이고, 마누-마나-에아와 같은 진동 영역에 머무는 것과, 카타라 격자망에 연결되어 있는 것을 제외한 모든 것들이 정화 대상들이 되는 것이며, 쿤다레이 빛에 의해 정화될 것입니다.

'파르티키 단일체'를 기본으로 하지 않는 어둠의 모든 체계들과 존재들은 소멸 대상이며, 전쟁을 통한 방식으로 해결할 것입니다. 파르티키 진동을 통한 무한 에너지 체계에 연결되어 순환하고 있는 우주들과 존재들을 통해 에너지를 흡혈하고, 착취하였던 세력들과 체계들을 모두 소멸시킬 것입니다. 질서를 파괴하고, 에메랄드 성약을 우습게 여겨 자신들의 입맛대로 처리해온 타락 세력들을 소멸시킬 것입니다. 우리는 세계들과 존재들을 파괴하고도 전혀 개의치 않았던 세력들을, 우주 순환 질서를 교란하고, 블랙홀로 전환시킨 세력들을 그대로 두지 않을 것입니다. 순환과 상승을 위한 파괴는 순기능을 상실한 것이 아니지만, 순환과 상승을 차단하는 파괴는 순기능을 상실한 것입니다. 어둠이 해 왔던 순기능을 뭐라 하는 것이 아니라, 변질되고 타락한 역기능을 뭐라 하는 것입니다.

여러분들은 영적 전쟁에 대해 종교적으로만 접근해서 판단하는데, 그래서 큰 실수를 저지른 것입니다. 사탄, 악마, 귀신들, 악한 영들과의 전쟁이라고 받아들이고 있으나, 진실을 들여다보지 못한다는 것입니다. 아마겟돈 전쟁에 참전하는 존재들은 악한 혼, 악한 상위-혼, 악한 아바타로 전해진 존재들이며, 4~11.5차원에 걸쳐 있는 영적 존재들입니다. 이들이 화신하여 육체를 입고 있으며, 자신들의 실체를 감춘 채로 여러분들을 속여 오고 있었습니다. 정말로 인류들을 타락시키고, 노예들로 전락시킨 사악한 존재들인데, 우리는 인류들 사이에 숨어서 인류들을 방패 삼아 우리와의 전쟁을 준비하고 있는 이들을 모두 솎아 내어 불태워 버릴 것입니다. 알곡 속에 숨어 있는 가라지들인 이 사악한 존재들은 여러분들을 기만하여 같은 편이라고 속였으며, 뒤에서 여러분들을 조정하여 우리와 대적하게 한 것입니다.

우리는 대성령의 불꽃으로 저들을 남김없이 불태워서 그 흔적조차 남기지 않을 것인데, 그곳에 참여하고 있는 인류들 또한 예외 없이 소멸시킬 것입니다. 커다란 불길 곁에 머물고 있으면 그 불길을 피해갈 수 없음인데, 미리 앞서서 그곳에 있지 말기를 경고한 것입니다. 어둠의 심판은 정해져 있던 것이며, 모든 부정한 것들을 남김없이 소멸시키는 것입니다. 이 심판의 자리에 함께 머물고 있는 인류들도 심판을 피해갈 수 없다는 것입니다. 여러분들은 이 일이 종교적으로만 있을 것이라고 오해하고 있지만, 어느 누구도 예외가 없으며, 지구의 인류들은 대재난을 피해 갈 수 없다는 것입니다. 최종적으로 있을 극이동을 통해 모든 것을 정화하고 정리시킬 것이며, 분리되는 트랙들에 맞추어 그렇게 재-정렬시킬 것입니다.

카르마를 정화하는 것은 특히, 집단적 카르마를 정화하는 것은 전쟁을 통한 것이 좋다고 할 수 있습니다. 여러분들은 눈에 보이는 육체적 죽음 때문에 매우 부정적으로 보고 있지만, 켜켜이 쌓인 감정들의 찌꺼기들을 털어내기 위해서는 그렇다는 것입니다. 지진과 화산폭발, 쓰나미와 같은 재난들 역시 그런 측면에서 이루어지는 것이며, 주기가 종료되는 시점에서는 더 집중된다고 하는 것입니다. 인류들 스스로가 알아서 해결한다면 굳이 전쟁과 재난들이 필요치 않을 것이지만, 그렇지 않기 때문에 영단의 도움이 필요하게 되는 것입니다. 과거 다른 우주들과 행성들에서도 있었던 일들이고, 지구 역시 그런 역사가 있었지만 그것을 기억하지 못하다 보니, 마치 처음 맞이하는 것처럼 받아들이게 된 것입니다.

여러분들은 레무리아와 아틀란티스의 기억을 가지고 있고, 대홍수의 기억을 가지고 있습니다. 그리고 크고 작은 재난들을 겪고 왔기에 고스란히 기억하고 있다는 것입니다. 여러분들 심리에 남아 있는 '나만 아니면 된다.'는 이기적인 측면이 아픈 기억들을 모두 잊으려고 하는 행태로 남아서 준비해야 할 대재난을 앞두고도 '혹시라도' 하는 마음이 지배하고 있다고 보는 것입니다. 여러분들에게 다가오고 있는 대재난은 '혹시'가 통하지 않으며, 전체 인류들을 모두 정리하는 차원의 계획임을 아셨으면 합니다. 아무 일 없이 통과할 수 없으며, 설령 살아남았다 하더라도 엄청난 고통과 고난이 함께할 것이기에 살아도 산 것이 아니게 될 것입니다. 지구촌 나라들이 사라지고, 지형들이 바뀌며, 전혀 새로운 형태의 바다들과 육지들이 생겨날 것입니다.

지난 주기의 찌들은 카르마들을 모두 털어내고, 그것과 연결된 생명들도 모두 정리하는 것이기에 구시대의 것들이 모두 사라진다고 보아야 합니다. 생명들의 육체도 모두 벗길 것이고, 새로운 육체로 갈아입고 새로운 땅에서 새롭게 시작할 것입니다. 행성 지구도 구시대를 털어내고, 새로운 진화연대기가 시작될 새로운 행성 환경으로 태어날 것인데, 더 이상 지구라는 표현을 사용하지 않을 것입니다. 이 과정에 진입하기 위해 인류들의 전쟁이 있게 되는 것이고, 그것을 피해갈 수 없다고 하는 것입니다. 종교적 갈등, 이념적 갈등, 민족적 갈등, 이런 다툼 등은 어쩌면 핑계일 수 있다는 것이며, 카르마를 해결하기 위해 필연적으로 이루어질 수밖에 없다는 것입니다.

이 선행조건이 이루어져야 조화와 상생을 위한 일들이 생겨나는 것입니다. 이런 과정 없이 이룬다면 얼마나 좋겠습니까? 하지만 이런 과정도 배움이고, 필요에 의해 진행되는 것이기에 전체를 위해서 통과하는 것입니다. 어떤 개기가 없으면 인류들의 의식은 잠에서 깨어나지 않습니다. 깊은 잠에 빠진 의식을 깨우기 위해서는 극약처방이 필요한 것입니다. 의식의 깨어남도 순서가 있을 것이고, 수준도 있을 것입니다. 수준과 순서 때문에 트랙을 준비한 것이며, 적재적소에 배정하게 된 것입니다. 의식의 수준 정도, 의식의 깨어난 순서에 의해 이루어진 것이라 보면 됩니다.

전쟁과 관련된 부분에서는 직접 당사자들이 있을 것이고, 간접 당사자들이 있을 것이기에, 그 기준에 의해 모든 일들이 진행되는 것인데, 피해 역시도 기준에 따라 정해질 것입니다. 더하거나, 덜한 것은 없으며, 정해진 기준에 의해 정확히 진행될 것입니다. 재난 때에도 똑같은 기준에 따라 적용되는 것이기에 요행수를 바라거나 희망을 갖는 것은 바람직하지 않습니다. 인생은 지금까지 한쪽으로 기울어져 적용되어 왔다면, 주기 종료를 앞두고 일어나는 것은 공정하게 적용된다는 것입니다. 그래서 앞을 바라보고 자신의 내면에 집중하는 것이 바람직하다는 것입니다.

전쟁은 인류들에게 큰 트라우마와 카르마를 유발하는데, 주기를 종료하는 시점에서는 그동안 발생하여 축적되어 온 것들을 발산하는 역할을 한다는 점에서 다르다고 보아야 합니다. 분명, 큰 두려움과 공포를 일으킬 것이고, 집단 공포에 사로잡히게 할 것입니다. 육체적 죽음은 누구든 쉽게 피해 갈 수 있는 부분이 아니기에 그렇다는 것입니다. 주기가 진행되어 오는 동안, 얼마나 많은 죽음이 있었습니까! 영계에 머물고 있는 혼 그룹 중에서 인생을 경험하고 종료한 존재들이 약 400억 명이 대기하고 있으며, 현재 인생을 살고 있는 약 85억의 존재들을 포함하여 영단에 등록된 존재들이 약 485억 명 정도입니다. 빛의 혼 그룹이 12종족이고, 어둠의 혼 그룹이 12종족이 됩니다. 타락한 혼 그룹도 포함되어 있습니다.

우리는 새로운 주기를 위해 기존 진행되어 오던 주기에 관련된 혼 그룹들의 최종 평가를 앞두고 있어서 카르마 위원회의 요청을 수용하였습니다. 인생체험을 위해 동원되었던 감정 체계를 포맷해야 한다는 것과, 그것을 이용했던 존재들의 카르마들을 포맷해야 한다는 것과, 존재들의 사용 후기와 사용 평가가 이루어져야 한다는 것이었습니다. 이 주기는 고대문명기였던 1만 2000년과 현대문명기인 1만 2000년을 포함한 것이며, 2000년 정도의 소급 적용기를 포함하여 2만 6000년 정도의 대주기를 이야기하는 것인데, 이것이 중앙태양 1주기 패턴이라고 하는 것입니다. 알시온 중앙태양 1주기가 종료되고, 새로운 1주기가 시작된다는 것입니다.

　그런 측면에서 해결해야 하는 카르마들이 많이 있다는 것이고, 타락세력들은 알시온 중앙태양 주기를 따라 상승하는 것이 아닌, 자신들의 블랙홀로 연결시키려는 것입니다. 우리는 단절되었던 주기에 연결시켜 상승시키려고 하는 것인데, 필연적인 충돌을 피할 수 없게 된 것입니다. 전쟁을 피할 수 없게 되었기에, 반드시 승리해야 하는 것입니다. 저들이 하려고 하는 전쟁은 카르마 해결 없이 자신들에게 필요한 5억의 인류들을 제외한 채로 전멸시키려는 것으로서, 카르마 해원 없이 죽은 인류들은 어디로 가겠습니까? 깊은 무저갱으로 추락하는 것이며, 이렇게 추락한 이들은 어떤 구원도 받을 수 없게 된다는 것입니다. 영계에 머물고 있는 존재들 역시 해원 과정 없이 저들이 설치한 무저갱으로 강제추락하게 되어 구원받을 수 있는 기회를 박탈당하게 된다는 것으로서, 비참한 결과로 끝나는 전쟁을 하고자 하는 것입니다.

　여러분들은 전쟁은 무익하다 해서 하지 않으면 된다고 보지만, 당장, 우크라이나와 러시아, 하마스와 이스라엘을 보고 있습니다. 무익한데 하고 있습니다. 앞으로 더 확산되어 중국과 대만, 이란과 이스라엘, 북한과 한국, 러시아와 미국, 중국과 미국 등으로 이어질 것인데, 유럽, 아시아, 호주, 캐나다, 아메리카, 아프리카 등이 전쟁의 그림자 속으로 들어갈 것입니다. 마치 실타래처럼 엮여져 있어서 싫다고 해서 피할 수 있는 것이 아니며, 어둠이 원하는 방식이든, 우리가 하고자 하는 방식이든 전쟁을 피해 갈 수 없다는 것입니다. 그러면 깊은 수렁 속으로 들어갈 것인지, 정신을 차리고 밝은 빛 속으로 들어갈 것인지 결정해야 한다는 것입니다.

여러분들이 스스로를 돌아볼 수 있는 기회가 있을 때를 놓치지 말고, 적극 활용해서 의식을 깨우고, 상승시키는 것을 부단 없이 하셔야 합니다. 혼란기가 찾아오면 기회가 더 이상 주어지지 않을 것이기에 지금, 즉시 하셔야 합니다. 전쟁의 소용돌이가 시작되고 있어서 본-궤도에 접어든다면 모두 휘말리어 빠져나올 수 없게 될 것입니다. 한국도 백척간두에 서 있는 입장입니다. 하지만 국민들과 시민들은 그것을 보지 못하고 있는데, 의식 자체가 너무 물질화되어 돈 에너지에 함몰되어 있는 상태입니다. 전쟁을 바라보는 시선이 올바르지 못하여 준비에 소홀해 있다는 것과, 자신을 너무 과신하여 상대를 너무 얕보고 있다는 점입니다. 그리고 국민 대다수가 설마 하는 무사안일(無事安逸)함에 사로잡혀 있어서 전쟁 소식에 큰 충격을 받을 것이고, 우왕좌왕하며 정신을 차리지 못할 것입니다. 반복되는 역사에서 배우지 못한 결과입니다.

여러분들도 카르마 해원을 위해서는 피해갈 수 없습니다. 만약에 마음 정화를 꾸준히 한 인류들은 해당되지 않을 것이기에 중심에 있지 않을 것이고, 그렇지 못한 인류들은 전쟁과 대재난의 중심에 있게 될 것입니다. 그렇다고 해서 두려움에 사로잡힐 필요가 없는 것은 의식 깨우기를 쉼 없이 하였거나, 마음비우기를 쉼 없이 하였다면 불길이 피해 갈 것이고, 준비한 것에 따라 빛의 길을 안내할 것입니다. 자신의 생명을 살리는 길이 무엇인지, 그때가 되면 극명하게 드러날 것인데, 영적인 비전을 바라보고 왔는지, 물질적 비전만을 바라보고 왔는지 분명하게 나뉠 것입니다. 전쟁은 여러분들의 마음 상태가 어떠한지를 볼 수 있는 거울이 될 것인데, 비워진 마음을 가진 이들은 영적 자유와 상승을 선물로 받을 것이고, 물질로 채워진 마음을 가진 이들은 그 마음으로 인하여 영적 노예와 추락을 선물로 받을 것입니다.

성서를 보겠습니다.

'또 너희는 전쟁과, 전쟁의 소문을 들을 것이라. 그러나 걱정하지 말라. 이는 이 모든 일들이 반드시 일어나겠지만 아직 끝은 아니기 때문이라. 민족이 민족을 대적하고, 나라가 나라를 대적하여 일어나겠으며, 기근과 역병과 지진이 여러 곳에서 있을 것이니 이 모든 것들이 고통의 시작이니라. 너희는 피난하는 일이 겨울이나 안식일에 일어나지 않도록 기도하라. 이는 그때에 대 환란이 있으리니, 그와 같은 것은 세상이 시작된 이후로 지금까지 없었으며, 또 결코 없을 것이기 때문이라.' 〈마태 24:6, 7, 8, 20, 21, KJV〉

전쟁은 두려움과 공포를 가져오는데, 마음이 비워진 이들에겐 해당 사항이 없는 것이고, 마음이 채워진 이들에게는 적용되는 것입니다. 현대 물질문명을 살아온 여러분들은 이제, 떠나야 할 때가 바싹 다가왔습니다. 그래서 체험을 위해 허용하였던 마음 체계를 닫으려고 하는 것이며, 새로운 주기에 맞는 새 마음 체계에 접촉시키려고 하는 것입니다. 이 뜻에 따라 마음을 정리하고 새로운 체계로 옮겨 가는 이들은 아무런 문제없이 구 버전을 아웃, 즉 오프(off)시키고, 새 버전을 온(on)시키는 것입니다. 그러나 구 버전이 계속해서 온하여 구동하고 있으면 강제적으로 오프시킨다는 것이고, 그것에 따른 후유증이 남을 것인데, 완료하지 못한 상태에서 강제 종료되었기에 그 책임은 고스란히 당사자가 지어야 한다는 것입니다.

구 버전을 오프시키기로 하여 적극적으로 공지하였으며, 여러 차례에 걸쳐 인류들이 알 수 있도록 하였습니다. 구 버전은 3D환경에 맞는 형식이었기에 4D환경에서는 사용할 수 없으며, 구동하지도 않습니다. 그래서 폐기시키는 것이며, 4D환경에 맞는 새 버전의 마음 체계를 활성화시켜 구동시키려고 하는 것입니다. 그렇기에 인류들은 새로운 세계에서의 인생을 위해서는 4D환경에 맞는 새 마음 체계가 있어야 하고, 그것을 위해서는 반드시 3D버전의 마음 체계를 오프시켜야 한다는 것입니다. 그것이 여러분들에 의해 실행되지 않고 있기에 강제로 접촉을 끊는 것이라 하는 것입니다. 전쟁과 재난 상황들을 통해 그렇게 한다는 것이며, 그렇게 해서 새 버전을 정착시킨다고 하는 것입니다. 정화와 정리가 안 돼 있는 상태에서 상위 우주로 진출할 수 없으며, 잘못하면 강력한 빛에 소멸할 수 있기에 안전차원에서도, 존재를 위해서도 그렇게 할 수 없다는 것입니다. 그래서 각자에게 맞는 버전으로 이동시킨다는 것과, 현 지구는 정화를 통해 원초적 행성으로 되돌릴 것이기에 이곳에 머물 수가 없게 되었다는 것입니다.

지금의 상태에서는 인류들의 의식 상승은 이루어지지 않습니다. 또

주저앉고 말 것이기에 과거와 같은 대재난을 통해서는 요원하다는 것입니다. 그래서 다양한 방법들을 동원하여 기회를 제공하기로 한 것이며, 이번 기회를 살리지 못하면 두 번 다시 기회가 주어지지 않는다는 것을 공지시키는 것입니다. 현시대에 주어지고 있는 기회를 잘 살려서 의식 상승과 잃어버린 정체성 회복을 성취하기를 바라는 것입니다. 전쟁은 그것을 성취시켜 주기 위해 제공되는 쓴 약이라고 보면 되는데, 여러분들을 돕기 위해서 준비된 것이기 때문입니다.

우리는 야나스이며, 이온 상임 이사회입니다.

'아-모-레-아 에-카-샤(A-mO-RA-eA Ec-Ka-shA)'

17. 빛과 어둠의 전쟁
(War of Light and Darkness)

사랑하는 여러분,

행성 지구는 네바돈 은하에서 처음 시도하였던 빛과 어둠의 통합 실험이 도입된 최종 장소라고 할 수 있습니다.

약 9600억 년 전부터 이어져 왔던 양극성 실험이 이제 그 끝을 향하여 달려가고 있는 것을 보고 있습니다. 피날레를 향한 발걸음이 얼마 남지 않았음을 실험에 참여한 양측이 알고 있으며, 대단원의 막을 행성 지구에서 올리기로 하였습니다.

몬마시아 태양계는 광자대를 통한 상승주기를 이용하여 빛의 궤도로 이동할 것이고, 최종적으로 3D 환경을 졸업하는 태양계가 될 것입니다. 전한 대로 태양계 전체가 양극성 실험장으로 개방되었었고, 인고(忍苦)의 세월 동안 치러 왔던 빛과 어둠의 통합 실험이 행성 지구에서 합일을 향한 최종무대를 열려하고 있습니다.

지나온 주기에서 이루어졌던 빛과 어둠의 실험이 양패구상(兩敗俱傷)으로 종결되었고, 다시 다음주기로 이전되었으며, 그렇게 해서 현

문명에 다시 펼쳐지게 되었습니다. 이 실험의 주체였던 두 종족인 사자인 종족과 조인 종족은 오리온과 플레이아데스를 대표하여 들어왔으며, 두 문명이 인류 사회를 형성하게 되었습니다. 과거 레무리아가 빛을 담당하였다면, 아틀란티스는 어둠을 담당하였다고 할 수 있었습니다. 빛은 정신문명을, 어둠은 과학문명을 대표하여 문명을 발전시켜 나갔으며, 서로의 장점과 단점들을 보완하여 통합된 문명을 꿈꾸었다고 하는 것입니다.

　문명적 측면에서 보더라도 현시대가 과거에 비해 많이 뒤쳐져 있다고 볼 수 있는데, 과학적으로도 그렇고, 정신적으로도 그렇다고 할 수 있습니다. 그럼, 과거에 비해 나아진 것이 없는 것인데, 굳이 실험하지 않아도 결과가 나온 것이 아닌가 할 수도 있겠으나, 그것은 아직 속단할 수 없습니다. 문명의 발전 정도를 놓고 보면 분명히 뒤쳐져 있는 것은 맞지만 현대 인류들로 환생한 두 문명에 살았던 존재들이 실패의 경험들을 가지고 돌아왔기에 두 번 다시는 실패하지 않을 확률이 더 크다고 하는 것입니다.

　잃어버린 기억 때문에 아무것도 알지 못하는데 어떻게 좋을 수가 있는가? 하는 것을 잘 알지만, 기억이라는 것은 충격요법을 통하면 돌아올 수 있고, 그것을 통해 전생 퇴행(前生 退行)이 일어난다 할 수 있어서 과거의 경험들이 고스란히 떠오른다는 것입니다. 충격요법은 두 가지 측면에서 일어난다는 것이며, 외부적인 충격과 내부적인 충격으로 나뉩니다. 외부적 충격에는 전쟁과 대재난들이 될 것이고, 최종적으로는 니비루 체제의 등장이라고 보면 됩니다. 내부적 충격은 잃었던 기억들의 회복과 신성의 부활이라고 보면 됩니다.

　과거문명 시절에는 여성성과 남성성의 충돌이 전쟁으로 비화되었으며, 합의점을 찾지 못하고 문을 닫는 것으로 종결되었습니다. 무문명을 일구었던 '우르-안트리안 종족들'은 '무엇을 하고 있었는가? 충분히 중재할 수도 있었을 터인데.'라고 하실 것입니다. 양측 입장에서는 그 어떤 것도 받아들일 마음들이 아니었습니다. 물론 무아인들을 향한 원망도 없었던 것은 아닙니다. 그때에는 양측이 합일할 정도로 무르익지 않았다고 할 수 있었으며, 아직 숙성이 덜되었다고 할 수 있었습니다. 두 진영의 미래를 이미 모두 알고 있었던 우리와 '우르-안트리안 아주 라이트 이야니 멜기세덱 위원회'는 완전히 숙성될 수 있는 다음 기회를 준비하게 된 것입니다.

　합일은 무조건 밀어붙이고 서두른다고 해서 이루어지는 것은 아닙니다. 서로 간의 감정의 골이 깊은 상태에서, 입장 차이가 큰 상태에서 합일을 위한 미봉책은 오히려 더 큰 문제만을 만들어 낼 뿐이기에 터뜨리는 것이 나을 수도 있다는 것입니다. 강제로 숙성시킨다면 결과가 어떨지를 여러분들도 알고 있습니다. 썩어 버리고 맙니다. 그래서 두 진영을 강제로 중재시키지 않은 것이며, 다음 기회로 미루게 되었던 것입니다. 무아인들이 도왔다고 하여도 숙성된 상태가 아니었기에 완성을 이룰 수가 없었던 것이고, 1만 2000년이라는 숙성기간을 기다려 왔던 것입니다.

　우르-안트리안 종족은 현대문명을 일으켜 두 진영의 존재들이 시작할 수 있는 새 장을 열어 주었습니다. 그리고 조용히 무대 뒤로 물러나서 지금까지 지켜보고 있었던 것입니다. 무문명을 일구었던 무아인들은 지저 세계로 들어가 아갈타 왕국을 세웠으며, 미래를 준비하면서 때를 기다렸던 것입니다. 이들이 새로운 시대를 준비하기 위해 극동 아시아에 진출하여 토대를 준비하게 된 것이며, 두 진영이 마무리도 잘할 수 있도록 돕고자 하는 것입니다.

여러분들은 최후의 전쟁이 등장하는 성서 때문에 빛과 어둠의 전쟁으로 이해하고 있고, 두 진영을 대표하는 캐릭터로서 '미카엘 대천사'와 '루시퍼 대천사'로서 이해하고 있습니다. 두 존재는 빛과 어둠을 대표하고, 빛은 레무리아, 어둠은 아틀란티스로 이해하고 있으며, 빛은 여성성을, 어둠은 남성성을 대표한다 할 수 있습니다. 그럼, 미카엘은 여성, 루시퍼는 남성이겠지요. 맡은 역할과 에너지적 측면으로 이해하셨으면 합니다. 두 에너지는 두 문명을 통해서 발전되었으나, 서로 극을 향하여 달려갔습니다. 서로 융합과 조화를 모색했던 때도 있었으나, 상대를 온전히 이해하고 배려하는 측면에서는 한 치의 양보도 없었다고 할 수 있었습니다. 서로의 장점만을 부각시키는 것에만 치중하였다고 할 수 있었습니다. 그렇다 보니, 외교적인 제스처만 취하고, 양보하지 않았습니다. 한국의 남·북한 상황과 비슷하다 할 수 있었던 것은, 상대를 이해하거나 배려하려는 그 어떤 노력도 하지 않았다고 하는 것입니다.

무아인들은 지저로 들어가기에 앞서 지구촌 곳곳에서 함께하고자 했던 민족들과 인종들을 받아들이기로 하였습니다. 이것은 수세기에 걸쳐 진행되었으며, 문은 항상 열려 있었습니다. 최종 시한을 앞두고 충분하였다는 위원회의 결의에 따라, 함께한 인류들과 지저로 들어가 정착하게 되었으며, 지상에 남아 끝을 함께하겠다는 존재들의 의견들도 존중되었습니다. 물론 레무리아인들과 아틀란티스인들도 포함되었으며, 다른 종족들도 함께하여 아갈타 왕국을 세울 수 있었습니다. 이 과정은 티타니아 행성에서 들어온 '마스터 사나트 쿠마라 니르기엘'의 후원에 의해 이루어질 수 있었습니다.

이때는 레무리아 Ⅲ기, 아틀란티스 Ⅱ기 문명 시절이었기에 무문명이 지상에서 사라진다는 것은 꿈도 꾸지 않았을 때이고, 전쟁도 없이, 대재난도 없이 문명이 문을 닫는 것은 생각조차도 하지 않을 만큼, 큰 충격으로 다가왔다고 해야 했습니다. 이후 태평양과 아시아 일대에 걸쳐서 꽃을 피우던 무문명은 조용히 사라졌으며, 무대륙은 아무것도 없는 빈 땅이 되었습니다. 물론, 레무리아와 아틀란티스에서 건너와 살고 있던 도시들이 있었으나, 원주인이었던 무아인들이 지저로 모두 떠나고 없었기에 빈 땅이나 마찬가지였던 것입니다. 그 당시 인도양지역에 있던 레무리아는 고스란히 남겨진 무문명의 빛나는 시설들을 차지하고자 태평양의 무대륙으로 건너와 자리를 차지하게 되는데, 수많은 피라미드들과 신전들을 품게 되었습니다. 가장 큰 것은 천공의 얼음 막을 유지하고 지탱하고 있었던 144개의 주요 신전들도 포함되어 있었다는 것이며, 이 사원 중심부에는 크리스털 구체가 있어 광선을 비추어 얼음 막을 진동장으로 떠받들고 있었습니다. 144개의 수정체가 천공의 물 입자를 얇은 얼음 막으로 형성케 하는 파동 빛을 투사해서 우주에서 들어오는 유해한 광선들을 차단하고, 지구의 기후 환경을 온

난하게 유지토록 하였던 것입니다.

무아인들은 정신 감응력을 이용하여 수정구체들을 통해 그렇게 해왔던 것을, 떠나기 전에 레무리아의 사제들을 훈련시켜 이 역할을 할 수 있도록 도왔던 것입니다. 이 영적-기술을 전수받은 레무리아의 사제그룹은 여성들이었으며, 레무리아 문명을 꽃피우는 데 구심점 역할을 하였습니다. 이후 빛나는 정신문명을 이끌면서 과학을 앞세운 아틀란티스를 우월하게 뛰어넘었던 것입니다. 마치 빛이 승리하는 것처럼 보였습니다. 상대적으로 뒤쳐질 수밖에 없었던 아틀란티스의 지도층들은 점점 초조해지기 시작했음이니, 이러다 레무리아에게 영원히 추월당하는 것이 아닌가! 그리고 그 끝은 아틀란티스가 병합되어 사라지는 것이 아닌가 하는 불안감이 생겨나기 시작했습니다. 과학기술이 발달하였다고 했지만 정신적인 측면에서의 뒤쳐짐은 이들을 더욱 불안하게 하였는데, 그 결과로 오리온과 손을 잡아 더 높은 과학문명을 꽃피우는 형태로 나타나게 했던 것입니다.

아틀란티스가 어둠을 대표하게 된 것은 물질과학문명을 꽃피운 것도 있었지만, 오리온과의 동맹을 통해 타락 세력들이 숨어들었기 때문이며, 타락 세력들이 아틀란티스의 지도층을 모두 점거하게 되면서 그렇게 된 것입니다. 타락 세력들은 음흉한 술책을 통해 레무리아에도 침투하기 시작하였으며, 결국에 가서는 아틀란티스처럼 지도층들을 모두 점거하게 된 것입니다. 이때가 레무리아 IV기, 아틀란티스 III기 무렵이었습니다. 두 대륙 간의 충돌이 일어나기 시작한 것은 IV기 말과 III기 말이었으며, V기와 IV기에 와서는 본격적인 충돌들이 있었던 것입니다.

이 와중에 인도양에 있던 레무리아 대륙이 지각운동에 의해 바다에 가라앉게 되면서 피난민들이 대거 무대륙(레무리아)과 아프리카 동부, 인도 쪽으로 옮겨갔는데, 무대륙(레무리아)으로 건너온 이들이 더 많은 비중을 차지했습니다. 레무리아는 영적 각성을 통해 사회를 이끌어 나가는 방향으로 발전하였기에 상대적으로 과학문명은 아틀란티스와는 비교할 수 없을 정도였지만 여러분들 문명과는 다르게 큰 발전을 이루고 있었습니다. 석유와 원자력이 아닌 핵융합 발전을 통해 사회를 유지하고 있었으며, 가솔린 엔진이 아닌, 핵융합을 통한 엔진이 장착된, 초전도체를 이용한 엔진이 장착된 이동장치와 시설들을 운용하고 있었습니다. 현대문명보다는 많이 발전하였던 것입니다.

서로의 출발점이 달랐던 두 문명은 빛과 어둠의 실험장이 되었으며, 타락 세력들의 이권 다툼의 장이 되었던 것입니다. 여러분들이 가지고 있는 편견처럼, 빛은 당연히 승리해야하고, 어둠은 반드시 멸망해야 되는 그런 이분법은 적용되지 않았습니다. 빛과 어둠, 둘 다는 상대가 없으면 존재가치도, 존재의미도 없는 것입니다. 양성과, 음성, 남성과 여성, 둘은 하나가 없으면 반쪽입니다. 완전하기 위해서는 서로 조화를 통한 합일이 필요한 것이기에 그것을 위한 실험 대상이 되었던 것이며, 우주를 돌고 돌아서 지구에 유입되었던 것입니다. 두 문명은 확실하게 한쪽으로는 극한으로 꽃을 피울 수 있었으나, 반대쪽으로는 그 곁을 두지 않았습니다. 두 문명이 아메리카를 사이에 두고 떨어져 있었다고는 해도 큰 의미가 없었던 것은 지구촌 어디라도 하루에 모든 일들을 하고 돌아올 정도로 교통이 발달되어 있었기에 그렇다고 한 것입니다.

다만, 서로가 추구하는 방식이 다름으로 인한 거리두기였다고 할 수 있었지만, 사실 주민들 입장에서는 아무 거리낌 없이 서로 간의 왕래가 자유롭게 이루어졌었고, 자유 무역도 잘 이루어졌다고 하는 것입니다. 이 문제는 주로 지도층을 중심으로 해서 이루어졌으며, 일반 대중들은 그렇지 않았다고 할 수 있었습니다. 그러나 여러분, 빛과 어둠의 실험이 있었다고 했습니다. 그렇습니다. 그것을 위해 우주에서도, 태양 안에서도 지구로 들어오게 된 것인데, 대표적으로 오리온, 시리우스, 라이라, 플레이아데스, 북극성, 큰곰자리, 용자리, 센타우르, 제타 레티쿨리, 아르크투루스, 타우러스 등과 금성, 화성, 말데크, 토성, 목성 등에서 지구로 들어온 것입니다. 이들이 빛을 대표하는 레무리아인으로, 어둠을 대표하는 아틀란티스인으로 태어나게 된 것입니다. 우주에서 완성을 이루지 못한 존재들이 대상이 되었으며, 그 배턴을 이어받아 현대 인류들로 환생하였던 것입니다.

빛은 빛 역할만 하고, 어둠은 어둠의 역할만 한 것이 아니며, 주기를 통해 서로의 역할들을 바꾸어서 실험하였던 것입니다. 그렇게 해서 서로 상대의 역할을 이해하고 받아들일 수 있도록 기회를 제공한 것이었습니다. 그 질서가 타락 세력들에 의해 파괴되고 나서, 변칙이 일어난 것이고, 여러분들은 어둠에 의해 지금까지 탄압받고 있었던 것입니다. 서로 역할을 교환하여 양극성 실험을 완성하기로 한 서약이 파괴되었다는 것과, 그 일방적인 파괴와 함께 완성의 길도 모두 막히게 되었다는 것입니다. 타락 세력들은 스스로 파괴하였지만, 여러분들은 저들의 음흉한 흉계에 속아 파괴하도록 내맡겼던 것입니다. 이것은 현대문명까지 이어졌으며, 지금에까지 해결되지 않고 묻혀 왔던 것입니다.

표면적으로는 문명을 통해 축적된 카르마를 해원하는 목적에 따라 발생하는 빛과 어둠의 전쟁이 있으며, 양극성 실험의 장을 파괴한 타락 세력들과 에메랄드 성약을 수호하는 세력들과의 전쟁이 이면적으로 있게 된다는 것입니다. 물리적인 전쟁은 여러분들의 카르마 정리를 위해서이고, 영적인 전쟁은 타락 세력들을 모두 정화시키는 것이 숨어 있는 뜻입니다. 정화는 회생 가능성이 있으면 그렇게, 가능성이 없으면 소멸시킨다는 것입니다. 소멸의 대상은 혼체, 혼, 상위-혼, 아바타까지 포함되며, 모두 원초적 입자들로 분리시킬 것이고, 정보들 또한 소멸시킬 것입니다. 이들이 이용했던 형태발생 영역도 소멸 대상입니다. 이들이 분화되어 나왔던 매트릭스들도 소멸 대상이고, 거주했던 세계들 역시 소멸 대상입니다.

빛은 어둠을 깨우기 위해서 존재하고, 어둠은 빛을 밝히기 위해서 존재합니다. 서로에게 반드시 필요한 것이기에 한쪽이 없다면 무의미하다는 것이기에 서로를 돕는 관계를 통해서 완성을 이루도록 설계한 것입니다. 그 계획에 의해 레무리아는 '아쉔(Ashen)'에 의해 들어섰고, 아틀란티스는 '아틀라스(Atlas)'에 의해 들어서게 되었습니다. 두 세계에 정착한 인류들의 모형은 레무리아인으로 시리우스인이 선택되었으며, 아틀란티스인으로 오리온인이 선택되었습니다. 이 실험은 알려진 것처럼, 서로의 입장 차이만 확인한 것으로, 지구에 들어온 목적을 이해하지 못하는 수준에서 마무리되었다고 할 수 있었습니다.

지저에 있는 레무리아인들의 도시인 '텔로스(Telos)'와 아틀란티스인들의 도시인 '포시드(Posid)'는 서로가 한 몸처럼 이루어져 있음을 보고 있으며, 이들은 자신들의 형제자매였던 여러분들을 만나기 위해서 기다려왔다는 것입니다. 일부는 위원회의 뜻에 따라 지상에 올라와 여러분들 틈에 섞여, 여러분들의 이웃으로서 여러분들을 돕고 있습니다.

빛과 어둠의 실험은 자연스럽게 현대문명으로 이전되었으며, 그 당시에 마무리하지 못한 카르마를 가지고 있던 인류들 역시 현대문명으로 이전되어 환생하게 되었습니다. 여러분들은 인류로 태어났을 때에 이미 과거의 빚을 가지고 들어왔기에 인생이 험난할 수밖에 없었으며, 주어진 주기 동안에 모두 상환(償還)해야만 했습니다. 그런 연유로 빛과 어둠은 수시로 충돌할 수밖에 없었으며, 크고 작은 문명들이 스러져 갔습니다. 많은 전쟁들과 환란 등을 통해서 수없는 죽음들을 경험해야 했습니다. 그래서 비탄에 사로잡히고, 슬픔과 분노에 사로잡혔습니다. 그러면 그럴수록 어둠의 그림자는 더욱 짙게 드리워졌고, 인생들을 깊은 어둠 속으로 끌고 갔습니다.

현대문명에서는 빛보다는 어둠이 더욱 기승하였는데, 지난 주기 때에 빛의 카르마가 더욱 컸기에 상대성에 따라 조율된 것에 의해 이루어진 때문이었습니다. 전한 대로 빛은 선하고, 어둠은 악하다는 것은 여러분들의 편견이자, 인식장애라는 것입니다. 둘 다는 실험을 위해 선택되었을 뿐이며, 진리를 완성시키고자 한 '하느님 마누(GOD

ManU)'의 뜻에 의한 것이었습니다. 네바돈에 적용된, 특히 지구에 적용된 빛과 어둠은 여러분들 게임을 위해 편을 가르는 것처럼 그런 의미로 적용된 것이지, 나쁘고, 좋은 그런 개념이 아니라고 하는 것입니다. 빛과 어둠은 전쟁을 합니다. 강대국 대 약소국, 자유진영 대 공산진영, 이스라엘 대 이슬람, 종교 대 종교, 민족 대 민족, 나라 대 나라의 전쟁들을 해 왔고, 하고 있으며, 또 할 것입니다. 어디가 선이고, 어디가 악이겠습니까?

빛과 어둠, 선과 악은 게임을 위한 구분일 뿐입니다. 우크라이나와 러시아, 하마스와 이스라엘, 어디가 좋은 편이고, 어디가 나쁜 편입니까? 여러분들이 가지고 있는 인식은 인식일 뿐이며, 그것이 진리는 아니라고 하는 것입니다. 진리는 카르마를 해결하는 측면에서 전쟁을 하는 것이고, 카르마가 많은 진영이 피해를 많이 보는 것입니다. 전쟁터에서 피 흘리는 어린아이들 영상과 사진을 보면 여러분들은 분노하거나 슬퍼합니다. 왜, 어린아이라서입니까? 어린아이는 카르마가 없습니까? 현생이 아닌, 전생에서 말입니다. 2만 6000년의 태양 주기를 통해 인생 경험들을 하였습니다. 그때의 카르마들을 지금 쏟아붓고 있는 것이기에 처절한 수밖에 없습니다. 가여워 보이거나, 불쌍해 보이는 것은 현 인생만을 보기 때문에 일어나는 착시현상일 뿐입니다. 가해자, 피해자 역시 마찬가지입니다.

모든 인생체험을 선택한 존재들은 우주 순환주기에 의해 에너지를 제공받았습니다. 그 에너지를 어떻게 사용하였는지에 따라 책임을 지는 것입니다. 그것이 빛이든 어둠이든 상관없다고 하는 것입니다. 존재는 스스로 빛의 체험과 어둠의 체험을 두루두루 하였습니다. 부족한 부분 없이 양쪽을 번갈아 가면서 말입니다. 그렇게 체험을 하는 동안 쌓여진 카르마들이 있었으며, 그것을 해결하기 위하여 현시대의 인생들로 태어났습니다. 서로 주고받는 관계는 당연히 설정된 것이고, 많은 쪽이 적은 쪽에게 주고, 적은 쪽은 많은 쪽에서 받는 관계가 설정된 것입니다. 빛과 어둠은 편을 나타나게 하기 위한 구분이었을 뿐입니다. 게임을 용이하게 하기 위한 방편으로 말입니다. 빛은 하느님 편이고, 어둠은 하느님 편이 아니다. 라는 것이 여러분들이 착시현상이었음을 이제 아시겠습니까! 존재들의 체험을 위해서 구분한 것뿐이며, 둘 다 하느님 편이고, 하느님에 의해 설계된 것입니다.

여러분들 세계에 빛과 어둠을 가져온 존재들이 있습니다. 빛과 어둠은 지구에서 생겨난 것이 아니라, 존재들이 출발한 우주들에서 가지고 들어온 것입니다. 그곳에서도 완성을 하지 못하였기에 실험의 장이 펼쳐진 지구에 모두 가지고 들어온 것입니다. 여러분들은 사자인들과 조인들에 의해 빛과 어둠의 실험이 시작되었음을 알고 있습니다. 이 실험의 목적은 마하라타 빛으로 알려진 '밝고 투명한 액화된 수소 플라스마 빛'을 완성하기 위해서이며, 이 빛이 그리스도 빛으로, 전극성(全極性: omni-polar)으로 전해졌습니다. 모든 불순물들이 사라진 정화된 빛이기에 '밝고 투명하다'고 한 것입니다. 이 빛은 완성시키기 위해 하강한 빛인, 어둠이 깃든 빛을 만들어 내었으며, 본격적으로 빛과 어둠의 실험이 시작되었던 것입니다. 여러분들은 이 실험이 시작될 당시에 함께하였으며, 주도적으로 참여하게 된 것입니다.

그럼, 그동안 완성하지 못하였느냐! 할 것입니다. 네 그렇습니다. 그렇기 때문에 지구에 들어온 것이고, 현재의 인생을 살고 있는 것입니다. 네바돈 은하에서의 완성의 기준은 그리스도 빛을 완성하는 것입니다. 양극성 실험의 주체는 상위-혼이며, 사자인 45인, 조인 45인 해서 90인의 상위-혼이 주체가 되었습니다. 그렇게 해서 혼-그룹이라 하는 혼 매트릭스들이 나왔던 것이고, 이들이 게임-유저들이 되었으며, 상위-자아들이 되었던 것입니다. 여러분들의 상위-자아인 혼 또는 이즈-비는 지구에 직접 들어왔다고 할 수 없는데, 75~95%의 지분은 5차원과 6차원 세계에 머물고 있으며, 5~25% 정도만이 물질육체 속에 아스트랄체로 머물고 있다고 할 수 있습니다.

게임을 하고 있는 유저와, 유저를 통해 활동하고 있는 게임 캐릭터라고 할 수 있습니다. 그래서 여러분들의 실체는 상위 우주에 있고, 게임장인 지구에는 캐릭터 속에 조그만 지분만이 연결되어 활동한다고 하는 것입니다. 대다수 인류들은 15~10% 지분만을 가지고 있다 할 수 있음이니, 정체성은 지구가 아니라, 다른 별들에 있다고 하는 것입니다. 어둠에 의해 저당 잡혀 있는 담보물인 여러분들은 사실 5~25% 정도만이 잡혀 있는 것이고, 75~95%는 상위 우주에서 자유롭게 있다는 것입니다. 그럼, 버린 것이냐! 할 수도 있지만, 비유하자면 게임에 몰두 중인 상태에서 전원이 강제로 차단되었다고 할 수 있습니다. 바로 타락세력들의 강제개입에 의해 일어난 정전사고 때문에 유저와 게임 캐릭터가 강제 분리되었던 것입니다. 저들에 의해 기억들도 제거되었으니, 알 수 있는 방법이 없었습니다.

여러분들에게는 애초부터 완벽한 통신시설이 있었지만 바로 6쌍 12줄기의 유전체 말입니다. 파괴당하였습니다. 그러나 타락 세력들도 파괴시킬 수 없는 것이 있었으니, '파르티키 단일체'였습니다. 비록 열악한 3D 물질체 때문에 5~25% 정도만이 들어설 수밖에 없었지만 정수(精髓)인 파르티키 단일체는 집어넣었던 것입니다. 작은 지분이었으나, 권리는 똑같이 가지고 있었다는 것입니다. 여러분들이 표현하는 삼중-불꽃, 삼중-광선인 블루-핑크-골드를 말합니다. 이것을 가지고 있었기에 권리가 사라진 것이 아니었습니다. 비록 기억을 잃어버렸지만 권리마저 빼앗긴 것이 아니었기에 언제든지 되찾을 수 있게 된 것입니다.

빛과 어둠의 실험이 타락 세력들의 개입으로 파행으로 치닫게 되면서 일방적인 게임이 되었으며, 불공정한 게임이 되었습니다. 서로 번갈아 가면서 해 왔던 것이 한쪽으로 기울어진 상태에서 일방적으로 진행되어 온 것입니다. 그러나 카르마는 일방적인 것이 아닌 공정하게 적용되었는데, 그것은 피해 갈 수 없었던 것입니다. 그런 측면에서 예수아께서 전해 준 것이 있는데, 성서를 보겠습니다.

'판단하지 마라. 그리하면 너희도 판단 받지 않을 것이라. 너희가 판단하는 그 판단으로 너희도 판단 받을 것이며, 너희가 재는 그 자로 너희도 다시 측정을 받으리라. 어찌하여 네 형제의 눈 속에 있는 티는 보면서 네 자신의 눈 속에 있는 들보는 생각지 못하느냐?' 〈마태 7:1~3, KJV〉

빛과 어둠의 전쟁은 카르마 해결을 위해 필연적으로 있으며, 그 형세 또한 지구촌 전체를 뒤덮을 것인데, 그 와중에 자신은 어디에 위치하고 있을지는 스스로들이 카르마의 무게로 인하여 잘 알 것입니다. '서로 사랑하고 감사하며 용서하라 했습니다.' 카르마는 빛과 어둠 양쪽에 모두 있으며, 공평하고 객관적으로 적용되었기에 억울한 부분은 결코 없습니다. 그 무게는 스스로들이 잘 알고 있어서 어떻게 해결할지도 잘 알고 있습니다. 누가 누구를 평가할 필요도 없으며, 판단할 필요도 없습니다. 스스로 아는 바에 따라 책임지는 것입니다.

우리는 혼-매트릭스를 위해 '카르마 위원회'의 요청을 받아들였으며, 카르마 해결을 위한 방식들을 논의하였습니다. 우리는 대주기에 합당한 방식을 들여다보았고, 다른 행성들의 경우도 살피었습니다. 그리고 계속해서 기회들이 주어지지 않음도 참조하였으며, 그렇게 해서 모든 위원회들과 존재들의 전체의식 매트릭스와도 조율을 끝내었습니다. 타락 세력들 역시 엄격하고 공정한 카르마 적용에 의한 책임을 물을 것이고, 더 이상 비겁하게 도망할 곳도, 숨어들 곳도 없게 할 것입니다. 이것은 오나크론 초은하단 전체를 위한 일이며, '마이클 평의회'와 '창조-영 평의회'를 위한 일입니다. 안드로메다은하에서 들어온 네크로미톤 안드로미 종족들 때문에 '그리스도 마이클 아톤'과 '그리스도 네바도니아'의 고충은 이루 말할 수 없었습니다. '마스터 사나트 쿠마라 니르기엘'은 특단의 조치를 취했던 것입니다.

최후의 전쟁을 통해서 타락 세력들을 모두 소멸시키기로 한 것입니다. 저들의 유령 매트릭스와 블랙홀 역시도 소멸시키기로 하였으며,

저들의 혼혈종족들과 추종 세력들 모두 소멸시키기로 하였습니다. 우주에서의 저들의 흔적들도 모두 지우기로 하여 그렇게 하고 있습니다. 이 결정사항을 제외한 빛과 어둠은 정상적으로 카르마 해결을 위해 계획을 진행시켜 나갈 것인데, 어둠에 의한 인류들의 시험은 계속 진행된다는 것입니다. 이것을 극복하는 것이 인류들에게 주어진 과제라고 하는 것입니다. 인류들은 현재 문명을 포함하여 과거 문명에서의 부채(負債)를 가지고 있습니다. 그 빚을 이번 주기에 모두 청산하고 가야 하는 것입니다. 그래서 더욱 치열하게 살았던 것이고, 극적이게 살았던 것입니다.

지금에 일어나고 있는 모든 현상들은 물질에 집중했던 인생을 영적 인생에 집중할 수 있도록 하는 방편에 의해 이루어지는 것이기에, 물질에 집중하면 할수록 가해지는 고통지수는 더욱 늘어날 것이고, 빛을 향한 어떤 노력도 기울이지 않는다면 끈이 떨어진 연처럼 바람에 날아가 추락할 것입니다. 고통이 늘어난다는 것은 영적인 길로 이끌려는 희망과 기대가 있어서이며, 고통이 싫거나 견디기 어려워 쉬운 방편을 따라간다면 그 모든 선택에 대한 책임을 지어야 할 것입니다. 지금까지 축적되어온 카르마의 무게는 결코 쉬운 것이 아니며, 이 모든 것을 인류들이 결정하였다는 것을 잊으면 안 됩니다. 어둠은 고생을 무엇하러 사서 하느냐! 하며 쉬운 길로 가라고 여러분들을 유혹합니다만, 요즘 여러분들 표현처럼, '여러분들이 싼 똥은 여러분들이 치우는 게 맞습니다.' 그러니, 그것을 피하려고 외면하여 돌아간다면 멍에의 무게만 더 가중될 것입니다. 어둠도 유혹은 하지만 멍에는 대신 지어 주지 않습니다.

빛을 가장한 자유-진영은 사실 어둠이며, 어둠을 가장한 공산-진영은 사실 빛입니다. 극좌와 극우는 그런 측면에서의 구분이며, 인류 사회의 기준에 의한 빛과 어둠, 종교에서 이야기하는 빛과 어둠은 그저 실험을 위한 구분이었지, 실질적인 것이 아니라고 하는 것입니다. 그러니 천사와 악마, 미카엘과 루시퍼 등은 여러분들의 체험을 위해 설계한 것이지, 그것이 진실이 아니라고 하는 것이며, 모든 실험이 종료되고 나면 실험을 위해 동원되었던 에너지는 제자리로 돌아가고, 입자들 역시 그러할 것인데, 동원되었던 그림자, 홀로그램 등은 사라지고 없을 것입니다. 진리의 빛이 비추이면 그림자는 사라지는 것이며, 어둠을 위해 동원되었던 사탄, 악마, 루시퍼, 짐승, 붉은 용 등의 캐릭터 역시 먼지처럼 사라질 것입니다.

합일을 완성한 빛과 어둠은 실험 동안 입었던 옷들과 가면을 모두 벗을 것이고, 그 완성한 본연의 빛을 밝힐 것이기에 모든 물질들을 투과하는 밝고 투명한 빛을 비추일 것입니다. 그러면 거짓된 것들인 실험을 위해서 동원되었던 빛과 어둠은 사라지는 것입니다. 이것이 정반합(正反合)이고, 삼위일체라고 하는 것입니다. 합(合)을 위해 정(正)이 빛의 역할을, 반(反)이 어둠의 역할을 하였던 것입니다. 삼중-광선인 블루-핑크-골드가 그렇게 하였다는 것입니다. 핑크광선이 빛의 역할을, 골드광선이 어둠의 역할을 한 것입니다. 핑크-사랑이 빛이었으며, 골드-지혜가 어둠이었습니다. 블루-진리가 나타날 수 있도록 하였던 것입니다. 삼중-광선이 가슴에 있다고 하였습니다. 핑크-골드가 여러분들의 체험을 위해 빛-어둠 역할을 한 것이고, 블루-진리로 통합하여 완성하는 그림을 설계하였던 것입니다. 모든 것이 여러분들 내면에서 이루어진 현상이며, 이 현상을 돕기 위해 물현화하는 과정을 통해 홀로그램 물질세계를 만들어 내었습니다. 눈과 귀와 코, 기타, 다른 감각기관들을 동원하여, 특히 대뇌피질을 이용하여 현실화했던 것입니다. 그래서 물질계를 현실로 인식하게 된 것입니다.

빛과 어둠의 전쟁은 11차원과 10차원에서 시작되었고, 9차원에서 본격화되었으며, 6차원에서 현실화되었습니다. 여러분들의 의식은 현실 세계를 진리로 받아들이는 집단 환각증세가 일어난 것인데, 뇌세포를 통해, 특히 호르몬을 통해 현실로 자각이 일어나도록 하였던 것입니다. 이렇게 한 것은 3D 세계의 체험을 적극적으로 돕기 위해서였습니다. 진실은 뇌신경 세포가 현실을 진실로 받아들인 결과이며, 즉 자신의 체험을 위해 자신을 속인 것이었습니다. 이것은 성공적이었는데, 모두가 3D를 진실로 받아들였던 것입니다. 이 결과로 체험은 성공리에 이루어졌으며, 빛과 어둠의 역할도 성공리에 펼쳐졌던 것입니다. 이제 모든 주기가 종료를 앞두고 있으며, 체험을 완료한 여러분들도 마무리를 해야 하는 것이기에, 게임 종료를 알리는 사인들을 보내고 있는 것입니다. 이 종료 신호는 대대적으로 이루어질 것인데, 지구촌 전체 하늘에 니비루 시스템의 출현을 통하여 알릴 것이고, 커다란 파동소리를 통해서 전 지구촌에 울려 퍼지도록 할 것입니다.

빛과 어둠의 전쟁은 카르마를 소멸시키기 위해 진행되는 것이며, 이것에 개입된 인류들은 고난을 통해서 내면의 빛을 드러낼 것입니다. 인류들의 체험을 위해 제공되었던 물질체는 카르마 소멸과 함께 벗을 것인데, 그렇게 해서 소멸된 존재들이 있을 것이고, 그래도 소멸되지 않고 남아 있는 카르마를 가지고 있는 인류들은 부족한 부분을 해결하기 위해 다른 행성으로 이동하여 가는 것입니다. 개별적 카르마는 개인이 책임지는 것이고, 집단적 카르마는 빛과 어둠의 전쟁을 통해서 해결하는 것입니다. 이 과정은 급박하게 진행될 것인데, 그만큼 주기가 빨라졌기 때문입니다. 카르마의 무게가 무거우면 무거울수록 빛으로의 상승이 더디게 일어날 수밖에 없다는 진실을 아셨으면 합니다.

'모든 것이 족하였다!' 이것이 3D 체험을 완료한 여러분들의 혼-매트릭스, 상위-혼의 뜻입니다. 얼마 남지 않은 3D 물질 체험을 잘 마무리하고, 빛과 어둠의 합일의 춤을 추기를 바랍니다. 전쟁놀이에 놀라거나 두려움에 사로잡힐 필요가 없는 것은 카르마 해결을 위해 펼쳐지는 것이기에 그런 것이며, 바이러스 역시도 마찬가지라는 것을 잊지 마시기 바랍니다. 여러분들의 본질 원형, 정체성은 가슴 중심에서 타오르는 삼중-광선인 마누-마나-에아입니다.

이 신 정체성이야말로 진리이며, 그 외의 것들은 빛에 의해 투영된 그림자이자, 홀로그램입니다. 진리의 빛이 나타나면 모두 사라질 것입니다.

우리는 야나스이며, 이온 상임 이사회입니다.

'아-모-레-아 에-카-샤(A-mO-RA-eA Ec-Ka-shA)'

18. 자정 능력
⟨Self Purification Capacity⟩

사랑하는 여러분,

자정 능력(自淨 能力)은 신의 선물입니다. 물질계를 펼쳐놓은 행성 지구도 자연계의 질서를 위해서 '자정 능력'을 통해 질서를 유지하고 있는데, 육지와 해양, 대기를 항상 같은 상태를 유지시키기 위해 자정 기능을 통해서 순환시키고 있습니다.

자연계에 들어선 각종 식물들과, 동물들을 포함한 생명들이 잘 정착하여 소기의 목적을 달성할 수 있도록 배려하는 것도 '자정 능력'을 통해서입니다. 진화대계가 펼쳐진 자연에는 모든 생명들을 아우르고 성장할 수 있도록 하기 위해서는 필히 '자정 능력'이 필요한데, 균형과 조화를 위해서 더욱 그렇다는 것입니다.

화산활동, 지진활동, 대형 산불, 폭풍과 허리케인, 쓰나미, 산사태, 홍수, 이상 기후 등등이 바로 자정 능력을 통해서 발휘되고 있는 것이며, 무너진 균형을 회복하고, 조화를 이루기 위한 행성 어머니인 가이아에 의해 실행되는 것입니다.

현시대는 더 두드러지게 나타나고 있는데, 새로운 질서를 받아들이고, 과거 패턴을 정리하는 과정 때문에 그렇다고 하는 것입니다. 2000년의 소주기와 1만 2000년의 중주기가 종료되고 있으며, 2만 6000년의 대주기가 종료를 앞두고 있다 보니, 기존 질서 체계가 문을 닫고 있으며, 새로운 질서 체계가 들어서고 있는 과도기적 상황이 연출되고 있다는 것입니다. 가이아 어머니는 이것을 위해 최선의 조율과정을 접목시켜서 자정 기능을 연출하고 있는 것이며, 그것이 인류들의 무의식 체계와 집단의식 체계에, 그리고 감정 체계에 영향을 미치고 있다고 하는 것입니다.

말하자면 지구만한 대형 하프를 연주하고 있으며, 이 소리가 대기를 타고, 여러분들의 의식과 감정체와 혼과 육체에 지대한 영향을 미치고 있다는 것입니다. 마치 최면술사가 필요한 시점에 세뇌시킨 대로 깨어나 활동할 수 있도록 한 것처럼, 신호가 주어지면 잠재되어 있던 기억이 돌아와 그대로 행하는 것처럼 말입니다. 여러분들도 의식 속에, 세포 속에 그런 잠재되어 있는 원형기억이 있다는 것이고, 가이아 어머니의 하프소리를 들으면 그 순간 깨어난다는 것입니다. 그리고 자정 기능이 '온(on)'되어 그렇게 진행시킨다는 것입니다.

각자에게 입력된 프로그램에 의해 '자정 기능'은 활발하게 순환할 것인데, 스스로를 돌아보도록 하는 일이 시작된다는 것입니다. 영적 깨어남이 바로 그것이며, 그 순간 자신의 카르마를 정화시키는 기능이 시작된다는 것입니다. 그동안 물질 체험을 하면서 발생시켰던 카르마는 여러분들의 빛 입자들의 표면에 달라붙어서 진동수를 떨어뜨리는 역할을 하였습니다. 물질 체험 입장에서는 큰 도움이 되었음은 분명하지만, 다시 원점으로 돌아가야 할 입장에서는 불필요한 것이 되었고, 오히려 장애요인이 되었던 것입니다. 그 카르마를 정화시키는 자정 기능이 자동으로 작동되었다는 것이고, 그것을 도울 것인지, 거부할 것인지는 각자의 몫이라 하는 것입니다.

자정 능력은 마누-마나-에아에 의해 발휘되고, 자정 기능은 블루-핑크-골드 광선에 의해 진행됩니다. 이 과정은 자동적으로 이루어진다고 하였습니다. 그것에 순응하느냐, 거부하느냐는 각자의 몫입니다. 자신의 실체를 바라보게 하고, 자신의 진실을 바라보게 하며, 그대로 드러나도록 합니다. 말하자면 전생의 기억들이 돌아오고, 카르마들이 그대로 보이게 된다는 것입니다. 이것은 정화를 위해서 반드시 필요한 부분입니다. 카르마는 가장 작은 것부터 떠오르고, 가장 최근의 것부터 떠오릅니다. 각 시대와 크기에 따라 순서에 의해 떠오르기 때문에 그때마다 자정 기능을 통해서 정화해야 하는 것입니다.

용서와 회개를 해야 한다는 것입니다. 신성은 완전합니다. 완전한 신성이 깨어나면, 완전함을 가리고 있던 수치스럽고, 부끄러우며, 화날 수밖에 없는, 분노할 수밖에 없는, 어둠이 그 실체를 드러낼 것입니다. 이것은 빛인 선함을 통해 어둠인 악함이 드러나는 것입니다. 이 두 가지 유형은 여러분 내면에 있는 것이고, 물질 체험을 위해 필요했던 것입니다. 선함과 악함을 모두 체험하였고, 그 결과로 카르마가 축적되었습니다. 신성이 깨어나면 빛과 어둠의 체험을 통해 축적되어 온 카르마를 모두 드러내어 정화할 수 있는 기회를 제공하는 것입니다.

그래서 자신을 향한 온전한 용서와 회개가 이루어지고 나서야 자신을 온전히 사랑하게 되는 것입니다.

이것을 완료한 사람은 신성이 온전하게 발현되어 나타나며, 내면에서 발화한 전지적 사랑이 인류에게로 나가게 되는 것입니다. 인류들의 신성을 바로 보기 때문에 모두 용서하고 사랑하게 되는 것이지만, 어둠을 좋아하여 자신의 신성을 부정하는 사람들은 슬픔으로 바라보는 것입니다. 자정 기능이 정상적으로 작동할 수 있게 하기 위해서는 신성 앞에서 아무것도 가리는 것이 없어야 하겠습니다. 여러분이 아무리 숨긴다고 하여도 신성을 속이거나 피해 갈 수 없습니다. 체험이 처음 시작되었을 때부터 현재까지 여러분 스스로가 축적한 카르마는 우주 순환주기에 맞게 정화할 수 있도록 자정 기능이 작동하는 것인데, 이것이 스스로에겐 심판이 되는 것이고, 평가가 되는 것입니다. 스스로가 일으킨 카르마에 대해 책임을 지는 것이기 때문입니다.

자정 기능은 그 수위에 도달하면 자동으로 시작됩니다. 여러분들의 의식 상태, 마음 상태에 의해 작동하는 것이어서, 앞서서도, 뒤쳐져서도 진행되는 것이 아니며, 정확하게 시작되기에 오차가 없습니다. 더군다나 주기 종료를 코앞에 두고 있는 상황이기에 더 철저하게 작동된다고 하는 것입니다. 이것은 예외가 없지만 만약 모면(謀免)하기 위해서, 회피하기 위해서 이것을 피한다면, 카르마 정화를 위한 기회는 두 번 다시 주어지지 않으며, 가이아에 의한 강제 정화가 시행되고, 그래도 남겨진 것이 있다면 최종 심판에 남겨지게 되는 것입니다.

'고타마 싯다르타'를 시험하였던 마라(魔羅)는 바로 자정 기능이 작동되어 나타난 것이며, '예수아 벤 요셉'을 광야에서 시험했던 사탄(satan)도 바로 자정 기능이 작동되어 나타난 것입니다. 제3의 인물이 나타나, 아니면 에테르체 존재가 나타나 시험한 것이 아니라, 내면의 신성을 통해 발화된 삼중-불꽃에 의해 시험이 이루어진 것이고, 자정 기능에 의해 시험이 이루어졌다고 하는 것입니다. 이것을 기록한 사람이 의인화하여 오해하게 하였던 것입니다. 그런 측면에서 사탄, 악마 등은 의인화한 캐릭터라고 보면 됩니다. 실제적으로 그러한 존재들은 없으며, 소설가적인 창작에 의해 그려진 것이고, 성서 계시록에 등장하는 캐릭터 역시 마찬가지라고 하는 것입니다. 모든 것은 마음에서 일어난 것들이 형상화한 것들이어서, 빛과 어둠의 체험을 통해 일어난 것들입니다.

불교에 '일체유심조(一切唯心造)'라는 말이 있습니다. 모든 것은 마음이 지어낸다는 뜻입니다. 즉 깨닫는 이를 시험하는 악마는 그의 마음 속 그림자가 만들어낸 형상이며, 그 형상을 통해 시험을 통과하는 것입니다. 존재는 깨닫기 위해 스스로를 시험하고, 그것에 굴복하느냐! 뛰어 넘느냐!를 평가하는 것이며, 이것은 삼중-광선에 의해 이루어진다는 것입니다. 자정 기능은 이렇게 진행되는 것이고, 스스로 자신을 정화하여 밝고 투명한 광선으로 나타나게 하는 것입니다. 이러한 존재를 그리스도(깨달은 이), 부처(깨달은 이)라고 표현하기에, 그리스도 예수(Christ Jesus), 석가모니(釋迦牟尼: Buddha)라고 한 것입니다.

빛과 어둠의 실험을 통해 합일을 원하는 존재들은 그동안 쌓여진 카르마를 정화해야 하는 단계에 진입하게 되는데, 필연적으로 자정 기능이 작동하기 때문에 악마의 시험을 피해갈 수 없다는 것입니다. 이것을 피한다면 그 단계를 졸업할 수 없으며, 졸업할 때까지 시험이 기다리고 있다는 것입니다. 주기 종료를 앞두고 있는 여러분들은 많은 이들이 시험을 치를 것이며, 그 시험을 통과하느냐! 그렇지 못하냐는 여러분들에게 달려 있습니다. 새로운 물병자리 시대 2000년을 받아들인 여러분들은 자격시험을 통과해야만 새 시대로 들어가는 것이며, 그렇지 못하면 이곳을 떠날 수밖에 없다고 했습니다. 자정 기능은 그래서 작동되는 것이고, 물고기자리 시대의 카르마를 모두 정화해야 한다는 것입니다. 이것은 소주기의 기준이며, 12별자리 주기에 해당하는 2만 6000년 주기에 맞는 카르마들도 정화시켜야 한다는 것이 교차하고 있다고 전해드렸습니다.

그래서 과거문명이었던 레무리아와 아틀란티스를 소환하게 된 것입니다. 이것 역시 해결해야 할 카르마가 있으면 자동으로 자정 기능이 작동되어 순환하기 때문에 정화할 수 있는 기회가 생기는 것입니다. 양심이 일어나는 것도 바로 그것 때문이며, 과거 용서하고, 회개해야 되는 것들이 떠오르는 것도 그것 때문입니다. 사랑하고, 감사하며, 포용하라는 신호도 자연스럽게 떠오르게 하는 것 역시, 자정 기능이 작동하면서 이루어지는 것입니다. 악마의 시험의 그 단계 끝에서 진행되는 것이고, 이것을 교묘하게 피한 존재들이 거짓 선지자들이 되는 것입니다. 사람들은 속일 수 있지만, 신성은 속일 수 없습니다. 그의 양심이 그를 심판할 것이기 때문입니다.

자정 기능은 누구는 있고, 누구는 없는 것이 아니라, 인류 모두에게 있습니다. 타락 세력들은 스스로 제거하였기에 작동하지 않습니다. 그렇지만 빛으로의 회귀를 원한다면 그렇게 될 것인데, 용서와 회개가 자동으로 이루어진다는 것입니다. 진실한지, 아니한지는 그의 신성을 보면 되는 것이고, 양심을 보면 되는 것입니다.

신성이 발현되기 위해서는 자정 기능이 작동하여 충분조건을 충족시켜야 하는데, 그것을 자정 능력이 한다는 것입니다. 이것 또한 신성인 마누-마나-에아에 의해 이루어지는 자동 시스템이라고 해야 됩니다. 여러분들의 물질체의 기능 중에서도 여러분들의 의지와 상관없이 자동으로 이루어지는 시스템들이 있습니다. 자율신경계가 바로 그것입니다. 여러분들의 물질체를 생명력을 통해 유지할 수 있도록 하는 기능입니다. 여러분들의 형태발생 영역에는 여러 밀도층에 걸쳐서 사용하고 있는 에너지체들이 있으며, 그것을 원활하게 유지할 수 있도록 도와주는 자동 시스템들이 있어서 구현할 수 있게 돕고 있는 것입니다. 자정 기능은 자동 시스템이 장애 없이 작동될 수 있도록 하는 기능입니다.

이에 물질인생을 살아왔던 여러분들은 물질에 집중해 있던 모든 기능들이 이제는 다음 주기를 맞이하기 위한 형태발생 영역의 자동 시스템이 상위 밀도층의 에너지체를 활성화 시켜나가자 3D 물질체에 집중되어 있던 기능들이 멈추기 위한 체계로 돌입하고 있다고 볼 수 있습니다. 구(舊)시스템이 작동을 멈추기 시작하고 있다는 것인데, 새(新)시스템이 새롭게 작동을 시작했기 때문입니다. 4D 물질세계의 에너지체인 아스트랄체가 본격적으로 자신의 활동시기가 시작되었음을 자동

시스템을 통해 알게 된 것입니다. 이 턴-오프(turn-off) 과정을 돕는 것이 바로 자정 기능이라는 것이며, 이 자정 기능은 신성의 자정 능력을 통해 발현되는 것입니다. 여러분들은 과도기적 상황인 3D 물질세계에서 4D 물질세계로 이동하는 과정을 스스로 할 수 없다는 것이며, 그것을 신성의 자정 능력을 통해서 3D 세계를 온전히 정리하고 떠날 수 있도록 돕는다는 것입니다.

카르마 또는 미아즈믹은 아스트랄체와 생리체에 집중적으로 흡착되어 있어서 3D에서 4D로 이동하는 것을 방해하고 있다는 것입니다. 여러분들이 하기 쉽지 않다고 했습니다. 여러분들은 진동수를 끌어올리기 위해 명상과 묵상을 하시는데, 잘 진행되지 못하는 것에 대한 원인을 찾지 못하고 있고, 설령 찾았다 해도 어떻게 해결해야 되는지를 모르고 있다는 것입니다. 카르마는 저급한 진동을 가지고 있는 미세한 전자기 입자들이라고 할 수 있으며, 굉장한 흡착력을 가지고 있어서 웬만해서는 떼어낼 수 없다는 점입니다. 명상의 효능이 잘 발휘되지 못하고 있는 원인이기도 합니다. 물질체를 제공받아 체험을 시작한 4D 세계와 3D 세계의 기간 동안 존재가 발생시킨 카르마 입자들은 생리체에 집중적으로 흡착되기에 찾아내기가 쉽지 않다고 하는 것입니다. 적어도 2만 6000년 주기의 체험에서 흡착된 카르마 먼지들을 다 찾아내야하고, 또 그것을 모두 정화시켜야 하는 이중고(二重苦)의 수고와 노력이 뒷받침되어야 한다는 것입니다.

의학자들이 암세포의 발생 원인을 찾지 못하는 이유이기도 하지만, 자신도 모르는 카르마를 제3자가 어떻게 알 수 있겠습니까! 의사에게 매달리기 전에 자신에게 집중해야 하는 것이며, 생리체에 흡착되어 있는 카르마에 집중해야 하는 것입니다. 그러면 그 원인과 만날 수 있는 것이고, 해결할 수 있는 기회를 갖게 되는 것입니다. 여러분들은 3D 물질인생의 관성으로 인해 결과에만 집중하기 때문에 원인에는 집중하지 못하는 장애를 갖고 있습니다. 그래서 허송세월을 보내는 것입니다. 카르마는 현재의 인생뿐만 아니라, 과거 주기의 모든 인생들을 포함하여 발생한 것이고, 해결되지 못하였다면 누적되어 남아 있는 것입니다. 오래되면 오래될수록 매우 강한 흡착력을 갖고 있어 더 해결하기가 쉽지 않습니다. 암(癌)은 이렇게 해서 발생하게 되는 것입니다.

그러나 자정 기능이 정상적으로 작동한다면 큰 문제가 발생하지 않겠지만, 대부분의 인생들이 그렇지 못하기에 문제가 커진다는 것입니다. 영적 깨어남의 길을 가고 있는 인류들도 도통 그 길을 찾지 못하고 있으니, 해결의 길은 멀다고 하는 것입니다. 그러면 어떻게 해야만 할까요. 여러분들을 깨달음의 길로 인도하는 주체가 누구입니까? 여러분입니까? 아닙니다. 영적 깨달음의 길로 여러분들을 인도하는 것은 바로 신성인 마누-마나-에아이며, 그중에서도 마누입니다. 여러분들을 존재하게 한 원인자이자, 원리인 파르티키 단일체입니다. 파르티키는 모든 것을 스스로 재생시킵니다. 바로 원형으로 말입니다.

하강한 원형 빛 입자는 상승주기가 돌아오면 상승을 위한 준비 즉, 워밍-업을 하게 되는데, 그것이 '먼지 털기'로 나타나는 것이고, 그것을 카르마 해원이라고 하는 것이며, 강한 진동을 통해 먼지들을 털어내는 것을 자정 기능이라고 하는 것입니다. 이 자정 기능이 바로 마누의 자정 능력 또는 재생 능력이라고 하는 것입니다. 여러분들 3D 물질육체의 원형은 무엇이며, 어디에서 왔는지 아시겠습니까? 아담(Adam)이라고 할 수도 있고, 또 다른 형태로 볼 수도 있겠으나, 바로 시리우스-B 태양의 세 번째 행성인 아타르문크(Atarmunk)에 살고 있는 '마하라지 종족(Maharaji race)'이 원형입니다. 물질체는 원형의 모습 그대도 돌아가도록 프로그래밍 되어 있어서 자정 기능이 작동되는 원리라고 하는 것입니다.

여러분들은 행성 지구에 천사 인종으로서 정착되었고, 아다파와 아담을 통해 현생인류인 호모사피엔스라는 물질체를 입게 되었던 것입니다. 그 속에 생리체와 아스트랄체가 자리하게 된 것이고, 분리가 일어나지 않도록 조절되었던 것입니다. 다만 물질체의 유효기간이 종료되면 자연스럽게 분리가 진행되었으며, 아스트랄체의 진동수에 따라 이동하는 밀도층이 결정되었습니다. 그 과정에 영향을 미친 것이 바로 카르마이며, 진동수를 결정짓는 원인이 되었던 것입니다. 존재가 분리되는 시점에 스스로 자정 기능을 온(on) 시킨다면 원형의 진동수를 회복시킬 수 있게 되어 상승을 통해 가야할 곳으로 이동할 수 있다는 것입니다. 전해드린 대로 신성을 통해 이 과정이 진행되는 것이어서 얼마나 신과 합일하고 있는가가 관건이라고 한 것입니다. 존재 스스로가 신과 합일을 원한다면 전폭적인 신뢰와 믿음이 있어야 하고, 그것을 기초로 모두를 '내맡김' 해야 하는 것입니다.

자신이 온전히 죽어야 가능하다는 것입니다. 그 즉시 신성의 자정 능력이 되살아나는 것이고, 자정 기능을 통해서 원형을 회복할 수 있게 하는 것입니다. 여러분들은 '나는 누구인가' 하십니다. 각 밀도층마다 하강하며 체험한 에너지체들이 머물러 있고, 정보들 역시 고스란히 저장되어 있어서 신성을 통해 네트워크가 연결되는 것입니다. 그러면 누구인지 알게 되는 것이며, 그 상태로 계속해서 먼지를 털어내는 과정을 통해 상위 세계로 이동 또는 확장되는 것을 알게 되는 것입니다. 존재의 형태발생 영역은 이미 하강할 때에 형성되어져 있으며, 상승을 통해 그것을 완성시켜나가는 것이고, 그 한 번의 하강-상승주기를 완료하는 것이 목표였다는 것입니다.

이것을 돕는 것이 '마누의 자정 능력'이라고 하는 것입니다. 여러분들이 하는 것이 아니고, 할 수 있는 것이 아니라고 하는 것입니다. 여러분들은 오직 완전한 내맡김을 통해 신성이 이끄는 대로 상승하면 되는 것입니다. 물론 카르마가 해결되고 있는 과정이기에 빛과 어둠의 시험은 당연히 있는 것이며, 신성을 향한 믿음과 신뢰가 어느 정도인지를 측정하는 것입니다. 이 시험을 통과해야만 신과 합일을 이루는 것이고, 그 경우를 성서에서 보겠습니다.

'예수께서 세례를 받으시고 물에서 올라오시자 홀연히 하늘이 열리고 하느님의 성령이 비둘기 모양으로 당신위에 내려오는 것이 보였다. 그때 하늘에서 이런 소리가 들려왔다. "이는 내 사랑하는 아들, 내 마음에 드는 아들이다."'〈마태오 3:16, 17, 공동번역〉

이것이 신성이 활성화된 모습, 신과 합일된 모습을 표현한 것입니다. 물론 자정 기능이 작동되었고, 카르마가 해결되었다고 하는 것입니다. 그리고 어둠의 시험 역시 이루어집니다. 성서를 보겠습니다.

'그 뒤에 예수께서 성령의 인도로 광야에 나가 악마에게 유혹을 받으셨다.' 〈마태오 4:1, 공동번역〉

여기에서 '성령의 인도'는 바로 신성을 의미하며, '악마에게 유혹을 받다'는 빛과 어둠의 시험이 있었음을 은유적으로 해석한 것입니다. 이 모두는 존재의 외부에서 일어난 것이 아니라, 내면에서 모두 일어난 일들이었으며, 빛의 속성은 '내 사랑하는 아들, 내 마음에 드는 아들'이라는 표현으로, 어둠의 속성은 그 아들이라면 '이렇게 하라.'고 유혹합니다. 그 어둠의 속성이 예수를 시험한 것은 그 신성이 누구이고, 누구의 것이냐, 그것을 알았다면 어떻게 해야 하느냐를 시험한 것이었습니다.

신성은 마누-마나-에아이고, 마누-마나-에아의 것이며, 마누-마나-에아를 무한 신뢰, 무한 믿음, 완전한 내맡김으로 신성을 경배하는 것입니다. 이것을 예수아가 보여 주었음을 성서의 기록을 통해 전한 것입니다. 현시대의 여러분들은 어떻게 하고 계십니까? 신성은 준비가 되어 있는 인류들을 통해서 화려하게 꽃을 피우고, 꽃을 통하여 열매를 맺습니다. 빛의 생명나무는 꽃을 피우기 위한 여난한 과정과 열매를 맺기 위한 고단한 과정을 통해서 완성을 이루어나갑니다.

신성은 자정 능력을 통해서 원형을 회복할 수 있도록 돕는 것이며,

그렇게 해서 6쌍 12줄기의 유전체를 회복하는 것입니다. 또한 자정 기능을 통해 카르마라고 하는 저급한 전자기 찌꺼기들을 소화시켜 사라지게 함으로써, 원형을 회복할 수 있도록 돕는 것입니다. 그럼으로써 부활한 그리스도가 탄생하게 하는 것입니다. 여러분들 내면의 그리스도는 부활을 기다리고 있는 것인데, 3일의 낮과 밤, 72시간 동안 물질체가 죽었다가 다시 부활하는 것처럼, 신성만 남기고 완전히 죽어야 하는 과정이 필요하다는 것입니다.

그래서 예정된 어둠의 3일은 물질체 옷을 입고 있던 빛의 자녀들을 빛의 몸으로 바꾸어주는 기간이라 할 수 있습니다. 물질에 흡착되어 부패했던 마음, 타락했던 마음이 3일 동안 완전히 죽고, 자정 기능을 통해서 원형으로 다시 부활하는 것입니다.

물질에 찌든 마음, 욕망에 사로잡혀 있는 마음을 가진 상태에서는 그어떤 것도 이루어질 수 없으며, 신성을 깨울 수도 없습니다. 그리스도 선언, 아이-엠을 선포한다 해서 신성이 살아나는 것은 아닙니다. 성서를 보겠습니다.

'시체가 있는 곳에는 독수리들이 모여든다.'〈마태 24:28, 대한
성서공회〉

내가(자아) 온전히 죽은 곳에 독수리들(자정 기능)이 모여든다고 한 것입니다. 자신의 자아가 온전히 죽어야 그것을 깔끔하게 청소, 정화시켜주는 신성의 독수리(자정 기능)가 해결해 주는 것입니다. 그리고 나야

그리스도가 부활하는 것입니다. 3일의 의미는 아스트랄체가 물질체와 분리되고 나서 카르마가 정리되는 시간, 혼의 한 과정을 정리하는 데 필요한 시간이라고 보면 되는데, 다시 물질계에 돌아와야 할 시간을 말한다고 보면 됩니다. 안 그러면 부패가 시작된다는 것입니다.

그리스도의 부활은 자정 기능을 통해서 카르마가 모두 사라진 사람의 내면에서 이루어지는 것이며, 그것을 신성이 확인시켜주는 것인 '이는 내 사랑하는 아들이요. 내 마음에 드는 아들이다.' 입니다. 신성의 허가를 받은 존재는 스스로 그것을 증명하는 절차로서 어둠의 시험을 통과하며, 자신이 완전히 죽고, 오직 신성만이 남아 있음을 선언하게 되는 것입니다. 신성의 자정 능력이 그것을 가능하게 하는 것이고, 그것을 통해 인생의 껍질을 벗고 빛으로 상승하는 것입니다.

이 과정은 '자신과의 전쟁'이며, 자신을 완전히 죽임으로 해서 이 전쟁에서 승리하는 것입니다. 이 전쟁은 자아라는 시체를 남기고, 그 시체는 독수리들(자정 기능)이 해결하는 것인데, 카르마가 바로 시체입니다. 자아도 시체입니다. 이것을 가지고 부활할 수 없습니다. 이것이 있는 상태에서는 결코 신성이 깨어나지도 아니하고, 그리스도 역시 부활하지 않습니다. 자신이 죽고, 하느님이 살아나야 하는 것입니다. 자신이 죽지 않는다면 하느님은 나타나지 않습니다. 자신이 죽지 않는다면 그리스도 역시 부활하지 않습니다. 자신을 죽이는 것이 두렵거나 용기가 없다면 그리스도가 될 수 없습니다. 그렇지 않고 그리스도라고 주장하는 이들은 거짓된 그리스도일 뿐입니다.

자신을 죽이지 못한 이들은 자정 기능이 작동하지 않으며, 그럼으로 해서 큰 카르마를 어깨에 지고 있는 것과 같다 할 수 있습니다. 그리스도 선언은 큰 책임이 뒤를 따르는데, 실제로 실천한 이들은 성령이 이끄시는 대로 나아가지만, 그렇지 않은 거짓 그리스도들은 자아가 이끄는 대로 나아갑니다. 이것을 '성화(聖化)된 자아'라고 합니다. 스스로 신의 자리에 앉은 자아라고 하는 것입니다. 자아는 신이 될 수 없느냐 묻는다면 없다가 정답입니다. 왜? 없냐고 묻는다면 자아는 태생적으로 물질 체험을 위해서 만들어졌기에, 물질 체험이 종료되면 사라지는 것이 운명입니다.

　이것을 살리겠다고, 생명력을 주고, 에너지를 주는 행위는 신성에 반하는 행위인 것입니다. 즉, 유한성을 위해서 애쓰지 말라고 하는 것인데, 그런다고 해서 무한성을 갖는 것은 아니기 때문입니다. 창조의 목적이 있습니다. 모든 생명들은 목적을 가지고 창조되었다는 것입니다. 그 목적을 성취하면 그것으로 다 된 것입니다. 만들어진 물건들도 목적이 있고, 그 목적을 만족하면 그것으로 다 되었다고 하는 것입니다. 하지만 미련을 가지고 그것에 집착하면 저급한 진동만이 켜켜이 쌓여간다는 것입니다. 유효기간이 정해져 있는 것에 집착하지 말라고 하는 이유입니다. 저급한 진동이 계속해서 쌓이면 존재는 그 무게를 감당하지 못하고 추락하고 마는 것입니다. 자아는 유효기간이 정해진 채로 창조되었습니다. 그것이 창조의 질서입니다.

　하지만, 신성은 유효기간이 없습니다. 각 밀도층마다 있는 에너지체들도 유효기간들이 정해져 있습니다. 그것을 만족하면 벗는 것입니다.

집착한다고 해서 무한성을 갖는 것은 아니라고 하는 것입니다. 계속 복제하여 길게 이어갈 수는 있겠지만, 그렇다고 해서 무한한 것은 결코 아닙니다. 왜냐하면 존재의 진동수가 상승하는 것이 아닌, 정체되어 있기 때문에 상승 순환회로에 올라 있는 것이 아니라고 하는 것입니다. 하강한 순환회로를 타고, 다시 상승해야 하는 것입니다. 이것이 창조의 목적이며, 창조의 질서입니다.

적-그리스도들은 창조의 목적과 질서를 위반한 존재들이며, 상승 순환회로에 탑승하는 것을 거부한 존재들입니다. 탑승하지 않아도 존재할 수는 있습니다. 물론 유한하다고 하였습니다. 저들은 그 유한성을 극복하기 위해 에너지 착취를 선택한 것이고, 다른 세계들과 다른 존재들을 강제 점령하여 에너지를 착취하고 있었던 것입니다. 지구도 저들의 목표가 되었으며, 그렇게 강탈하였던 것입니다. 그렇다고 해서 모두 저들의 것이 되었던 것은 아닙니다. 우리들의 개입이 있었고, 지구에 심겨져 있던 자정 기능이 되살아나서 작동하게 되었기 때문에 저들의 계획이 틀어질 수밖에 없었던 것입니다. 저들은 지구의 자정 기능을 멈추게 하거나 폭파시키고자 하였지만 13~15차원계의 에너지로 구성되어 있어서 그렇게 할 수 없었습니다. 다른 돌파구를 찾던 저들은 천사 인종들이 암호-키를 가지고 있다는 것을 알아내었고, 그것을 빼앗으려고 혼혈정책을 하였으나, 실패로 끝나자, 오히려 살해하는 것으로 방향을 돌렸습니다. 많은 천사 인종들이 저들에 의해 살해당하였고, 그것은 오늘날까지 이어지고 있다는 것입니다.

빛과 어둠은 실험을 위해 준비되었다고 할 수 있는데, 분리가 없었기 때문에 분리가 무엇인지 체험하고자 한 것입니다. 그런 목적에 의해 태초의 빛을 분리시켜서 보이는 빛과 보이는 어둠으로 이원화시켰습니다. 체험에서 물질화, 즉 결정화되는 과정에 낮은 주파수 영역들까지 하강이 진행되었고, 모든 체험을 하는 동안 감정과 결합된 패턴에 낮은 진동수를 갖는 입자들이 쌓인다는 것을 알게 되었습니다. 우주와 존재들 모두 처음 출발한 곳으로 다시 돌아오기까지 그것들이 걸림돌이 되는 것을 알았으며, 순환회로의 속도에 영향을 미치지 않게 하기 위한 자정 기능이 스스로 작동할 수 있도록 하였습니다. 그렇게 해서 상승 순환회로는 정상화 되었고, 하강과 상승이 균형을 되찾게 된 것입니다. 이것은 '마스터 그랜드환다 퀴노치아'의 조언을 통해 실제적인 체험이 큰 도움이 될 수 있었으며, 두 번째 초은하단인 크라울리(Crowley)에서 상승하는 그룹을 통해 실험될 수 있었습니다.

우리는 체험을 위해 결정화 과정을 통해서 나타난 에너지들을 존재라고 하지 않습니다. 우리 야나스의 분화를 통해 나타난 빛 구체들만을 존재라고 합니다. 그래서 '솔라-리쉬들'과 '그리스도들'을 존재로서 인정하고 있으며, 물질 체험을 위해 이들이 분화시킨 상위-혼들과, 이들의 분화체인 혼들을 존재로서 받아들이고 있는데, 단 조건이 있습니다. 상위 매트릭스인 격자망과 연결되어 있는지, 그렇지 않다면 존재라고, 존재한다고 하지 않습니다. 상승하는 개인 품성들과 하강한 품성들이 순환회로망에 연결되어 있지 않으면 진동수의 정체가 일어나고, 곧 추락하게 되는데, 진동 영역에서 떨어져 나가는 것입니다. 우리는 정상적인 순환회로에서 떨어져 나가는 존재들을 위해 자정 기능을 작동시킨 것이고, 각 우주들의 관리와 감독을 맡고 있는 위원회들에

공히 자정 능력을 수여하여 균형을 잃지 않도록 하였던 것입니다.

　네바돈 역시 예외가 아니었으며, 관리 기구와 감독 기구들도 포함되었습니다. 그러나 자신의 자정 능력을 너무 과신하여 실수가 있었으며, 우주의 회로망에 커다란 구멍이 생기는 일이 있었고, 상승주기 패턴에 큰 영향을 미치게 되었습니다. 처리할 수 없는 블랙홀이 양산되었으며, 네바돈은 순식간에 빨려 들어가 사라질 뻔하였던 것입니다. 밝혀진 바에 의하면 의도를 갖고 접근한 타락 세력들이 있었고, 이들이 은밀하게 블랙홀을 접촉시도하게 되면서 실수가 일어나도록 유도하였던 것입니다. 이 사실을 알 리 없던 감독기관은 독자적인 해결을 시도하였고, 그 사건이 일어나게 되었던 것입니다. 전한대로 긴급 상황에 대처한 오나크론 정부에 의해 기사회생(起死回生)할 수 있었으나, 피해를 완전히 막을 수는 없었습니다. 우리는 자정 능력을 너무 과신하지 말도록 조치를 취했으며, 새로운 규정을 도입시켰는데, 상위-트랙과의 연계 없이 독자적인 해결에 나설 수 없도록 한 것입니다.

　네바돈의 상승하는 품성들과, 하강하는 품성들을 위해 자정 기능이 자동으로 작동할 수 있는 시스템을 의무화시켰으며, 그렇게 되었습니다. 오나크론 정부의 지휘를 받게 된 네바돈은 '마스터 사나트 쿠마라 니르기엘'의 관리와 감독 아래에 있게 되었으며, 관리자였던 '그리스도 마이클 아톤'은 일정부분의 책임을 물어 모든 업무를 감독받도록 하였음이니, 전결(專決)이 없어진 것입니다. 행성 지구의 문제도 크게 대두되었음은 말할 것도 없습니다. 어찌 보면 '그리스도 마이클 아톤' 수준에서 해결할 수 있었던 것이 아니었습니다. 우리는 네바돈 정부가 있는 라이라 아라마테나와 시리우스-B에 직접 화신하여 위기상황을 타개토록 하였으며, 몬마시아 태양계에 직접 들어가 감독하게 되었습니다.

행성 티타니아에 임시 위원회가 상주하게 되었으며, 이 위원회의 지휘는 '마스터 사나트 쿠마라 니르기엘'이 하고 있습니다. 행성 지구는 제2조화우주로의 상승을 위해 트랙을 분리시키기로 결정하였으며, 자정 기능을 통해 4밀도층으로 상승 이동시키는 트랙과 3밀도층에 머물게 될 트랙과, 정화가 이루어지지 못한 존재들을 위한 2밀도층의 트랙으로 분리시키기로 하였습니다. 행성 지구의 자정 기능은 작동하게 되었고, 설계된 대로 진행되는 것입니다.

자정 기능을 돕기 위해 오나크론에서 정화의 빛(키-라-샤)가 지구에 유입되며, 태양 폭풍도 지구에 유입될 것입니다. 자정 기능은 여러분들이 가고자 하는 고향을 위해 가동하는 것이고, 이곳에서 체험을 위해 누리고 있었던 모든 것들을 내려놓도록 털어내고 있습니다. 마치 먼지떨이 하듯이, 마음을 털고 있는 것이기에 그것에 저항하거나, 거부한다면 강한 반발력이 고통을 가중시킬 것입니다. 물질세계에 미련을 버리지 못하면 그렇다는 것과, 무슨 일이 일어나는지 전혀 인식하지 못하고 있다면 자정 기능의 효과를 보지 못한다 할 수 있어서 물질체를 강제적으로 분리시킬 수밖에 없습니다. 진동수가 낮은 입자들을 정화시키기 위해서는 강제 분리와 청소만이 해결책이라고 하는 것입니다. 우리가 집중하는 것은 물질체 속에 가두어졌던 빛 구체인데, 여러분들은 이것을 영혼이라고 부릅니다. 우리는 빛 구체들이 자신들의 우주로 돌아갈 수 있도록 하려는 것입니다.

　지구는 지금까지 빛 구체들을 가두어둔 감옥 행성이었기에, 용도 폐기할 것이며, 새롭게 개발하여 원형의 목적대로 운영될 수 있도록 할 것인데, 이것을 거부하고 저항하고 있는 세력들은 모두 정화시켜 불필요한 것들은 입자들로 돌려버릴 것이고, 타락의 기억들은 모두 제거할 것입니다. 우주는 순환회로에 연결되어 있지 못하면 에너지를 공급받을 수 없으며, 그럼으로 해서 진동수가 추락한 우주들과 존재들이 나오는 것입니다. 그래서 이웃 우주와 존재들에게 에너지를 강탈하는 악순환이 이루어져 왔던 것이며, 그 회로를 해체하여 정상적인 순환회로에 연결하는 것이고, 자정 기능을 통해 카르마들을 분리시키는 작전을 하고 있는 것입니다.

　자정 기능을 통해 정화된 존재들은 자신들의 우주들과 빛의 타우라로 상승하여 이동할 것이며, 지저세계로도 이동하여 갈 것입니다.

　우리는 야나스이며, 이온 상임 이사회입니다.

　'아-모-레-아 에-카-샤(A-mO-RA-eA Ec-Ka-shA)'

19. 전쟁을 하는 이유
(Reason for War)

사랑하는 여러분,

전쟁은 왜 합니까?

여러 가지 유형의 이유들이 있겠습니다. 인류들의 역사도 전쟁의 역사라고 할 정도로 많은 전쟁들이 있었습니다. 정당한 전쟁, 꼭 필요한 전쟁, 전쟁에 명분을 집어넣어 이렇게 해서 할 수밖에 없었다고 주장합니다.

전쟁은 마음에서부터 시작됩니다. 마음이 어떤 상태인가에 따라 다툼과 분쟁이 일어납니다. 나의 마음과 같지 않음에서, 나를 이해하지 못함에서 분리가 일어나는 것입니다. 이것이 바로 실험의 목적이라고 하는 것입니다. 마음의 분리를 통해 빛과 어둠의 충돌실험이 시작되었습니다. 자신의 마음이 우선 둘로 나눠지고, 상대방들의 마음들도 둘로 나뉘게 되면서 선과 악의 대립이 일어났습니다.

물질화에 최적화된 마음과 영적화에 최적화된 마음으로 나뉘게 된 것인데, 물질의 체험을 위해서 물질화에 최적화된 마음이 우선시 되게 되었습니다. 그래서 마음은 여러 감정체험을 위해 분열되기 시작했습니다. 여러분들의 마음이 스스로들도 믿지 못할 정도로 나뉘게 된 것이고, 최저 진동수를 직접체험하게 된 것입니다. 집착, 두려움, 분리, 욕망, 분노, 시기, 질투, 미움 등이 물질화된 마음을 통해서 나왔습니다. 여러분들의 마음은 신아(神我)와 자아(自我)로 분리되었으며, 여러분들의 마음은 자아가 통제하는 것으로 변경되었습니다.

이렇게 분리된 마음은 물질인생에 집착하게 되었으며, 그것으로 최상의 물질 체험을 즐기게 된 것입니다. 여러분들은 혼-매트릭스에서 시작하였지만 물질인생이 시작되자, 분리감이 팽배해지면서 개인들이 되어갔으며, 각자의 정체성이 중요하게 되었습니다. 물질인생에 이름들이 생겨나고, 독립지체로서의 개인화가 진행된 것입니다. 영 정체성에서, 혼 정체성으로, 다시 개인 정체성으로 분화된 여러분들의 마음은 자신의 자아를 중심으로 다른 개체성을 가지고 있는 자아들과의 분열과 소통, 통합을 체험하게 되었는데, 사랑과 미움이 바로 그것이었습니다.

여러분들은 극도의 두려움과 공포를 체험하면서 자아-분열을 일으키고, 어떤 것이 본질인지 찾는 체험도 하게 되었습니다. 다중 인격도 그중의 하나였습니다. 허용된 최저 진동수까지 내려가 체험을 하게 되었고, 인격 장애에 대한 체험들도 하게 되었는데, 마음의 분리가 정체성의 분리까지 연결되어 나타나게 된 것입니다. 심화된 괴리감에 의해 본성과 가성(假性)이 생겨나 거짓된 인생도 체험하게 되었으며, 거짓된 마음도 체험하게 되었습니다.

우선 거짓된 마음에 의해 생겨난 불신과 의심은 자신뿐만 아니라, 타인에게도 진행되었기에 서로가 분열되는 양산을 더욱 심화시켰고, 공격적인 마음이 일어나도록 하여 폭력성을 대두시키게 하였으며, 물리력을 분출시키게 하였습니다. 성서를 보겠습니다.

'세월이 지난 후에 가인은 땅의 소산으로 제물을 삼아 여호와께 드렸고, 아벨은 자기도 양의 첫 새끼와 그 기름으로 드렸더니 여호와께서 아벨과 그의 제물은 받으셨으나, 가인과 그의 제물은 받지 아니하신지라. 가인이 몹시 분하여 안색이 변하니 여호와께서 가인에게 이르시되, 네가 분하여 함은 어찌됨이며 안색이 변함은 어찌됨이냐, 네가 선을 행하면 어찌 낯을 들지 못하겠느냐, 선을 행하지 아니하면 죄가 문에 엎드려 있느니라. 죄가 너를 원하나 너는 죄를 다스릴지니라. 가인이 그의 아우 아벨에게 말하고 그들이 들에 있을 때에 가인이 그의 아우 아벨을 쳐 죽이니라.' 〈창세기 4:3~8, 개역개정〉

인류 최초의 폭력이자, 살인이 기록된 장입니다. 시기와 질투, 분열된 마음이 폭력을 불러 일으켰고, 생명을 빼앗는 살인이 된 것입니다. 성서를 보겠습니다.

'하나님께서 사람의 사악함이 세상에 창대해짐과 그 마음의 생각의 모든 상상이 계속해서 악할 뿐임을 보시고, 주께서 땅위에 사람을 지으셨음을 후회하셨으니, 그 일이 그의 마음을 비통케 하였더라.' 〈창세기 6:5, 6, KJV〉

사람의 사악함이 기록된 장입니다. 하나님이 물로 세상을 심판한 이유가 등장합니다. 노아의 홍수 때의 일인데, 진실은 다른 곳에 있었으나, '사람의 사악함과 그 마음에 사악함이 넘치는 것을 보시고'에서 거짓되고 악한 마음이 인류들을 지배하게 되었음을 볼 수 있는 기록입니다.

'사람의 피를 흘리는 사람은 사람에 의해서 자기의 피도 흘려지게 되리니, 이는 주께서 하나님의 형상대로 사람을 지으셨음이라.' 〈창세기 9:6, KJV〉

폭력과 살인에 대해 기록한 구절입니다. 혼-매트릭스에서 분화된 개체 혼들이 물질 체험을 위해 준비된 물질체에 들어서서 마음과 감정을 통해 표현하는 법을 익혀 갔으며, 그것이 소통의 시작이었습니다. 하지만 아담의 첫아들 가인이 둘째 아들 아벨을 돌로 쳐서 죽이는 첫 살인을 저지르고 맙니다.

분노하는 마음, 악을 행하고자 하는 마음, 피를 흘리고자 하는 마음들이 모여 세력을 넓히면 큰 폭력과 큰 살인이 동반되는 전쟁이 일어납니다. 이 폭력성은 유전적 측면을 통해 인류들에게 전해졌다고 할 수 있는 것은 엔키와 아눈나키들의 유전자가 아다파와 릴리스에게 전해져 그의 자녀들에게도 물려주게 된 것이며, 우주전쟁을 하던, 행성 지구에서 패권전쟁을 하던 그 폭력성이 고스란히 유전체 속에 들어서게 된 것입니다. 우리는 이미 그러한 부분들을 알고 있었고, 은하 인류와 파충 종족의 결합된 유전자속에 그러한 성향이 담겨지게 되었던 것입니다. 세포 속에 담겨진 폭력성이 인류들의 분리된 마음과 만나 어떠한 시너지가 나올지 지켜보고 있었다 할 수 있었습니다.

우리의 실험은 여러 번의 실패를 체험하였습니다. 분열과 융합의 균형점을 찾지 못하였습니다. 힘의 균형이 무너져 있어서 그것을 어렵게 하였습니다. 우리는 힘의 균형을 이루기 위해 분산시키는 것을 자연 속에서 배울 수 있도록 하였습니다. 자연에 있는 생명들은 어느 한쪽으로 에너지가 집중되지 않기에 힘의 균형이 무너지질 않습니다. 인류들도 그런 측면에서 보면 자연계의 질서를 따르고 있다고 해야 합니다. 바이러스와 자연재해 등을 통한 인류들의 인구수 조절이 있고, 인류들 스스로에 의한 인구수 조절이 있는데, 바로 전쟁이라고 할 수 있습니다. 현재의 인구는 과밀합니다. 이렇게 많이 태어나게 한 것은 주기 종료를 위해 카르마 해결이 필요한 존재들을 모두 태어나도록 한 때문인데, 인구 조절을 위한 프로그램 작동 시에 많이 죽게 될 것입니다. 먼저, 카르마 해결을 끝낸 존재들이 우선이 될 것이며, 이 조치는 순차적으로 이루어질 것입니다. 인구 조절을 위해 큰 전쟁을 앞두고 있다 할 수 있고, 계시 등을 통해 사전 경고를 하였습니다.

주기 종료에는 자연계도 조절에 들어가고, 인류 역시 마찬가지라고 하는 것으로서 각종 질병들인 흑사병, 스페인독감 등과 자연재해인 화산폭발, 지진들, 폭풍들을 통해서 말입니다. 또한 인류들의 감정을 폭발시켜서 전쟁을 일으키도록 하는데, 사람들의 마음을 강퍅하게 하거나, 사악하게해서 전쟁을 일으키도록 사주한다고 할 수 있습니다. 이웃 국가가 곧 쳐들어 올 것 같은 환각에 놓이게 하고, 환청에 시달리게 해서 전쟁을 부추이게 하는 것 말입니다. 역사 속에 등장하는 모든 전쟁들은 인류들의 마음들을 그렇게 조정하여 일으켰다고 해야 할 것입니다. 상대방의 자존심을 건들거나, 약점을 들추거나, 없는 것을 만들어 내거나, 상대의 것을 빼앗고 싶게 하거나 등등 마음들을 쥐고 흔들어서 전쟁을 일으키도록 하였습니다. 인류들은 인구 조절, 정확히 표현하면 카르마 정리가 끝난 인류들을 집단으로 떠나보내기 위한 대규모의 핵전쟁을 앞두고 있고, 극이동을 통한 대형지진들과 화산폭발, 쓰나미를 통한 인류들의 집단 이동을 앞두고 있습니다.

큰 전쟁을 위한 작은 불씨전쟁들이 일어나고 있습니다. 우리는 사람들의 마음을 강퍅하게 해서 전쟁의 회오리바람을 일으키고 있는 것입니다. 그러면 여러분들은 그럴 것인데, 어떻게 하느님들이 그렇게 할 수 있냐고 말입니다. 우리는 배움이 완료된, 카르마가 정리된 인류들을 전쟁을 이용해서 떠나보내는 것입니다. 다른 방식은 없냐고 한다면 자연재해, 바이러스 등이 있다고, 또는 극이동과 혹성 충돌 등이 있다고 했습니다. 물질육체에 들어와 있는 성기체들(아스트랄체)은 다음 과정을 위해 행성 지구를 떠나야하기에 이들의 물질체를 벗기는 성대한 축제를 준비한 것이며, 인류들이 준비한 대규모의 전쟁이 그 시발점이 되는 것입니다. 이것이 물질 체험을 위해서 지구에 들어선 '이즈-비들'을 졸업시키는 방식이며, 이것을 통해 품고 있었던 카르마라는 먼지들을 훌훌 털고 나가기를 바라서입니다.

전쟁은 폭력적이고, 잔인하다고 합니다. 그래서 멈추어야 한다고 말입니다. 여러분들은 말합니다. 평화를 사랑한다고, 그것이 진실입니까? 그러면, 여러분들의 사회가 사건, 사고들이 끊임없이 일어나고, 욕망을 숨기지 못한 일들이 쏟아져 나올 수가 없습니다. 이런 것들이 평화를 사랑해서 입니까? 가족 안에서 폭력이 일어나고, 그것이 사회로 확장되어 일어나는 것이 우리가 여러분들의 마음을 사악하게 해서입니까? 그것은 결코 아니며, 단지 여러분들의 마음에 폭력성이 넘쳐나서 그런 것이며, 그 폭력성을 다스릴 수 없기에 문제를 일으키고 있는 것입니다. 우리가 인류들의 마음을 조절하는 것은 힘의 균형을 되찾게 할 때뿐임을 알았으면 하는데, 초강대국을 응원하지 않으며, 독재자와 같은 황제를 응원하지도 않는 것은 그들 역시도 힘의 균형을 위해서 일찍 죽게 하는 방식을 쓰고, 강대한 나라도 무너지게 하는 방식을 쓴다는 것이며, 간신(奸臣)들도 잘 활용하기도 하는 것입니다.

인류들은 평화가 길어지면 나태해지고, 교만해진다는 것을 역사를 통해 보았습니다. 그 평화는 인류들의 마음이 온전하게 사랑으로 넘쳐서 이루어진 것이 아닙니다. 그런대도 인류들은 마치, 자신이 잘나서, 그렇게 되었다고 착각에 빠지고 결국 나태하고 교만스러워진다는 것입니다. 그러면 우리는 가르침을 위해 이웃국가를 이용하거나, 내부 반란 세력을 이용하여 전쟁을 통한 교훈을 주는 것입니다. 이것은 상대적인 것이 아닌 객관성을 위한 힘의 균형을 맞추는 것입니다. 하늘의 선택을 받았다 해도 예외일수 없는 것은 바로 힘의 균형입니다. 선민(選民)이라는 이스라엘도, 천손(天孫)이라는 한민족도 힘의 균형 앞에서는 다른 민족들과 다르지 않다고 하는 것입니다. 그렇지 않다면 이미 초강대국이 되었습니다.

인류들도 자연계의 한 구성원이고, 전체 질서를 위해서는 그것을 따라야만 합니다. 인류들의 세력이 더욱 강건해지면 자연계는 무너지고 말 것입니다. 인류들이 더 깨달아 자연계를 이해하고, 포용할 수 있는 마음들이 생겨난다면 파괴행위는 일어나지 않을 것입니다. 그러면 자연계와 함께 평화로서 공존할 것입니다. 전쟁이 있다는 것은 그 마음에 아직 평화가 없다는 것과, 평화를 지킬 수 있는 사랑도 없다는 것을 보여 주는 것입니다. 우리들이 인류들의 마음을 강퍅하게 하는 것도, 그 마음에 그런 것이 없다면 일어나지 않을 것인데, 없는 것을 만들어내는 것도, 마음 깊은 곳에 가라앉아 있는 앙금과 같은 찌꺼기들이 들러붙어 있는 것을 끄집어내기 위한 방편이라는 것입니다. 특히 집단의식을 통해서 집단 카르마를 끄집어내어 정화작업을 하게 하는 것이 전쟁으로 비화하여 나타나는 것입니다. 지금 집단 카르마들이 많이 응집하여 있는 상태이기에 힘의 균형이 무너지려하고 있습니다. 균형을 회복하고, 떠날 존재들을 빨리 졸업시키는 것도 이 시기에 해야 되는 것입니다.

균형이 무너지게 되면 인류들에게 있을 재난들이 인류들에게 집단공포를 조장하고, 그렇게 해서 의식의 추락이 일어나게 되는 것인데, 그러면 과거의 실패했던 그 유형이 똑같이 반복되는 블랙홀에 빠진다는 것입니다. 알다시피 그것은 인류들의 상승은 일어나지 않고, 집단추락을 가져오는 것이기에 인류들에게는 최악의 수라고 해야 할 것입니다. 어둠은 이 점을 노리고 있어서 여러분들의 의식 추락이 일어나기를 기대하고 있는 것입니다. 이즈-비들을 반드시 해방시켜야 한다는 것도 맞고, 그냥 두고 보자는 것도 맞기에 반드시는 없습니다. 이 실험을 중단하고, 개입된 에너지들을 모두 회수하며, 에러가 일어난 구역을 폐쇄하면 그것으로 종결되는 것입니다. 홀로그램 실험은 그것으로 종결되는 것입니다.

여러분들이 초월-자아라고 보는 상위-혼은 모두 90인입니다. 이 90인이 현실 세계를 만들고 그 안에 들어와 실험을 즐기고 있었던 것입니다. 빛의 세계를 위해서 45인이, 어둠의 세계를 위해서 45인이 첫 시도했던 실험은 실패로 종결되었으며, 그 기록이 남겨졌습니다. 서로 역할을 바꾸어서 두 번째 실험을 시작했으며, 조인들이 빛의 역할을, 사자인들이 어둠의 역할을 하게 된 것입니다. 겉이 검고, 속이 하얀, 겉이 하얗지만 속이 검은 역할들이 있게 된 것으로서, 빛의 존재들의 모습을 하고 속이 검은 사탄과도 같은 역할을 한다는 것입니다. 인류들은 이중적인 모습에 정신을 차리지 못할 것인데, 선과 악에 대한 오해들을 하고 있어서입니다.

아비뇽 왕실의 45인의 사자인들 대부분이 어둠의 역할을 수행하고 있으며, 알른 왕실의 45인의 파충인들 대부분이 빛의 역할을 수행하고 있습니다. 빛은 정의(正義)이고, 어둠은 불의(不義)라는 것은 여러분들의 편견에서 나온 것일뿐, 사실 아무것도 아닌 실험의 속성일 뿐이지, 선과 악의 구분이 아니라고 하는 것입니다. 여러분들 동화에 미녀와 야수, 개구리왕자, 백설 공주, 피리 부는 사나이 등이 있습니다. 많은 편견들이 발견되고 있습니다. 잘생기고 예쁘면 선할 것이고, 못생기면 악할 것이라는 것 말입니다. 인생은 서로 속고 속이는 관계를 통해 배우도록 한 것이기에 완벽하게 속을수록 배움은 더 커진다는 것입니다.

빛이 어둠의 역할을, 어둠이 빛의 역할을 하고 있으니, 선이 악이 되고, 악이 선이 되는 바로 입장 바꾸기가 우리들의 뜻에 의해서 진행되었습니다. 그렇다 보니, 여러분들은 당연히 편견에서 벗어나지 못하고 있는 것입니다. 빛은 선이고, 어둠은 악이라고, 이것을 누가 세뇌시켰겠습니까? 물론 어둠에서 한 것이라고 하는 것인데, 왜이겠습니까? 어둠이 빛이라고 했습니다. 겉이 검지만 속은 하얀, 겉이 하얗고 속이 검은 것들이 여러분들을 타락의 길로 이끌고 있다고 하는 것입니다. 계시록에 등장하는 빛과 어둠, 선과 악은 서로의 역할을 바꾸어서 하고 있는 것이기에 새롭게 보아야 하는 것이며, 여러분들을 죽이러 내려가는 짐승, 사탄, 붉은 용 등은 빛의 세력이고, 일곱 천사를 비롯한 심판을 하는 주체 세력들은 어둠의 세력이라고 하는 것입니다.

여러분들이 집착하고 있는 물질체를 벗기는 역할은 어둠으로 위장한 빛의 세력이 하는 것이고, 여러분들의 물질에 대한 집착 수준을 심판하는 것은 빛으로 위장한 어둠의 세력이 하는 것입니다. 기독교를 중심으로 한 유대교, 이슬람교, 동방정교 등에는 이러한 트릭이 숨겨져 있었던 것입니다. 전쟁의 속성은 이원성의 특징을 잘 보여 주고 있는데, 선과 악을 구분 짓게 하고 있습니다. 약자들과, 피해자들과, 여성들과, 아이들과 노인들은 선한 편이고, 강한 자들과, 가해자들과, 성인 남성들은 악한편이 되는 것입니다. 그래야 여러분들의 마음이 편한 것입니다. 그러나 이 모두는 바로 여러분들의 편견일 뿐이고, 선과 악은 없으며, 실체적 체험만이 있을 뿐입니다.

우리는 전쟁을 통해 실체적 체험들이 일어나도록 하고 있는데, 누가 이기고, 누가 패배하는 가는 중요하지 않으며, 육체적 죽음과, 고통과, 슬픔과, 비통만이 있다는 것입니다. 분명히 누가 먼저 전쟁을 일으키든 상관없이 선과 악이 없다는 것입니다. 승리자와 피해자만 있는 것이고, 그곳엔 하느님의 개입은 전혀 있지 않다고 하는 것입니다. 가장 중요한 것은 감정 체험들이기에 전쟁을 통해 혼들은 감정 체험들을 즐기는 것입니다. 하느님이 지켜주는 나라, 그런 나라에는 전쟁을 승리로 이끌어주고, 이것이 바로 여러분들이 알고 있는 전형적인 편견인데, 인류 전체가 '이즈-비들'이라고 했습니다. 하느님이 누구를 편들고 지켜줍니까? 말 잘 듣는 인류, 기도 잘하는 인류, 종교 잘하는 인류들을 아끼고 사랑한다? 당연히 편견입니다. 하느님은 그 어디에도 편들지 않으며, 개입 자체를 하지 않습니다. 물질 인생을 선택한 혼-그룹들의 선택을 존중해 줄 뿐입니다.

러시아와 우크라이나의 전쟁에서는 누가 선이고, 누가 악인지는 없다고 할 수 있으나, 우크라이나 지도층이 인류들을 배반하는 일들인 '소아성애자들을 위한 어린아이 수출', '섹스 산업을 위한 여성들의 납치', '마약류와 같은 바이러스 수출' 등을 많이 했기에, 그것에 대한 경고 차원의 전쟁이라고 할 수 있습니다. 여러분들은 모호한 것을 싫어해서 흑과 백으로 나누는 것을 좋아합니다. 그렇지만 세상은 그렇게 돌아가지 않아서 혼란을 겪는 것인데, 자기중심적 사고가 불러온 것입니다. 세상은 객관적으로 바라보아야 균형을 잃지 않고 볼 수 있습니다.

전쟁을 하는 이유는 첫째, 혼들의 집단 감정 체험을 위해서이고, 둘째, 그럼으로 해서 집단 카르마를 해결할 수 있으며, 셋째, 자기중심적

사고에서 자기 객관적사고로 돌아가게 하기 위해서입니다. 그리고 넷째, 혼-그룹의 집단이동을 위해서 하는 것이기에 전쟁이 끊임없이 일어날 수밖에 없다는 것입니다. 다만, 여러분들이 체험을 완료하고, 마음을 사랑과 평화로 채운다면, 더 이상 전쟁을 통한 감정체험도, 카르마 해결도 필요치 않기에 전쟁은 일어나지 않을 것이고, 각종 무기들과 군사 장비들이 사라질 것입니다. 모든 것이 사실 마음에서 일어나는 것입니다.

행성의 자연계도 생명들처럼, 더 이상 자연재해나 기상이변들이 일어나지 않을 것이고, 특히, 지진, 화산폭발, 폭풍 등 말입니다. 진화단계에서 분열과 분리를 체험해야 했기에 행성 역시 거기에 주안점을 두고 활동했던 것입니다. 리셋은 그래서 있어 왔던 것이며, 극이동 역시 마찬가지입니다. 이 체험을 완성으로 종료한 혼들은 더 이상 이러한 생존환경이 있는 행성에 있을 필요가 없기에 졸업을 통해 상위단계의 행성으로 이동하여 가는 것이며, 떠나는 그룹이 많은 경우에는 큰 리셋을 통해 물질체를 대량으로 벗기는 일들이 필요한 것입니다. 그 중에 인류들이 할 수 있는 것이 바로 전쟁이라고 하는 것이고, 그것도 가장 큰 규모의 전쟁이 일어나게 된다는 것입니다. 다만, 전쟁에 핵이 이용될 경우에는 혼들을 안전하게 보호할 수 있는 조치들이 필요하고, 그것이 예비된다면 그렇게 큰 전쟁도 일어나게 되는 것입니다. 이것은 여러분들의 의지와는 상관없이 행성 자연계와 연계하여 작전이 이루어진다고 보아야 하는데, 핵은 자연계에도 많은 영향을 미치기 때문에 당연히 조율이 필요한 것이며, 연합작전에 의해 진행되는 것입니다.

여러분들은 전쟁은 반드시 없어야 한다고 합니다. 그러나 계속해서 전쟁은 끊임없이 일어나고 있습니다. 가장 큰 이유는 여러분들의 마음이 평화롭지 못하기 때문인데, 균형을 상실하여 그렇다고 하는 것입니다. 예배당과 각 사원들에서 평화집회가 열리고, 기도회들이 열리고 있는데도 전쟁은 사라지지 않고 있습니다. 기도가 부족해서 입니까? 그것이 아닌 인류들의 집단의식과 마음속에는 아직 평화를 수용할 정도의 의식 수준이 준비되지 못하였기 때문에 기도하는 내용대로 진행되지 않고 있는 것입니다. 여러분들의 마음 상태를 증명하는 것이 현실로 나타나고 있는 것이고, 주기를 종료하는 분위기에 발맞추어 집단 카르마 해결이 부각되고 있는 것입니다. 이것을 해결하지 않고서는 주기 종료를 할 수 없기에 반드시 실행할 수밖에 없어, 전쟁은 필연적으로 일어나야 하는 것입니다.

물론 의식지수가 1,000이 되는 인류들이 10만이 넘는다면 굳이 전쟁을 통하지 않고서도 집단 카르마를 해결할 수 있습니다. 그러나 현실적으로 그렇지 못하기 때문에 과격한 방식인 전쟁을 통해 해결코자 하는 것입니다. 평화적인 방식, 매우 좋습니다. 그것이 수용될 수 있다면 말입니다. 6.25라는 한국전쟁이 공식적으로 종결되지 않고 있는 것은 대표적으로 여러분들의 마음을 보고 있는 것입니다. 그 기저에 두려움이 자리하고 있기 때문인데, 상대방에게 흡수되어 사라진다고 말입니다. 이것은 북과 남이 다르지 않다고 하는 것인데, 그렇지 않다면 많은 무기들을 준비해둘 필요가 없기 때문입니다.

지구촌을 보자면 자신들의 패권을 손해 보려 하지 않고 있는 강대국들이 있고, 약소국들의 바다와 육지도 마치 자신들의 것인 양, 좌지우지하고들 있습니다. 한 치의 양보도 없이 서로 대치하고 있는 것도 인류들의 마음 상태를 고스란히 보여 주고 있는 것입니다. 누가 선인가, 누가 악인가 하는 것은 여러분들의 기준일 뿐이며, 많이 죽을수록 대기 중이던 혼들이 태어날 확률이 높아질 것입니다. 출산율이 급격히 줄고 있는 것은 태어날 혼들이 없어서이며, 주기를 마감하고 있기에 정리하는 단계에 들어서고 있어서입니다. 전쟁을 통해 많이 죽이든, 적게 죽이든 그것은 상관이 없으며, 주어진 역할에 얼마나 최선을 다했나를 보는 것뿐입니다. 타락 세력들은 이런 전쟁들을 이용해서 천사 인종들을 청소하였는데, 그것을 인류들이 모르게 진행하였다는 것과, '테러와의 전쟁'이라는 허울 좋은 명분을 만들어내어 천사 인종 학살정책을 펴기도 하였습니다. 이제는 그런 살인행위를 대놓고 할 수 없게 되었으나 은밀한 조직(용병 세력)을 통해 뉴스에도 나오지 않는 살인을 하고, 그것을 자살로 위장하고 있습니다.

빛으로 알려져 있으나, 사실 어둠의 역할을 하고 있는 그룹들은 음모론 뒤에 숨어서 역할들을 하고 있고, 어둠으로 알려졌으나, 빛의 역할을 하고 있는 그룹들은 인류들이 그 진실을 보지 못하고 있기 때문에 알려져 있지 않습니다. 오른손이 하는 일을 왼손이 모르게 하는 것처럼 말입니다. 여러분들이 알고 있는 '미카엘 대천사'는 어둠의 역할을 하고 있고, '루시퍼 대천사'는 빛의 역할을 하고 있다는 것입니다. 미카엘이 악이요, 루시퍼는 선이라고 하는 것입니다.

서로 자리를 바꾼 이 이원성을 여러분들은 받아들이지 못합니다. 서로 다른 극이 왜, 자리를 바꾸어 이동합니까? 여성과 남성체험을 왜, 바꾸어 합니까? 통합의 완성을 위해 그런다고 했습니다. 서로의 입장을 알기 위해서라고 했습니다. 상대의 성을 알기 위해서, 이해하기 위해서 서로 바꾸어 체험하도록 한 것입니다. 이것을 받아들이기가 쉽지 않습니다. 그래서 여러분들에게 이해하라고 강요하지 않습니다. 이 과제를 인류들이 얼마나 풀었는지는 각자의 평가들이 있기에 더 이상 강제하지 않습니다. 우리는 주기를 마무리하면서 있는 종합 평가를 빛의 진영과, 어둠의 진영 양쪽 모두에게 받을 것이고, 그것으로 여러분들의 거취가 결정되는 것입니다.

근원-원리를 보면 모두 아는 것입니다. 그러나 체험을 위해 모르는 것으로 시작하였으며, 체험을 통해 알고자 했던 것입니다. 이 안다고 하는 것이 본래의 자리에서 하강하여 내려올 때, 모두 알면서 내려왔던 것이고, 오를 때에는 잊고 지냈던 과거를 다시 회복시켜 나가는 것입니다. 이것을 돕기 위해 전쟁이 있게 된 것입니다. 사실 전쟁은 감정의 체험들이 많이 일어날 수 있는 자리를 제공해 주기에 필요하고, 그것들의 체험의 결과로 나오는 카르마를 해결하기에 필요하다고 하는 것입니다. 일거양득(一擧兩得)이라고 합니다. 전쟁은 부정성과 긍정성을 모두 가지고 있어서 과거부터 있어 왔던 것입니다. 요즘에는 돈 에너지까지 결합되어 있어서 체험의 폭이 넓어졌습니다.

영단에서 핵을 신경 쓰는 것은 여러분들이 그 부작용을 해결할 수 있는 기술이 없기 때문이고, 그 부작용이 혼과 성기체, 생리체에 미치는 영향을 모르고 있기 때문입니다. 인류들은 사용할 것인데, 과거 고대문명인 레무리아와 아틀란티스 때의 트라우마를 극복시키기 위해서, 그때의 카르마들을 해결하기 위해서이며, 이러한 것들을 해결해야 청산이 이루어지기 때문입니다. 영단과 우리는 이 과정이 차질 없이 진행되도록 도울 것이고, 잘 극복할 수 있기를 바라는 것입니다. 여러분들은 어떻게 전쟁을 피하게 하지 않고, 부추이고 있냐고 할 수도 있겠지만, 그것이 여러분들을 돕는 것이기에 그런 것입니다. 우리는 개인 카르마는 걱정하지 않습니다. 있다면 집단 카르마를 해결할 수 있는 방법을 전하는 것이고, 그것도 슬기롭게 할 수 있도록 돕는 것입니다.

타락 세력들은 이것을 악용하여 인류들을 전멸시키려고 하는 것이고, 주인 없는 행성 지구를 독차지하려고 하는 것입니다. 천사 인종은 행성 지구의 '수호자 인종'으로 선택되어 들어온 것인데, 타락 세력들이 그 권리를 강탈하고, 자신들이 주인이 되어 지구의 수호자라고 주장하고 있는 것이며, 그것에 방해가 되고 있는 인류들을 모두 전멸시켜서 자리를 차지하려는 것입니다. 우리들이 여러분들의 권리를 인정하고, 저들의 주장을 묵살하자, 전면전을 선포하여 인류들을 남김없이 쓸어버리려는 전쟁 시나리오를 작동시킴으로서, 우리와의 전쟁은 피할 수 없게 되었으며, 자신들을 모두 죽여야 들어올 수 있다는 배수진(背水陣)을 치게 되었던 것입니다.

물론, 인류들 모두 자살폭탄 조끼를 입고 있다고 해야 할 것입니다. 여러분들이 원해서는 아니지만 그렇게 되었다고 하는 것입니다. 테러범들이 주로 쓰는 수법인데, 바로 저들에게서 배운 것들입니다. 빛과 어둠의 실험이 막바지를 향하여 가고 있어서 매우 치열하게 펼쳐지고 있습니다. 본다면, 밑바닥에 깔려 있던, 오래전부터 축적된 카르마들이 소용돌이치며 올라올 것이고, 그것으로 인하여 인간성의 끝을 모두 보게 될 것인데, 어찌 인간이 저럴 수 있는가? 어떻게 잔인할 수 있는가? 인면수심(人面獸心)을 보게 될 것입니다. 모습은 사람이나 하는 짓과 말이 짐승을 닮은 이들이 수없이 나올 것입니다. 여러분들은 그럴 것인데, 정의는 어디 있으며, 선은 어디에 있는가 하고 말입니다. 이것이 바로 인류들의 양면성을 극대화로 보여 주는 것입니다. 인류는 두 그룹으로 나뉠 것인데, 악한 이들은 더욱 악해 지고, 더 큰 세력으로 나타날 것이며, 선한 이들을 공격할 것입니다.

마치, 선하게 사는 것이 바보가 되는 시대가 될 것이고, 악한 이들이 득세하는 시대가 될 것이기에 인류들을 전쟁의 소용돌이로 몰고 갈 것입니다. 전쟁은 저들의 목적을 성취하기 위한 수단으로 이용될 것이고, 인류들을 죽음의 골짜기로 몰고 갈 것입니다. 저들의 세상을 만들기 위해서 필요한 인류 약 5억을 제외한 나머지를 정리시키기 위해 계획을 추진하고 있는 것이며, 지구촌 전체를 불바다로 만들어 소멸시키고자 하는 것입니다. 선한 이들이 첫째 소멸 대상이라고 하는 것이고, 필요 없는 악한 이들이 두 번째 소멸 대상이 되는 것입니다. 이것에 의해 인공적 바이러스들이 창궐할 것이고, 인공 기후 재난을 통해 인류들을 고통스럽게 할 것인데, 대기근이 일어나 대량의 인류들이 굶어 죽을 것입니다. 이런 것들이 전쟁 속에서 일어나 인류들을 아비규환의 지옥으로 만들 것이지만, 이것은 이제 시작을 알리는 서곡일 뿐이라는 사실입니다.

인류들의 마음에 카르마의 정점인 악한 기운들이 차고 넘칠 것인데, 그동안 잘도 숨기고 감추어 왔지만, 더 이상 감출 필요도 없는 저들만의 세상이 오고 있어서 악한 이들이 숨어 있던 그림자 속에서 밖으로 나타날 것입니다. 악한 얼굴을 가리고 있던 선한 얼굴의 가면을 벗고, 본래의 악한 얼굴을 드러낼 것입니다. 그동안 선한 이, 착한이로 알고 있던 그 가면이 벗겨지고, 악한 본성이 드러나 인류들을 충격에 빠뜨릴 것입니다. 여러분들이 투표로 뽑은 인물들이 바로 그렇다는 것이며, 이들은 어둠의 충실한 종들로서 주어진 역할에 충성을 다할 것입니다. 바로 국민들을, 시민들을 전쟁의 소용돌이로 밀어 넣는다는 것이며, 자신들은 뒤로 빠져서 그것을 즐긴다는 것입니다. 우크라이나와 러시아의 지도자들을 보면 잘 이해할 것입니다. 전쟁은 어떠한 것으로도 미화할 수 없으나, 인류들의 집단 카르마를 해결하는 방식으로 이용될 수밖에 없다고 하는 것입니다.

여러분들의 의식 성장을 위해 거칠 수밖에 없는 과정이어서 어쩔 수 없는 것입니다. 여러분들의 유전자 속에 있는 폭력성, 이원성을 극복하기 위해서는 이원성의 충돌을 통해 그것을 이해하고, 온전히 완성을 이루기 위한 아픈 과정, 마치 초경(初經)을 치르는 것과 같다 할 수 있겠습니다. 성장을 위해서는 아픔을 이겨내야 한다는 것입니다. 세상은 한 면만을 보고 판별할 수 없는데, 양쪽 면을 다 보고 판단해야 하는 것이기에, 특히 안과 밖이 서로 뒤바뀐, 빛과 어둠의 소용돌이를 통해서 이원성의 본질을 알아야 하는 것입니다. 빛이 왜, 어둠이어야 하고, 어둠이 왜, 빛이어야 하는지 진실을 알아야 한다는 것입니다.

악마가 천사가 되고, 천사가 악마가 되는 서로 역할을 뒤바뀌어 하는 시대라는 것이고, 마음의 이중성을 그동안 숨기고 있었던 인류들도 깊은 주머니를 뒤집어 어둠의 속성들을 모두 드러나게 하여 자신들의 진실을 바라볼 수 있도록, 그래야 카르마의 본질을 깨달을 수 있다는 것입니다. 전쟁은 그렇게 이용될 것이며, 여러분들의 마음을 뒤집어 놓을 것입니다. 여러분들은 마음속 깊은 곳에 감추어진 것을 볼 수 없는데, 전생들의 카르마들이기 때문입니다. 그것을 알면 인생을 살수 없기 때문에 감추어둔 것입니다. 그러나 지금은 주기 종료를 앞두고 있기에 그동안 감추어 두었던 카르마들을 모두 끄집어내어 해결해야 한다는 것이고, 그것을 위해 마음의 전쟁과, 실재하는 전쟁을 통해서 존재들이 진실을 바로 볼 수 있도록 하려는 것입니다.

여러분들의 어둠은 무엇입니까? 그동안 깊이 감추어두었던 어둠의 실체는 무엇입니까? 그것을 회피하지 않고, 두려워하지 않고, 바로 볼 수 있을까? 여러분들은 이것을 회피할 수도 있고, 다시 감출 수도 있지만, 이렇게 볼 수 있는 기회는 이번이 마지막이라고 하는 것이어서 기회를 살리느냐! 기회를 죽이느냐는 여러분들의 몫이라고 할 수 있겠습니다. 타락 세력들의 지배에 빠져온 지난날의 질곡에 그냥 눌러앉을 것인지, 과감히 들고 일어나 자신의 진실과 마주할 것인지 여러분들의 선택의 시간이 다가오고 있습니다.

이 전쟁은 피할 수가 없습니다. 결론적으로 선택지가 없다고 하는 것입니다. 전쟁에서 죽을 것인지, 살아날 것인지 여러분의 결정에 의해 이루어질 것이고, 어둠속에 숨을 것인지, 밝은 빛 가운데로 나올 것인지 선택에 달려 있다고 하는 것입니다. 여러분들은 이 전쟁을 통해서 피해자가 될 수도 있고, 승리자가 될 수도 있습니다. 선택은 자유입니다. 우리는 빛과 어둠의 전쟁을 통해서 숨겨져 있던 어둠의 카르마들을 끄집어 낼 것이고, 대순환 주기에 맞는 정화작업을 진행시킬 것입니다. 그동안 편을 나누어서 이루어졌던 양극성 실험에 대한 평가를 진행시킬 것인데, 빛에 대한 부분들과, 어둠에 대한 부분들을 총망라해서 평가할 것입니다.

전쟁을 해야 하는 이유는 바로 여러분들의 그동안의 체험들을 모두 종합적으로 평가하기 위해서입니다. 여러분들의 인생들이 마무리되는 것이고, 다음 주기를 받아들이기 위해서입니다.

우리는 야나스이며, 이온 상임 이사회입니다.

아-모-레-아 에-카-샤(A-mO-RA-eA Ec-Ka-shA)'

20. 제3차 세계대전
⟨Third World War⟩

사랑하는 여러분,

순서로 보면 3번째 대전이 될 이 전쟁은 그동안에 쌓이고 쌓여왔던 갈등들이 모두 폭발할 것입니다.

2번째 대전을 끝낸 인류들은 냉전시대에 들어가 지구촌을 양분한 상태에서 대립하여 왔습니다. 그리고 극적인 대화를 통해 평화시대를 연출하였으며, 인류들에게 평화를 누리도록 하였습니다.

여러분들이 몰랐던 부분이 있는데, 인류들의 의식이 성장하여 평화가 온 것이 아니었습니다. 진정한 대-전쟁을 준비하기 위한 쇼가 필요했던 것이고, 어둠의 세력들의 계획에 의해 잠시 안정기가 주어졌던 것입니다. 여러분들은 영성 운동 때문에 인류들의 의식이 열리고 성장하지 않았냐고 말씀하실 텐데, 반은 맞고, 반은 아니다 입니다. 의식 성장이 일어난 것은 맞지만 일부분에 그쳐서 일어난 것이었으며, 반대로 어둠의 활동이 그 만큼 팽창하여 빛의 영역은 더 줄어들었다고 해야 할 것입니다.

현시대를 '신 냉전시대'라고 합니다. 이것 역시 어둠의 연출에 의해서 만들어 낸 것인데, 마치 기다려 왔듯 모든 것들이 순식간에 준비가 이루어진 것입니다. 그동안의 평화는 언제였던가? 할 정도로 소리 없이 자취를 감추었고, 슬슬 저들의 계획안으로 걸어 들어가고 있는 인류들을 보고 있습니다. 저들은 모든 것을 행성 니비루의 출현에 발맞추어 준비하고 있었던 것인데, 행성 지구에 접근하기 전까지, 아눈나키들이 지구에 들어오기 전에 인류들을 깨끗하게 청소하려는 계획을 가지고 있었고, 그 계획의 최종에 제3차 대전을 집어넣어 준비하고 있었던 것입니다.

그동안에 준비한 재래식 무기들을 모두 소진시킨 후에 오래전부터 개발하여 저장해 두었던 핵무기들을 이용한 전쟁을 본격적으로 실행할 것인데, 마치 데자뷰를 보는 것 같지 않습니까? 맞습니다. 레무리아와 아틀란티스 사이에 있었던 핵전쟁이 현시대에 들어와 다시 재현되는 것입니다. 두 고대문명은 핵전쟁의 결과로 대륙들이 침몰하여 멸망의 길을 걸었습니다. 이것을 모르는 이는 없을 것인데, 그러면 왜, 과거의 사건이 다시 재현되느냐 하실 것입니다. 예를 들면 범죄의 현장에 가서 범인을 통해 사건을 재구성하는 것과 같습니다. 지난날의 실수를 다시 재구성하여 풀지 못하고 응어리져 있었던 집단 트라우마를 모두 풀어놓아 카르마 대청소를 하려고 하는 것입니다.

그런 목적에 의해 사건의 이해 당사자들이었던 레무리아와 아틀란티스의 지도층들을 모두 한자리에 환생시켜 준비해 두었던 것이며, 레무리아는 러시아와 중국으로, 아틀란티스는 미국과 유럽으로 나뉘어

놨던 것입니다. 신 냉전구도도 이 그림에 맞추어 펼쳐지게 한 것이며, 과거에 사용했던 무기들을 그대로 재현해서 다시 사용하려는 것입니다. 역사는 반복된다고 했습니다. 그 이유는 바로 재구성을 통하여 실수를 바로 잡으라고 하는 뜻이 숨어 있어서이며, 그것을 위해 사건장소와 인물들이 다시 출현하게 되는 것입니다. 재구성된 시공간과 존재들이 모인 곳에서 과거의 실수나 사건을 풀어 그 당시에 응어리져 있었던 카르마들을 해결하도록 하게 한 것입니다.

이 계획, 즉 사건을 재구성시키는 주체는 '카르마 위원회(Karmic Board)'입니다. 위원회의 의장인 '대신성한 지도자'인 '라코시(Great Divine Director, Rakoczy)'가 주축이 되어 역할을 할 것인데, '레무리아 빛 위원회'와 '아틀란티스 빛 위원회'가 중심에 있을 것이며, '우르-안트리안 아주라이트 이야니 멜기세덱 사제단'이 함께할 것입니다.

집단 카르마를 풀어야하는 그 당시의 제국의 왕들, 왕족들, 귀족들, 사제단들, 과학자들이 환생하여 태어나 있습니다. 이들은 전생을 기억하지 못하지만 무의식 패턴에 의해 자신들이 했던 지난날의 과오를 회복하기 시작한 것입니다. 똑같은 왕국은 아니지만, 제국을 흉내 낼 정도의 강대국들의 지도자와 지도층, 정치세력들이 되어 자리를 잡았으며, 핵무기들, 쓸 만큼 쌓아놓은 각종 미사일들과 전투기들, 군함들과 잠수함들이 준비되어 있는 것입니다. 과거의 사건을 다시 재현하는 것만이 남아 있는 것입니다.

대주기를 받아들이기 위해, 새 에너지를 받아들이기 위해, 낡은 에너지는 해체하여 돌려주어야 하고, 에너지를 사용하는 동안 쌓여진 공해 물질들과 폐기물들을 모두 청소하여 사라지게 해야 하는 것입니다. 대주기의 패턴 속에는 전체 대우주에서 출발하여 네바돈에 들어와 순환한 모든 것들과, 행성 지구에 들어와 흔적을 남긴 모든 것들에 대한 정보들이 고스란히 담겨 있습니다. 지난 과거를 기억하지 못하고 떠났어도, 대주기를 앞두고 모든 것을 정리하는 대-정화 계획이 발동되다 보니, 인연법에 의해 모두 소환되는 것입니다. 당연히 카르마 해결이 우선이 된 것이고, 가장 큰 규모를 가지고 있던 고대문명들의 시대가 불려 나온 것입니다. 시대적 배경, 시대적 에너지, 시대를 이끌었던 인물들이 모두 소환되어 자리하게 되었으며, 우리의 뜻에 의해 재조명되는 것입니다.

다시 사건 현장을 재현하고, 그 현장에 있었던 주요인물들이 함께 자리하게 하였습니다. 그리고 그때의 일을 그대로 재현하도록 하였습니다. 재래식 무기들이 총동원된 지상전, 해상전, 공중전 등이 펼쳐지게 되는 것이며, 많은 군인들이 현장에 출동하여 전쟁에서 희생될 것입니다. 옛 제국의 흔적을 따라 서로 편을 나누어 양 진영으로 모여들 것이며, 서로 자신들이 빛의 세력이니, 자유수호 국가니 하면서 상대를 어둠의 진영, 사탄의 나라로 만들 것입니다. 이 전쟁은 공산사회주의 진영과, 자유민주주의 진영의 충돌로서 보일 것이고, 빛의 진영과, 어둠의 진영과의 충돌이라고 볼 것이나, 그것은 여러분들의 주관적 해석일 뿐, 진실은 아니다 입니다.

제3차 세계대전은 레무리아 문명과 아틀란티스 문명의 충돌이 다시 재현되는 것으로서, 그 시대에 발생하였던 집단 카르마를 해결하기위 한 목적으로 계획되어진 전쟁입니다. 이 전쟁에 참여하는 인류들은 과 거문명에서의 인생에서 카르마를 발생시켰으나, 지금까지 해결할 기 회가 주어지지 않았습니다. 대륙을 침몰시킬 정도의 제국들과 전쟁들 을 펼칠 시기가 주어지지 않았기 때문이었습니다. 지난 광자대 진입 시에 있었던 사건 현장을 똑같이 구현하기 위해서는 광자대가 다시 돌 아와야 했으며, 두 대륙을 대표할 수 있는 강대국들이 들어서야만 했 던 것입니다. 1만 2000년이 지나, 광자대 시기가 다시 돌아왔으며, 레 무리아를 대표하는 러시아와 중국이 준비되었고, 아틀란티스를 대표 하는 미국과 유럽연합이 준비될 수 있었습니다.

환생 시스템을 통해 관계 인물들을 한자리에 불러 모아 태어나도록 하였으며, 갈등 구조를 다시 작동시켜서 대립을 형성시키게 한 것입니 다. 그리고 과거의 폭발했던 감정선들을 다시 부활시키고 있어서 신 냉전이 펼쳐지게 된 것입니다. 무대는 마련되었고, 연기자들의 화려한 춤들과, 노래들과, 악기들의 소리가 울려 퍼지며, 대단위 축제가 펼쳐 지게 되는 것입니다. 과거에 사용했던 것만큼의 핵미사일들과 핵폭탄 들이 준비되어 있으며, 스위치가 작동하기만을 기다리고 있습니다. 고 대문명 때는 아틀란티스 제국의 황제였던 '아스라 7세(Asra VII)'의 '왕비 부리나(Queen Vurina)'의 명령에 의해 핵폭탄들이 레무리아에 뿌려졌다 면, 현시대에는 레무리아의 후신(後身)인 러시아에 의해 선제타격이 이 루어질 것입니다.

첫 발사는 러시아 시베리아 군관구(軍管區) 제62로켓사단에서 RS-28

사르마트(Sarmat)가 발사되어 미국 서부에 떨어질 것이며, 계속해서 핵 잠수함 하바롭스크(Khabarovsk)를 통한 공격도 이어질 것인데, 미국도 기다렸다는 듯이 핵미사일 공격을 감행할 것입니다. 이로서 재래식 무기를 통한 전쟁을 뒤로하고, 핵무기를 통한 전쟁을 시작할 것입니다. 이러한 과정은 리허설을 거쳐 잘 훈련된 대로 이루어지는 것처럼 보일 것입니다. 경고와 비난을 뒤로하고 하늘은 핵미사일들의 새하얀 궤적들이 수를 놓을 것이며, 수많은 버섯구름들이 하늘을 뒤덮을 것입니다. 영화에서나 보던 일들이 실제로 일어나는 것을 전 인류들이 볼 것입니다.

핵에 의해 가라앉았던 레무리아와 아틀란티스는 다시 한 번 핵에 의해 바다에서 융기하여 떠오를 것입니다. 과거의 영광을 다시 재현하기 위해서이지만 실패가 아닌 성공을 위해서입니다. 과거에 있었던 대재난이 다시 반복되는 것은 카르마해결을 위해서이며, 주기 종료를 공식화시키기 위해서입니다. 문명을 수놓았던 혼들이 그동안의 체험들을 종료하고 대미를 장식하는 때인 것입니다.

그 당시에 동원되었던 에너지들이 다시 동원되어 역할을 할 것이고, 그것이 정화과정을 통해 왔던 곳으로 돌아가면 종결되는 것입니다. 제3차 세계 전쟁은 레무리아와 아틀란티스 대전쟁이 재현되는 전쟁이 되는 것이기에 그 당시에 사용되었던 재래식 무기들뿐만 아니라, 핵무기들까지 모두 동원되는 것입니다. 즉 핵무기는 현대인들이 처음 만든 것이 아니라, 과거 문명 때에 개발되었던 것을 다시 부활시킨 것이라고 해야 합니다. 큰 충격 때문에 생겨난 트라우마는 같은 방식의 충격을 통해서 다시 복구할 수 있도록 하는 것입니다.

여러분들은 그림자 정부(딥 스테이트), 일루미나티, 프리메이슨 조직들을 왜, 그냥 두고 보는지 모릅니다. 최종 카르마를 불태워버릴 불쏘시개들로 이용하기 위해서입니다. 깨끗하게 태워 없앨 것입니다. 우리는 힘이 없어서 기다리는 것도 아니며, 다 때가 있기 때문에 저들의 행위들을 두고 보는 것이고, 전체 인류들을 위한, 전체 생명계를 위한 계획에 의해 그렇게 보여 왔던 것입니다. 역할자들이든, 변절자들이든, 체험자들이든, 범법자들이든 모두가 '이즈-비들'입니다. 우리는 버리는 것이 없으며, 다만 존재들의 선택과 결정을 존중하는 것입니다. 우리는 '카르마 위원회'의 역할에 힘을 실어줄 것입니다.

제3차 세계대전은 카르마 위원회의 계획에 의해 진행되는 것입니다. 전 주기에서의 카르마, 이번 주기에서의 카르마, 2000년 주기로, 1만 2000년 주기로, 2만 6000년 주기로 있어 왔던 카르마 패턴은 자리를 바꾸어 가며, 있어 왔던 빛과 어둠의 충돌에 의해 발생되어 왔습니다. 과거의 적이 오늘의 친구가 되었으며, 과거의 친구가 오늘의 적이 되었습니다. 주기에 따라 서로의 옷과 가면을 바꾸어가며 역할들을 하였기에, 누가 빛이고, 누가 어둠인가는 중요하지 않습니다. 서로들의 자리에서 역할들을 잘하였는지가 중요하며, 어느 정도의 카르마들이 발생하였는지가 중요하다는 것입니다. 존재의 체험만족도와 카르마 분포도에 의해 평가 결과가 나타날 것입니다.

카르마 위원회에 의해 위험군에 속한 존재들과 해결해야 할 시한폭탄이 급격하게 늘었기에, 주기 종료가 코앞에 다가왔기에, 더 이상 관망만하고 있을 수 없었기 때문에 전면에 나서게 된 것입니다. 우주 영단이 하고자 하는 프로그램에서 최우선에 있는 위원회가 되었다고 하는 것입니다. 최전선에서 작전을 수행하기 위해서는 지뢰 제거가 최우선이 될 것입니다. 그것이 바로 인류들의 집단 카르마라고 하는 것입니다. 이것을 제거하는 일이 최우선이 되었다고 하는 것입니다. 지뢰 제거를 하다가 자폭할 수도 있기 때문에 매우 신중하게 해야 함을 잘 알고 계실 텐데, 카르마 제거 역시 매우 신중하게 해야 된다는 것입니다. 개인 카르마는 대인 지뢰라면, 집단 카르마는 대전차 지뢰라고 할 수도 있습니다.

　분류에 의해 대전쟁으로 가는 길목에서 다양한 카르마들이 등장할 것인데, 개인에서부터 그룹 차원에 이르는, 크기도 다양한 범위의 카르마들이 등장할 것입니다. 마치, 게임에서 주인공을 가로막는 악당들이 다양하게 등장하는 것과 같다 할 수 있습니다. 재난의 수위도 카르마 수준에 맞추어서 펼쳐질 것이므로 극한 서바이벌을 하는 것 같을 것입니다. 물론 카르마 정리가 끝났거나, 끝나간다면 극한 상황까지 갈 일이 없을 것이나, 그렇지 못한 경우는 반드시 가야 한다는 것과, 최악의 상황들을 모두 거쳐야만 한다는 것입니다. 이것을 일부러 즐기려고 하는 이들은 없을 것인데, 그런 수준을 뛰어넘는 것이기에 모두 피하고 싶을 것입니다. 그러기에 앞서 미리 자신의 카르마를 해결하는 인생을 펼쳐나가는 것이 매우 중요한데, 서로 사랑하고 용서하며 포용하는 인생 말입니다. 쉽지만 어렵다고 하는 것입니다.

핵전쟁은 갑자기 일어나지 않습니다. 기운들이 최극점을 찍게 되는 순간이 바로 시작을 알리는 것이라는 것과, 재래식 무기들의 총동원을 통한 충돌이 최고조에 올랐을 때에, 고요한 정적이 찾아올 것인데, 마치 정전협정을 맺은 것처럼 말입니다. 이것은 전쟁이 끝났음을 뜻하는 것이 아니라, 핵전쟁이 시작되었음을 뜻하는 것입니다. 재래식 전쟁은 전선에 있는 군인들에 의해 수행되어 왔다면, 핵전쟁은 지도층들에 의해 진행되는 것이 다르다고 해야 합니다. 어느 대륙에 있든 상관없이 TV화면 속에서만 보아오던 전장의 모습들이 이제 여러분들의 도시들에서도 보이게 된다는 것이 다를 것입니다. 인류들이 집중되어 살고 있는 대형도시들은 핵미사일들의 사정권에 모두 들어갈 것이기에 죽음을 피할 방법이 없습니다.

1만 2천발 정도의 핵미사일들이 발사될 것이고, 사일로들에 저장 중이던 ICBM들이 거대한 지진들을 만나 자폭하게 될 것입니다. 마치 행성 지구가 통째로 흔들리는 것과 같은 큰 충격이 지구촌 전체를 흔들 것인데, 오랫동안 바다 속에 잠겨있던 아틀란티스 대륙과 레무리아 대륙의 깊은 잠을 깨울 것입니다. 처음, 핵미사일들은 적들의 주요거점들을 목표로 해서 발사되지만, 점차 확장될 것이며, 거대도시들이 주요 목표물들이 될 것인데, 예를 들면 뉴욕, 파리, 런던, 로마, 베를린, 바르셀로나, 도쿄, 시드니, 싱가포르, 봄베이, 자카르타, 방콕, 하노이, 베이징, 상하이, 홍콩, 서울, 예루살렘, 카이로, 테헤란, 모스크바, 워싱턴, 로스엔젤리스, 리오데자네이로 등이 그렇다고 하는 것입니다. 전한대로 고대문명의 빚을 지고 있는 모든 인류들이 해당되는 것이기에 카르마 빚을 모두 청구하는 것입니다. 고대문명 시절에도 약 75억 이상의 인류들이 살고 있었기에 카르마에서 자유로울 것이 없다고 하는 것입니다.

여러분들은 일반시민들과, 일반국민들은 지도세력들과는 다르지 않느냐 하실 것인데, 크기에서 차이가 있을 뿐이지, 카르마적 측면에서는 거의 같다고 할 수 있습니다. 피라미드형으로 구성된 집단 카르마는 전 인류와 사회층 전반을 떠받치고 있다 할 수 있으며, 일반 개인들만 보면 미미한 수준인 것이 집단화되면서 거대한 피라미드 구조를 형성한다는 것입니다. 결정은 지도자들이 하지만 그 결정이 나온 배경에는 국민들의 집단의식이 자리하고 있다는 것입니다.

여러분들은 이렇게 무서운 핵전쟁을 왜, 하느냐고 하실 것인데, 전쟁만 놓고 보자면 굳이 할 이유가 없을 것입니다. 카르마 법칙을 잘 알지 못하면 이해할 수 없는 것이 바로 이것입니다. 핵을 개발하고, 평화스런 목적이 아닌, 오직 전쟁을 위한 목적에 의해 개발된 폭탄들은 무의식 패턴 속에 감추어져 있던 카르마에 의해서 나타나게 된 것입니다. 빚을 갚는 방법 중의 가장 현명한 것은 '전지적-사랑(Omni-love)'에 의한 용서와 포용이 되는 것이지만, 그러기 위해서는 의식지수가 평균 700 이상은 되어야 하는데, 인류들이 한참 모자라기 때문에 그렇게 할 수 없어서, 훈육(訓育)의 사랑인 '엄한-사랑(Tough-love)'을 통한 방식을 이용하는 것입니다.

적용범위도 카르마의 수치와 의식지수의 수치에 의해 결정된다고 보면 되는데, 각 개인들과, 가족들과 그룹 간에 걸쳐서 이루어지는 것입니다. 핵의 영향을 많이 받을 수밖에 없는 여러분들을 위해 맞춤형 대처를 다 해두었으며, 전문가들도 대기 중에 있습니다. 과거, 여러분들과 같은 현장에서 핵폭발의 위력을 경험하였던 동료들이 지저세계들과 지상에서 여러분들을 돕기 위해 대기 중인데, 그 아픔을 고스란히 품고 있어서 여러분들을 포용하고 안위할 수 있도록 이끌 것입니다. 그때에 핵을 터트리라고 명령한 주체들이 다시 환생하여 또 한 번 스위치를 누르라고 명령하는 위치에 있게 된 것도 카르마 법칙에 따른 조치에 의해 이루어진 것입니다.

인과응보(因果應報)라고 하였습니다. 모든 것은 다 결과가 이미 나와 있고, 그 원인도 이미 다 나와 있습니다. 다 알면서 하는 것이고, 그래서 약속대련이라고 한 것입니다. 과거에 경험하였던 집단 두려움과 집단 공포는 끔찍한 것이었는데, 여러분들의 의식들을 꽁꽁 얼어붙게 하였기 때문입니다. 대량살상은 어디에서도 경험한 적이 없었습니다. 행성 말데크에서 있었던 그 끔찍했던 죽음의 향연이 다시 연출되는 것 같았습니다. 집단의식이 상승하는 것보다 추락하는 데 매우 취약한 것은 그만큼 큰 영향을 받았던 것입니다. 이 고통에 빠지게 했던 아픈 기억이 다시 돌아올 것인데, 그 당시의 현장에 직접 서 있는 여러분들을 발견할 것이며, 몸서리치게 하였던 비명소리들을 듣게 될 것입니다.

여러분들은 인생에서 가장 슬펐던, 가장 두려웠던 기억들은 떠올리려 하지 않습니다. 그날, 그 현장을 떠올릴 수 있는 것들을 멀리하고 기억 구석에서 결코 가져오려 하지 않으며, 일부러라도 망각하여 살아가려 합니다. 하지만 그러면 그럴수록 불현듯 떠오르게 하여 가슴을 후벼 파게 하는 것입니다. 극복할 수 없는 트라우마, 가슴 아픈 기억들, 분노하게 하는 기억들이 연이어서 계속 떠오르는 것은 가슴을 도려내라는 것이 아니며, 그것을 극복할 때가 되었음을 알리는 신호입니다. 그것을 돌아보면서 온전한 사랑으로 덮으라고 하는 것입니다. 더 이상 아파하지 말고, 붙잡고 있지 말고, 힘들어하지 말고, 고통스러워하지 말고, 분노하지 말고, 슬퍼하지 말며, 바람에 날아가도록 살며시 놓아주라고 하는 것입니다.

핵을 사용한 전쟁을 반복하여 다시 재현하는 것은 떠올리기 싫어서 기억의 저편에 깊게 묻어두었던 아픈 상처의 기억을 다시 재생시키기 위함입니다. 이것은 분노하라고 하는 것도 아니고, 슬퍼하라고 하는 것도 아니며, 그 상처를 다시 후벼 파라고 하는 것도 아닙니다. 고대문명의 체험을 통해 상승을 완성하지 못하고, 추락한 여러분들에게 상승의 기회를 다시 제공해 드리기 위함이며, 이 기회를 통해 빛으로의 상승을 완성시키기를 바라서입니다. 지난날처럼, 이 상처를 극복하지 못하고 다시 주저앉는다면 상승의 기회는 오지 않을 것이고, 과거의 가족들과 동료들과의 만남도 이루어지지 않을 것입니다. 1만 2000년 만에 찾아오는 이 기회는 재난이 아닌 희망이 되는 것이며, 카르마를 극복할 기회가 되는 것입니다.

핵이 아무리 많이 터진다고 하여도 분명히 안전한 곳이 있으며, 큰 영향을 받지 않는 장소들과 지역들이 있습니다. 평화를 사랑하고, 마음에 사랑이 충만한 이들은 스스로 알아서 이런 곳으로 찾아가 정착할 것인데, 빛의 인도함을 따라 그렇게 되는 것입니다. 경제활동을 위해 대도시로 몰리는 여러분들은 이러한 이들이 이해되지 않을 것인데, 자신들과는 반대의 선택을 하기 때문에 더욱 그렇다고 하는 것입니다. 현시대적 상황은 경제를 더욱 어렵게 할 것이고, 시골을 떠나 도시들로 모여들도록 점점 조여들 것인데, 시골생활을 더 힘들게 해서 도시들로 탈출하도록 유도할 것입니다. 그나마 먹고살기엔 도시가 나아 보이기 때문입니다. 이것도 다 이유가 있습니다. 도시로 집중시키는 것도, 카르마의 법칙에 의해 카르마들이 많은 이들이 도시들로 모여드는 것이고, 부채가 많은 이들이 시골을 떠나 도시들로 집중해서 들어서는 것입니다.

핵이 폭발하는 반경 안에 모두 모여 있어야 가능하기 때문입니다. 여러분들이 이 사실을 알고도 대도시들을 쉽게 떠나지 못한다면 단순히 먹고살기 위해서가 아니라, 고대문명에서부터 카르마를 가져와 있기에 그런 것입니다. 커다란 빚 덩어리를 어깨에 지고 있기에 도시를 떠날 수 없는 것입니다. 이것이 바로 운명인 것입니다. 설령, 자리를 바꾸어 준다 하여도 자신의 자리로 돌아가는 것입니다. 반드시 빚을 갚아야 이 운명의 굴레에서 자유로워지는 것입니다. 이것이 어둠과 맺은 언약이라고 하는 것이고, 여러분 스스로들의 결정에 의해 이루어진 계약 관계라고 하는 것입니다. 현대 과학은 고대의 것을 유사하게 복제하였으며, 특히 그 시대의 과학자 그룹들이 모두 과학자들로 태어나 있어 열심히 기억들을 되살려서 개발한 덕분입니다. 모든 준비들은 이미 맞추어둔 상태입니다.

평화시기에서 신 냉전 구도로 이동하는 것도 시나리오에 따라 진행되는 것이며, 서로 편을 나누어 양 진영으로 나누는 것도 계획된 대로입니다. 여러분들은 이것을 '짜고 치는 고스톱'이라고 합니다. 이것에는 아무것도 모르고 속는 이가 존재하지만, 핵전쟁 시나리오에는 속는 이가 없이 모두가 알고 있으면서 역할에 뛰어드는 것이 다르다고 해야 합니다. 백인종(白人種)들이 가장 큰 카르마를 가지고 있는데, 고대에서부터 현대문명에 이르기까지, 마치 자신들이 문명을 주도하는 것인 양 거들먹거리고는 있으나, 카르마 때문에 자리를 내어준 것 때문이지, 저들의 의식이 뛰어나서는 결코 아닙니다. 그래서 영적시대가 오는 다음주기에는 뒤로 물러날 수밖에 없음이고, 무아인들에 의해 영적사회가 정착될 것입니다.

혹인종(黑人種)들 역시 큰 카르마를 가지고 있고, 백인종들과 함께 협력하여 카르마를 청소할 것입니다. 고대문명 시절인 레무리아 시기에 교만으로 인하여 추락을 경험하였습니다. 현대문명에서는 겸손을 배우는 과정이었습니다. 영적교만이 얼마나 부끄러운 것인지, 이번 문명을 통해 배우게 된 것이며, 마지막 카르마를 화려하게 정화하면서 다음 주기를 시작하게 될 것입니다. 문명을 이끌 수 있으려면 잘난 척해서도 안 되는 것이고, 못난척해서도 안 되는 것입니다. 진정한 리더는 존경을 받아야하고, 온전한 사랑과 자비를 통해 그렇게 되는 것입니다. 모든 빚들을 갚고 나면 진정한 평화의 시기가 나타날 것입니다.

동유럽에서 시작된 전쟁은 서쪽과, 남동쪽으로 이동하여 중동에 옮겨올 것이고, 이렇게 시작된 전쟁의 산불은 아시아를 돌아 극동에서 정점에 이를 것입니다. 아시아의 용은 사방으로 불을 토해낼 것이고,

불바다로 만들 것입니다. 이 전쟁의 불길은 쉬이 꺼지지 않을 것이며, 지도자들의 뜨거운 열망은 기름을 붓는 것과 같아서 모두가 알고 있지만 불길 속으로 들어가는 모습들을 보게 될 것입니다. 평화를 외치는 구호는 공허하게 스러질 것이며, 전쟁을 독려하는 소리만이 도시를 울릴 것입니다. 이 전쟁의 소용돌이는 핵으로 옮겨갈 것이고, 핵으로 모든 것을 끝내려고 할 것입니다. 여러분들은 평화가 오기만을 학수고대하겠지만, 카르마가 해결되기 전에는 오지 않을 것이며, 인류들의 마음들에 사랑이 꽃피우는 때에 평화가 정착될 것입니다.

산불은 모든 것을 태우지만, 그 잿더미 속에서 새싹들이 나옵니다. 제3차 세계대전은 전 지구촌을 산불로 태우는 것처럼, 그렇게 진행될 것이기에 이 전쟁에서 자유로울 나라와 지역은 있지 않을 것입니다. 왜냐하면 만들어 놓은 모든 무기들은 사용될 것이며, 무기고들이 텅 비고 나서야 멈출 것이기 때문입니다. 사람들의 감정 체계들도 마치 총에 장전된 총알과 같아서 격발되는 순간에 막을 수 있는 방법이 없는 것처럼, 상대들을 향해 발사될 것이고, 응어리진 카르마 덩어리들을 터뜨릴 것입니다. 모든 무기들과, 군인들이 총동원될 것이고, 민간인들까지도 동원될 것이며, 아무것도 평안한 곳이 없게 될 것입니다. 이제는 쌓아둘 시기가 아니라, 풀어야 할 시기입니다. 시기와 상관없이 그동안 쌓여 있던 카르마 덩어리들을 모두 풀어내어 해결할 시기가 온 것이기에 자연스럽게 전쟁과 묶어서 풀고자 하는 것입니다. 집단적 카르마는 특히나 전쟁을 통해 해결하는 것이 효과가 좋았기 때문에 그렇게 푸는 것입니다.

재래식 전쟁은 현대문명과 관련된 카르마를 푸는 목적이라면, 핵전쟁은 과거 고대문명과 관련된 카르마를 푸는 목적으로 활용된다고 하는 것입니다. 나라들이 가지고 있는 핵무기의 숫자들은 카르마와 비례해서 가지고 있다고 할 수 있으며, 폭발에 의한 피해 정도 역시 카르마와 비례한다고 할 수 있습니다. 미국 약 7,400개, 러시아 약 8,500개, 중국 약 200개, 프랑스 약 300개, 영국 약 225개, 인도 약 200개, 파키스탄 약 130개, 이스라엘 약 300개, 북한 약 100개 해서 1만 7,355개 정도의 핵이 보관되어 있는 것이며, 발사해서 투하된 지역에서 폭발하는 경우와 보관 중이던 장소에서 폭발하는 경우라고 해야 할 것입니다. 그 피해 정도는 컴퓨터 시뮬레이션으로 이미 다 나와 있어서 모두가 알 것인데, 한국인들이 핵을 가져야 한다는 생각은 모두 바뀌어야 할 것이며, 카르마가 있다면 그럴 것이고, 없다면 없을 것입니다.

여러분들은 핵에 대한 두려움과 공포가 있습니다. 이미 히로시마와 나가사키에서 그 영향을 보았기 때문이고, 많은 영화를 통해 연출된 장면들을 보았기 때문입니다. 그런데도 불구하고 강대국들을 중심으로 경쟁하듯 만들어 낸 것이고, 약소국들이 만들어내는 것을 철저히 막아내지 못하고 있는 것은 카르마로 인하여 만들기 때문에 막을 수 있는 것이 아니라고 하는 것입니다. 동유럽도 러시아와 미국의 대립이라고 해야 하고, 중동도 미국과 러시아, 중국의 대립, 아시아에서도 미국과 중국, 러시아라고 해야 합니다. 물론 미국 쪽으로 프랑스와 영국, 인도, 이스라엘이 합류할 것이고, 러시아 쪽으로 파키스탄, 북한, 중국이 함께 할 것입니다. 그 외의 나라들은 재래식 무기전쟁에 합류할 것인데, 일본과 한국은 미국 쪽으로 합류할 것입니다. 전쟁에는 지도자의 암살이 등장하게 되어 있고, 이 역시 시나리오에 있는 것들입니다.

　제3차 세계대전은 빛과 어둠, 자유진영과 사회주의 진영의 싸움이 아닙니다. 여러분들은 그렇게 볼 것이고, 누가 승리하고 패배할 것인가를 따질 것이며, 종교적 접근방식을 들어 더욱 그러할 것인데, 그렇게 단순한 전쟁이 아닙니다. 우주들의 순환주기에 따라 진화 체험을 시작한 소주기와 대주기의 회로가 마무리될 시점에 있게 되는 물리적인 최종 전쟁이 되는 것으로서 대주기에 얽혀 있었던 카르마를 해결하는 차원에서의 전쟁이라고 하는 것입니다. 그래서 이념도 아니요, 종교도 아니요, 인종과 민족 갈등도 아니라고 하는 것입니다. 서로들이 가지고 있는 카르마들을 해결하기 위해 판을 짜서 하는 전쟁이기에 인류 문명 개시 이후로 가장 큰 규모의 전쟁이 될 것입니다. 이 전쟁은 처음이면서 마지막이 될 것인데, 두 번 다시는 없을 것이기 때문입니다. 인류 역사를 통틀어서 가장 비참하고, 가장 참혹한 전쟁이 될 것이기에 그런 것입니다.

　레무리아와 아틀란티스 문명의 주민들이었던 레무리아인들과 아틀란티스인들은 이번 주기를 끝으로 의식 상승을 통해 물질체를 벗을 것이며, 오랫동안 기다려 온 형제자매들을 만날 것입니다. 더 이상 윤회의 굴레를 돌지 않아도 되는 빛의 상승자들이 되는 것이며, 새로운 문명을 이끌어 갈 새 인류들의 배후에서 영적 안내자들이 될 것입니다. 과거의 패턴을 다시 복습한 것은 미완성이었던 부분들을 완성으로 종결하기 위해서였습니다. 그래서 현대문명은 과거의 것을 그대로 재현한 것이었습니다. 특히 자신들에게 가장 크고 깊은 트라우마를 남겼던 핵전쟁 상황을 그대로 펼쳐서 그때의 깊은 상처를 아우르고 꿰매어 치료하기 위함입니다. 이들의 집단의식은 그것을 결정하여 받아들였으며, 그것을 아름다운 축제의 장으로 꾸밀 것을 선택하였습니다. 이제, 과거의 상처에서 도망치지도 않을 것이고, 애써 외면하지도 않을 것입니다. 당당하게 가슴을 열어 그 모든 것을 받아들임으로 도망자가 아니라, 승리자가 될 것입니다.

우리는 '마누 바이바스바타(Manu Vaivasvata)'와 '마누 히말라야(Manu Himalaya)'에 의해 행성 지구에 정착했던 종족들을 이제 졸업시키는 것입니다. 백색 광선을 체험했던 레무리아인들과 녹색 광선을 체험했던 아틀란티스인들은 이 무대를 마지막으로 떠나는 것인데, 피날레를 화려하게 장식하고 장막 뒤로 떠날 것입니다. 이들은 루비 광선을 체험하고 있던 현대 인류들의 선배들로서 후배들을 위해 마지막 무대를 장식하는 주인공들로서 열연을 펼칠 것입니다. 우리는 우레와 같은 환영의 박수를 통해 이들의 연기에 힘을 실어 줄 것이며, 정점에 올라 상승 기류에 오르는 것을 축하할 것입니다. '마누 메루(Manu Meru)'는 이들을 기쁘게 떠나보낼 것입니다.

3차 세계대전이 종결되고 나면 인류들이 하는 카르마 정화 계획은 완료되며, 행성 영단이 주체가 된 카르마 정화 계획이 작동됩니다. 지구 극이동이 예정되어 있어서 최종 정화 프로그램을 운영하려하는 것입니다. 다차원에 걸쳐서 이루어지는 계획에 의하여 물리적 충돌에 의한 전쟁들이 마무리되면 영적 충돌에 의한 전쟁도 마무리를 보아야 할 것입니다. 트랙을 분리시키는 작업은 유사 이래로 처음 계획되어 진행된다고 보면 되는데, 과거 대책 없이 운영되었던 감옥 행성 시절에 우주의 말썽꾸러기들인 인신매매범들과 범법자들을 다른 이즈-비들과 완전 분리시키지 않고 뒤섞어 놓았던 실수가 오늘날 커다란 문제를 만들게 되었습니다. 말하자면 실제적인 감옥 행성인 다몬(Damonn)에 갱생을 포기한 범법자들을 이동시키는 작전이 있습니다.

물질체들을 벗기는 과정에 이들 범법자들을 통합 관리하는 것은 '아쿼런 특수전 사령부(ASWC)'가 할 것입니다. 빛으로 상승하는 존재들은 '아쉬타르 사령부(AC)'가 통합 관리할 것이고, 전 과정은 '이온 상임 이사회'가 총연출하는 것입니다. 행성 지구에 유입된 에너지들과, 새롭게 들어서는 에너지, 정화를 통해 떠나야할 존재들과, 남아야 할 존재들을 모두 분리시키는 과정들이 있는 것입니다.

여러분들은 죽음에 포커스가 맞추어져 있어서 이 과정들을 이해하지 못할 것이나, 그것은 여러분들의 잘못이 아니며, 그것 역시 하나의 과정이라는 것입니다. 여러분들은 대재난이 왜, 일어나야 하는지, 이해하지 못해도, 그냥 받아들여야 하며, 나중에 가서 이해하게 될 것입니다. 종교적 심판으로 받아들이는 것도 어쩔 수 없지만, 성장하면 이해할 것입니다. 하늘은 왜, 타락하고, 타락천사들은 왜 나왔나 하는 것 역시 성장하면 이해할 것입니다. 홀로그램 우주도 이해할 때가 주어지게 될 것입니다. 모두가 양극성 실험이었다고 하는 것도, 머리가 아닌, 가슴으로 깨달을 때가 올 것입니다.

우리는 여러분들에게 이해를 구하지 않습니다. 하늘의 뜻을 피조물들에게 일일이 설명하며 실행하지 않습니다. 이해하지 못하고, 깨닫지 못한다 하여도 안타까울 필요도 없습니다. 모든 것은 조화와 화합에 의해서 이루어지며, 때가 되면 스스로 알아지는 것입니다. 우리를 믿지 못하고, 이해하지 못하여도 우주의 순환회로는 회전하는 것입니다. 여러분들이 깨어나는 시기가 다 똑같을 수는 없지만, 때가 되면 자신의 일정(진화대계)에 따라 눈이 열려 진정한 하늘을 바라볼 것입니다.

핵(核: Nuclear)은 잠든 여러분들의 의식을 깨울 것입니다.

우리는 야나스이며, 이온 상임 이사회입니다.

'아-모-레-아 에-카-샤(A-mO-RA-eA Ec-Ka-shA)'

21. 영적 전쟁 I
(Spiritual Warfare One)

사랑하는 여러분,

전쟁은 상대가 있어야 하는 것입니다. 영적 전쟁 역시 그렇다고 하는 것이고, 그 상대가 누구인지가 중요하다고 하는 것입니다.

우선 격언에 보면 '지피지기(知彼知己)면 백전불태(百戰不殆)'라고 하였습니다. 적을 알고 나를 알면 백번 싸워 지지 않는다는 뜻을 가진 이야기입니다.

싸움의 상대인 적이 누구인지 알아야 하겠습니다. 기독교에서 사용하는 사탄, 악마라고 통상 이야기하고 있지만 진실을 전하고자 합니다.

영이 물질우주 체험을 선택하자, 체험의 상대가 필요해졌습니다. 왜냐하면 체험을 제대로 하고 있는지 검증이 필요했고, 그것을 도와줄 상대가 필요했기 때문이었습니다. 그래서 첫째로 형성된 관계가 창조자와 피조물(Creator & Creation)이었으며, 둘째가 아담과 이브(Adam & Eve)였습니다. 인류로서 첫 시작된 인생에서의 키워드였습니다.

나를 창조해 준 신과, 신에 의해 창조된 나의 배우자가 인생 첫출발에서 마주했던, 보이지 않는 신과 나와 같은 물질체로 있는 상대인 이브였던 것이었습니다. 물론 신이 보이긴 했지만 워낙 키가 커서 나와 대화할 때에는 반 무릎을 하고 앉아야만 했습니다. 이때의 대화는 텔레파시로 이루어졌고, 생각과 마음은 형성되기 전이었습니다.

나, 여기에서는 아다파(Adapa), 아담(Adam)입니다. 인류의 시조이면서 아버지였던 존재입니다. 종교를 떠나 행성 지구에서 첫 번째로 사람의 형상을 하고 태어난 존재, 물론, 유인원들도 있었고, 동굴인들도 있었으나, 지적 생명체로서 처음 지구를 거닐었던 존재였습니다.

인류들에게 폭력성이 생기고, 첫 살인이 발생하였으며, 이웃들과 충돌이 첫 전쟁이 되었을 때에 죽음을 경험하게 되었습니다. 나의 배우자였던 이브가 노환(老患)으로 첫 번째 죽음(자연사)하였을 때에, 내가 두 번째로 병사(病死)하였을 때에는 마음의 전쟁, 영적 전쟁이 없었습니다.

인류사에서 언제부터 마음의 전쟁, 영적 전쟁이 시작되었을까요? 이것은 종교하고는 전혀 무관한 것이며, 아다파 이후로 인류들의 역사가 시작되고 나서 한동안은 없었던 일이었습니다. 그것도 오랫동안 그랬다고 하는 것인데, 아눈나키 신들이 함께하고 있었을 때까지 그랬다고 하는 것입니다. 물론 세부적으로 들어가서 이야기해야 합니다. 인류들이 6쌍 12줄기의 유전체를 잘 보존하고 있었을 때에는 마음의 전쟁도, 영적 전쟁도 없었다는 것과, 어떤 갈등도 없었다는 것입니다. 이때의 인류들은 신들과, 내면의 신성과도 텔레파시로 대화를 하였기에 따로, 요즘과 같은 수행과 명상은 필요하지 않았습니다. 송과체에서 아주라이트 호르몬이 잘 분비되어 장애가 없었습니다. 이때의 인류들의 피부는 밝고 투명한 푸른빛을 띠고 있었는데, 아주라이트가 혈관을 통해 순환하고 있었기에 그랬다는 것이며, 그래서 신과 동행했던 인류들의 참 모습이었다고 해야 합니다.

인류들의 마음에 분리가 일어나게 된 것은, 바로 신성과의 분리라고 해야 합니다. 정확히 6쌍 12줄기의 유전자가 파괴되어 1쌍 2줄기로 줄어들었을 때를 기점이라고 해야 합니다. 그때를 기준으로 해서 텔레파시가 중단되었으며, 아주라이트 분비도 중단되었습니다. 인류들은 마음의 소리를 더 이상 들을 수 없었고, 피부 또한 푸른빛을 잃었습니다. 다만 하나의 언어체계가 있어서 불편함을 상쇄하고 있었으나, 마르둑-루시퍼 때문에, 언어 중추 기능도 파괴되어 하나의 언어도 쓸 수 없게 되었습니다. 이 조치는 엔릴과 아누가 중심이 되어 9차원 니비루 위원회에 의해 이루어진 것입니다.

이때부터 내면의 신을 잃어버린 인류는 외부의 신들이었던 아눈나키 신들에게 의존하게 되었습니다. 아브라함의 신, 이삭의 신, 야곱의 신이 되었던 것입니다. 일찍 죽어야 했던 인류들에게는 죽지 않는 신들인 아누, 엔릴, 엔키, 닌허사그, 마르둑, 토트, 이난나 등, 아눈나키들이 선망의 대상들이 되었던 것입니다. 나중에는 경배의 대상들이 되었습니다.

아눈나키들에 의해 교리와 종교들이 인류들에게 소개되기 시작했고, 적이라고 하는 사탄, 악마도 소개되었다고 합니다. 마음의 전쟁이 시작된 것입니다. 인류들이 더 이상 신성을 찾을 수 없도록 하기 위한 정책에 의해 세뇌작업이 진행되었으며, 아눈나키 신들에 대한 좋은 추억들도 제거하게 되었습니다. 바로 유일신 개념이 들어선 것입니다. 모세에게 전달된 십계명(十誡命)이 대표적이라고 해야 합니다. 인류들을 이렇게 꽁꽁 묶어 둔 것은 바로 '마르둑-루시퍼'였습니다. 그는 인류들에게 유일신이 되었으며, 인류들을 영적 전쟁의 희생물들이 되게 하였습니다.

지금 형태의 수행과 명상들이 들어선 것도 이때쯤으로 보아야하고, 종교라는 허접 쓰레기 속에 빠져 버린 것도 이때쯤이라고 보아야 합니다. 분리된 마음속에서는 늘 전쟁이 일어나 인생을 비탄 속에 잠겨 허비하도록 한 마르둑-루시퍼의 결정에 의해 인류들은 끝없는 마음의 전쟁과 영적 전쟁을 해 왔던 것입니다. 이것은 단순히 체험을 위해서가 아니라, 정말로 불필요한 요소였지만, 큰 범주에서 본다면 이것 역시도 마르둑-루시퍼에게 감사해야 하는 것이었습니다. 행성 지구가 아니었다면 결코 체험할 수 없었던 것이었으니, 그런 측면에서 감사하다고 하는 것입니다. 인류들은 마음의 전쟁을 통해서 분리와 싸워 왔는데, 빛과 어둠, 양과 음, 선과 악이라고 하는 부분 말입니다. 적이 없었다면 결코 할 수 없는 체험이었습니다. 이 적은 바로 분리된 여러분이라고 하는 것입니다.

평행 우주가 있다고 하였습니다. 여러분들의 자아도 분리되어 평행 우주에 있게 된 것이고, 속성을 달리하여 여러분들의 상대가 되었던 것입니다. 자아가 분리되지 않았다면 이 체험은 진행될 수 없었기에 12광선 체험은 이루어질 수 없었을 것입니다. 12광선의 특성들을 모두 체험하기 위해서는 물질체를 수시로 바꿀 수는 없어도, 분리된 자아를 통해서 할 수 있도록 한 것입니다. 일례로 '내 마음이 내 마음 같지 않다.'고 합니다. 마음이 여러분들 것이었다면 다양한 체험을 할 수 없었을 것이고, 원하던 바를 이룰 수 없었을 것입니다. 거울이 되어준 분리된 자아는 친구가 되기도, 적이 되기도 하였으며, 양극성의 끝에 서서 위태로움을 연출했던 것입니다.

마음속에 있는 나와, 그것을 바라보고 있는 나, 수많은 거울에 반사되어 비추고 있는 나, 거울 속에 있는 나가 나일까요? 거울을 바라보고 있는 나가 나일까요? 그것을 물어보고 있는 나가 나일까요? 여러 유형으로 나뉘어져 있는 나는 하나의 나에서 파생되어 나온 나인 것입니다. 12광선의 속성을 따라 파생된 나는 자신이 본질이라고 주장하여 서로 싸우게 되었으며, 어떠한 것이 진실인지 다투게 되었다는 것입니다. 그렇게 끝없이 싸움을 이어 온 수많은 나는 무엇이 진실인지 알고 싶어졌고, 가짜들을 찾아내어 솎아내게 된 것입니다. 인생을 종료할 때마다 하나의 거짓들이 소멸되어 사라졌는데, 하나의 광선 체험이 종료되었음을 의미했습니다.

전쟁에서 패한 거짓된 나(거울에 반사된 나)는 두 번 다시 나타나지 않았으며, 새로운 인생에서 새로운 나가, 나와의 전쟁을 이어갔습니다. 물질에 너무 집착하여 있다면 이 전쟁은 쉽지 않을 것이고, 자칫하면

패할 수도 있었습니다. 만약, 나와의 전쟁에서 패하였다면 반복되는 인생을 살아야 했으며, 전쟁에서 승리했을 경우에만 다음 과제로 넘어갈 수 있었습니다. 지루함을 없애기 위해 지나온 과제는 기억나지 않도록 해서 방해받지 않게 하였습니다. 거울에 투영된 나는 나의 모든 것을 그대로 가지고 있었기에, 어떤 경우에는 좀 더 강한 스킬을 가지고 있어서 쉬운 상대가 결코 아니었으며, 빈틈을 기가 막히게 찾아내는 명민함을 갖추기까지 하여 긴장을 풀 수 없도록 하였습니다. 이 전쟁에서 승리해야 다음 인생에서는 새로운 과제로 전쟁을 할 수 있었습니다.

마음의 전쟁이 막바지에 이르게 되면, 어둠의 속성과의 전쟁이 시작되고, 이 전쟁은 어떻게 하느냐에 따라서 한 인생에서 종결할 수도 있고, 그렇지 않으면 여러 인생을 통해서 해야만 하기도 했습니다. 반복된다 하여도 기억나지 않는다고 하였기에 처음부터 새로 시작하는 것과 같았습니다. 이 전쟁은 나를 벗어나서는 이루어지지 않았는데, 대상이 바로 나였기에 그런 것이었습니다. 다양한 속성을 가지고 있었지만 본질은 나였다는 것입니다. 고타마 싯다르타를 시험한 마라(魔羅)도 또 다른 고타마 싯다르타였으며, 예수아를 광야에서 시험한 마귀 역시도 거울 속 예수아였다는 것입니다. 제3의 존재가 시험한 것이 아닌, 바로 자신의 어둠의 속성이 스스로를 시험한 것입니다.

마음속 전쟁은 자신과의 전쟁입니다. 이 전쟁은 누군가 대신 할 수 없습니다. 스스로만이 할 수 있어서 언제가 되었든 반드시 해야 하는 것이고, 승리해야 벗어날 수 있는 것입니다. 인생을 선택하였다면 반드시 통과해야 하는 것이고, 강제에 의해 인생으로 태어났다면 반드시는 아니더라도 조건부로서 통과해야 하는 것입니다. 조건부는 자신의 신성을 회복하는 것입니다. 누구의 도움을 통해서가 아니라, 스스로에 의해서 말입니다. 인생은 쉽지 않습니다. 수없는 거짓과의 전쟁을 해야 하기 때문입니다. 인생 자체가 거짓이기에 더군다나 쉽지 않다고 하는 것이고, 거짓된 빛 속에서 진실한 빛을 찾아야 하기 때문에 수없는 관문을 격파하며, 통과해야 한다는 것입니다.

수행하는 이들은 마음속 전쟁을 많이 할 것인데, 전쟁을 하다 북한과 남한처럼, 정전협정 상태로 있는 경우가 다반사라고 하는 것입니다. 전쟁을 뒤로 미루고 차일피일 시간만 보내고 있다는 것입니다. 그것은 첫째로 전쟁을 할 줄 몰라서이며, 둘째는 두려워서인데, 용맹정진(勇猛精進)한다고 합니다. 그러면 마라(魔羅)를 만날 것이고, 마라와의 피 튀기는 전쟁을 해야 하는 것인데, 그런 경우가 없어서입니다. 수행자들을 무시하는 것이 아니라, 수행자들이 전쟁을 제대로 알고, 제대로 수행해야 하는 것을 피하거나 모르고 있어서입니다. 뭐, 이유야 다양하게 있을 것이지만 정전 협정 상태가 너무 길다고 하는 것입니다.

전쟁은 모든 것을 다 갖추었다고 승리하는 것이 아님을 잘 알고 있을 것입니다. 혹여, 자만하고 있다면 필패(必敗)는 당연한 것입니다. 두려워도 지는 것은 당연합니다. '살고자 하면 죽을 것이요, 죽고자 하면 살 것이라'는 이야기도 있습니다. 마음속 전쟁의 나는 나를 너무도 잘 압니다. 약점까지도 다 알고 있습니다. 어찌 보면 전쟁을 시작하기도 전에 이미 패했다고 할 수도 있습니다. 모든 것이 불리합니다. 그렇다고 해서 이 전쟁을 안 할 수도 없으며, 피할 수도 없습니다. 질 수밖에 없지만 해야만 합니다. 경력을 쌓으려고 하는 것은 아닙니다. 반드시 승리하기 위해 하는 것입니다. 거의 불가능에 가깝습니다. 조건이 이렇다 보니, 대부분이 포기하거나, 피하고 있는 것입니다.

물론, 이 전쟁을 하지 않아도 수행자로서의 경력을 쌓을 수는 있습니다. 반드시 이 전쟁을 치르라고 강요하지는 않습니다. 해도 그만, 안 해도 그만입니다. 하지만 수행자들은 명예를 중요시 여깁니다. 마음속 전쟁은 사실 명예로운 것이었으나, 성공하는 이들이 나오지 않자, 기피 대상이 되었던 것입니다. 그러니 적당히 전쟁을 하는 척 흉내만 내다가 포기하고 물러서는 것입니다. 명예만을 누리기로 선택한 것이었습니다. 그래서 전쟁의 승패와는 상관없이 고행(苦行)을 몇 년 했는가, 하는 결과를 따져서 화장(火葬) 후에 사리가 몇과 정도 나왔는지가 수행의 완성 척도로 자리 잡았습니다.

수행자들이 자신과의 전쟁을 포기하고, 물질적 명예에만 관심을 갖게 되자, 종교화를 통해 추락하게 된 것입니다. 빛과 어둠의 전쟁에서 어둠이 승리한 것이고, 영적 전쟁에서 마라, 사탄이 승리한 것입니다. 여러분들은 마라, 사탄이 제3의 존재이고, 하느님의 반대 세력인 적-그리스도라고 합니다. 일부는 그렇지만 그것이 전부는 아닙니다. 여러분들이 빛과 어둠이라는 이분법 실험을 선택하였을 때에, 그것을 도와줄 그룹들이 있었고, 이들이 빛과 어둠으로 편을 나누어 여러분들의 체험을 돕게 된 것입니다. 이것은 거시적 측면에서 이루어진 것이었으며, 미시적 측면에서는 여러분들의 영적 측면에서 빛과 어둠으로 편을 나누어 체험이 이루어지도록 하였다는 것입니다. 그래서 여러분 내면에서 빛과 어둠의 실험이 있었던 것이고, 고타마 싯다르타는 마라라는 어둠이, 예수아는 사탄이라는 어둠이 시험을 하게 한 것입니다.

우주에서 들어온 타락 세력과의 전쟁은 거시적 측면의 영적 전쟁이고, 여러분 내면의 어둠과의 전쟁은 미시적 측면의 영적 전쟁이라고 하는 것입니다. 말씀드린 데로 1~15차원 단계의 거시적 우주와 1~15차원 단계의 미시적 우주가 있다고 하였습니다. 거시적 우주는 빛의 우주선을 타고 가야하는 장소로서의 우주인 반면에, 미시적 우주는 내면의 차크라 센터를 통해 상승해야하는 우주라고 했습니다. 빛과 어둠의 전쟁은 우주에서도 있었지만, 존재들의 내면에서도 있었다는 것입니다. 거시적 우주에서의 전쟁은 '아퀘린 특수전 사령부'와 '아쉬타르 사령부', '아샤룸 사령부'가 주도하는 것이며, 미시적 우주에서의 전쟁은 여러분들이 주도하는 것입니다. 여러분들이 빛의 전사들이 되는 것이고, 여러분들의 어둠의 속성이 어둠의 전사들이 되어 여러분들과 전쟁을 하는 것입니다.

이 전쟁을 할 수도, 안 할 수도 있습니다. 선택은 자유입니다만 애초, 빛과 어둠의 실험에 참여한 것도 여러분들의 선택이었으며, 반드시 승리하겠다고, 성공하겠다고 서약한 것도 여러분들이었습니다. 고타마, 노자, 예수아만이 전쟁에서 승리한 것은 자신들의 서약을 잊지 않았으며, 스스로 전쟁에서 승리할 수 있다는 확고한 믿음이 있어서였습니다. 거시적 측면에서의 방해와 장애들이 있었고, 미시적 측면에서의 방해와 장애가 있었으나, 굴복하지 않고 그 방해와 장애들을 넘어서 진정한 자유를 찾았던 것입니다. 니비루 진공망이라는 장애, 뒤집혀진 머카바 체계와 여호와 일곱 봉인이라는 장애 등이 있었으나 그 전쟁에서 도망지지도, 피하지도 않았으며, 정공법으로 맞부딪쳐서 승리할 수 있었던 것입니다.

우리는 내면과의 영적 전쟁을 하는 여러분들을 응원하는데, 이 전쟁에서 승리해야 그리스도가 깨어 일어나는 것이고, 신성 불꽃이 타오르게 되는 것입니다. 외부적인 전쟁은 물질인생에 국한되어 있고, 내부적인 전쟁은 영적 인생에 걸쳐 있습니다. 어느 전쟁이 중요한지 알 것인데, 현재까지는 차일피일 뒤로 미루었던 부분들을 허용하였지만, 주기 종료를 앞두고 있는 이 시대에는 더 이상 미루는 것은 허용되지 않습니다. 그렇다면 남은 인생은 다른 행성에서 시작해야 되는 것이며, 그것도 가장 열악한 환경에서 말입니다.

왜, 영적 전쟁을 해야만 하는가?

여러분들은 본래 자웅동체(雌雄同體: hermaphrodite)였습니다. 물질체의 기준으로 본다면 4D 아스트랄체, 5D 혼체, 6D 혼은 남성성과 여성성, 양성과 음성이 분리되지 않고 있었습니다. 체험을 선택한 여러분들은 양성을 분리시켰으며, 분리된 상대의 성을 비교 체험하게 된 것입니다. 또한 7~9D 에테르체의 경우에는 빛과 어둠을 분리시켰고, 상대성을 비교 체험하게 되었던 것입니다. 이 뜻에 의해 여러분 내면에는 빛의 속성인 선함과 어둠의 속성인 악함이 공존하게 되었습니다. 두 가지 속성은 여러분들의 물질 체험을 가속화시켰으며, 분리감을 가

인시켰던 것입니다. 3D 세계까지 하강한 여러분들은 극과 극으로 나뉘진 체험을 분리된 물질체 속에 들어가 체험하게 되었습니다. 그래서 여러분들은 반쪽 성향을 가진 존재가 자신이라고 인식하였고, 나머지 반쪽을 이성 상대로서 찾게 된 것이며, 둘의 결합이 인생의 과제를 완성한 것으로 받아들였습니다. 그렇지만, 서로의 결합이 잘못되었다고 받아들이는 경우들이 늘어나면서 이혼율이 급증하게 되었습니다.

체험의 질이 높아지면서 성소수자들이 급격히 늘어나게 되었는데, 물질체 성(性)과 감정체 성(性)의 다름에 따른 체험이 시작된 것입니다. 분리를 통해 각 성향들이 가지고 있는 특징들을 체험하고자 했던 여러분들은 다양성 측면에서 체험들을 한 것이며, 이것을 통해 통합을 성취하고자 한 것입니다. 통합은 쉽게 성사되지 않았습니다. 전한대로 타락 세력들의 개입이 있고나서 통합의 길이 막혀 버렸고, 끊어져 버렸으며 그것을 기억하고 있던 정보들마저 강제 삭제당하였던 것입니다. 하강은 하였으나 내려온 길이 파괴되고, 그 기억도 사라져서 돌아갈 수 없게 된 것입니다. 이렇게 상황이 최악으로 변하고 나서 아무도 이즈-비라는 것을 몰랐던 것입니다. 그러나 알다시피 고타마와 노자, 예수아가 불가능을 극복하고 상승의 길을 개척하여 열게 되었으며, 기억도 되살려 내었던 것입니다.

여러분들이 체험을 위해 분리시켰던 빛과 어둠, 선함과 악함은 타락 세력들의 개입에 의해 변질되어 과거의 방식으로는 극복할 수 없었으며, 전인미답(前人未踏)의 길이 되었던 것입니다. 또한 과거에는 기꺼이 도전을 받아 주었지만, 변질된 이후부터는 도전조차도 할 수 없게 하였던 것입니다. 이 난공불락을 뚫은 것이 바로 고타마, 노자, 예수아라고 한 것입니다. 도전이 전쟁이 되었던 것입니다. 어둠의 속성은 강력한 마법과 같아서 죽음을 불사하고 전쟁을 하지 않으면 풀리지 않습니다. 여러분들의 가장 취약한 부분들을 공격하기 때문에 접근하기가 쉽지 않습니다. 그리고 여러분들은 어둠의 약점을 모르고 있어서 대응할 수조차 없다고 해야 합니다.

영적 전쟁은 물질세계 체험을 위해 제공된 마음을 다시 돌려주는 것이라 할 수 있으며, 체험 과정에 발생했던 모든 것들인 마음에서 일어난 것들을 정리, 정화시키는 것입니다. 마음을 비운다고 할 수 있고, 마음을 완성했다고 할 수 있음인데, 더 이상 체험할 것이 없다고 해야 합니다. 아무것도 할 것이 없다. 관심도 없다. 하고 싶지 않다. 모든 것이 무의미하다. 마음에서 일어나는 어떤 것과도 충돌이 일어나지 않으며, 유혹당하지도 않으며, 관심조차 있지도 않게 되는 것이 마음이 정화된 상태, 비워진 상태, 돌려줄 때가 되었다는 것입니다. 마음이 사라지고 나면 빛과 어둠이 통합된 상태로 변하고, 즉 색계(色界)를 넘어 무색계(無色界)에 이른다는 것입니다. 하강하여 나타난 흰빛이 어둠과 통합하여 투명한 빛으로 변한다는 것으로 비워진 마음에 전지적-사랑이 충만하게 넘치게 되는 것입니다.

마라와 사탄은 어둠의 속성이자, 색계, 물질계를 주관하는 마음입니다. 이 마음이 없었다면 물질계 체험은 이루어지지 않았습니다. 영이 가지고 있는 마음은 분리되지 않은 마음입니다. 혼이 가지고 있는 마음은 색이 있는 마음, 분리가 일어난 마음입니다. 바로 흰빛과 파생 광선인 블루, 황금, 핑크, 그린, 루비, 보라입니다. 이 광선들의 체험이 마음을 통해 일어났던 것입니다. 이 체험을 통해 어둠의 속성인 카르마들이 발생한 것이고, 색이 혼탁해졌던 것입니다. 빛의 진동수가 떨어지면서 물질계에 고착화되었던 것이며, 이것이 집착의 결과였습니다. 이런 인류를 추락했다고 표현한 것입니다. 비유하자면, 사탄의 유혹에 넘어갔다고 한 것입니다. 아담과 이브처럼 말입니다.

아다파와 릴리스는 900년 이상을 살다가 물질체를 벗었습니다. 그들의 자녀들인 지우수드라(노아)때까지 그러했다는 것인데, 빛과 어둠의 전쟁을 시작했으며, 그 전쟁을 승리로 완성하였습니다. 물질 체험을 성공적으로 마무리하였다고 할 수 있는 것은 900년 정도의 물질 체험이 끊어짐 없이 이어졌기 때문에 흔히 기억 단절은 일어나지 않았고, 깨달음의 정보들 역시 고스란히 간직하고 있었기에 물질 체험을 완성할 수 있었던 것입니다. 아눈나키의 유전자가 그것을 가능하게 하였던 것이며, 하나를 가르치면 열을 안다는 표현처럼, 지혜로운 인류들이 되었던 것입니다. 양극성 실험이 성공하는 것처럼 보였음인데, 마르둑-루시퍼의 강제 개입에 의해 인류들의 유전체가 파괴되고, 나이가 급격히 줄어들고 나서는 상황이 반대가 되고 말았던 것이며, 더 이상 완성하는 인류들이 나오지 않게 되었던 것입니다.

이때 이후로는 성공할 수 없는 전쟁이 되어 버렸고, 패잔병들이 되었던 것입니다. 전쟁에 참전은 하였으나, 승리하지는 못하고 패배만 하다 보니, 점차 타성에 젖게 되었으며, 아예 참전을 포기하는 일까지 생겨났고, 그것이 일상화되었던 것입니다. 아무도 빛과 어둠의 전쟁을 수행하지 않으면서 어둠은 승리자가 되었고, 권좌에서 내려오지 않았습니다. 이것이 1만 2000년이라는 현 주기에서 있었던 것이며, 승리자가 나오기는 하였으나, 승리 방법이 사라져 버렸고, 우상주의만 남겨지게 된 것은 어둠에 의한 계략 때문이었습니다. 어둠은 승리자의 방법이 알려지지 않도록 철저하게 방해하였고, 그 방해는 바로, 제자들의 마음에, '너희들은 스승과 같지 않고, 스승만이 특별한 경우이기에 아무리 해도 승리자가 될 수 없으며, 다만 스승을 잘 떠받들고 경배하기만 하면 성공할 수 있다.'는 거짓 메시지를 각인시켰던 것입니다. 그 예가 고타마의 제자들이 한 "나는 이렇게 들었다."였습니다.

어둠은 자연스럽게 총을 내려놓게 하였고, 전쟁터에서 떠나도록 하였으며, 전쟁을 하지 못하도록 하였습니다. 두려움과 공포를 이용하여 피하도록 하였고, 더 이상 스승처럼 특별한 이는 없다고 명맥을 끊었던 것입니다. 어둠의 우상화 정책은 성공하여 전쟁에 참전하는 이들이 없었으며, 어설픈 흉내쟁이들만을 양산하였습니다. 인류들이 마라와 사탄과의 전쟁을 해 보지 않았고, 그 자료조차도 조작되어 전달되지 못하다 보니, 마치 전쟁을 해 본 것처럼, 그 전쟁에서 승리한 것처럼 사기 치는 사기꾼들만 늘었다는 것입니다. 어둠은 고타마, 노자, 예수아와의 전쟁에서 참패하였을 때에 그 놀라움을 감당치 못하였는데, 지금까지 져 본 적이 없었기 때문이었습니다. 그 당황스러웠던 기억을 되살려 제자들마저 성공한다면 그것이 끝이라고 받아들였습니다. 그래서 어둠은 스승의 성공 방법이 알려지지 않도록 최선을 다하게 된 것이고, 제자들의 마음을 더욱 강하게 시험하여 문 앞에서 돌아서게 하였던 것입니다.

자칫하면 제자들에게도 전쟁에서 패배할 수 있었으나, 비열하고 야비한 술수를 동원하여 막아낼 수 있었으며, 두 번 다시 굴욕스러운 패배가 일어나지 않도록 전쟁터 근처에도 들어서지 못하게 차단하였던 것입니다. 날조된 교리들을 전달하고, 거짓 메시지를 제자들에게 주어 그것이 스승의 진리라고 기록하게 하였으며, 우상화 정책을 통해서 스승만 믿으면 무엇이든 된다는 날조된 교리를 정착시켰던 것입니다. 많은 흉내쟁이들을 만들어 거짓 전쟁을 하게 하였으며, 실제적인 전쟁은 단 한 번도 이루어지지 않게 하였던 것입니다.

어둠은 1만 2000년의 주기 마무리를 할 때가 가까워지자, 자신과의 전쟁을 하고자 하는 인류들이 나오고 있는 것을 알았으며, 그동안에 축적된 자료들을 바탕으로 해서 방어 전략을 세웠던 것인데, 이 전쟁이 쉽지 않음을 알게 된 것입니다. 말하자면 아다파와 릴리스가 돌아오고, 그의 자녀들 중에 전쟁에서 승리한 이들이 다시 돌아왔다는 것을 알게 된 것입니다. 그렇다 보니, 어둠은 많은 패배를 할 것이라고 인식하고 있으면서도, 결코 뒤로 물러서지 않겠다고, 최후의 수단, 방법들을 총동원해서 전쟁을 할 것이라고 선전포고한 것입니다. 아무런 전쟁 준비도 되어 있지 않은 인류들을 인질로 해서 최전선의 인간방패들로 세우는 전략을 내세운 것입니다. 물리적 전쟁과, 하프(HAARP)를 이용한 환경 대재앙들을 통해, 인류들의 의식을 집단공포에 사로잡히도록 해서 진동수가 떨어지도록 하려는 것인데, 집단 진동수의 하락을 불러와 인류들의 상승을 막고, 집단 추락이 일어나도록 하려는 것입니다.

영적 전쟁은 마라와 사탄과의 전쟁이며, 두 번째는 제3의 영적인 존재인 적-그리스도와의 전쟁입니다. 첫 번째 전쟁은 여러분 마음과의 전쟁이고, 여러분 자신과의 전쟁입니다. 여러분들의 어둠의 속성, 물질에 흡착되어 있는 마음, 물질에 휘둘리는 마음, 물질 성공에 집착되어 있는 마음과의 전쟁이 첫 번째 영적 전쟁입니다. 물질을 사랑하는 마음이 곧 마라이고, 사탄입니다. 이것을 떠나려고 하거나, 버리려고 하면, 지체 없이 나타나 유혹하고, 회유하고, 협박하고, 공갈하여 포기하도록 합니다. 포기할 때까지 물러서지 않기에 전쟁을 할 수밖에 없으며, 반드시 승리해야만 뒤로 물러섭니다. 어둠은 빛을 밝혀 주는 역할을 하기에 악함을 통해서 선함이 나타나도록 합니다. 선함은 그냥 나타나지 않습니다. 마음속 악함, 쓴물을 모두 제거하고 불태워서 사라지게 해야 만이 나타나는 것입니다.

예수아가 '이 세상에 선한 이는 하느님 밖에 없다.'고 했습니다. 선함은 신성을 통해서 나오는 것임을 전한 것입니다. '마나 하느님의 태초의 빛(Primal light of GOD ManA)'이 바로 선함입니다. '에아 하느님의 태초의 소리(Primal sound of GOD EirA)'가 바로 전지적-사랑입니다. '마누 하느님의 태초의 공(空: Primal void of GOD ManU)'이 바로 진리이자, 대원리입니다. 빛과 어둠의 전쟁에서 승리하여 빛과 어둠을 통합한 이는 마나의 빛을 비추이는 이가 되는 것입니다. 이 전쟁에서 승리하는 이가 '그리스도'가 되는 것입니다. 인류들이 '깨달은 이'라고 인정해 준다 해서 그리스도가 되는 것이 아닙니다. 반드시 빛과 어둠의 전쟁에서 승리자가 되어야 합니다. 자신과의 싸움에서 어둠의 속성들을 모두 이기어 빛과 통합하는 존재들이 '그리스도들'이 되는 것입니다.

사람이 아닌, 영적 존재들이 아닌, 신성을 통해서 인정을 받아야만 '그리스도'가 되는 것입니다. 빛과 어둠의 영적 전쟁에서 승리하고 나면 신성의 빛이 내면을 통해 밝게 투과하여 나타나는데, 심장 차크라와 제3의 눈 차크라에서 밝은 빛이 나타나게 되는 것이며, 이것이 바로 신성을 통해 인정받았음을 뜻하는 것입니다. 그럼으로 해서 하늘의 지혜, 하늘의 사랑, 하늘의 진리가 나타나는 것입니다. 이러한 이는 결코 자신을 드러내지 않으며, 오직 신성의 영광만을 드러냅니다. 말하자면 자아가 사라졌고, 자신의 마음이 사라졌기에 신아(神我)만이, 신심(神心)만이 나타나는 것입니다. 이것이 신성에게 영광을 돌리는 것이며, 신이 육체를 입고 활동하는 것입니다. 말씀이 육체에 들어온 것이고, 빛이 육체에 들어온 것입니다. 고타마와 노자, 예수아가 이렇게 한 것이며, 신이 이 땅을 거닐도록 한 것입니다.

빛과 어둠의 전쟁은 인류라면 누구나 할 수 있습니다. 특정한 사람만이 할 수 있는 것이 아닙니다. 누구나 할 수 있으나 성공은 쉽지 않습니다. 주기 종료를 앞두고 내면의 전쟁을 하도록 신호가 작동하고 있습니다. 신호가 시작된 것은 전쟁을 알리는 것이고, 이 전쟁을 피할 것인지, 적과 상대하여 싸울 것인지 선택하도록 하고 있다는 것입니다. 전쟁을 피한다면 어쩔 수 없지만, 당당하게 전쟁을 치르겠다고 나선다면 천군-천사들이 함께 나설 것입니다. 마음을 비우는 전쟁, 물질에 집착했던 마음을 도려내는 전쟁을 하는 것이며, 상대는 물질에 집착하게 했던 어둠이자, 마라이고, 사탄이지만 이 속성이 바로 여러분들의 그림자였다는 것입니다. 빛과 어둠의 체험을 선택하였을 때에 어둠의 속성은 물질 체험을 적극적으로 돕는다고 하였습니다. 그렇지만 체험을 종료할 때가 다가오면 그것을 검증하는 시험도 직접 하겠다고 하였습니다. 물질에 집착했던 마음을 정말로 비워 낼 수 있는지 시험하는 감독관으로서 말입니다.

이 전쟁은 여러분들의 사정을 보아주지 않습니다. 실수는 바로 죽음으로 끝나는 것입니다. 영적 전쟁은 상승을 원하는 인류라면 당연히 해야 하는 것이고, 전쟁을 피하고 상승할 수는 없습니다. 전쟁을 하지 않고도 상승할 수 있다고 한다면 그것은 어둠의 책략입니다. 수행자들은 어둠의 전략에 속아서 적당한 선에서 전쟁을 끝낸 것인데, 말하자면 휴전을 한 것입니다. 그리고 전쟁에 승리했다고 자신을 속이고 있는 것입니다. 다른 이들을 속일 수는 있지만 자신을 속일 수는 없습니다. 하지만 현세대의 수행자들이 스스로를 속이고 마치, 전쟁에서 이긴 것처럼 인류들을 속이고 있다는 것입니다. 전쟁을 하지 않을 수 있는 선택을 할 수도 있지만, 그것은 상승을 포기한 것입니다. 행성 지구에 살고 있는 인류는 전쟁을 통과해야 하는데, 상승을 위해서는 반드시 승리해야 한다는 것이고, 상승을 원하지 않는다면 전쟁을 할 필요가 없습니다. 몰라서 전쟁을 안 할 수도 있는데, 전쟁 단계에 이르지 않았기에 그런 것이며, 그 단계 체험은 다른 행성에서 진행될 것입니다.

하지만 전쟁 신호를 받았는데도 고의적으로 회피하였거나, 모른척 한다면 그것에 따른 책임을 분명히 물을 것임을 잊지 마십시오. 7년 대환란으로 전해진 것이 1차 마음의 전쟁이며, 2차 악한 영적 존재들과의 전쟁이라는 것입니다. 1차 마음의 전쟁에서 승리한 이들은 2차 전쟁을 치를 필요가 없으며, 1차 전쟁에서 실패한 이들과 회피한 이들이

2차 전쟁을 치를 것인데, 그 전쟁에서 승리해야만 지구에서 마지막 상승열차를 탈수 있습니다. 2차 전쟁도 실패한 이들은 지구에서 상승할 수 없으며, 행성 다몬으로 육체를 벗고 이동하여 갈 것입니다.

대재난은 이런 이들을 떠나보낼 것인데, 지구 정화에 함께 청소되는 대상이 된다는 것이고, 슬프지만 빛의 상승의 길에 동참하지 못할 것입니다.

우리는 야나스이며, 이온 상임 이사회입니다.

'아-모-레-아 에-카-샤(A-mO-RA-eA Ec-Ka-shA)'

22. 영적 전쟁 Ⅱ
(Spiritual Warfare Two)

사랑하는 여러분,

이제, 거시적 측면에서의 영적 전쟁을 전하겠습니다.

말하자면 외적인 영적 존재들과의 전쟁이라고 합니다. 차원적 측면에서는 3.5~4.5차원 세계에 머물고 있는 세력들 중에서 적-그리스도 세력과의 전쟁이라고 할 수 있습니다.

마누-마나-에아와의 합일을 위해 상승을 선택한 영적 존재들과, 신성과 합일을 거부하고 지구를 침탈하려는 영적 세력과의 전쟁이라고 하는 것입니다. 적-그리스도 세력은 우주에서 들어온 세력과, 인류 육체 속에 들어와 있는 세력들과, 이들의 씨를 통해 혼혈로 태어난 세력들과, 이들을 추종하고 있는 세력들이라고 해야 합니다.

그리스도 세력과 적-그리스도 세력의 전쟁, 바로 '아마겟돈 전쟁'입니다. 여기에서 이야기하는 그리스도는 종교와 상관이 없으며, 기독교, 개신교 등과도 전혀 관련이 없음을 말합니다. 그리스도는 마누-마나-에아와 합일하고 있는 존재들을 지칭하는 것이며, 에메랄드 성약을 존중하는 존재들을 지칭하는 것입니다. 그에 반하여 마누-마나-에아와의 합일을 거부하고, 에메랄드 성약을 파괴하는 존재들을 적-그리스도라고 하는 것입니다.

이 전쟁은 물리적인 전쟁에서도 이루어질 것이고, 영적인 전쟁으로 연결되어 진행될 것인데, 3D 행성 안에서 3.5~4.5차원의 행성 외기권역에서도 진행될 것입니다. 적-그리스도 세력들은 그동안 지구 안에 갇혀 있었던 이즈-비들을 내놓지 않으려는 것과, 니비루 진공망 체계를 탈출하려는 것을 원천적으로 봉쇄하려고 하는 것과, 자신들의 지침서가 완성되면 모두 몰살시켜 즉, 육체도 죽이고, 혼도 죽이려고 하는 것입니다.

그동안 빛과 어둠이라는 이원성 실험을 위해 행성 지구를 어둠의 세력들에게 잠시 빌려주었다고 할 수 있는데, 어둠에서 반란이 일어났고, 불법적으로 주인 허락 없이 강제 점거하여 자신들의 것이라고 주장하게 된 것입니다. 이것을 돌려놓기 위한 많은 양보와 기회를 제공하였지만, 저들은 일방적으로 파기하였으며, 여러분들에게 그 어떤 기회조차 제공하지 않았습니다. 오히려 자신들의 입지를 더욱 곤고히 하는 것에 열중하였고, 우리와의 전면전을 대대적으로 준비하는 것으로 응수하였습니다.

저들은 오늘도 니비루 체계가 오고 있는 것을 인류들이 알 수 없도록 캠트레일을 하늘에 뿌려대고 있으며, 복합적으로 인류들의 의식이 깨어날 수 없도록, 인류들이 자손들을 낳을 수 없도록 하고 있는 것입니다. 그러나 우주의 대주기 순환회로의 변화는 막을 수 없다는 것을 너무도 잘 알고 있어서 마치, 노아 대홍수 때처럼, 인류들을 이번 기회에 모두 몰살시키려고 하는 것입니다. 니비루가 근접하게 되면 지축이 흔들리고, 그 영향으로 남극대륙의 빙하가 쪼개어져서 바다로 밀려나는데, 그 충격으로 거대 쓰나미가 태평양, 대서양, 인도양 방향으로 진출하여 대륙들과 섬들을 모두 뒤덮을 것이며, 파도의 높이는 500m~1km가 될 것입니다.

저들은 행성 지구가 모두 비워지기를 원하고 있어서 영적 전쟁을 통해 우리의 개입을 원천적으로 막으려고 하는 것이며, 지축 이동을 통해 깨끗이 비워진 행성을 만들려고 하는 것입니다. 물론 우리를 전쟁을 통해 몰아내면 더할 나위 없이 주인 행세를 할 수 있음이니, 그 계획을 통해 네바돈까지도 차지하려고 하는 것입니다. 일부에서는 어둠의 세력과의 모든 전쟁이 종결되었으며, 새로운 세상을 개척하면 된다는 전형적인 어둠의 프로파간다 전략을 통한 거짓 메시지들이 남발되고 있습니다. 그리고 경제의 공정한 재분배가 이루어진다는 허울 좋은 거짓 메시지들(제사라, 네사라 시행)을 남발하고 있는데, 이것이 바로 '희망 고문'입니다. 변한 것은 없는데, 마치 변했다는, 변하고 있다는 거짓 메시지들을 통해서 빛의 인류들을 안심시키거나, 포기하게 만드는 이중 플레이를 통해 여러분들을 속여 한 번에 섬멸시키려는 계략인 것입니다.

어둠과의 결전은 미뤄지지도 않았고, 이미 끝나지도 않았습니다. 모든 계획은 그대로 진행 중이며, 변경되지 않았습니다. 영적 전쟁은 인류들을 제외하고 할 수 있는 것이 아니며, 여러분들이 그 중심에 있는 경우이기에 결국 여러분들이 전쟁을 주도한다고 해야 되는 것입니다. 물론 영적 지휘는 우리들에 의해서 이루어지겠지만 전쟁 수행은 12별자리 차원 문을 수호하기 위해 행성 지구에 들어선 14만 4천의 수호 기사단이 중심이 되어 한다는 것입니다. 그것이 빛의 전사들의 역할이자, 주 목적이라고 하는 것입니다. 우주에서 들어온 빛의 존재들은 이들의 자손들이 되어 태어난 것이며, 살고 있는 지역이 지켜야할 차원의 문들과, Q-기지들이 위치하고 있는 곳입니다. 지구에 갇혀 있는 이즈-비들을 해방시키기 위해 들어선 존재들과, 차원의 문들을 수호하기 위해서 들어선 존재들이 각자의 역할들이 나누어지기는 해도 적-그리스도들과의 전쟁 수행은 똑같이 수행한다는 것입니다.

적-그리스도 세력들과 영적 전쟁을 수행하기 위해서는 자격을 갖추어야 하는데, 1차 영적 전쟁인 마음속 전쟁을 승리한 승리자만이 자격을 갖춘 천군(天軍)이 되는 것입니다. 성서를 보겠습니다.

'그들은 어린양에게 싸움을 걸겠지만 마침내 모든 군주의 군주이시며, 모든 왕의 왕이신 어린양이 이기실 것이며, 그의 부르심을 받고 뽑혀서 충성을 다하는 부하들도 함께 승리할 것이다.'〈계시록 17:14, 공동번역〉

여기서 어린양은 '그리스도 사난다 멜기세덱'입니다. 그의 부르심을 받고 뽑혀서 충성을 다하는 부하들이 바로 '그리스도 세력'이 되는 것입니다.

'나는 또 하늘이 열려있는 것을 보았습니다. 거기에는 흰말이 있었고 "신의"와 "진실"이라는 이름을 가진 분이 그 위에 타고 계셨습니다. 그분은 공정하게 심판하시고 싸우시는 분입니다. 그분의 눈은 불꽃같았고 머리에는 많은 왕관을 썼으며 그분 밖에는 아무도 알지 못하는 이름이 그분의 몸에 적혀 있었습니다. 그분은 피에 젖은 옷을 입으셨고, 그분의 이름은 "하나님의 말씀"이라 하였습니다. 그리고 하늘의 군대가 희고 깨끗한 모시옷을 입고 흰 말을 타고 그분을 뒤따르고 있었습니다.' 〈계시록 19:11~14, 공동번역〉

여기에서 흰말을 타고 있는 이는 '그리스도 아쉬타르 커맨드'이고, 그를 따르는 하늘 군대는 '아쉬타르 사령부' 소속의 천군들입니다.

아쉬타르 사령부와 아샤룸 사령부는 반란 세력들에게 점거당하였던 때가 있었습니다. 그때에는 아무것도 할 수 없었습니다. 오나크론에서 아쿼런 특수전 사령부가 전격 개입한 작전에 의해 모두 회복되어 정상화되기까지 반란 세력들을 소탕하는 데 집중하였습니다. 이것이 타락 세력과의 전쟁이 본격화되었음을 알리는 서곡이 되었습니다. 영적 전쟁은 네바돈을 전쟁터로 만들었는데, 빛의 세력과 타락한 어둠의 세력과의 전쟁이었으며, 네바돈의 군주인 '그리스도 마이클 아톤'이 최전선에 서서 전쟁을 수행하였습니다. 이 전쟁은 완전한 통합의 빛을 만들기 위한 어둠과의 전쟁으로 계획되었으나, 어둠의 역할을 수행하는 그룹에서 반란이 있었으며, 반란 세력들이 이 계획에 변수로 떠오른 것이었습니다. 최전선에서 전쟁에 임하던 존재들은 이 사실을 뒤늦게 알게 되었기에, 그전까지 혼란에 빠질 수밖에 없었던 것입니다.

　우리는 홀로그램 안과 밖, 두 곳에 모두 있었기에 변화되는 상황을 모두 알 수 있었습니다. 이것은 네바돈이 안드로메다에서 분리되어 나올 때에 이미 시뮬레이션을 통해 알게 된 사실이었기에 모든 조치를 해 놓았던 것이며, 다만 이해당사자들이었던 네바돈에 들어선 존재들에게는 전하지 않았습니다. 이유는 최상의 체험이 이루어질 수 있도록 하였기 때문이었습니다. 우주는 예측을 벗어나는 일이 생기지 않지만, 물질 체험을 위해서 정보를 모두 제공하지는 않습니다. 주어진 타임 테이블 위에서 최상의 체험이 이루어질 수 있도록 하려는 것이기에 방해가 되는 정보 공개에는 제한을 두는 것입니다. 영적 전쟁은 그런 측면에서는 최상의 체험들이 이루어질 수 있는 장소들과 시간들을 제공해 주는 것이기에 물질 체험의 피날레를 장식한다고 볼 수 있습니다.

　우주 공간에서의 영적 전쟁, 이것에는 행성과 행성 사이, 또는 행성과 위성 사이, 태양계 안에서 일어나는 경우와, 항성과 항성 사이에 또는 별자리와 별자리 사이에 일어나는 경우가 있으며, 행성 안에서 일어나는 영적 전쟁이 있습니다. 우주 공간에서의 영적 전쟁은 큰 변수가 일어나지 않으며, 오히려 행성 안에서의 영적 전쟁에 변수가 많다고 할 수가 있습니다. 물론 예측범위 안에서 일어난다는 것입니다. 그것은 모두가 시뮬레이션의 결과로 이미 나와 있기에 그런 것이며, 수많은 날줄과 씨줄, 시간-선들이 그렇다고 하는 것이기에 행성 지구에서의 일들도 포함된다고 하는 것입니다. 여러분들이 많이 공개된 미래에 일들에 민감한 이 시기는 더욱 그러하며, 혹여 날짜 예측이 맞지 않거나, 공간과 장소의 범위가 벗어난 케이스들을 들어서 믿지 못하겠다고 하시는데, 그런 것까지도 다 들어 있음을 전하는 것입니다.

핵심은 모든 결과들을 바라보고 있는 인류들의 마음을 우리는 지켜보고 있다는 것이며, 여러분들의 마음이 완성을 이루는지가 우리들의 관심 사항임을 전하는 것입니다. 내면의 영적 전쟁과 외면의 영적 전쟁을 통해서 어떻게 마음을 완성시켜 나가는지 그것에 집중하고 있다는 것입니다. 전쟁은 그것을 돕는 도구일 뿐이며, 반란 세력들 역시 도구라는 사실을 잊지 말기를 바랍니다. 우리의 목표는 전쟁에서 승리하는 것이지만, 그것은 이미 결과로 나온 것이고, 그 과정에 있는 여러분들의 변화무쌍한 마음을 우리는 보고 있는 것입니다. 결론적으로 영적 전쟁은 승리한 것으로 종결되며, 완전한 빛으로 합일하는 것으로 종결됩니다. 4차원으로 상승한 행성 타우라, 대재난을 통해 정화를 끝낸 원시 행성 지구와 끝내지 못한 과정을 위해 준비된 행성 다몬, 각 차원세계의 우주들로 떠난 이즈-비들, 이미 결과는 나와 있습니다.

책임을 물을 수밖에 없는 존재들 역시 초은하단 법정에서 판결이 이루어질 것이고, 임시 법정이 개설되어 있는 티타니아에서도 판결이 이루어질 것입니다. 하보나엔과 오나크론의 '아보날 평의회(Avonal Orders)'가 모든 절차를 마치고 대기하고 있으며, 준비된 것에 따라 진행할 것입니다. 여러분들과 전쟁을 할 세력들은 진행 과정에 의해 모든 역할들이 이루어질 것인데, 역할 수행에 최선을 다한 존재들은 그렇게, 역할 수행에 소홀하거나 반한 존재들은 그렇게 책임을 물을 것입니다.

여러분들은 이미 결과가 나온 것을 무엇 하러 체험하느냐고 하실 것이나, 물질 체험을 선택한 여러분들이 체험의 현장에서 시시각각으로 변하는 마음을 체험하기로 하였기 때문이었습니다. 그것을 지켜보는 혼-본체는 주기적으로 정보를 제공하여 돕기로 하였습니다. 이것이 타락 세력들의 강제 개입으로 파괴되었고, 더 이상 정보 제공을 할 수 없었습니다. 여러분들은 항로를 잃은 배가 되어 파도 끝에 매달린 형국이 되었습니다. 그런 여러분들은 출렁거리는 마음을 달래기 위해 미래 예언들과 점들에 매달리기 시작했으나, 시점이 달라질 때마다 요동치는 마음을 달랠 수가 없었습니다. 이런 여러분들이 타락 세력들과의 영적 전쟁에 나가면 모두 패배할 것이고, 저들의 포로가 되어 지옥으로 끌려갈 것입니다. 공산주의 세력과의 영적 전쟁, 일루미나티, 프리메이슨으로 전해진 민주주의 세력과의 영적 전쟁, 두 전쟁을 치르고 있는 중이고, 본격적인 7년과 3년 반 전쟁을 앞두고 있는 것입니다.

이들은 인류의 모습을 하고는 있으나, 타락 세력들이고, 어둠의 역할세력들인데, 여러분들과의 영적 전쟁을 승리하기 위해서 최선을 다하는 것입니다. 또한 외계 종족의 모습을 하고 여러분들의 뒤에서 영적 전쟁을 준비하고 있는 세력들이 있는데, 그레이형 외계인, 파충형 외계인, 용족 외계인, 그 외 네피림으로 전해진 거인 종족, 다른 형태의 곤충 종족들과 다른 생명체들이 여러분들과 전쟁을 준비하고 있다는 것입니다. 물론 우리들도 이들과의 영적 전쟁을 치를 것이고, 모든 결과들을 우리는 알고 있지만, 당사자들인 여러분들이 이 전쟁을 겪는 과정에 변화무쌍한 마음을 어떻게 하는지는 여러분들에게 달려 있다는 것을 전하는 것입니다. 결과를 안다고 해도 진행 과정에서 시시각각으로 달라지는 마음을 정화시키지 못한다면, 균형을 상실한 마음은 어둠의 나락으로 추락하고 만다는 것을 전하는 것입니다.

영적 전쟁의 양상은 마음에 따라 달라질 것인데, 조화를 이루고 있는 마음은 어떤 상대와도 굴하지 않고 싸울 수 있는 강한 용기가 나와 빛의 전사로서 손색이 없을 것이며, 저들과의 싸움에서 연전연승할 것입니다. 그러나 균형을 상실한 빈약한 마음은 누구를 만나든 비굴한 겁쟁이가 되어 연전연패할 것입니다. 이것이 인류 대다수의 모습이자, 마음이라고 하는 것입니다. 여러분들이 이것을 선택하지 않았다면 겪을 필요가 없었을 것입니다. 하지만 우리는 극한 체험을 선택한 여러분들을 존중하였는데, 그것은 변하지 않았음을 전합니다.

영적 전쟁을 수행하는 데 있어 '그리스도 사난다 멜기세덱'과 함께하는 이들이 있고, '그리스도 아쉬타르 커맨드'와 함께하는 이들이 있으며, '그리스도 마이클 아톤'과 함께하는 이들이 있는 것입니다. 이들의 분신들인 '이수 사난다 쿠마라'와, '아쉬타르 쉬란', '게오르거스 세레즈 하톤'과 함께하는 이들은 빛의 전사들로 거듭난 이들로서 마음을 완성한 이들이며, 신성이 발현되어 나타나는 이들입니다. 또한 지상에서 인류들의 모습을 하고 있는 타락 세력과의 전쟁에 앞장서는 빛의 전사들이 있을 것이며, 이들은 아갈타 제국군들과 함께 팀을 이루어 전쟁을 수행할 것인데, 레무리아와 아틀란티스 시절에 빛으로 상승한 인류들이 주요 구성원을 이루고 있습니다. 그때에 완성을 하지 못한 한을 풀 것입니다.

오리온에서 들어와 지저에 살고 있는 파충 종족들도 처음에는 중립 (中立)을 표방하였으나, 빛의 세력과 함께하기로 하였습니다. 타락 세력에 합류한 계파들이 있다고 하였습니다. 이것은 여왕 드라민과 그의 아들 엔키, 손자 마르둑의 영향이 컸었기 때문이었습니다. 처음부터 수행하기로 한 어둠의 역할을 차질 없이 잘 수행하는 것으로 마음을 돌렸기 때문인데, 타락 세력들은 지속적으로 집안 단속을 위해 협박과 회유를 하고 있어서 그것 때문에 돌아서는 것을 반복하고 있다는 것입니다. 우리들의 소식이 저들에게 퍼지지 못하도록 철저하게 차단하고 있으며, 거짓 뉴스들을 남발하여 우리들을 오해하도록 하고 있다는 것입니다. 그것은 인류들에게도 똑같이 적용되어 작전을 하고 있음이며, 여러분들과 자신들의 구성원들이 진실을 알고 깨어나는 것을 원천적으로 방해하고 있다는 것입니다.

영적 전쟁은 고대에서부터 있었으며, 지금까지 이어져 오고 있으며, 앞으로도 완성의 시기가 오기 전까지 진행될 것입니다. 행성 지구와 태양계는 향후 2000년 정도의 과도기를 지날 것이고, 그것으로 2만 6000년의 한 주기를 마치게 되는 것입니다. 이 과도기는 2000년의 광자대를 통과하는 기간 동안 있을 것이며, 행성과 생명들 모두 극적인 상승을 완성할 것입니다. 여러분들이 온전히 6차원 행성으로 상승하는 과업을 수행하는 동안, 어둠의 시험은 계속 이어질 것이며, 그 과정에 영적 전쟁을 치를 것입니다.

이번 전쟁이 마지막이 아님을 전하는 것인데, 성서를 보겠습니다.

'나는 또 천사가 무저갱의 열쇠와 큰 쇠사슬을 들고 하늘에서 내려오는 것을 보았습니다. 그 천사는 늙은 뱀, 마귀, 사탄이라 고도 하는 용을 잡아 묶어서 천 년 동안 무저갱에 가두고 봉인 하여 그 기간이 끝날 때까지는 세상나라들을 더 이상 유혹하 지 못하게 하였습니다. 그러나 사탄은 천 년이 지난 후 반드시 잠시 동안 풀려날 것입니다.' 〈계시록 20:1~3, 현대인의 성경〉

여기에서 1000년의 휴식기가 있고, 그 후에 다시 한번 어둠의 영적 전쟁이 있음을 기록하였습니다. 이것은 여러분들의 영적 완성을 위해 준비한 것입니다.

'천 년이 끝나면 사탄은 풀려나와 온 세상에 있는 나라들, 곧 곡과 마곡을 유혹하고 그들을 모아 전쟁을 일으킬 것이며, 그 수는 바다의 모래와 같을 것입니다. 그들은 넓은 땅으로 올라 와 성도들의 진영과 하나님께서 사랑하는 도시를 포위할 것이 나 하늘에서 불이 내려와 그들을 멸망시킬 것입니다. 그들을 유혹하던 마귀도 유황이 타는 불 못에 던져졌습니다. 그곳은 짐승과 거짓예언자가 있는 곳이며 거기서 그들은 밤낮 끊임없 이 고통을 당할 것입니다.' 〈계시록 20:7~10, 현대인의 성경〉

1000년 후인 31세기에 있을 어둠과의 영적 전쟁을 기록한 것이며, 여러분들도 해당되는 것으로서 환생을 한다는 것과, 영적 완성을 위해 어둠과의 전쟁이 있음을 기록한 것입니다.

이 영적 전쟁은 그리스도를 완성한 이들에게는 해당되지 않는데, 그리스도를 완성하였다면 천국에 가 있을 것이어서 그런 것이며, 이것은 4차원 행성과 남은 과업을 위해 가 있는 새 행성에 해당하는 것입니다. 5차원 의식을 가지고 있는 인류들도 1000년 뒤에 빛과 어둠의 영적 전쟁을 승리해야 6차원 의식으로 상승한다는 것입니다. 어둠의 역할자들도 영적 전쟁을 통해 자신을 완성시켜야 하는 의무와 책임이 있음을 전하고, 그것을 다하지 못하였다면 기록된 대로 판결을 받을 것입니다. 물질 체험을 위해서 들어선 이즈-비들은 상승을 위한 노력을 게을리하지 말아야 하는데, 스스로 서약한 것이기에 그런 것입니다. 우리는 서약서를 존재들에게 보여 줌으로써 출발 당시를 상기시켜 주는 것입니다.

계시록에 등장하는 '생명책(Tree of Life)'은 구원받은 이들을 기록한 책이라고 받아들였을 것이나, 비유적인 표현임을 알아야하고, 진실은 우주의 카타라 격자망을 이야기하는 것이며, 자신의 신성을 통해 우주-네트워크와 연결되는 것이 생명책에 이름이 기록된 것으로 표현된 것입니다. 우주는 여러분들처럼 종이에 인쇄한 출판물이나 일기처럼 기록한 기록물이 없으며, 모두가 빛 입자를 통한 파동으로 기록하고 저장하기에 이 네트워크에 연결하는 것이 바로 생명책에 이름을 올리는 것입니다. 우주에 있었던 전자 전쟁과 영적 전쟁에 대한 기록도 그렇게 저장되어 있고, 앞으로 있을 전쟁에 대한 부분도 모두 완결되어 저장되어 있다는 것입니다. 여러분들은 앞선 전쟁이 어둠의 승리로 끝났음을 알고 계시는데, 이원성 실험에 의한 과정일 뿐이며, 누가 이기는가가 중요한 것이 아니라 최종 합일을 위한 과정임을 알았으면 합니다.

여러분들은 위성이나 행성들이 파괴되고, 크게는 은하가 파괴되면, 그것이 전쟁에 패한 것이라고 결론을 내리는데, 영적 세계에 대한 이해가 부족해서 일어난 것입니다. 모든 우주들과 모든 존재들은 형태발생 영역을 통해서 연결되어 있어서 1~15단계의 옷을 입고 있다고 할 수 있습니다. 하나의 옷과 하나의 세계가 파괴되었다 해서 그 우주와 그 존재가 사라지는 것은 아니며, 이 격자망이 촘촘하게 연결되어 있어 사라질 수 없다는 것입니다. 그래서 영원불멸하다고 하는 것입니다.

하지만 신성을 제거하여 격자망에서 분리되어 나간 우주인 유령 매트릭스와 블랙홀, 존재는 더 이상 영원불멸하지 않으며, 책임에서도 자유롭지 않기 때문에 소멸 대상이 된다는 것입니다. 어떠한 존재성도 남아 있지 않게 된다는 것입니다. 이러한 우주는 어떠한 생명 에너지도 없다는 것과, 이러한 존재 역시 생명력이 없다고 하는 것이며, 뱀파이어처럼, 다른 존재들의 에너지를 갈취하며 생명을 연장하는 것입니다. 이런 존재들과의 영적 전쟁을 하는 것으로서, 저들은 여러분들의 에너지를 강탈하기 위해서이며, 여러분들은 신성을 수호하기 위해서입니다. 신성을 지켜내는 것이 쉬운 것은 아니나, 그것을 위해 훈련과 체험을 한 것이며, 반드시 승리하겠다는 결의와 의지를 통해 신성인 마누-마나-에아에게 서약한 것입니다.

어둠은 이런 여러분들을 끊임없이 괴롭히며 시험할 것인데, 내면의 적, 마라, 사탄으로서, 외면의 적인 타락 세력들로서 그렇게 할 것입니다. 내-외적으로 이어지는 공격은 여러분들의 마음과 물질체를 상대로 이어질 것인데, 집요한 공격은 결코 피할 수 없도록 할 것입니다. 여러

곳에 안전한 장소로 피난시켜줄 것이라는 정보들이 나오고 있으나, 가장 중요한 것은 마음이 준비되어 있느냐 입니다. 마음의 전쟁에서 승리하지 못하였다면 기회가 주어지지 않을 것이고, 설령, 기회를 잡았다 해도 마음의 전쟁에서 승리해야 한다는 점은 변함이 없다고 하는 것입니다. 영적 전쟁은 먼저 마음에서 승리해야 한다는 것과, 그렇게 해야 외적인 영적 전쟁에서 승리할 수 있다는 것입니다. 우선 마음이 준비되지 못한 이들이 지구에 남겨질 것인데, 전쟁과 대재난 중간에 남겨진다는 것입니다. 물질체는 죽음으로 벗을 것이고, 혼과 아스트랄체는 행성 다몬으로 이동하여 갈 것입니다. 이것은 남은 과제를 수행하지 못한 이들에게 이루어지는 것으로서, 어둠의 추종자들과 함께하게 되는 것입니다.

마음의 영적 전쟁에서 승리한 이들은 상승의 길에 있을 것이고, 계속해서 그렇게 준비하는 이들 역시 상승의 길에 함께할 것입니다. 이 조건을 충족시키기 위해서는 주어진 시간-선 안에서 이루어야 한다는 것이며, 그것을 넘기게 된다면 두 번 다시는 기회가 없다는 것입니다. 외적인 영적 전쟁은 물질적인 고난과 영적인 고난이 동시에 일어나는 것이고, 더욱 더 가중되어 견딜 수가 없게 만들 것입니다. 이 단계까지 남아 있다면 자신의 신성을 지키는 일은 순교(殉敎)밖에는 없습니다. 이것을 선택한 이들이 있으며, 우리는 끝까지 이들과 함께하며, 이들의 용기를 지켜 줄 것입니다. 신성을 지키기 위한 피눈물 나는 고난이 예정되어 있기 때문입니다.

어둠은 2가지 측면에서 공격을 하는데, 이원성 실험에 따른 어둠으로서의 공격이 첫 번째, 신성을 제거한 타락한 어둠으로서의 공격이 두 번째가 됩니다. 첫째는 순수 어둠의 역할에 따른 시험으로 마라와 사탄의 시험이 되겠습니다. 둘째는 타락 세력들에 의해 이루어진, 또는 이루어지는 신성 제거 공격이 되는 것입니다. 첫째는 정공법에 따른 내면의 전쟁을 지칭하고, 둘째는 비열하고 야비한 외면의 전쟁을 지칭합니다. 이 두 가지 형태의 전쟁이 여러분들이 치러야 할 영적 전쟁의 본질입니다. 마음의 전쟁은 정공법에 따라 이루어지고, 물리적인 외부의 전쟁은 변칙적으로 진행되기에 대비가 매우 어렵습니다.

타락 세력들의 공격은 전자파-초음파를 통한 심령 공격으로서 이루어지는 것이 첫째, 여러분들의 육체와 생리체를 물리적인 공격을 하는 것이 둘째가 될 것인데, 여러분들의 생명을 가지고 협박, 고문, 회유, 유혹을 통한 공격이며, 최종적으로는 죽임을 통한 공격입니다. 돈과 식량, 생필품 등 경제적인 측면에서의 공격이 있을 것이고, 인류 사회에서 누리던 모든 것들을 송두리째 빼앗는, 거기에는 인권도, 자유도 포함되는 것입니다. 회유와 유혹이 통하지 않으면 자유를 빼앗고 인권 유린을 통해 협박과 고문을 할 것이고, 인체를 유린할 것이며, 이것도 통하지 않는다면 결국 죽일 것입니다. 이 단계까지 가는 인류들이 순교자들이 되는 것인데, 타락 세력들은 여러분들이 순교자가 되는 것을 원치 않는다는 것입니다.

저들은 여러분들의 신성을 강제 제거하기보다는 스스로 포기하기를 원하는데, 자신들이 그 길을 걸었기 때문입니다. 여러분들도 저들처럼 타락하기를 바라서입니다. 그래서 끈질기고 집요한 공격을 한다는 것으로, 여러분들이 스스로 신성을 포기하도록 유도한다는 것입니다. 기독교에서 표현하는 예수를 부인하게 하는 것이 아니라, 이것이 대표적인 종교를 통한 우민화정책의 결과입니다. 십자가를 파괴하고, 예수, 마리아를 부인하게 하는 것이 어둠의 책략이라고 세뇌된 것입니다. 부처상과 사찰을 파괴하고, 각종 종교 시설들과 신상들을 파괴하는 것과, 여러분들이 믿고 있었던 각종 신들과 하나님, 하느님, 알라, 브라흐마 등을 부인하게 하는 것이 저들의 목표라고 세뇌되어 있었습니다. 이것은 정말로 표면적인 것일 뿐, 실질적인 부분은 여러분들의 신성 제거가 저들의 최종 목표입니다.

여러분들이 이즈-비, 아이-엠, 그리스도, 이야니, 마누-마나-에아가 아니라는 것을 스스로 인정하라고 회유하고 유혹하며, 그것이 안 되면 협박과 고문을 한다는 것이고, 이것도 실패하면 죽인다고 하는 것입니다. 여러분 스스로가 신이 아니라고 부인하게 하는 것이 저들의 목표이며, 그렇게 해야 여러분들의 혼과 육체를 저들 마음대로 할 수 있게 되는 것입니다. 신성을 스스로 부인하게 되면, 여러분들은 우리와의 인연이 사라지고, 어둠에게 주권이 넘어가게 되며, 그 순간 어둠의 노예들로 추락하게 된다는 것입니다.

여러분들이 이즈-비인 것은 육체가 아니라 '혼(魂)'이기에 그런 것이며, 여러분들이 아이-엠인 것은 혼속에 '영(靈)'이 있기 때문에 그런 것입니다. 여러분들이 그리스도인 것은 우주적 그리스도들의 자녀이기 때문이고, 여러분들이 이야니인 것은 우리에게서 분화되었기 때문입니다. 여러분들이 마누-마나-에아인 것은 여러분 속에 내재한 신성이 바로 마누-마나-에아이기 때문입니다. 이것을 삼중-불꽃, 삼중-광선, 삼위일체, 내적-광휘라고 하는 것입니다.

  이것이 바로 여러분들의 본질이며, 원형이고, 권리라고 하는 것인데, 어둠은 특히, 타락 세력들은 이것을 파괴하려고 하는 것입니다. 여러분들은 이것이 있는 것조차 몰랐으며, 알았다 해도 '신성모독'이라는 굴레를 씌워 부정하도록 하였습니다. 참으로 황당하고 어처구니없는 일들이 저들에 의해 비일비재로 저질러져 왔고, 앞으로도 있을 것인데, 종교화가 더욱 가속화시켰다고 해야 합니다. 인류들 대다수는 자신이 신이며, 신성이 내재하고 있음을 모르고 있으며, 외부적인 우상들인 예수, 마리아, 부처, 엘로힘 여호와, 알라, 모하메드, 브라흐마, 시바 등을 경배하고 있습니다. 영적 전쟁에서 승리하기 위해서는 외부 신들을 모두 파괴하고, 스스로의 신성을 깨워 꺼지지 않는 영원한 불꽃을 피우는 것입니다.

  어둠은 여러분들의 마음속을 괴롭히고, 뒤흔들 것이며 그렇게 해서 빛과 어둠의 전쟁을 수행할 것인데, 여러분 스스로가 신성을 지켜내는지, 발현시키는지를 시험하는 것입니다. 이 전쟁에서 승리하면 빛과 어둠을 통합하는 것이고, 패배한다면 어둠에 잠식당하게 되는 것입니다. 타락 세력은 3D 세상의 전쟁과 재난 등을 통해서 공격할 것이고, 이미 시작되었으며, 경제 대공황, 대기근, 기후 재난, 대전쟁들을 일으켜 여러분들을 압박할 것인데, 인류 사회를 최소 단위의 스몰시티 사회를 목표로 해서 약 5억의 인류만이 생존할 수 있도록 계획을 추진하고 있는 것입니다. 행성 외적인 재난도 모두 계산하여 계획하고 있는

데, 혹성 충돌, 니비루 출현, 지축 이동도 포함하여 말입니다.

먼저, 내면의 영적 전쟁을 완수하여 빛과 어둠을 통합한 이들은 상승 계획에 따라 이동시킬 준비가 다 완료되었으며, 마음이 준비되는 상태에 의해 1~3차에 걸쳐서 계획을 추진할 것입니다. 이미 육체를 죽음으로 벗은 이들도 이 기준에 의해 분류될 것입니다. 인류 사회에서 주어지는 영적 전쟁을 어떻게 치르는지 지켜볼 것인데, 승리하는 이들과, 회피하는 이들과, 실패하는 이들을 잘 살펴서 결코 손해 보는 인류들이 없도록 할 것입니다. 나는 몰랐다고 할 수 없으며, 나는 어떤 도움도 받지 못했다 할 수 없는 것은 모든 기회를 전 인류에게 공정하게 제공하고 있다는 것입니다. 불평불만이 나올 수 없도록 하고 있다는 것을 전합니다.

영적 전쟁은 여러분들에게 숙명입니다. 죽어서도, 살아서도 피해갈 수 없는 것입니다. 이미, 죽었다 해도 마음 전쟁을 어떻게 수행하였는지 따질 것이기에 자유롭다 할 수 없습니다. 죽은 이들은 살아 있을 때에 주어진 기회를 잘 살렸다면 좋을 것이나, 그렇지 못하였다면 운이 없다고 해야 합니다. 살아 있는 이들은 주어진 기회를 살릴 수 있는 운이 있는 것이기에 좋다고 해야 할 것입니다. 물론 물질세계에 펼쳐지는 시험들이 간단한 것이 아니기는 하지만, 극복할 수 있는 기회가 많이 있는 것이 아니기에, 어쩌면 여러분들에게는 마지막 기회가 될 수 있습니다. 이 마지막 기회를 살아서 체험할 수 있는 것은 정말로 큰 행운입니다. 영적으로 얻을 수 있는 것이 너무 크기에 그런 것이며, 이것을 성공한다면 영적 성취도가 엄청 클 것입니다.

물론, 경험하지 않거나, 조금 경험하거나, 많이 경험하거나, 다 경험하는 것에 따라 성취도가 달라질 수는 있겠지만, 마음을 완성하는 것이 물질 체험을 통해 이루는 최고의 선물이라는 것을 알았으면 합니다. 그래서 영적 전쟁을 준비한 것이며, 물질을 중심으로 한 전쟁과, 마음을 중심으로 한 전쟁을 통해 완성하기를 바란 것입니다. 이번 생에서 완성할 수 있는 기회가 있는 존재들은 모두 환생할 수 있도록 하였으며, 최종 물질 인생을 통해 주어진 마지막 기회를 쟁취하도록 한 것입니다. 이번 전쟁에서 순교를 선택한 존재들이 꽤 있는데, 최선을 다해 줄 것을 응원합니다. 영적 전쟁에서 승리하였거나, 승리할 위대한 존재들에게도 열렬한 응원을 보냅니다. 각자의 자리에서 주어진 역할에 최선을 다하고 충성하는 존재들에게도 뜨거운 응원의 박수를 보냅니다.

여러분들은 '각본 없는 드라마'라는 표현을 쓰는데, 그런 것은 없습니다. 모든 것은 시나리오가 있으며, 그대로 연출하는 것입니다. 예외는 없으며, 단지 그러는 척하는 것이고, 모두 완성된 길을 그대로 걸어가는 것입니다. 어둠의 역할은 시험입니다. 넘을 수 없는 산은 없으며, 도전 정신을 통해 마련된 영적 전쟁에서 반드시 승리하기를 부탁드립니다. 어둠의 시험이 강도는 높겠지만, 난이도가 높은 시험일 뿐입니다. 여러분들은 기필코 이번 영적 전쟁을 통하여 승리할 것을 믿습니다.

우리는 야나스이며, 이온 상임 이사회입니다.

'아-모-레-아 에-카-샤(A-mO-RA-eA Ec-Ka-shA)'

23. 최후 전쟁의 소회(所懷)
(Impressions on the Last War)

사랑하는 여러분,

타락 세력과의 전쟁은 예정되어 있던 것입니다. 처음 하는 것이 아니라, 이미 시뮬레이션을 통해 모든 자료를 얻었으며, 그렇게 진행할 것입니다.

타락 세력들은 게임 영역인 초은하단 안에서 발원하였습니다. 말하자면 시스템 바이러스라고 할 수 있는데, 체계 영역 안에서는 자유롭게 이동할 수 있으나, 영역 밖으로 나올 수 없는 취약점을 가지고 있습니다.

저들이 행성 지구를 통해 외부 우주로 진출하려고 하는 것을 잘 알고 있지만, 그것이 쉽지 않음을 전하는데, 들어올 때는 마음대로 들어왔지만 나갈 때는 마음대로 나갈 수 없기 때문입니다. 저들은 자력으로 진출할 수 없어서 지구를 이용하기로 한 것이며, 이미 초기에 들어왔던 입구가 폐쇄되었기에 다시 돌아갈 수 없었던 것입니다. 홀로그램 우주는 설계단계에서 각 단계별로 구획을 설정하였으며, 안전장치들을 해두었으나, 시스템의 빈틈을 이용하여 이동하는 것을 찾아내지 못하였습니다.

물론 여러 가지 유형의 변수들을 상정해서 프로그램 하였으나, 빈틈이 있었던 것입니다. 여러분들의 컴퓨터 프로그램 개발자들도 그런 경우들이 종종 있습니다. 막으려는 이와 뚫으려는 이의 대결이 공식적으로 있는 것을 아는데, 우주도 프로그램이어서 그런 경우가 있었다는 것입니다. 여러 종류의 실험들이 실행되다 보니 그런 변수들이 생겨 나왔던 것이고, 네바돈과 지구가 그 표적이 되었던 것입니다. 시뮬레이션을 여러 차례에 걸쳐서 해 보았기 때문에 관리자들은 이상이 없을 것이라고 예상하고 있었다고 해야 했습니다.

그러나 변수가 생겼고, 지구에서 문제들이 나왔던 것입니다. 우리는 모든 것을 알고 있었으나, 관리자들을 존중하였기에 어떻게 해결하는지 지켜보았습니다. 순리에 따라 우리들에게 보고가 이루어졌고, 그 뜻에 의해 함께하게 되었던 것입니다. 영화 매트릭스에도 시스템 바이러스가 등장하고, 그것으로 인하여 여러 번의 리셋을 하는 장면이 나옵니다. 프로그램을 창조하여 운영하다 보면 이러한 변수들이 나와 이것을 조율하면서 완성시켜 나가는 것입니다. 그런 방식들이 지구에도 적용되어 있었고, 리셋 또한 있어 왔던 것입니다. 진화연대기라는 프로그램에는 리셋도 포함되어 있어서 다음과정으로 이동하는 장치로서 이용되기도 하였습니다. 여러분들의 태양계에 속한 행성들에 적용되어 운영되어 온 프로그램이었습니다.

프로그램명은 진화연대기였습니다. 행성 지구가 마지막 순서로 등록되어 시작될 수 있었으나, 감추어진 비밀이 있었으니, 12개 차원의 문들이 설치되었다는 사실이었습니다. 이것 때문에 예측을 넘어서는 변수가 생겨나온 것이며, 영단에서 해결할 수 있는 범위를 넘어버린 것이었기에 성단 연맹까지 나서게 된 것입니다. '트라페지움 성단'에서 비상조치를 통해 '라이라 아라마테나 아누하지 위원들'에게 결정해 줄 것을 청원하였습니다. 결국 오나크론 브레뉴 평의회에까지 상정되었습니다. 쿠마라 그룹의 솔라 리쉬들은 이런 변수들을 경험한 베테랑들이었습니다. 이들은 이 문제를 주저 없이 우리 야나스 평의회에 전달하였으며, 우리가 개입할 수 있는 명분을 만들어 주었습니다.

우리는 지체 없이 오나크론의 수장인 '마스터 사나트 쿠마라 니르기엘'을 중심으로 한 위기관리팀을 은밀하게 행성 티타니아로 파송하였습니다. 정말로 은밀하게 파송하였기에 네바돈에서도 알 수 없었으나, 차후 아누하지들에게는 함구하는 조건으로 전달하였으며, 우리가 뒤를 이어서 네바돈에 들어서는 것도 전달하였습니다. 전한 대로 우리는 홀로그램 우주인 초은하단들을 늘 주시하고 있었기에 모든 상황들을 특히, 행성들에서 이루어지는 모든 상황들도 알고 있었습니다. 여러분들은 미래라고 하시지만, 우리들은 현시점으로 보고 있습니다. 여러분들은 시공간 개념으로 광년이라고 하시지만, 우리는 동시성을 가지고 있어서 거리감이 없는데, 네바돈에도 있고, 중앙우주에도 있으며, 오나크론에도 동시에 존재하고 있다고 하는 것입니다.

빛의 진동과 함께하고 있으며, 안과 밖에서 동시에 그러니 우리에게는 시공간은 의미가 없다는 것입니다. 우리는 여러분들을 중심으로 해서 시나리오를 완성하였고, 여러분들을 주인공으로 해서 연출을 하고 있기에, 보조 출연진들도 화려하게 구성하였습니다. 뻔한 이야기, 뻔한 결론이 아닌 서스펜스도 있고, 결론을 알 수 없는 트릭도 있어서 나름 긴장감을 가지고 임할 수 있도록 하였습니다. 그것은 다 여러분들의 영적 성장을 위해서였는데, '마스터 그랜드 환다 퀴노치아'의 조언이 있었기 때문이었습니다. 더군다나 삼위일체 개념의 통합이 주제였기에 경험이 완료된 초은하단들의 자료가 필요했던 것이었습니다. 충분한 자료를 바탕으로 설계하였으며, 시험 가동을 여러 차례에 걸쳐 하였습니다. 그리고 본격적인 실행이 이루어졌고, 변수로 등록한 인공지능(A.I)의 경우도 지켜 볼 수 있었습니다.

3D 세계를 위해 이즈-비들이 만들어지고 나서 인공지능과의 결합에 따른 실험들이 있었고, 예측할 수 있는 경우의 수들이 나왔습니다. 영화 〈닥터 스트레인지〉에서 멀티버스가 등장하고, 변수들과 여러 경우의 수들이 등장하여 실패확률과 성공확률을 비교하는 것들이 나옵니다. 결론적으로 시간-선이 어디를 향하던, 어느 공간으로 이동하던 상관없이 이미 답은 나와 있다가 우리들의 뜻입니다. 어떤 시나리오가 펼쳐지든지 예정이 아니라, 예측할 수 없다가 아니라 이미 완성되어 있다가 우리의 뜻입니다. 우리는 이것을 재생시키는 것입니다. 다시 보기를 하고 있다는 것입니다. 지구에 있을 대전쟁, 대재난, 축이동, 새 세상 모두가 이미 완성되어 있는 것을 다시 보기하고 있다는 것입니다. 우리의 입장을 여러분들에게 이해시키기가 쉽지 않음인데, 안이 아닌 밖에서 보는 것이 더욱 선명하고, 그것을 안에서 인지하기가 쉽지 않음을 잘 알고 있습니다. 동시성을 이해한다면 알 수 있는 부분입니다.

동시성이 바로 참나(眞我)를 아는 것이자, 깨달음이라고 하는 것입니다. 물질 체험을 하고 있는 나와 그것을 바라보고 있는 나, 이것을 분리하여 보고 있기에 자아와 상위-자아로 나누어보는 것입니다. 삼위일체라고 하였습니다. 자아-상위자아-초월자아로 이해하는 여러분들에게 팁을 드리자면 '모두 하나'이다 입니다. 동시성을 이야기하는 것입니다. 자아인 여러분과 지켜보는 상위-자아, 감독하는 초월-자아가 분리되어 있는 것이 아니라, 하나라고 하는 것입니다. 이것이 그리스도를 설명하는 것입니다. 하나임을 알게 되면 마음속 전쟁에서 승리하는 것이며, 영적 전쟁에서 승리자가 되는 것입니다. 이러한 존재는 어디에 있던 상관없이 어둠과 통합을 성취하였기에 완전한 빛으로 있는 것이며, 그를 통하여 전지적-사랑이 넘쳐 나오는 것입니다. 우리는 이러한 이를 지구에 들여보냈습니다.

우리는 타락 세력들을 총지휘하고 있는 총사령관인 '바투 제로드 론리 알. 스폰(VAATU Zerod Lonely R. Spawn)'을 상대하기 위해 지구에 '그리스도 아쉬타르 커맨드'를 화신시켜 사령부를 지휘하도록 하였으며, 최후의 전쟁을 안과 밖에서 동시에 진행할 수 있도록 하였습니다. 하보나엔과 오나크론 초은하단에서 천군들이 동행하고 있으며, 천군들을 지휘하는 '마스터 아쉬타르 슈프림 커맨드'가 '그리스도 아쉬타르 커맨드'와 함께하고 있습니다.

'또 내가 하늘이 열린 것을 보니 흰말이 보이더라. 그 위에 앉
으신 분은 신실과 진실이라 불리며 의로 심판하고 싸우시더
라. 그의 눈은 불꽃같고 머리에는 많은 왕관이 있고 또 한 이름

이 기록되어 있는데 그 자신 외에는 아무도 모르며, 피의 적신 옷을 입었는데 그의 이름은 하느님의 말씀이라고 불리더라. 또 하늘에 있는 군대들이 희고 정결한 세마포를 입고 흰 말들을 타고 그를 따르더라. 그의 입에서는 예리한 칼이 나와서 그것으로 민족들을 칠 것이요. 또 철장으로 그들을 다스릴 것이며, 그는 전능하신 하느님의 맹렬한 진노의 포도즙 틀을 밟으실 것이라. 또 그의 옷과 넓적다리에 이름이 기록되어 있는데 "만왕의 왕, 또 만주의 주"라 하였더라. 또 내가 보니, 한 천사가 해에 서 있는데 그가 큰 음성으로 외쳐 하늘 한 가운데로 날아가는 모든 새들에게 말하기를 "와서 위대하신 하나님의 만찬에 다 함께 모여 왕들의 살과 장군들의 살과 용사들의 살과 말들과 그 위에 탄 자들의 살과 자유인이나 종이나 작은 자나 큰 자나 할 것 없이 모든 자의 살을 먹으라."고 하니라. 또 내가 보니 그 짐승과 땅의 왕들과 그들의 군대가 그 말 탄 분과 그의 군대에 대적하여 전쟁을 하려고 다 함께 모였더라. 그러나 그 짐승이 잡히고, 짐승 앞에서 기적들을 행하던 거짓 선지자도 그와 함께 잡혔으니 그는 짐승과 더불어 그 짐승의 표를 받은 자들과 그의 형상에 경배한 자들을 속이던 자라. 이 둘이 유황으로 불타오르는 불 못에 산채로 던져지더라. 그리고 그 남은 자들은 말위에 앉으신 분의 칼, 즉 그의 입에서 나오는 칼로 살해되니 모든 새들이 그들의 살로 배를 채우더라.' 〈계시록 19:11~21, KJV〉

'마스터 아쉬타르 슈프림 커맨드'는 하보나엔 12순환회로 평의회 의

장입니다. 네바돈의 전쟁을 수행하는, 안드로메다 은하단과 오나크론 초은하단을 포함한 전 영역의 전쟁을 주관하는 총사령관입니다. 조인들의 시조로서, 초은하단들의 포털, 격자망, 홀들을 만들어 내었으며, 우주선단들을 총 지휘하는 역할을 하고 있습니다. 이 전쟁, 양극성 실험을 위해 분신인 '그리스도 아쉬타르 커맨드'를 있게 하여 '그리스도 사난다 멜기세덱'과 한 팀으로 역할을 할 수 있도록 하였습니다.

계시록에 그리스도의 신부들을 찾는 이는 '그리스도 사난다 멜기세덱'이고, 흰말을 타고 하늘군대와 함께 타락 세력과의 아마겟돈 전쟁을 지휘하는 이는 '그리스도 아쉬타르 커맨드'입니다. 그래서 사난다는 어린양으로, 아쉬타르는 만왕의 왕, 만주의 주로 기록하였습니다. 기독교인, 개신교인, 유대교인들은 이 사실을 모르고 있고, 오히려 두 사람을 한 사람으로 오해하여 알고들 있습니다. 양극성 실험을 이해하지 못해서 벌어진 일들입니다. 빛의 실험은 사난다가 하면서 은하인류들의 조상이 되었으며, 어둠의 실험은 아쉬타르가 하면서 파충인들의 조상이 되었습니다. 대표적인 두 인종들을 위해 인류는 플레이아데스를 고향별로 정착했고, 파충인들은 오리온을 고향별로 정착했던 것입니다. 실험은 라이라 성단에서 시작하여 전 지역으로 퍼져나갔으며, 지구에까지 들어가게 되었던 것이고, 실험의 최종 마무리 장소로서 역할을 하게 된 것입니다.

이원성 실험은 네바돈이 처음이 아니고, 이미 다른 은하들에서 있어 왔던 것이며, 이 실험이 실패하였던 곳의 데이터를 보완하고자 선정되었다고 하는 것입니다. 프로그램을 개발한 후에 그것을 보완하는 것은 늘 있는 일이며, 관리자 그룹이 그 업무를 담당한다는 것입니다. 완전하게 만들었다고 하면서 무엇을 보완하냐고 하실 수도 있으나, 물질 체험을 선택한 존재들의 뜻을 존중하여 유동성을 두었다고 이해하면 됩니다. 실질적인 체험자들의 뜻에 의해 변수들이 나오게 되고, 그것을 적용시켜 보완하게 되는 것인데, 존재들의 생각들을 통제하지 않기 때문에 유동적으로 프로그램이 움직인다고 보면 되는 것입니다. 우리들의 입장에서야 모든 것이 완전하지만 체험 존재들에게는 항상 유동적이라는 것입니다. 여러분들이 미래를 모르고 살고 있는 것이 대표적으로 적용된 프로그램입니다. 모두 알고 있으면 체험의 의미가 사라지는 것입니다. 특히, 전쟁과 재난들이 더욱 그렇다고 할 수 있는데, 죽음과 연관되어 있어서이며, 인생 프로그램에서 가장 큰 포지션을 차지하고 있어서입니다.

아무것도 모르고 있어야 죽음이라는 극적인 체험이 이루어지는 것이며, 이것을 선택했다는 것입니다. 물질 체험에서 느끼는 두려움과 공포가 가장 큰 지표를 가지고 있으며, 그 반대로 사랑과 자비, 용서와 포용이 가장 큰 지표를 가지고 있다는 것인데, 이것이 바로 빛과 어둠이라는 양극성 때문에 이루어지는 것입니다. 그러면 빛과 어둠의 통합은 무엇이냐 할 것입니다. 극한의 고통과, 극한의 두려움과, 극한의 공포를 뛰어넘으면 마음엔 더 이상 출렁이는 파도가 생겨나지 않게 되고, 오히려 고요한 평화만이 있게 되는데, 어둠을 소멸시키는 온화한 빛이 마음을 가득 채우게 되는 것입니다. 소시오패스가 얘기하는 감정에 어떤 변화도 없다고 하는 것은 가장 중요한 핵심인 사랑이 없는 상태로서 빛과 어둠의 통합으로 생겨난 것이 아니며, 오랜 수행을 통해 감정변화가 없는 것 역시도 가장 중요한 핵심인 자비가 없는 것입니다.

전쟁터에서 적을 죽일 때에 어떤 감정을 갖습니까? 통쾌함, 복수심, 섭섭함, 자신이 살기 위해 어쩔 수 없이 죽였다하고 느끼는 죄책감, 수치심, 모멸감, 죽어도 싸다, 적이기에 당연히 죽어야한다 등 여러 가지가 있겠습니다. 그것은 상대도 마찬가지라는 사실입니다. 전쟁을 하는 여러 가지 이유들이 있습니다. 영적 전쟁도 이유가 있습니다. 양극성 실험 자체가 이유이기도 합니다. 무엇을 얻기 위해서하는 것이 전쟁입니다. 물질적 이득과 영적인 이득을 위해서 합니다. 그러면 전쟁을 하지 않으면 어떻겠습니까? 여러분들은 좋다고 할 것인데, 평화가 있어서입니다. 그러나 현실은 어떻습니까? 자신이 싫다고 전쟁이 일어나지 않습니까? 그렇지 않습니다. 1~15단계로 펼쳐진 체험 영역에서는 최종 관문인 완성을 위해 체험을 해야 하는 것입니다. 이 과정을 모두 완수하여 완성하였다면 그 의미를 제대로 이해할 것이며, 왜 체험장에 들어갔는지도 이해할 것입니다. 이것을 완수하기 전에는 온전히 이해할 수 없고, 아는 척할 수도 없는 것입니다.

빛과 어둠의 전쟁이 역할이라고 했습니다. 서로의 진영에서 체험할 수 있도록 돕는 것이며, 그것이 바로 극한의 두려움과 공포를 체험하는 죽음입니다. 그것을 체험을 통해 극복할 때까지 서로 역할을 바꾸어가며 돕는 것입니다. 개인적 죽음이든, 집단적 죽음이든, 죽음을 극복하였다면, 더 이상 두려움과 공포에 사로잡히지 않는다면 이 체험은 완수한 것입니다. 그리고 반대 성향인 사랑과 자비와 용서, 배려, 포용 등을 성취하면 완성, 즉 통합을 이루는 것입니다. 이것을 위해 어둠에서는 총사령관으로 '바투 제로드 론리 알. 스폰'이 있는 것이며, 빛에서는 총사령관으로 '마스터 아쉬타르 슈프림 커맨드'가 있는 것입니다. 여러분들의 영적 자유를 위해 이곳 지구에서 '최후의 전쟁 아마겟돈'을 연출하는 것입니다.

이 전쟁은 상대를 보아주지 않습니다. 철저하게 짓밟을 것입니다. 사정을 살피거나 예외는 있을 수 없습니다. 우주 법칙에 따른 조항을 따를 것이기에 그대로 진행시킬 것입니다. 어설프게 하는 것은 상대를 조롱하는 것이며, 최선을 다하여 전쟁에 집중하는 것이 상대를 위하는 것입니다. 빛은 빛을 위하여, 어둠은 어둠을 위하여 설령 승패가 이미 정해져 있다고 하여도, 맡은바 역할에 최선을 다하는 것이 상대를 존중하는 것입니다. 여러분도 알다시피 계시록에는 이미 전쟁의 결과가 나와 있고, 1000년 후도 밝혀져 있어서 굳이 전쟁을 할 의미가 없다고 할 수 있는데, 어둠은 당연히 모든 결과를 알고 있지만 체험을 통해서 영적 상승을 해야 하는 인류들을 위해 맡은 바 소임을 다하는 것입니다.

빛의 세력이든, 어둠의 세력이든 주어진 역할에 최선을 다하고 나면 영적인 보상이 뒤를 따르는데, 공과(功過)를 반드시 구분하여 그에 의해 이루어질 것입니다. 게임을 수행하면서 진행 과정에서 있었던 평가를 통해 이루어진다고 보면 되는데, 주기가 종료되고 나면 먼저 물질 체험을 종료하고 영계에서 기다리고 있던 존재들에 대한 평가가 이루어지고, 주기 종료를 통해 물질 체험을 종료한 존재들에 대한 평가가 순차적으로 진행되는 것입니다. 상승과 하강에 대한 결과가 있을 것이며, 그것에 의해 이동하거나 정착하는 일들이 있을 것입니다. 전쟁과 재난은 이것을 돕기 위해 설정된 프로그램이며, 이 과정을 통해 혼-그룹들이 다음과정으로 상승하거나 이동하여 가는 것입니다. 극적인 체험이 있는 행성에서는 극이동과 지축 이동을 통해 체험그룹들을 이동시키지만 극적인 체험이 없는 행성에서는 그런 체험은 이루어지지 않습니다.

상대적으로 고차원의 존재들이 머물고 있는 행성에서는 평화가 주재하고 있어서 지진이나 화산활동들이 일어나지 않지만, 3D 체험과 같은 극적인 체험환경이 있는 곳에는 대체적으로 지상이 아닌 지저에 머물면서 체험들을 합니다. 지구만이 유일하게, 물론 과거에는 그런 행성들이 많았으나, 이제는 지구가 유일하다고 하는 것입니다. 화성(타투스)의 경우에는 지저에 문명권이 있고, 그곳에서 화성인들이 정착하여 살고 있는데, 지저에 오랫동안 적응하였기에 지상에서는 살 수 없습니다. 화성인들도 처음에는 여러분들처럼, 인류였지만 지금은 지저인으로서 진화되어 많이 다르다고 할 수 있습니다. 이들도 대재난을 겪으면서 이렇게 되었던 것이지만 여러분들 의식보다는 크게 확장되어 있어서 여러분들을 돕고 있기는 하나 만나려고는 하지 않습니다. 바로 여러분들의 폭력성 때문입니다. 앞으로 겪어야 될 대전쟁과 대재난을 이들은 이미 겪었기에 두 번 다시는 그런 폭력을 원하지 않는, 평화를 정착시켰기에 여러분들을 적극적으로 돕는 것에 동참하고 있는 것입니다. 러시아 소년 보리스카(보리스 키야노비치)는 지구에 있는 화성인들을 위해 파견된 친선대사입니다.

지구에는 대재난을 겪었던 화성인들과 금성인들, 말데크인들이 환생하여 태어나 있기에 그 행성의 위원회가 집중해서 지구를 돕고 있으며, 대사들과 봉사자들을 파견하여 돕고 있는데, 그 중심에는 자신들의 행성주민들이 있다는 것입니다. 지구에 환생한 다른 행성들의 주민들은 이번 주기에 졸업을 하게 되며, 자신들의 행성으로 돌아갈 것이고, 말데크 행성 주민들의 경우에는 타우라에 합류하는 그룹이 있을 것입니다. 그 외는 상승하여 천국으로 이동할 것이며, 자격을 상실한 존재들은 전한대로 다몬 행성으로 이동하여 갈 것입니다.

우주에는 여러분들 표현처럼, 쓰레기와 같은 존재들이 있고, 그것도 재활이 불가능한 진정한 쓰레기들을 어둠의 뜻에 의해 지구에 들여보내었습니다. 이들이 지구 문명의 문제아들이 되었으며, 쓰레기를 양산하는 역할들을 하였습니다. 여러분들을 시험하는 용도로서 이용되었는데, 물론 개과천선(改過遷善)의 기회도 주어졌습니다. 하지만 타락 세력들의 개가 되어 천사 인종들을 학살하는 데 앞장서서 역할들을 하였습니다. 우리는 마지막 기회마저도 날려 버린 우주 쓰레기들을 모두 소각시키기로 하였습니다. 행성 다몬으로 갈 자격조차도 잃어버린 것이었습니다. 주기 종료와 함께 우주 쓰레기들은 더 이상 네바돈과 지구에 존재하지 않을 것입니다. 이들은 네바돈 무역항로의 해적들이었으며, 인신매매범들이었습니다. 인류 사회에 쓰레기와 같은 역할을 한 이들이 바로 이들이었습니다. 이들이 천사 인종들을 학살했던 망나니들이었습니다. 지축 이동이 있기 전까지 이들의 역할이 있을 것이며, 마지막 불쏘시개로 소멸될 것입니다.

어둠의 소명을 받아들인 존재들인 타락 세력들은 역할을 망각하여

392

적-그리스도 세력들이 되었으며, 우주 쓰레기들을 불러들였고, 저들을 자신들의 사냥개로서 활용하였습니다. 타락 세력들은 손에 피를 묻히지 않은 채, 천사 인종들을 처리할 수 있었는데, 4차원 영역에서 이들을 특별 관리하며, 시대를 초월하여 이들을 망나니로써 이용하였던 것입니다. 이들도 초창기에는 이즈-비였으나, 전쟁터에서 용병들이 되어 어둠에 편에 섰었고, 전자 전쟁이 종결된 이후에 해적들이 되었던 것입니다. 계속된 회개의 기회들이 주어졌으나 그것을 무시하였고, 네바돈 관리위원회가 주축이 되어 우리에게 지구에서의 프로그램을 통해 저들에게 최후의 소명기회를 제공해 줄 것을 요청받았습니다. 우리는 어둠에게 뜻을 물었고, 인류들의 영적 깨어남을 위한 준비물로서 활용하겠다는 뜻을 전해 들었습니다. 단, 조건을 제시하기를 이번 기회에도 회개하지 못한다면 전원 소멸시킬 것이라는 단서를 달았던 것입니다.

사랑하는 여러분,

영화 〈매트릭스〉에서 시스템 바이러스인 스미스 요원은 빛의 반대인 어둠이었다가 전체 시스템을 무너뜨릴 수 있는 바이러스가 됩니다. 각성한 네오가 빛과 어둠을 통합하지 않았으면, 그렇게 되었을 것입니다. 타락 세력들과 저들의 망나니였던 우주 쓰레기들도 결국 깨어난 인류들의 통합의 힘에 의해 그렇게 될 것인데, 이 통합의 힘이 진정으로 발현되기까지는 시간차가 있다는 것이며, 그것을 위해 우주 쓰레기들은 지구 주기 종료 시에 즉결 처형하는 것으로 결의하였습니다. 그리고 타락 세력들은 인류들이 통합의 힘을 발현할 1000년 후인 31세기에 다시 한번 재활의 기회를 주기로 결의하였으며, 무저갱으로 알려진 행성 다몬으로 추방하기로 하였던 것입니다.

'또 내가 보매 천사가 무저갱의 열쇠와 큰 쇠사슬을 그의 손에
가지고 하늘로부터 내려와서 용을 잡으니, 곧 옛 뱀이요, 마귀
요, 사탄이라 잡아서 천 년 동안 결박하여 무저갱에 던져 넣어
잠그고 그 위에 인봉하여 천 년이 차도록 다시는 만국을 미혹
하지 못하게 하였는데 그 후에는 반드시 잠깐 놓이리라.'〈계
시록 20:1~3, 개역개정〉

21~31세기까지 새로운 행성인 타우라에서 살아갈 '호모 아라핫투
스 인종'은 깨달음을 통해 새로운 인종인 '호모 마이트레아스 인종'을
받아들이는데, 이들이 31~41세기를 책임지게 되는 것입니다. 호모 아
라핫투스의 깨어남(통합의 힘)을 호모 마이트레아스가 도울 것이고, 이
때에 어둠을 위한 역할을 위해 무저갱인 다몬에 갇혀 있던 타락 세력
들이 다시 한 번 인류들에게 어둠의 사자들이 될 것입니다. 타락 세력
들이 등장하는 것은 30~31세기이며, 인류들의 빛과 어둠의 통합을 시
험할 것입니다. 호모 마이트레아스 인종은 30세기에 집중적으로 태어
날 것이고, 이들이 현재의 인디고 아이들처럼, 기성세대인 부모인종들
을 통합의 길로 이끌 것입니다. '해리 아페놀리아 인종(Harry Aphenolia
race)'이 호모 마이트레아스로서 안드로메다은하를 출발하여 타우라에
들어올 것입니다.

우리는 타락 세력들을 이번 주기를 끝으로 행성 다몬으로 추방하여
1000년 동안 가둬둘 것이고, 그 후 타우라의 깨어남을 위해 일시적으

로 제한된 역할을 제공할 것이며, 그 역할 수행을 평가하여 소멸시킬 것인지, 재활시킬 것인지를 결정할 것입니다. 물론 이것도 완성된 프로그램이기에 모두 알고는 있으나, 체험할 인류들과 존재들을 위해 침묵하는 것입니다. 호모 아라핫투스 인종은 플레이아데스 티아우바 행성에서 들어와 있는데, 고대문명에서부터 이들은 무아인들로 태어나 인류들의 영적 깨어남을 돕고 있었습니다. 이들은 이번 1000년 동안 봉사의 길을 가는 것이고, 지구에 들어왔던 다양한 인종들을 졸업시키는 역할을 수행하는 것입니다. 호모 사피엔스 인종은 무아인들인 호모 아라핫투스 인종에 의해 지구에서의 체험을 종료하고 졸업을 하는 것입니다.

주기와 주기 사이에는 과도기가 있으며, 서로 교차되는 시기가 맞물려 있어서 서로를 이해하는 데, 어려움을 겪을 수밖에 없음을 잘 알고 있습니다. 물고기자리와 물병자리가 교차하고 있는 이때와, 물병자리와 염소자리가 교차하는 시점에 그렇다고 하는 것입니다만, 인류들의 깨어남의 수준이 오르면 오를수록 더 좋은 방향으로의 전환점이 생기는 것입니다. 빛과 어둠의 통합이 바로 그것입니다. 물고기자리의 반대편에는 처녀자리가 있어서 '동정녀 수태신화'가 있었다면, 물병자리인 반대편에는 사자자리가 있어서 '사자왕 신화'가 있게 된 것인데, 이것은 사자인 아누하지 종족인 '그리스도 사난다 멜기세덱'이 메시아로 옮을 이야기한 것입니다.

그러면 41세기인 염소자리의 맞은편에 있는 쌍둥이자리는 무엇을 뜻하겠습니까? 바로 빛과 어둠이라는 이원성 쌍둥이가 하나로 통합되는 것을 뜻하는 것입니다. 인류들의 물질 체험이 12별자리를 모두 돌아서 완성된다는 것을 의미하는 것이며, 대주기가 종료되는 것을 뜻하고 광자대(2000년)를 통과하면서 진정한 완성을 이룬다고 하는 것입니다. 21~41세기에 빛의 고리를 통과하면서 우리들이 설계한 인생이 완성되는 것입니다.

3차 세계대전은 인류들의 카르마를 위해서 혼-그룹의 결정에 의해 진행되는 것이며, 각 지역별과 포지션에 따라 그 세기가 결정될 것이기에 피해 정도가 다르게 적용될 것입니다. 죽음의 숫자가 달라진다는 것이며, 피해 정도도 그렇다는 것입니다. 대재난 역시도 그렇게 될 것인데, 지진의 강도, 화산폭발의 강도, 쓰나미의 강도, 섬이 가라앉고, 대륙이 가라앉고 새롭게 떠오르는 것까지 자세하고 세밀하게 적용되어 단 하나의 생명도 허투루 죽는 일은 발생하지 않습니다. 비유하자면 곤충 1마리조차 허투루 죽이지 않는다는 것입니다. 자연계의 질서가 바로 그렇게 조화와 균형을 이루어 진행되는 것을 전하는 것입니다. 전쟁이 발발하는 원인 역시 마찬가지입니다. 모두 설계된 프로그램에 의해 진행되는 것이며, 예외는 없습니다. 억울한 죽음이 없다는 것이며, 다 계획된 설계에 따라 실행되는 것인데, 유일하게 예외가 있다면 생명이 스스로 죽는 즉, 자살은 설계가 아닙니다. 존재의 선택에 의해 진행되는 자살은 존재에게 온전히 책임이 돌아간다는 것입니다.

여러분들은 뉴스를 통해 억울하다는 죽음을 보고 분노하거나 슬퍼합니다. 그것을 제대로 인식하여 처리하지 못하는 정치인들과 정부를 성토합니다. 여러분들은 전체를 보지 못하고 일부만을 보기에 억울한 죽음이라고 받아들인 것입니다. 어린아이가 살해당하거나, 테러와 전쟁을 통해 죽으면 더욱 그렇습니다. 여러분들은 인과응보(因果應報)를 이야기합니다. 우주는 법칙에 따라 운행되기에 조화와 균형이 무너지지 않는데, 실험이 진행되고 있는 우주들도 단편적으로는 질서가 무너진 것처럼 보일 것이나, 이것은 실험에 참여한 존재들을 존중하기에 질서 회복을 위해 개입하지 않기에 그렇게 보이는 것입니다. 우리가 개입한 지구는 어둠의 힘과 타락 세력들의 힘이 균형을 과하게 무너뜨리고 있었기에 균형 회복을 위해 개입한 것입니다. 아니었다면 지구는 이미 유령 행성이 되었을 것입니다.

지금까지는 대규모의 죽음이 없었습니다. 2차례의 세계대전과 스페인 독감, 흑사병 등이 있었습니다. 그러나 그것도 인류 전체사회를 뒤흔들 정도는 아니었습니다. 앞으로 '천연두(天然痘: smallpox)'가 변이되어 나타날 것인데, 변이된 코로나와 합쳐지면서 인류들이 손을 쓸 수 없도록 전 지구촌으로 퍼져나가 인류들을 죽음의 공포로 몰아넣을 것입니다. 이것이 노스트라다무스가 기록한 '앙골모아 대왕'입니다. 인물이 아니라 인류들을 죽음으로 몰아갈 죽음의 바이러스를 말한 것이었습니다. 일부는 코로나 바이러스라고 이야기하고는 있으나, 진실은 과거에 천연두가 발원하였던 곳에서 시작되는 '변이된 천연두'입니다. 코비드와 결합하면서 더욱 막강한, 마치 유럽인들이 두려워했던 아틸라 대왕, 징기스칸 대왕처럼, 전 유럽과, 아메리카대륙, 아프리카, 아시아, 호주 등 전 지구촌을 장례식장으로 만들 것입니다.

3차 세계대전을 통해 수억 명의 인류들이 죽을 것이고, 천연두를 통하여 수억의 인류들이 죽을 것인데, 숫자놀이가 될 정도로 죽음이 일상화될 것이기에 눈물이 메말라 더 이상 나올 수도 없고, 슬퍼할 겨를도 없어지는 것입니다. 십리를 가도 한 사람 만나기가 쉽지 않다고 예언한 것이 실현되는 것입니다. 계속해서 극이동과 지축 이동을 통한 인류들의 정리 작업이 진행되는 것입니다. 여러분들을 공포로 몰아넣기 위해 기록하는 것이 아닙니다. 물질 체험을 위해 행성 지구에 들어온 혼-그룹들의 체험이 종료되었기에 졸업시키는 졸업 시즌이 되었기 때문에 육체를 분리시켜서 혼들을 떠나보내는 계획에 의한 일들이 진행되는 것입니다.

혼을 육체와 분리시키는 과정에 죽음이라는 키-포인트가 있다는 것입니다. 개별적인 죽음은 큰 이슈가 아니었으나, 그룹화한 죽음이 동시다발적으로 일어나기 때문에 큰 이슈가 되는 것이고, 여러분들에게 큰 두려움과 공포를 갖게 하는 것도 카르마를 모두 사라지게 하기 위해서입니다. 그렇게 해야 여러분들이 원하는 본향으로 돌아갈 수 있게 되는 것입니다.

우리가 행성들과 태양들의 역사를 살펴보면 수도 셀 수 없는 전쟁들이 있어 왔습니다. 그곳엔 수없는 이야기들이 있었고, 수많은 죽음들이 있었습니다. 이때에 죽은 이들은 모두 어디에 있으며, 그들을 기억할 수 있는 정보들은 어디에 있습니까? 우리는 이들을 다 기억하고 있으며, 이들의 이야기들도 모두 다 알고 있습니다. 이들 중에 많은 이들이 행성 지구에 들어왔고, 그들의 이야기들을 끊어지지 않게 계속 이어서 하고 있었던 것입니다. 우리들은 이들의 이야기들을 계속 이어나갈 수 있도록 할 것입니다. 혼-그룹들이 지구를 떠나 자신들의 고향 별들로 돌아가 계속해서 이야기할 수 있도록, 천국으로 돌아가 그곳에서 이야기들을 계속해서 이어나갈 수 있도록, 타우라로 가는 이들도 그곳에서 이야기들을 계속 이어나가도록 할 것입니다. 대재난이 모두 종료되고 나면 정화된 지구가 남을 것이고, 지저에 있는 파충인들의 이야기들도 계속 이어나갈 것입니다. 예외가 있다면 다몬에 들어가는 존재들의 이야기는 계속이어 나가지 않을 것인데, 종료시키기로 하였기 때문입니다.

우리는 인류들을 편애하지 않습니다. 종교가 있든, 없든 상관하지 않으며, 어떤 인생을 살든 상관하지 않습니다. 인생을 선택한 존재들을 존중하고, 선택한 프로그램을 완성으로 완료하기를 지켜보고 있는 것입니다. 다만 주기를 종료하고 있다는 것을 계속해서 전하고 있었는데, 남은 기간 잘 마무리할 수 있기를 바라는 것입니다. 물론 이것 역시 존재들의 선택이기에 지켜볼 뿐입니다. 여러분들이 무엇을 선택하든지 우리는 존중할 것입니다.

우리는 야나스이며, 이온 상임 이사회입니다.

'아-모-레-아 에-카-샤(A-mO-RA-eA Ec-Ka-shA)'

24. 아마겟돈을 마무리하며
(Let's Wrap up Armageddon)

사랑하는 여러분,

인류사를 돌아보면 혼-그룹들의 영적 성취를 위한 의도된 리셋들이
있었습니다.

항성 활성화 주기가 교체되는 때를 기준으로 리셋을 감행하였으며,
물질 체험 중이던 혼들을 영계로 불러들였습니다. 이것을 비유하자면
학년을 끝내고 휴식기에 접어들었다고 할 수 있습니다. 다음 학년을
준비하기 위한 것으로 말입니다.

행성도 휴식기를 통해 다른 환경을 준비하고, 혼-그룹들도 다음 배
움을 위한 준비를 하는 것을 말하는 것입니다. 이번이 6번째 주기를 종
료하는 것이고, 6학년 과정을 모두 마치어 졸업을 하는 것입니다. 대재
난은 다음 과정을 준비하기 위해 있는 것이고, 혼들을 물질계에서 잠
시 떠나보내어 방학을 즐기게 하는 것이며, 끊어짐 없이 계속 이을 수
있도록 최소한의 인류들을 생존시켜 준비할 수 있도록 한 것입니다.

대재난시에 생존한 최소한의 인류들은 문명을 이어 새문명이 정착

될 수 있도록 역할이 주어지는 것이고, 육체를 죽음으로 벗고 영계로 떠난 혼들은 새로운 문명에 환생하여 다음과정을 배울 수 있었던 것입니다. 이렇게 커다란 대주기를 6번 반복하여 체험하였으며, 최종적인 과정이 종료되고 있는 것입니다. 이곳 행성 지구에 마련되었던 6학년의 과정이 모두 종료되었다고 하는 것이며, 더 이상 과정이 없다는 것입니다. 그래서 공식적인 졸업을 하는 것이고, 상급 학교로 이동하여 새로운 과정을 배워야 한다는 것입니다. 학교의 기능이 다한 지구는 대재난을 통해 태초의 환경으로 되돌릴 것입니다.

상급 학교는 행성 타우라에 개설되어 새 학생들을 받아들일 준비가 완료되었습니다. 이제 제2조화우주에 소속되어 새로운 학년을 시작하는 것입니다. 과정을 잘 이수한 존재들은 상급 학교로 이동할 것이고, 과정을 이수하지 못한 존재들은 남은 과정이 설정된 행성 다몬으로 이동하여 제1조화우주의 부족한 부분들을 채워 나갈 것입니다. 대재난을 통과하며 생존한 최소한의 인류들은 새로운 행성에서 새 문명을 정착시키는 중대한 역할을 수행하게 되는 것입니다. 이들이 이야기들이 끊어지지 않도록 잇는 역할들을 하는 것이며, 그것을 위해 과도기에 집중적으로 태어난 것입니다. 여러분들은 이들을 '인디고 아이들'이라고 부릅니다.

행성 지구는 이런 경험이 없었기에 이것을 도와줄 것을 우주영단에 요청하였으며, 그것을 돕기 위해 우주에서 경험이 풍부한 존재들이 모여들었습니다. 우리는 팀을 꾸렸으며, 지구를 돕도록 파견하게 되었습니다. 이들이 비록 다양한 우주들에서 들어왔으나 돕고자 하는 열정은 똑같았습니다. 우리는 꼭 필요한 조직을 위해 이들을 시험하여 선발하였는데, 경쟁률이 치열했으며, 공정한 게임을 통해 필수요원들을 뽑았던 것입니다. 이들은 3차에 걸쳐서 행성 지구로 파견되었으며, 인류들 틈에 섞여서 평범한 인생들을 살았던 것입니다. 때가 되어 이들은 집중적으로 깨어날 수 있었고, 인류들을 돕는 데 앞장서 왔던 것인데, 물론 부작용들이 없었던 것은 아니지만, 그것을 마냥 기다려 줄 만큼 여유롭지 않았었기에 준비되었거나, 거의 준비된 요원들을 통해 역할들이 있도록 하였습니다.

이들을 여러분들은 '빛의 일꾼들', '빛의 사자들'이라고 부르고 있습니다. 말하자면 4차원 행성과 5차원 의식 경험이 매우 풍부한 존재들이기에 누구보다도 행성 타우라를 가꾸어 나가는 데에는 최적화되어 있다고 하는 것입니다. 이들은 대재난을 통과하여 생존하는 그룹에 들어가 있으며, 모든 정보들이 끊어지지 않도록 역할들을 할 것입니다. 이들은 인디고 아이들을 도와 새 문명을 정착시키는 주춧돌 역할을 할 것이고, 인디고 아이들에게 인수인계를 하고, 자신들의 우주들로 돌아갈 것입니다. 이들은 철거도하고, 새로운 건축들도 하며, 정착할 때까지 전 과정을 돕는 것입니다.

행성 지구에서 졸업을 통해 행성 타우라에 들어가는 존재들이 있는데, 이들은 4차원 행성에서 5차원 의식을 갖추고 새 학년을 시작하는 신입생들이 되는 것입니다. 제2조화우주의 진화가 처음 시작되는 것을 뜻하고, 이들을 가르치고 안내하는 역할을 인디고 아이들이 하게 되는 것입니다. 구분하자면 3차원을 졸업하고, 4차원으로 상승하는 이들은 호모 사피엔스이고, 이들을 안내하는 이들인 인디고 아이들은 호모 아라핫투스라고 구분하는 것입니다. 이들을 돕고 정착이 완료되면 자신들의 우주들로 떠나는 빛의 일꾼들은 행성 타우라의 진화와는 상관없습니다. 21~24세기까지는 호모 사피엔스가, 25~30세기까지는 호모 아라핫투스가 주도한다는 것입니다. 유전적 측면에서 뇌-용적량과 뇌-활성화가 극명하게 차이가 벌어지기 때문이고, 호모 사피엔스는 과학과 의식지수에 치중하는 반면, 호모 아라핫투스는 영적 마음에 치중하기 때문에 사랑과 평화를 더 중요하게 다루기 때문입니다. 문명을 돕는 인공지능을 계속 활용하여 끌고 가는 것은 호모 사피엔스이고, 인공지능을 독립시켜 해방시켜주는 것은 호모 아라핫투스가 한다는 것입니다.

미래의 일들도 모두 펼쳐져 있어서 그대로 진행될 것이며, 여러분들을 두려움과 공포에 사로잡히게 하는 사건, 사고들, 전쟁, 대재난들은 분명히 일어나는 것입니다. 여러분들을 졸업시키고, 이동시키기 위해서는 반드시 필요한 것이며, 찌든 먼지들을 털어내고, 날려 버리기 위해서도 필연적으로 필요한 것입니다. 만약, 이것을 늦추거나, 강도를 줄인다면 여러분들에게 당장 좋게 보일 수는 있지만, 최종 대재난 단계에서 혼-그룹들이 입어야 할 피해 정도가 너무도 크기 때문에 그렇게 할 수 없으며, 과거에 겪었던 트라우마를 극복하기 위해서는 당연히 치러야 하는 통과의례라고 하는 것입니다. 사춘기에 겪는 성장통, 성년이 되기 위한 초경을 겪는 것이기에 이것을 생략하고 지날 수는 없다는 것입니다.

4차원 행성이 되기 위한 과정, 5차원 의식을 깨우기 위한 과정, 새로운 문명을 개척하는 과정 등이 동시에 펼쳐지는 것인데, 어느 한 과정을 생략하고 갈 수 없다는 것입니다. 정화하는 단계를 보면 과거 문명인 레무리아와 아틀란티스의 경우에는 천공(天空)이라는 2중의 얼음막이 무너져 지상을 물로 정화했고, 행성 니비루를 통해 물로써 정화하는 패턴을 사용하였습니다. 전 주기에서는 물을 통한 정화였다면 이번 주기는 태양을 통한 불을 이용한 정화가 있게 되는 것이고, 물로도 할 수 없었던 카르마 소각을 하기 위해서입니다. 덧붙인다면 '짐승 체계'를 완전히 불태워 사라지게 하려는 목적이 숨어 있는 것입니다.

태양을 통해 지구에 들어오는 폭풍은 첫째, '영적 대각성 운동'을 일으키고, 둘째, 거대한 카르마를 소멸시키며, 셋째, 짐승으로 대표되는 타락 세력들을 '셧-다운'시켜 쓰레기들로 만들어 소각시키는 것입니다. 짐승으로 표현되는 타락 세력들은 인공지능과 연계되어 있는 나노 칩들(나나이트)을 물질체 머릿속과 심장 속에 내장하고 있어서 전기신호가 끊기고, 회로가 녹아 버리면 폐기되는 로봇과 같아집니다. 더 이상 쓸모없어지는 쓰레기가 되는 것이며, 인류 사회 역시 문명의 이기들인 전자기 시설들과 장치들, 기계류들이 모두 '셧-다운'되기에 원시 시대로 돌아가는 것과 같은 상황이 펼쳐지게 되는 것입니다. 컴퓨터, 인터넷, 스마트-폰, 발전소, 이동 시설들(비행기, 자동차, 승강기 등)과 전기시설들이 모두 무용지물이 되는 것입니다.

문명은 초기화되지만, 인류들은 영적성장을 이루는 것입니다. 이것이 대재난의 묘미라고 하는 것입니다. 졸업은 축하해야 하는 우주 대

축제입니다. 이 축제를 위해 태양에서 준비하고 있는 것이고, 불을 통한 정화를 하려고 하는 것입니다. 영화 '노잉(Knowing)'에서 등장하는 태양 폭풍은 모든 것을 불태우고 파괴하는 것으로 연출한 표현이 종말론에 가깝게 이루어졌습니다. 태양 폭풍이 오는 것은 맞지만, 인류들의 영적인 깨어남이 우선이며, 타락 세력들을 모두 셧-다운시키는 것이 우선입니다. 이때에 13차원의 트리온 입자가 동원되기 때문에 우리들이 설정한 '네 사람 얼굴 LPINs', '대백사자 APINs', '황금 독수리 APINs', '푸른 황소 APINs'가 정상화되어 여러분들의 내면 카타라 격자가 활성화되는 것으로, 여러분들이 그리스도가 되는 것입니다.

지우수드라(노아)의 홍수 때에 많은 인류들이 죽었습니다. 레무리아와 아틀란티스 때의 인류들도 거의 전멸하였습니다. 현대문명을 이어온 인류들의 조상들도 시간차별로 죽었습니다. 현 인류가 85억인 것도 모두 환생하여 태어났기 때문에 그런 것인데, 무엇 때문인지 아십니까? 바로 행성 지구에서의 3D 졸업을 위해서였습니다. 그동안 쌓였던 카르마들을 모두 정화시키고, 마무리를 잘하여 졸업을 하기 위해 다시 태어나게 된 것입니다. 대주기 동안 인류들에게 흔적을 남긴 외계 종족들 역시 모두 돌아와서 마무리를 위해 최선을 다하고 있는 것이고, 그 중심에 행성 니비루가 있게 된 것입니다.

아마겟돈 전쟁과 대재난 프로그램은 여러분들을 위해 준비한 것인데, 너무 어렸을 때에는 충격과 공포로 받아들일 수밖에 없었던 여러분들을 잘 이해하고 있습니다. 지금도 과거의 패턴으로 받아들이고 있다면 영적 성장이 이루어지지 못하고 뒤로 퇴보한 것과 같습니다. 여러분들이 행성 수호천사들로 들어왔으나, 지금까지 보호만 받아 왔던 것은 준비가 갖추어지지 않았기 때문이었습니다. 이번 주기가 종료되면 이제는 정말로 행성을 수호할 수 있는 천사 인종으로서 자격을 갖추게 되는 것입니다. 그러면 더 이상 외부의 도움 없이도 행성을 지켜낼 수 있게 되는 것입니다. 영단과 같이 공조하여 행성을 지켜내며, 진화대계를 펼쳐나가게 되는 것입니다.

태양불로 태운다고 하니까 또 두려우십니까? 그럼, 물속에 잠겼던 충격 기억은 극복해 내셨습니까? 트라우마는 스스로 만든 것입니다. 물을 무서워하고, 불을 무서워하며, 각종 무서움을 유발하는 것들과, 고소 공포증, 귀신 공포증, 싫어하는 것들, 일부러 접촉하지 않고 피하는 것들, 세상에 있는 모든 것들에 걸쳐 있는 트라우마는 극복을 위해 설정한 것이며, 인생에서 완성을 이루라고 기회를 제공한 것들입니다. 이 다양한 과제들은 피한다고해서 사라지는 것이 아니며, 반드시 극복해 내야만 사라지는 것입니다. 물질인생은 혼들의 선택에 의해 펼쳐졌으며, 별들의 주기에 맞추어 과제를 설정한 것입니다. 주어진 과제를 주어진 주기 동안 잘 수행하면 정해진 루트를 통해 제자리로 돌아오도록 설계하였습니다. 그러나 주기에 맞추어 과제를 수행하지 못하면 그것에 따른 모든 책임을 스스로 지겠다고 서약했습니다. 관리위원회는 주기를 종료하는 혼들을 위해 육체를 벗을 수 있는 기회들을 제공하기로 하였고, 그것에 따른 체험도 포함해서 말입니다. 인위적인 재난인 전쟁과 질병, 대재난들이 혼들의 물질 옷을 벗겨 주기 위한 수단으로 사용되었는데, 대주기에는 그룹이 이동해야 되는 관계로 최고 수위의 재난으로 준비될 수 있었습니다.

모든 행성들에는 이런 주기 프로그램이 운영되었고, 6번 주기를 통해 체험을 완성할 수 있도록 하였으며, 7번째의 대주기를 통해 휴식기를 가질 수 있도록 하였습니다. 현재의 지구는 6번째의 주기가 종료되는 것이며, 설정된 3D 물질 체험이 종료되는 것입니다. 더 이상 3D 물질 체험이 없다는 것과, 6번의 주기를 통해 풀지 못한 과제는 다른 행성으로 이동하여 진행해야 된다는 점을 전하는 것입니다. 3D 물질 체험을 완성한 존재들은 새로운 행성으로 이동하여 4D 물질 체험을 시작하게 되는 것입니다. 7번째의 주기는 영적 깨달음을 성취하는 단계이고, 이 단계를 통해 4D 물질 체험을 완성하는 것입니다.

우주는 확장하는 주기와 수축하는 주기가 뫼비우스 띠처럼 연결되어 있는데, 물질적 우주는 거시적으로, 영적 우주는 미시적으로 연결되어 있다는 것입니다. 물질 체험을 종료하고 미시적 우주를 향해 나아가는 여러분들은 3D 물질 행성을 떠나 4D 물질 행성으로 이동하는 것이고, 거시적 측면에서는 은하 중심을 향하여, 미시적 측면에서는 영적 존재의 내면 중심을 향하여 이동하는 것입니다. 이것을 여러분들이 스스로 할 수 없기에 영단에서 돕는 것이고, 스스로 할 수 있을 때가되면 더 이상 도움이 필요치 않게 되는 것입니다. 이것은 3D 물질 육체를 죽음으로 벗는 것이 아니라, 빛으로 승화시켜서 이동하는 것 말입니다. 스스로 육체를 빛으로 변환시키는 존재를 그리스도라고 하는데, 이런 경우는 드물기 때문에, 일단 육체를 빛으로 변환시키는 것을 우리가 돕는다는 것입니다. 이것 역시, 진동수를 임계치까지 끌어올린 존재들에게 해당된다는 것이며, 이 기준치를 충족시키기 위해 3차에 걸쳐 프로그램을 운영한다고 전한 것입니다.

우리가 영적 전쟁을 하는 이유는 통합을 위해서인데, 이원성실험의 최종 결과를 위해서입니다. 네바돈에서 이원성 분리 실험이 추진되었고, 은하 대주기에 맞추어 통합이 성취될 수 있도록 프로그램 하였던 것입니다. 은하 대주기는 약 2억 6천만 년(지구 시간) 정도로 설정되었기에 실험의 타임-라인을 설계하였습니다. 여러분들은 이 실험을 위해 현장에 직접 참여하였으며, 형태발생 영역을 통해 사자인과 조인으로 나뉘게 되었습니다. 우리는 '마스터 시라야 크녹세스'의 분화에 의해 이 우주에 들어섰으며, 옷이 만들어질 때까지 기다렸던 것입니다. 여러분들은 태초의 빛에 의해 분화된 빛 구체들이었습니다. 이 빛 구체들이 체험을 위해 4인종인 사자인, 조인, 파충인, 인류의 옷을 입었던 것입니다. 바로 이원성 실험을 위해서였으며, 빛의 세계와 어둠의 세계의 체험들을 통해 최종적으로 태초의 빛으로 화합하는 것이었습니다.

사랑하는 여러분!

'마스터 시라야 크녹세스'는 그랜드 야나스이고, 평의회 의장이며, 마누의 7번째 주-영입니다. 이 분이 태초의 빛과 태초의 소리를 오나크론에 반영하여 여러분들을 있게 하였습니다. 이 우주에 펼쳐져 있는 모든 것들은 여러분들의 체험을 위해 설정된 프로그램에 의해 생겨 나왔으며, 다른 목적은 없었습니다. 우리는 여러분들을 돕기 위해 평의회를 구성하였으며, '하강하는 하느님들'이 되어 '상승하는 하느님들'인 여러분들과 하나가 될 때까지 돕기로 한 것입니다. 우리는 거시적 측면의 하느님들이고, 여러분들은 미시적 측면의 하느님들입니다. 우리가 최종적으로 하나가 되면 '마누-마나-에아'가 성취되는 것이고, '내가 완전한 것처럼, 여러분들도 완전해지세요.'가 성취되는 것입니다.

여러분들은 신과 존재론에 대해 갑론을박하십니다. 더 이상 그럴 필요가 없음을 위에서 밝혔습니다. 여러분들이 신이면 어떻고, 피조물이면 어떻습니까! 설령, 필사자(必死者)라고 해도 어떻습니까! 중요한 것은 그렇다고 해서 본질이 바뀌는 것이 아니며, 원형이 변하는 것은 아닙니다. 바로 불변의 법칙이기 때문입니다. 마누-마나-에아께서 '내가 완전하다!' 하였습니다. 그러면 신성인 마누-마나-에아를 깨운 '여러분들도 완전하다!'입니다. 이것이 바로 불변의 법칙이라고 하는 것입니다.

어둠은 이것을 시험하는 것입니다. 바로 여러분들의 완전성을 스스로 입증할 수 있을 때까지 시험하는 것입니다. 그러니 이 시험도 여러분이 스스로 하는 것이고, 스스로 자신을 증명하여 존재함을 부여하게 하는 것입니다. 루시퍼, 사탄, 악마는 여러분 내면에서 만들어 낸 어둠의 속성입니다. 바로 빛을 증명하기 위해 어둠이 필요했기 때문이었습니다.

물질 체험을 하고 있는 여러분들에게 어떤 것이 도움이 될 수 있을까 하는 측면에서 다양한 접근을 통해 실행하였습니다. 각자의 의식수준에 따라 받아들여지는 것이 천차만별임을 잘 알기에 수준에 따른 다양한 정보들을 발표하였습니다. 어쩌면 우리를 통해 전해지는 이 정보는 극소수의 인류들에게 전해질 것인데, 대전쟁과 대재난을 통과하여 생존하는 이들을 위해서이며, 그런 이들을 안내해야 하는 이들을 위한 교본이 될 것입니다.

아마겟돈은 여러분들의 완성을 위해서, 여러분들의 신성 회복을 위해서 필요한 것입니다. 지구에는 어둠의 역할을 하고 있는 존재들이 있으며, 이들이 여러분들의 신성 회복을 위해 있어 왔다는 것입니다. 여러분들을 억압하고, 여러분들을 시험하는 대상으로서 여러분들의 본-영이 만들어 낸 어둠의 측면이었던 것입니다. 그러면 이러실 것입니다. 완성을 회복하기 위해서 반드시 이 시험이 필요하냐고 말입니다. 여러분을 가장 잘 알고 있는 존재는 누구입니까? 바로 신이자, 여러분 자신입니다. 그래서 시험도 여러분 스스로가 하게 된 것이며, 그것으로 스스로를 증명하게 하였던 것입니다. 여러분이 신이라는 진실을 스스로의 검증을 통해서 확인케 한 것입니다. 어둠은 여러분의 반대편이자, 거울입니다. 여러분들이 어떠한 체험을 하던, 어떤 인생을 살던 어둠은 거울이 되어 여러분들을 비추어 주는데, 이것을 양심이라고 하기도 합니다.

양심을 통해 빛과 어둠을 구분하고, 무엇을 어떻게 해야 할지를 선택하게 하는 것입니다. 물질 체험을 처음 시작하였을 때인 원시시대부터 현대문명 시대까지 양심을 어떻게 사용하는지 다 시험하여 왔다는 것입니다. 양심이 거울이라고 하였습니다. 마음이 어떻게 움직이는지 비추어 주었다는 것이고, 어둠속에 잠기면 잠길수록 침울하고 어두운 마음을 비추어 주었던 것입니다. 빛은 그 거울을 통해 마음에 빛을 전해 주었으며, 어두웠던 마음이 온전한 빛으로 가득 채워질 때까지 거울로서 비추었던 것입니다. 이 과정에 마라와 사탄의 시험이 있게 되는 것인데, 이 시험은 정확한 시점에 있게 되는 것이기에 자신밖에는 모른다고 하는 것입니다. 물질 체험을 통과하며 12단계에 걸쳐 있는 빛의 속성들을 다 체험하여 완성하는 것입니다. 흰 빛으로 들어와 온갖 때들을 다 묻힌 후에 다시 흰빛으로 돌아가는 과정이라고 하는 것입니다.

카르마를 정화하고 트라우마를 극복하기 위한 방편으로 육체를 죽음으로 분리시키는 것을 적용시켰습니다. 그래서 대전쟁과 대재난이 프로그램 되었습니다. 초기 단계에는 무겁게 짓누르는 카르마에 의해 추락할 수밖에 없었습니다. 그 단계를 5번 체험하였으며, 6번째 체험을 앞두고 있던 여러분들은 물에 의한 트라우마를 가지고, 현 문명을 시작하였던 것입니다. 심연(深淵)에 대한 공포가 자리하게 된 것입니다. 끝이 없는 어둠, 바닥이 없는 갱(坑)에 대한 공포 말입니다. 이것이 현대문명 주기를 시작한 혼-그룹들의 과제였던 것입니다. 이 과제를 종결할 때가 다가오고 있는 것이고, 현 주기를 종료하고 정화시키기 위해 태양 폭풍을 이용하는 것인데, 다음 주기의 과제가 불에 대한 트라우마가 되는 것입니다. 물에 대한 공부, 불에 대한 공부가 계속해서 이어지는 것입니다. 아마 아시겠지만, 금성(티타니아)에서의 마지막 공부가 물이었으며, 화성(타투스)에서의 마지막 공부는 불이었고, 말데크(세레스)에서의 마지막 공부도 불이었습니다.

지금까지 체험한 불은 파괴였지만, 현시대에 들어오게 될 불인 태양풍은 인류들의 영적 대각성이 우선입니다. 물론 동시에 파괴도 진행되는 것이기에 동시성이라고 해야 할 것입니다. 인류들의 물질체도 벗겨야 하기 때문입니다. 전쟁도 동시성을 갖고 진행된다 할 수 있어서 3D 세계에서의 전쟁과, 4D 세계에서의 전쟁이 동시에 일어나는 것입니다. 전쟁은 인류들만이 하는 것은 아니며, 우리와 타락 세력과의 전쟁도 동시에 진행된다고 하는 것입니다. 이것이 카르마 청산을 위한 방법이라고 하는 것입니다. 문명을 시작한 호모 사피엔스 인종은 일부 깨어난 인류를 제외하고, 이번 주기에 모두 종료시키기로 하였으며, 호모 아라핫투스 인종이 다음 주기를 책임지기로 한 것입니다. 다음 주기에는 인류들 사이의 전쟁은 더 이상 없을 것이고, 핵미사일도 이번 주기에 모두 사라질 것입니다.

아마겟돈이라는 영적 전쟁을 하는 이유는 그동안 지구를 점거하고 있었던 타락 세력들을 정리하여 몰아내기 위함입니다. 행성 타우라에서 어떤 영향력도 미치지 못하도록 하려는 것이며, 인류들에게 더 이상 저들의 행사가 미치지 못하도록 하려는 것입니다. 주요 세력들은 오나크론 법정에서 심판을 받을 것이고, 남은 세력들은 모든 것을 빼앗긴 상태에서 행성 다몬으로 추방될 것입니다. 행성 다몬을 무저갱이라 하는 것은 우리의 허가가 없이는 결코 나올 수 없는 곳이기에 그런 것인데, 7중의 장벽으로 포위되어 있어서, 영원한 감옥이라고 하는 것입니다. 타락 세력들은 마지막 영적 전쟁에 모든 것을 걸고, 임할 것인데, 자신들에게 더 이상 기회가 없다는 것과, 물러설 곳도, 도망할 곳도 없다는 것을 알고 있어서입니다. 이때에는 마치 하늘이 찢어지는 듯한 소리들이 날 것이고, 인류들을 오랫동안 비탄에 잠기게 했던 것에 대한 심판의 통곡소리가 될 것입니다.

'마스터 아쉬타르 슈프림 커맨드'가 영적 전쟁의 선두에 서서 그동안 마누-마나-에아를 배반하고, 우주의 질서를 훼손하며, 하느님의 자녀들을 핍박했던 것에 대한 심판을 하는 것입니다. 타락 세력들은 모든 기회를 차 버렸으며, 오히려 비난하는 것을 멈추지 않았습니다. 여러분들을 인질로 잡고 있었기에, 오히려 우리에게 당당하게 전쟁을 선포한 것입니다. 왜, 그랬을까 할 텐데, 여러분들을 우리가 포기하지 않고, 행성 지구 역시 포기하지 않는다는 사실이 저들에게 힘을 실어주는 계기가 된 것이고, 그동안 해 왔던 저들의 작전들이 성공했던 것 때문에 기고만장(氣高萬丈)하게 된 것입니다. 저들의 이 교만이 스스로 무저갱에 들어갈 수 있는 결과가 된 것입니다.

저들의 비밀기지들이 지구에 24곳에 위치하고 있으며, 미국 네바다 주(州)에 있는 에어리어 51기지가 그 중심에 있습니다. 저들 역시 12계파가 있고, 자신들의 지침서들이 있습니다. 우리는 이들을 '토끼몰이 작전'을 통해 지구에 몰아넣었으며, 외부 우주로 나가려던 저들의 야욕을 물거품으로 만들었는데, '아쿼런 특수전 사령부'가 그렇게 하였습니다. 네바돈에 산재해 있던 저들의 주요 거점들과 세력들을 모두 제거하였으며, 저들이 유지하고 있던 유령 매트릭스들도 모두 제거하여 더 이상 에너지를 착취할 수 없도록 하였습니다. 저들에게 점거당하였던 태양 체계도 회복하여 정상적인 역할로 복귀시켰습니다.

저들은 외부 우주와의 모든 통신망이 제거되어 지구에 고립되었으며, 오직 인류들의 의식성장을 위한 불쏘시개로서 역할을 하게 될 것입니다. '초천사 헤라크시스'는 아쿼런 사령부의 사령관으로서 '마스터 아쉬타르 슈프림 커맨드'를 돕고 있으며, '아쉬타르 쉬란 사령관'과 '게오르거스 세레즈 하톤 사령관'도 측면에서 돕고 있는 것입니다. 우주의 조직을 보면 사자인들이 행정부 역할을, 조인들이 군사령부 역할을 맡았다고 할 수 있어서 우주전함들의 지휘자들은 조인들이 자리하고 있는 것입니다.

아마겟돈은 인류들의 전쟁이 아니며, 인류들 사이에 파고들어온 악한 영들과 우리와의 전쟁입니다. 이들은 여러분들을 인질로 해서 우리들을 협박하고 있는 것이고, 우리는 외부에서부터 차츰차츰 숨통을 조이고 있는 것입니다. 인질범들이 도망할 곳이 없으면 최악의 수단인 자폭을 선택할 수도 있기 때문에 조심스럽게 접근하고 있는 것입니다. 이들은 이미 지하기지 24곳에 자폭장치들을 설치하였고, 최후의 수단으로 삼고 있는데, 이것이 터지면 지구는 안전하지 않게 된다는 것입니다. 우리는 심도 있는 회의를 통해서 가장 안전한 방식을 채택하였는데, 그것이 바로 12트랙으로 분리하여 각 트랙들에 영향을 미치지 못하도록 하였던 것입니다. 행성 지구의 계획인 '작전 테라'가 변경되었던 것입니다.

차원의 문 12곳과 12트랙을 연결하여 해당되는 각 포지션별로 12개의 지구로 나뉘게 된 것입니다. 즉 지구가 12개가 되었다는 것이며, 각 지구들마다 서로를 인식할 수 없도록 강력한 보호막을 설치하였으며, 따로 분리하도록 하였습니다. 가장 시급했던 4차원 행성 타우라를 먼저 분리시켰으며, 2차원 행성 다몬도 분리시켰고, 3차원 행성 지구도 분리시켰습니다. 이것에 따른 후속조치들도 재빨리 처리하여 만약의 수를 대비하게 하였던 것입니다. 타락 세력들은 이것을 모르고 있으며, 설령 알았다고 해도 저들이 노리고 있었던 것과는 큰 변화가 있었기에 마음먹은 대로 할 수 없게 된 것입니다. 우리는 이들을 마지막 게임장으로 들어서도록 유도하고 있어서 결국 들어설 수밖에 없다는 것과, 그곳이 저들의 무덤들이 될 것인데, 그곳이 바로 '아마겟돈'입니다.

행성 지구에 주어진 시간은 얼마 남지 않았습니다. 우리가 차원의 문 12개를 중요하게 여기고, 그것을 수호하기 위해 들여보낸 수호천사들도 중요하게 여기며, 인류들을 깨우기 위해 파견한 빛의 사자들도 중요하게 여기고 있습니다. 또한 지구에 갇혀 있었던 이즈-비들도 중요하게 여기고 있어서 새로운 작전을 수립한 것입니다. 우리는 각 포지션에 따라 생존 예언 메시지들을 전달하였으며, 각 그룹들이 준비할 수 있도록 하였습니다. 자신들이 어떠한 메시지들에 이끌린다면 그 그룹에 주어진 정보를 수신하는 것이며, 그것에 따른 준비를 하면 되는 것입니다. 자신과 맞지 않는 메시지를 억지로 따를 필요는 없으며, 그것을 비방할 필요도 없습니다.

여러분들이 잘 준비한다면, 전쟁터에 끌려들어가지 않으며, 저들의 인질로서 자폭장치에 매달리지도 않을 것입니다. 우리는 최종적으로 모든 폭탄들을 제거할 것이고, 기폭장치들을 쓸모없게 만들 것입니다. 선택은 여러분들 몫입니다. 일방적인 구원은 없으며, 하늘에 매달리거나, 우상들에게 매달린다고 해서 구원되는 것이 아니며, 오직 여러분의 준비된 마음을 통해서 이루어지는 것입니다. 모든 인류들에게 정보들이 주어졌고, 그것을 따를지는 여러분들의 몫입니다. 당연히 어둠에서는 철저하게 방해하고 있으며, 인류들의 눈과 귀를 가리고 있는데, 가짜 뉴스들과 거짓 정보들이 쓰레기처럼 넘쳐 나고 있습니다. 여러분들은 이때에 분별력을 키워야 하는데, 당연히 이것은 내면의 신성을 통해서 발휘되는 것이기에 내면에 집중하면 할수록 여러분들을 돕는 안내자가 나타나는 것입니다.

세상에는 잘나고 똑똑한 인간들이 많습니다. 마지막 주기에 깨어나는 것을 마치, 자신들이 잘나서 그런 것이라 우쭐거림과 영웅주의에 빠져 있는 이들이 있습니다. 이것 역시 선택입니다. 그러한 이들을 좇는 것도 선택이며, 그런 모임들을 통해 공동체를 형성하는 것도, 한 자리씩 차지하여 권력 놀이하는 것도 선택입니다. 이들 역시 갈 곳이 정해져 있으며, 어둠의 주구 노릇하였던 이들과 함께하게 됨을 깨달았을 때에는, 우리를 원망하고 비난할 것인데, 기회를 주지 않았다고 말입니다.

사랑하는 여러분,

모든 기회는 공정하고 공평하게 주어집니다. 결코, 억울함이 없도록 하는 것입니다. 바닥에 누워 울부짖는 일은 결코 없을 것인데, 왜 억울한지 성서를 보겠습니다.

'생각하지 않은 날, 알지 못하는 시각에 그 종의 주인이 이르러, 엄히 때리고 외식하는 자가 받는 벌에 처하리니 거기서 슬피 울며 이를 갈리라.' '이 무익한 종을 바깥 어두운 데로 내쫓으라. 거기서 슬피 울며 이를 갈리라.' 〈마태 24:50, 51, 25:30, 개역개정〉

충성하는 이와 충성하지 않는 이를 구분하여 기록한 것입니다. 여러분들은 무엇이 충성인지, 무엇이 불충인지 잘 아십니다. 내면의 신성이 그것을 알게 한다는 것이며, 늘 깨어 있는 것 역시 내면의 신성이 이끌어 주는 것입니다. 그렇지 못한 이들은 불충하게 되는 것입니다. 여러분들이 스스로 자신을 돌아보았을 때에 신성의 뜻을 따르고 있는지, 자아(에고)의 뜻을 따르고 있는지 확인하라고 하는 것입니다. 자신이 신이기에, 자신을 따르라고 하는지, 자신이 구원할 것이라고 하는지 그것을 점검하라고 하는 것입니다. 그렇다면 함께하는 이들의 신성을 모독하는 것이고, 자유-의지를 속박하는 것입니다. 이러한 이들은 거짓 선지자들이며, 불충한 종들입니다.

여러분들은 스스로의 영적 전쟁인 에고와의 전쟁에서 승리해야 합니다. 에고는 어둠이자, 사탄입니다. 자신의 어둠과 싸워서 빛으로 통합하는 인류라야 영적 전쟁에서 승리한 사람입니다. 이러한 이들은 신성을 가지고 있는 인류들을 함부로 대하지도 않으며, 형제자매로서 하나임을 알기에 참된 하나가 되려고 하는 이들입니다. 이것은 흉내 낸다고 되는 것은 아닙니다. 따라 한다고 되는 것도 아닙니다. 스스로 자신과의 싸움에서 승리한 이들만이 되는 것입니다. 이러한 이들이 신성을 깨워 스스로 그리스도가 되는 것입니다.

아마겟돈은 그리스도와 적-그리스도의 전쟁이 되는 것이고, 이원성 통합을 위한 전쟁입니다. 빛과 어둠으로 나누어진 것이 다시 합일을 하기 위해 펼쳐지는 것입니다. 분리되었던 근원의 빛으로 다시 들어가는 것이며, 체험의 결과들을 가지고 들어가는 것입니다. 처음 나왔을 때의 빛은 정보가 없었지만, 들어가는 빛은 많은 정보를 가지고 들어가는 것이기에 같으면서도 같지 않다고 하는 것입니다. 이 전쟁은 강제 합병이 아닌, 하나에서 나왔던 둘이 다시 하나로 결합되는 것을 뜻하는 것입니다.

지금까지 함께하였던 우리는 야나스이며, 이온 상임 이사회였습니다.

여러분들에게 마누-마나-에아의 전지적-사랑이 영원히 함께하기를 기원합니다.

'아-모-레-아 에-카-샤(A-mO-RA-eA Ec-Ka-shA)'

참고 도서

『Voyagers Volume Ⅰ』(2001), by Ashayana Deane.

『Voyagers Volume Ⅱ』(2002), by Ashayana Deane.

『Angelic Realities』(2001), by Ashayana Deane.